Die unmittelbare Drittwirkung der Grundrechte im Arbeitsrecht

SCHRIFTEN ZUM DEUTSCHEN UND EUROPÄISCHEN ARBEITS- UND SOZIALRECHT

Herausgegeben von Ulrich Preis

Band 20

PETER LANG
Frankfurt am Main · Berlin · Bern · Bruxelles · New York · Oxford · Wien

Dieter Fabisch

Die unmittelbare Drittwirkung der Grundrechte im Arbeitsrecht

Die Auswirkungen der von Hans Carl Nipperdey begründeten Lehre auf die Rechtsprechung des Bundesarbeitsgerichts

PETER LANG
Internationaler Verlag der Wissenschaften

Bibliografische Information der Deutschen Nationalbibliothek
Die Deutsche Nationalbibliothek verzeichnet diese Publikation in der Deutschen Nationalbibliografie; detaillierte bibliografische Daten sind im Internet über http://dnb.d-nb.de abrufbar.

Zugl.: Rostock, Univ., Diss., 2010

Umschlagabbildung:
Siegel der rechtswissenschaftlichen Fakultät
der Universität zu Köln.
Abdruck mit freundlicher Genehmigung
der Universität zu Köln.

Gedruckt auf alterungsbeständigem,
säurefreiem Papier.

D 28
ISSN 1861-4582
ISBN 978-3-631-61288-0

www.peterlang.de

Vorwort

Diese Arbeit habe ich neben meiner Tätigkeit als Rechtsanwalt in Frankfurt am Main erstellt und im Januar 2009 abgeschlossen. Am 02. Juni 2010 hat die Juristische Fakultät der Universität Rostock die Arbeit als Dissertation angenommen mit dem Untertitel: Eine Untersuchung der Entwicklung der Rechtsprechung des Bundesarbeitsgerichts unter besonderer Berücksichtigung der von Hans Carl Nipperdey begründeten Lehre von der absoluten Wirkung der Grundrechte.

Für die thematische Anregung und die Betreuung sowie zahlreiche wertvolle und weiterführende Hinweise danke ich meinem Doktorvater, Herrn Prof. Dr. Wolfgang März. Mein Dank gilt ferner Herrn Prof. Dr. Ralph Weber für die zügige Erstellung des Zweitgutachtens. Bedanken möchte ich mich auch bei meinen Sozien der Anwaltskanzlei AC · Tischendorf Rechtsanwälte, die mein berufsbegleitendes Promotionsvorhaben stets unterstützt und mir die Zeit gelassen haben, diese Arbeit zu schreiben.

Mein größter Dank gilt meiner Familie. Meine Eltern haben mich über die Jahre meiner Ausbildung stets in jeder Hinsicht unterstützt und mir immer den notwendigen familiären Rückhalt gegeben. Ich danke ganz besonders meiner Frau Ines. Sie hat mir an den vielen Wochenenden die Freiräume geschaffen und die Unterstützung gewährt, ohne die diese Arbeit niemals hätte entstehen können.

Frankfurt am Main, im Juni 2010

Dieter Fabisch

Inhaltsverzeichnis

Einleitung ... 1

1. Problemstellung ... 1
2. Zielstellung und Gang der Untersuchung ... 4
3. Terminologie ... 7

A. Grundlagen 9

I. Historisches Verständnis von den Menschen- und Grundrechten ... 9

1. Terminologie und Wechselbeziehung von Menschen- und Grundrechten ... 9
2. Die Idee der Menschenrechte ... 10
3. „Bill of Rights" von Virginia ... 11
4. „Déclaration des droits de l'homme et du citoyen" ... 12
5. Grundrechte in den deutschen Verfassungen des 19. Jahrhunderts ... 14

a) Grundrechte im Konstitutionalismus ... 14
b) Grundrechte in der Paulskirchenverfassung von 1948 ... 21
c) Grundrechte in der nachrevolutionären Zeit der Reaktion ... 24
d) Grundrechte im Kaiserreich ... 26
e) Keine Drittwirkung der Grundrechte im 19. Jahrhundert ... 30

6. Zusammenfassung ... 33

II. Grundrechtsverständnis der Weimarer Reichsverfassung ... 35

1. Grundrechtsverständnis der Verfassungsgeber ... 35

a) Ausgangslage zur Jahreswende 1918/1919 ... 35
b) Debatte um die Grundrechte im Verfassungsgebungsprozess ... 37
c) Zusammenfassung ... 40

2. Grundrechtsverständnis der Staatsrechtslehre der Weimarer Republik ... 40
a) Grundlegende Bedeutung der Grundrechte der WRV ... 41
b) Streit um die Grundrechtsbindung der Legislative ... 46
c) Grundrechte der WRV und Drittwirkung ... 50
III. Grundrechtsverständnis bei Inkrafttreten des Grundgesetzes ... 53
1. Ausgangslage des Parlamentarischen Rates ... 53
2. Wirkung einzelner Grundrechte ... 56
3. Grundrechte und Drittwirkung ... 57
IV. Grundrechtsverständnis heute ... 59
1. Begriff und Verständnis der „Grundrechte" ... 59
2. Funktion der Grundrechte ... 60
a) Grundrechte als Abwehrrechte ... 61
b) Grundrechte als Schutzpflichten ... 62
c) Grundrechte als Leistungsrechte (Teilhaberechte) ... 64
d) Grundrechte als objektive Wertentscheidung ... 66
e) Grundrechte als institutionelle Garantien ... 67
f) Grundrechte als Organisationsmaximen und Verfahrensgarantien ... 67
3. Grundrechte und Drittwirkung ... 68
a) Drittwirkung der Grundrechte im Ausland ... 70
b) Allgemeines zur Drittwirkung der Grundrechte ... 70
c) „Ob" der Drittwirkung der Grundrechte ... 72
d) „Wie" der Drittwirkung der Grundrechte ... 73
4. Zusammenfassung ... 77
V. Arbeitsrecht: Ein besonderer Teil des Zivilrechts ... 77
1. Allgemeines zum Arbeitsrecht ... 77
2. Historischer Hintergrund ... 79
3. Rechtsquellen des Arbeitsrechts ... 82

4. Grundprinzipien des Arbeitsrechts 83

5. Struktur des Arbeitsrechts 85

a) Individualarbeitsrecht 86

b) Kollektives Arbeitsrecht 87

6. Arbeitsrecht und Grundrechte 89

B. Absolute Wirkung der Grundrechte nach *Nipperdey* 93

I. Keine Grundlegung in der Zeit vor Inkrafttreten des GG 94

1. *Nipperdey* zu den Grundrechten der WRV 94

2. *Nipperdey* in der Zeit des Nationalsozialismus 96

II. Lehre von der absoluten Wirkung der Grundrechte 97

1. *Nipperdeys* Grundrechtsverständnis 97

2. Politischer, gesellschaftlicher und grundrechtsdogmatischer Neuanfang 99

3. Die drei zentralen Argumente *Nipperdeys* 100

a) Erst-recht-Schluss 101

b) Objektiv-teleologisches Argument 102

c) Objektives, verbindliches Verfahrensrecht 108

4. Weitere Argumente der Unterstützer von *Nipperdeys* Lehre 111

a) Umgestaltung des Privatrechts 112

b) Sozialstaatsprinzip 113

c) Unverletzlichkeit der Grundrechte durch die Menschenwürde 115

d) Schärfere Inhaltserfassung der Grundrechte 115

e) Arbeitgeber als der sozial Mächtigere 116

5. Argumente der Kritiker von *Nipperdeys* Lehre 117

a) Keine Drittwirkung der Grundrechte 119

b) Mittelbare Drittwirkung der Grundrechte im Privatrechtsverkehr 121

c) Bindung der Rechtsprechung an die Grundrechte 125

d) Drittwirkung mit traditionellen Auslegungsregeln nicht begründbar 125

e) Betonung der liberalen Geisteshaltung der Grundrechte 126

f) Bedeutung allgemeiner Rechtsgrundsätze 126

g) Grundgesetz als Erkenntnisquelle des bürgerlichen Rechts 127

h) Einseitige Leistungsbestimmung im Arbeitsvertrag 128

III. Absolute Wirkung einzelner Grundrechte 129

1. Allgemeines Persönlichkeitsrecht 129

2. Gleichheitssatz und arbeitsrechtlicher Gleichbehandlungsgrundsatz 131

3. Gewissensfreiheit 138

4. Meinungsäußerungsfreiheit 140

IV. Absolute Wirkung der Grundrechte und Tarifverträge 140

1. Tarifparteien als Teil der Gesetzgebung 141

2. Tarifparteien als „soziale Gewalten“ 142

V. Zusammenfassung 145

C. Rechtsprechung des BAG zur unmittelbaren Wirkung der Grundrechte 147

I. Ausgangslage 147

II. Rechtsprechung des BVerfG 148

III. Rechtsprechung des BGH 152

IV. Rechtsprechung des BVerwG 157

V. Entwicklung der Rechtsprechung des BAG 157

1. Grundlegende Entscheidungen 157

a) Grundrechte als Ordnungsgrundsätze für das soziale Leben 157

b) Verfassungsmäßige Rechte der Arbeitsvertragsparteien 160
c) Beschäftigungspflicht des Arbeitgebers 161
d) Lohngleichheitsgrundsatz 162
e) Unwirksamkeit von Zölibatsklauseln 163

2. Art. 3 GG – Gleichheitsgrundsatz 168
a) Lohngleichheitsgrundsatz und Tarifverträge 168
b) Gleichheitsgrundsatz und Hausarbeitstagsgesetz NRW 172
c) Wiedereinstellungspflicht des Arbeitgebers und Gleichheitssatz 176
d) Kinder- und Haushaltszulage 179
e) Lohnzulage 180
f) Rückwirkende Lohnerhöhungen 181
g) Gratifikationszahlungen unter Rückzahlungsvorbehalt 183
h) Ruhegehalt 184
i) Abfindung für leitende Angestellte 185
j) Gehaltfortzahlung im Fall der Pflege naher Angehöriger 185
k) Gleichberechtigungsgrundsatz und Benachteiligungsverbot 186
l) Unzulässige Differenzierung nach Gruppenzugehörigkeit 187
m) Zusammenfassung 188

3. Art. 4 und 5 GG – Glaubens-, Gewissens- und Meinungsfreiheit 189
a) Meinungsäußerungsfreiheit der Angestellten im Öffentlichen Dienst 189
b) Grenzen der Meinungsäußerungsfreiheit 190
c) Arbeitsrechtlicher Bestandsschutz und Rundfunkfreiheit 191
d) Freiheit der Meinungsäußerung 193
e) Freiheit von Wissenschaft, Forschung und Lehre 194

4. Art. 6 GG – Grundrechtlicher Schutz von Ehe und Familie ... 195
a) Mutterschutz ... 195
b) Wirksamkeit von Spätehenklauseln ... 197
c) Ehe- und Familienschutz ... 198
5. Art. 9 GG – Koalitionsfreiheit ... 200
a) Persönlichkeitsrecht und Koalitionsfreiheit ... 200
b) Kein Tarifverhandlungs- und Abschlusszwang ... 200
c) Umfang der Koalitionsfreiheit ... 201
d) Inhaltsbestimmung der Koalitionsfreiheit ... 203
e) Koalitionsfreiheit und Arbeitskampfrecht ... 205
6. Art. 12 GG – Berufsfreiheit ... 206
a) Persönlichkeitsrecht und Freiheit der Berufsausübung ... 207
b) Wettbewerbsverbote ... 207
c) Zahlungsverpflichtungen und Kündigungsrecht ... 211
d) Mandantenschutzklauseln ... 213
e) Nebentätigkeit ... 214
f) Rückzahlungsverpflichtung hinsichtlich Umzugskosten ... 215
g) Rückzahlungsverpflichtung hinsichtlich Ausbildungskosten ... 217
h) Treueprämien ... 217
i) Kündigung nach den Regelungen der allgemeinen Gesetze ... 218
j) Anspruch auf Ausbildung ... 219
7. Weitere Grundrechtsspezifische Entscheidungen ... 219
a) Menschenwürde ... 219
b) Allgemeines Persönlichkeitsrecht des Arbeitnehmers ... 221
8. Zusammenfassung ... 222
VI. Paradigmenwechsel in der Rechtsprechung des BAG ... 222
1. Vorbereitung des Wechsels in der Literatur ... 223

a) Teilweise Anschluss an *Nipperdey* durch *Arthur Nikisch* ... 223

b) Modifikation der unmittelbaren Wirkung der Grundrechte durch *Jürgen Schwabe* ... 224

c) Teilweise Ablehnung der Lehre *Nipperdeys* ... 227

aa) *Brecher* – Grundrechtseinfluss in Relation zum Rechtsgeschäftstypus ... 227

bb) *Böckenförde* – Grundrechtsinterpretation und Verfassungstheorien ... 228

cc) *Rupp* – Einfluss des Wertewandels auf die Grundrechte ... 229

dd) *Stern* – Differenzierung nach möglichen Drittwirkungskonstellationen ... 230

ee) *Canaris* – Grundrechte als Schutzgebote ... 232

d) Zusammenfassung ... 239

2. Einleitung des „Paradigmenwechsels" durch den Zweiten Senat des BAG ... 240

a) Entscheidung des Zweiten Senats vom 20. Dezember 1984 ... 240

b) Stellungnahmen im Schrifttum zur Gewissensfreiheit im Arbeitsrecht ... 241

aa) Leistungsverweigerungsrecht ... 242

bb) Anspruch aus Art. 1 Abs. 1, Art. 2 Abs. 1 GG ... 244

cc) Mittelbare Wirkung des Grundrechts der Gewissensfreiheit aus Art. 4 Abs. 1 GG ... 245

c) Auseinandersetzung ... 247

3. Manifestation des „Paradigmenwechsels" durch den Großen Senat des BAG ... 249

a) Entscheidung des Großen Senats vom 27. Februar 1985 ... 249

b) Literatur zur Beschäftigungspflicht des Arbeitgebers ... 250

aa) Überwiegende Anerkennung des allgemeinen Beschäftigungsanspruches ... 251

bb) Ablehnung des allgemeinen Beschäftigungsanspruches ... 258

cc) Der *Weiter*beschäftigungsanspruch des § 102 Abs. 5 Satz 1 BetrVG ... 261

c) Auseinandersetzung ... 264

4. Analyse der Änderung in der Begründung der Rechtsprechung des BAG ... 265

a) Individualarbeitsrecht ... 266

b) Bindung der Tarifvertragsparteien an die Grundrechte ... 267

D. Schlussbetrachtung **269**

I. Allgemeine Feststellungen ... 269

II. Feststellungen zur Entwicklung der Lehre *Nipperdeys* ... 269

III. Feststellungen zur Entwicklung der Rechtsprechung des BAG ... 271

Literaturverzeichnis **275**

Abkürzungsverzeichnis

a.a.O.	am angegebenen Ort
Abs.	Absatz
AcP	Archiv für die civilistische Praxis
ALR	Preußisches Allgemeines Landrecht von 1794
Anm.	Anmerkung
Art.	Artikel
AöR	Archiv des öffentlichen Rechts
AOG	Gesetz zur Ordnung der nationalen Arbeit
ArbR	Arbeitsrecht
Aufl.	Auflage
AuR	Arbeit und Recht
BAG	Bundesarbeitsgericht
BAGE	Entscheidungen des Bundesarbeitsgerichtes
BB	Betriebsberater
Bd.	Band
Bearb.	Bearbeiter
BetrVG	Betriebsverfassungsgesetz
BGB	Bürgerliches Gesetzbuch
BGH	Bundesgerichtshof
BGHZ	Entscheidungen des Bundesgerichtshofes in Zivilsachen
bspw.	beispielsweise
BVerfG	Bundesverfassungsgericht
BVerfGE	Entscheidungen des Bundesverfassungsgerichtes
BVerwG	Bundesverwaltungsgericht
BVerwGE	Entscheidungen des Bundesverwaltungsgerichtes
bzgl.	bezüglich
bzw.	beziehungsweise
DB	Der Betrieb
ders.	derselbe
DGB	Deutscher Gewerkschaftsbund
Diss.	Dissertation

DJT	Deutscher Juristentag
DJZ	Deutsche Juristenzeitung
DöV	Die öffentliche Verwaltung
DRiZ	Deutsche Richterzeitung
DStR	Deutsches Steuerrecht
DVBl	Deutsches Verwaltungsblatt
ebd.	ebenda
EGBGB	Einführungsgesetz zum Bürgerlichen Gesetzbuch
Einl.	Einleitung
etc.	et cetera
f./ff.	folgende / fortfolgende
FamRZ	Zeitschrift für das Gesamte Familienrecht
Fn.	Fußnote
FRV	Reichsverfassung der Frankfurter Paulskirche von 1848
FS	Festschrift
GG	Grundgesetz
Geb.	Geburtstag
gem.	gemäß
GewO	Gewerbeordnung
ggf.	gegebenenfalls
GWB	Gesetz gegen Wettbewerbsbeschränkungen
Hausarbeitstagsgesetz NRW	Gesetzes des Landes Nordrhein-Westfalen über Freizeitgewährung für Frauen mit eigenem Hausstand vom 27. Juli 1948 (GVBl. 1949, 6). (Hausarbeitstagsgesetz NRW)
Hlbbd.	Halbband
HdB	Handbuch
HGB	Handelsgesetzbuch
Hrsg.	Herausgeber
insbes.	insbesondere
i.V.m.	in Verbindung mit
i.w.S.	im weitesten Sinne
Jg.	Jahrgang
JuS	Juristische Schulung
JW	Juristische Wochenschrift
JZ	Juristenzeitung

KSchG	Kündigungsschutzgesetz
LAG	Landesarbeitsgericht
MDR	Monatsschrift für Deutsches Recht
m.E.	meines Erachtens
MuSchG	Mutterschutzgesetz
m.w.N.	mit weiteren Nachweisen
NJW	Neue Juristische Wochenschrift
NZA	Neue Zeitschrift für Arbeit
p.F.V.	positive Forderungsverletzung
PrVBl.	Preußisches Verwaltungsblatt
RAG	Reichsarbeitsgericht
RdA	Recht der Arbeit
RG	Reichsgericht
RGZ	Entscheidungen des Reichsgerichtes in Zivilsachen
Rn.	Randnummer
Rspr.	Rechtsprechung
sog.	sogenannte(s/r/n)
s.o. S.	siehe oben Seite
s.u. S.	siehe unten Seite
TVG	Tarifvertragsgesetz
v.	von/vom
v.a.	vor allem
VO	Verordnung
vgl.	Vergleiche
VVDStRL	Veröffentlichungen der Vereinigung der Deutschen Staatsrechtslehrer
WRV	Weimarer Reichsverfassung vom 11. August 1919
z.B.	zum Beispiel
ZfA	Zeitschrift für Arbeitsrecht
ZgS	Zeitschrift für die gesamte Staatswissenschaft
ZNR	Zeitschrift für Neue Rechtsgeschichte

Einleitung

1. Problemstellung

Seit dem Inkrafttreten des Grundgesetzes mit seinem Grundrechtskatalog vor sechzig Jahren wird in der juristischen Literatur und der Rechtsprechung die Drittwirkung der Grundrechte, also die Geltung der Grundrechte im Privatrechtsverkehr der Bürger untereinander, diskutiert. Freilich sind nicht alle Grundrechte geeignet, an dieser Diskussion teilzunehmen, wie die Beispiele der Art. 15 GG (Sozialisierung), Art. 16 GG (Ausbürgerung, Auslieferung) und Art. 16a GG (Asylrecht) zeigen. Gleichwohl ist die Drittwirkungsproblematik heute aus einer allgemeinen Abhandlung über die Grundrechte ebenso wenig wegzudenken wie die *Jellinek*sche Statustheorie.[1] Mit den Grundrechten, ihren Funktionen und (Aus-)Wirkungen haben sich aber nicht nur Verfassungsrechtler auseinandergesetzt. Zahlreiche Abhandlungen aus verschiedenen Bereichen des Rechts von den diese Gebiete prägenden Autoren belegen, dass die Bedeutung der Grundrechte weit über das öffentliche, namentlich das Staatsrecht hinaus reicht.[2] Danach kann heute als gesichert angesehen werden, das wird kaum jemand mehr ernsthaft bestreiten wollen, die Wirkung der Grundrechte ist nicht (mehr) auf das Verhältnis zwischen Staat und Bürger beschränkt, sondern erstreckt sich auch auf das Privatrecht.

Während sich in verhältnismäßig kurzer Zeit Konsens darüber eingestellt hatte, *dass* die Grundrechte den Privatrechtsverkehr beeinflussen[3], wird zum Teil noch heute über die Frage gestritten, *wie* diese Grundrechtswirkung im Privat-

---

1 Vgl. u.a. die Arbeiten neueren Datums wie etwa *Singer*, Die Grundrechte im deutschen Arbeitsrecht, in *Neuner* (Hrsg.), Grundrechte und Privatrecht aus rechtsvergleichender Sicht, S. 245; *Cremer*, Freiheitsrechte, insb. S. 413ff.; *Lindner*, Theorie der Grundrechtsdogmatik, insb. S. 441ff.; *Gellermann*, Grundrechte in einfachgesetzlichem Gewande, insb. S. 212ff.; *Jestaedt,* Grundrechtsentfaltung im Gesetz, insb. S. 108ff.; aber auch in älteren Abhandlungen findet sich jeweils eine Stellungnahme zur Drittwirkungsproblematik vgl. *Alexy*, Theorie der Grundrechte, insb. S. 477; *Brinkmann*, Grundrechte und Gewissen im Grundgesetz, insb. S. 144f. Vgl. auch *von Münch*, Zur Drittwirkung der Grundrechte, insb. S. 11, der davon berichtet, dass der Gedanke der Drittwirkung der Grundrechte inzwischen sogar in das Rechtsdenken anderer Länder übernommen worden ist.

2 Vgl. etwa *Gamillscheg*, AcP 164 (1964), S. 385; *Canaris*, AcP 184 (1984), S. 201 sowie *ders.* zuletzt Grundrechte und Privatrecht – Eine Zwischenbilanz, (1999).

3 Vgl. ausführlich *Stern*, Staatsrecht, Bd. III/1, S. 1553; *Leisner*, Grundrechte und Privatrecht, S. 312ff.; vgl. auch *Langner*, Die Problematik der Geltung der Grundrechte zwischen Privaten, S. 48ff.

recht auszusehen hat[4]. Dem geht das Verständnis voraus, dass die unterverfassungsrechtliche Rechtsordnung historisch wie sachlich ein eigenständiger Faktor des Freiheits- und Gleichheitsschutzes ist. Die Grundrechte bilden dafür einen Rahmen, aus dem heraus sich Korrekturen bei Zielabweichungen und Aufträge für die Weiterentwicklung des einfachen Rechts ergeben.[5] Eine Reihe neuerer Arbeiten, in denen sich die Autoren dogmatisch mit der Drittwirkungsproblematik auseinandersetzen und neben den tradierten sowie überkommenen Lösungsansätzen neue, alternative Begründungsansätze formulieren, zeigen, dass die Diskussion um die Geltung der Grundrechte im Privatrechtsverkehr nicht an Aktualität verloren hat.[6]

Es war kein Zufall, dass das Arbeitsrecht die Brücke vom Privat- zum Verfassungsrecht abgab.[7] Denkstil und Gestaltprinzipien der modernen Arbeitswelt zeigen im Rechtlichen wie im Tatsächlichen eine besondere Affinität zu der Konzeption eines höchsten Normsystems, wie sie im Grundgesetz verwirklicht ist. Die besondere Nähe und die nicht selten jahrelange (Vertrags-) Beziehung der Parteien eines Arbeitsvertrages machen diese Rechtsmaterie im Vergleich zu den anderen Vertragstypen des BGB zu einer Besonderheit. Letzteres wird besonders daran deutlich, dass in Deutschland ein eigener (viel beschäftigter) Rechtsweg für das Arbeitsrecht existiert. Die Beziehung zwischen Arbeitgeber und Arbeitnehmer ist überwiegend von einem Über- und Unterordnungsverhältnis und nicht selten von einer gewissen Abhängigkeit gekennzeichnet.[8] Der Arbeitgeber gibt als Auftraggeber seinen Angestellten einseitig die Bedingungen für die von ihnen geschuldete Arbeitsleistung vor, was dazu führen kann, dass der jeweilige Arbeitnehmer persönliche Belange zurückzustellen hat. Hier liegt des Pudels Kern. Bisweilen kann es passieren, dass der Arbeitgeber vom Arbeitnehmer im Rahmen der Erbringung der ge-

---

4 Vgl. insbesondere die oben genannten Abhandlungen von *Cremer, Lindner* und *Alexy*, aber auch *Schwabe*, Probleme der Grundrechtsdogmatik, S. 211ff.; *Stemmler*, Grundrechtswirkung und Privatrechtsentfaltung, S. 8ff.; sowie *Langner*, Die Problematik der Geltung der Grundrechte zwischen Privaten, S. 55ff.

5 Vgl. *Schmidt*, in *Simon* (Hrsg.), Rechtswissenschaft in der Bonner Republik, S. 188, 212f.

6 Vgl. *Cremer*, Freiheitsrechte, S. 413ff.; auch *Lindner*, Theorie der Grundrechtsdogmatik, S. 441ff.; weiterhin *Langner*, Die Problematik der Geltung der Grundrechte zwischen Privaten, S. 88ff.; *Dolderer*, Objektive Grundrechtsgehalte, S. 201ff.; und *Floren*, Grundrechtsdogmatik im Vertragsrecht, S. 19ff.

7 Vgl. *Brecher*, Grundrechte im Betrieb, in FS für *Nipperdey* zum 70. Geb., S. 29, 31.

8 Letzteres kann beidseitig auftreten, wie die Entwicklung in Deutschland in den letzten Jahren gezeigt hat: Besteht etwa Fachkräftemangel, bedeutet dies eine Abhängigkeit des Arbeitgebers von spezialisierten Mitarbeiter. In solchen Situationen ist der Arbeitgeber eher zu Zugeständnissen bereit. In Zeiten hoher Arbeitslosigkeit verkehrt sich das Verhältnis ins Gegenteil und es erhöht sich die Bereitschaft der Arbeitnehmerschaft, Zugeständnisse an den Arbeitgeber zu machen.

schuldeten Arbeitsleistung ein bestimmtes Verhalten verlangt, das Letzterer als mehr oder weniger unangenehm empfindet. Ein thematischer Dauerbrenner in dieser Beziehung ist die betriebliche Anordnung, während der Arbeitszeit und auf dem Betriebsgelände politische bzw. religiöse Äußerungen und Meinungskundgaben zu unterlassen. Das Interesse des Arbeitgebers, damit den Betriebsfrieden zu erhalten, liegt auf der Hand. Es gibt allerdings Arbeitnehmer, denen die Mitteilung ihrer politischen bzw. religiösen Anschauung sehr wichtig ist, insbesondere gegenüber ihren Kollegen, mit denen sie einen verhältnismäßig großen Anteil der täglichen Lebenszeit verbringen. Solche Mitarbeiter könnten auf den Gedanken kommen, die Anordnung des Arbeitgebers sei für sie nicht nur persönlich unangenehm, sondern verletze ihre Rechte als Bürger eines freien Landes.[9] Schon ist (bzw. war) der (Arbeitsrechts-) Streit um die Wirkung der Grundrechte im privatrechtlichen Verhältnis zwischen Arbeitnehmer und Arbeitgeber entbrannt.

Die übrigen Vertragstypen des bürgerlichen Schuldrechts sind wegen ihrer nicht so sehr persönlich, sondern vielmehr sachlich geprägten Beziehung und der in aller Regel fehlenden Abhängigkeit der Vertragsparteien zu- bzw. voneinander weniger anfällig für die gerade geschilderte Problemkonstellation.

Als eine der herausragenden Persönlichkeiten seiner Zeit im Zivilrecht, vor allem aber im Arbeitsrecht,[10] hat sich *Hans Carl Nipperdey* besonders für die Einbeziehung der Grundrechte bzw. die grundrechtlichen Wertungen in das Arbeitsrecht engagiert. Einige seiner Beiträge, insbesondere zum Lohngleichheitssatz haben den Anstoß für eine intensive, das zivil- wie auch verfassungsrechtliche Schrifttum ergreifende Debatte gegeben. Ohne Übertreibung kann man heute feststellen, dass *Nipperdey* mit dem Gewicht seiner doppelten Autorität als Gelehrter[11] und hoher Richter[12] das Verständnis von der Wirkung der Grundrechte des Grundgesetzes allgemein und insbesondere im Privatrechtsverkehr entscheidend mitgeprägt hat. Nicht nur durch seine rege Veröffentlichungstätigkeit hat er immer wieder Anstöße und neue Aspekte in die Debatte eingebracht.

Unter seinem Vorsitz hat der Erste Senat des BAG eine Reihe von Urteilen erlassen und die von ihm begründete Lehre zur ständigen Rechtsprechung entwickelt und ausgebaut.

---

9 Siehe hierzu unten C. V. 3 insbesondere BAGE 24, S. 438.

10 Vgl. *Henne*, Die neue Wertordnung im Zivilrecht, in *Stolleis* (Hrsg.), Das Bonner Grundgesetz, S. 13, 21 m.w.N.

11 *Nipperdey* war in der Zeit seit 1925 ordentlicher Professor an der Universität Köln.

12 *Nipperdey* war vom 12. April 1954 bis zum 31. Januar 1963 Präsident des BAG.

2. Zielstellung und Gang der Untersuchung

Ziel der Untersuchung ist es aufzuzeigen, in welcher Form das BAG die von Nipperdey entwickelte Lehre in seine Rechtsprechung einbezogen und fortentwickelt hat und schließlich herauszuarbeiten, warum das BAG (erst) nach rund dreißig Jahren ständiger Rechtsprechung von dieser Lehre abrückte.

Die dreigeteilte Arbeit wird hierzu zunächst eine überblicksartige Betrachtung der Entwicklung der Grundrechte und des Grundrechtsverständnisses vollziehen (A. I.). Der Leser soll hieraus ein gewisses Grundverständnis über die historische Aufgabe und Bedeutung der Grundrechte für die spätere Auseinandersetzung mit der Lehre *Nipperdeys* mitnehmen. Besonderes Augenmerk wird der erste Teil der Arbeit auf die Grundrechte der Weimarer Reichsverfassung und die seinerzeitige Diskussion um deren Zielrichtung legen (A. II.). Dies insbesondere deshalb, weil die Weimarer Grundrechtsdogmatik maßgeblichen Einfluss auf die Ausgestaltung des Grundrechtskataloges des Bonner Grundgesetzes genommen hat. Wie nicht zuletzt auch das von *Nipperdey* 1930 herausgegebene mehrbändige Werk „Die Grundrechte und Grundpflichten der Reichsverfassung" zeigt, war das Grundrechtsverständnis in Weimar traditionell geprägt, so dass die Grundrechte als gegen den Staat gerichtete Abwehr- bzw. Freiheitsrechte verstanden worden sind. Vor diesem Hintergrund ist es interessant zu sehen, ob die Grundlagen für die später von *Nipperdey* hinsichtlich der Grundrechte des Bonner Grundgesetzes entwickelte Lehre bereits in der Weimarer Zeit angelegt waren. Der einleitende erste Teil der Arbeit wird zur Vervollständigung des grundrecht-(sgeschicht-) lichen Hintergrundes auf das aktuelle Grundrechtsverständnis eingehen (A. III. und A. IV.). Wegen der den Gegenstand dieser Untersuchung bildenden Schnittstellenproblematik der Lehre *Nipperdeys*, von der unmittelbaren Wirkung der *Grundrechte* im *Arbeitsrecht*, schließt der erste Teil der Arbeit mit einem Abriss des Arbeitsrechts (A. V.). Darin werden kurz die Besonderheiten dieses Teilbereichs des Privatrechts und der über das Arbeitsrecht miteinander Verbundenen dargestellt.

Im zweiten Abschnitt wird sich die Arbeit der Entwicklung der Lehre *Nipperdeys* widmen (B.). Neben der Darstellung der zentralen, die Lehre begründenden Argumente soll insbesondere der Frage nachgegangen werden, auf welches gedankliche Fundament *Nipperdey* seine Grundrechtsdogmatik bzw. die Theorie von der unmittelbaren Wirkung der Grundrechte (im Arbeitsrecht) gründete (B. II. 1. und B. II. 2.). Der Auseinandersetzung mit der Argumentation *Nipperdeys* (B. II. 3.) wird sich eine Betrachtung des diesbezüglich relevanten Schrifttums anschließen. Hierbei wird zunächst auf diejenigen Beiträge eingegangen, die sich der Lehre angeschlossen und zum Teil versucht haben, weitere Argumente zu ihrer Unterstützung herauszuarbeiten

(B. II. 4.). Anschließend werden die wesentlichen Arbeiten der Kritiker *Nipperdeys* im Fokus stehen (B. II. 5.). Den Abschluss des zweiten Abschnitts bildet eine Betrachtung der praktischen Auswirkungen der Diskussion um die Wirkung der Grundrechte im Privatrechtsverkehr anhand von vier Grundrechtsbestimmungen (B. III.) sowie dem Tarifvertragsrecht (B. IV.).

Der dritte Abschnitt der Arbeit konzentriert sich auf die Entwicklung der durch die Lehre von der unmittelbaren Drittwirkung der Grundrechte im Arbeitsrecht geprägten Rechtsprechung des BAG. Nachdem die Grundrechte heute im Wesentlichen so gelten wie sie vom BVerfG ausgelegt werden[13] bzw. – weniger apodiktisch ausgedrückt – das Bewusstsein der Verfassungsinterpreten zumindest durch bestimmte Entscheidungen des BVerfG geprägt wird und sich die wichtigsten Entwicklungslinien der heutigen Grundrechtsdogmatik oft mit bestimmten Entscheidungen des BVerfG verbinden lassen[14], soll der Blick zunächst auf die Rechtsprechung des BVerfG (C. II.) sowie des BGH (C. III.) gerichtet werden. Dem schließt sich eine einzelgrundrechtsbezogene Betrachtung der im Laufe von rund 30 Jahren ergangenen Entscheidungen des BAG zur Frage der Wirkung der Grundrechte im Privatrechtsverkehr an (C. V.). Die zeitliche Einschränkung erfolgt deshalb, weil die Aufgabe der bis dahin vom BAG im Anschluss an *Nipperdey* vertretenen Lehre von der unmittelbaren Drittwirkung der Grundrechte im Arbeitsrecht, jedenfalls hinsichtlich des Individualarbeitsrechts, im Wesentlichen auf zwei Entscheidungen des Zweiten und des Großen Senats um die Jahreswende 1984/85 zurückzuführen ist (C. VI. 2. und C. VI. 3.). Diese zwei Entscheidungen vom 20. Dezember 1984[15] und 27. Februar 1985[16] stehen in dem der chronologischen Entscheidungsabfolge anschließenden Teil im Zentrum der Untersuchung. Hierbei wird zunächst auf das in der Zwischenzeit – seit den Jahren der aktiven Teilnahme *Nipperdeys* an der Diskussion – veröffentlichte Schrifttum einzugehen sein (C. VI. 1.). Im Rahmen der Auseinandersetzung mit den für die vorliegende Arbeit als Wendepunkte erkannten Entscheidungen werden die Stimmen der Literatur, die sich speziell mit den in der jeweiligen Entscheidung relevanten Grundrechten beschäftigt haben, zusammengetragen und deren möglicher Einfluss auf die Entscheidungen bewertet.

13 Vgl. *Manssen*, Die Entwicklung des Grundrechtsschutzes unter dem Grundgesetz, in Grundrechte im Umbruch (1997), S. 22; Vgl. auch *Smend*, Das Bundesverfassungsgericht (1963), S. 23f.

14 Vgl. *Manssen*, Die Entwicklung des Grundrechtsschutzes unter dem Grundgesetz, in Grundrechte im Umbruch (1997), S. 22.

15 BAGE 47, S. 363.

16 BAGE 48, S. 123.

Den Abschluss der Arbeit bildet eine Zusammenführung der im zweiten und dritten Abschnitt gewonnenen Erkenntnisse (D.). Es soll der Versuch unternommen werden, eine Erklärung dafür zu geben, dass das BAG trotz der spätestens seit Anfang der siebziger Jahre entgegenstehenden herrschenden Meinung in Schrifttum und übriger Rechtsprechung bis zur Mitte der achtziger Jahre an der Lehre *Nipperdeys* festgehalten und sich erst dann nachvollziehbar in der Begründung seiner Ergebnisse der herrschenden, maßgeblich von der Lehre der mittelbaren Wirkung der Grundrechte im Privatrechtsverkehr geprägten, Meinung angeschlossen hat.

Die vorliegende Betrachtung der Rechtsprechung des BAG von der unmittelbaren Drittwirkung der Grundrechte konzentriert sich im Wesentlichen auf das Individualarbeitsrecht und endet mit den beiden oben genannten Entscheidungen des Zweiten und des Großen Senats vom 20. Dezember 1984[17] und 27. Februar 1985.[18] Letzteres liegt vor allem daran, dass das BAG bis heute zwar nach wie vor von der Geltung der Grundrechte im Arbeitsrecht ausgeht, dies aber nicht mehr mit der im Zentrum dieser Arbeit stehenden, auf *Nipperdey* zurückgehenden Lehre von der absoluten Wirkung der Grundrechte begründet.

Seit dem dogmatischen Wechsel zur Jahreswende 1984/1985 begründet das BAG die Grundrechtsgeltung im Individualarbeitsrecht im Anschluss an die herrschende Meinung, die sich in aller Regel mit der des BVerfG deckt. Demgemäß geht das BAG seit Anfang der 1990-er Jahren im Anschluss an die – vom BVerfG zunächst im Zusammenhang mit § 218 StGB entwickelte,[19] von *Canaris*[20] in das Privatrecht übertragene und vom BVerfG in der Handelsvertreter-Entscheidung vom 07. Februar 1990[21] sowie in der Bürgschaftsentscheidung vom 19. Oktober 1993[22] für das Privatrecht bestätigte[23] – Lehre von den grundrechtlichen Schutzpflichten heute davon aus, dass immer dann, wenn die Vertragsfreiheit nicht funktioniert, weil Selbstbestimmung in

---

17 BAGE 47, S. 363.

18 BAGE 48, S. 123.

19 BVerfGE 39, S. 1, 42ff.

20 *Canaris*, AcP 184 (1984), S. 201; *ders.*, Grundrechtswirkungen und Verhältnismäßigkeitsprinzip, JuS 1989, S. 161; *ders.*, Grundrechte und Privatrecht, S. 21.

21 BVerfGE 81, S. 242, 256, 263.

22 BVerfGE 89, S. 214.

23 Vgl. auch *Neuner*, Die Einwirkung der Grundrechte auf das deutsche Privatrecht, in *ders.* (Hrsg.), Grundrechte und Privatrecht aus rechtsvergleichender Sicht, S. 159, 170f.

Fremdbestimmung umschlägt, der Staat und ggf. die Gerichtsbarkeit zum Schutz der Selbstbestimmung eingreifen muss.[24]

Der Vollständigkeit halber sei erwähnt, dass sich eine solche Einigkeit der Rechtsprechung im Tarifvertragsrecht nicht feststellen lässt. Während der Sechste Senat des BAG die Anwendbarkeit der Grundrechte im Hinblick auf Tarifverträge ganz allgemein anerkennt, geht ein Teil der Literatur – nicht zuletzt unter Hinweis auf das seit der Schuldrechtsreform in § 310 Abs. 4 Satz 1 BGB statuierte Verbot der Tarifzensur – davon aus, dass Tarifverträge keiner Zensur unterliegen, sondern ihnen vielmehr eine Richtigkeitsgewähr zukommt.[25] Daneben differenzieren andere Autoren und unterstellen nur einen Kernbereich der Grundrechte staatlicher Schutzpflicht und beschränken Eingriffe in die Tarifhoheit im Übrigen auf den Schutz von Minderheiten.[26] Angesichts der hier vorherrschenden Meinungsvielfalt bleibt abzuwarten, ob und wann die verschiedenen Senate des BAG eine einheitliche Linie finden.

3. Terminologie

Vor dem inhaltlichen Einstieg in die Untersuchung soll an dieser Stelle noch ein kurzer Blick auf die unterschiedlichen Begrifflichkeiten, die im Zusammenhang mit der hier untersuchten Thematik in der juristischen Literatur verwendet werden, erfolgen. Der Titel der Arbeit enthält mit der Bezeichnung „absolute Wirkung der Grundrechte“ diejenige Formel, die *Nipperdey*[27] selbst verwendete, wenn er von der maßgeblich von ihm begründeten Lehre sprach.[28] *Nipperdey* verband mit dieser Aussage die Vorstellung, dass die Grundrechte die privatrechtlichen Beziehungen der Rechtssubjekte *unmittelbar* beeinflussen sollten. Die heute gebräuchliche Bezeichnung für diese Form der Behandlung des Problems bzw. die Lehre *Nipperdeys* ist die „unmittelbare Drittwirkung der Grundrechte“. Der Begriff der Drittwirkung geht im Wesentlichen auf *Ipsen*[29] zurück. Ebenso verwendet werden im neueren Schrift-

24 Vgl. *Singer*, Die Grundrechte im deutschen Arbeitsrecht, in *Neuner* (Hrsg.), Grundrechte und Privatrecht aus rechtsvergleichender Sicht, S. 245, 249; BAG 10. Oktober 2002, RdA 2003, S. 240 m. Anm. Preis/Greiner; vgl. auch *Boemke/Gründel*, ZfA 2001, S. 245 mit weiteren Beispielen; ferner BAGE 88, S. 118, 123; BAGE 111, S. 8, 15.

25 Vgl. *Canaris*, AcP 184 (1984), S. 201, 244; zu den einzelnen wiederstreitenden Ansichten vgl. insbesondere *Singer*, Die Grundrechte im deutschen Arbeitsrecht, in *Neuner* (Hrsg.), Grundrechte und Privatrecht aus rechtsvergleichender Sicht, S. 245; 256ff.

26 Vgl. *Singer*, ZfA 1995, S. 611, 629ff.; *Dieterich*, RdA 1995, S. 129, 131.

27 Vgl. *Enneccerus/Nipperdey*, AT, 15. Aufl., 1959, § 15, II. 4. c), S. 94f.

28 Vgl. *Nipperdey*, DVBl. 1958, S. 445, 446, *Nipperdey* sprach von seiner Lehre.

29 Vgl. *Ipsen*, Gleichheit, in *Neumann/Nipperdey/Scheuner*, Grundrechte, Bd. 2, S. 111, 143 m.w.N. in Fn. 109.

tum Begriffe wie „Horizontalwirkung" der Grundrechte oder „Geltung" der Grundrechte im Privatrecht bzw. im Privatrechtsverkehr.[30] Im Interesse eines einheitlichen Sprachgebrauchs wird im Folgenden im Hinblick auf die Lehre *Nipperdeys* von der unmittelbaren Drittwirkung der Grundrechte bzw. von der absoluten Wirkung der Grundrechte gesprochen.

30 Vgl. ausführlich *Stern*, Staatsrecht, Bd. III/1, § 76 I. 2., S. 1511, 1515f.

A. Grundlagen

I. Historisches Verständnis von den Menschen- und Grundrechten

1. Terminologie und Wechselbeziehung von Menschen- und Grundrechten

Der internationale Sprachgebrauch hinsichtlich der Begriffe Menschenrecht und Grundrecht ist und war es insbesondere in der Entstehungsgeschichte uneinheitlich.[31] Während die amerikanische „Bill of Rights“ den Begriff der Rechte (rights) ganz allgemein verwendete, differenzierte die französische „Déclaration des droits de l'homme et du citoyen“ bereits zwischen Menschen und Bürgerrechten, ohne allerdings auf die Abgrenzungskriterien einzugehen. In der deutschen Verfassungsdiskussion im 19. Jahrhundert schwankte der Sprachgebrauch zunächst. Der Begriff der Grundrechte setzte sich schließlich in der Paulskirchenversammlung durch.[32]

Begrifflich gehen die Menschenrechte von vorstaatlichen Gegebenheiten aus. Die Idee der Menschenrechte basiert darauf, dass diese Rechte als überpositives Recht unabhängig von jeder Positivierung durch eine von Menschen geschaffene Rechtsordnung bestehen.[33] Demgegenüber sind Grundrechte diejenigen grundlegenden Rechte, die in nationalen Verfassungen als Freiheits-, Gleichheits-, politische Rechte und judizielle Garantien verankert sind.[34] Die Verbindung dieser beiden Begriffe entsteht dann, wenn die Menschenrechte in verfassungsmäßige, als Grundrechte ausgestaltete, Rechte der Menschen einfließen.[35] Die Menschenrechte werden dann in die Verfassungsstaatlichkeit eingebunden und in Grundrechte umgeschrieben, um ihre Effektivität und Durchsetzbarkeit zu sichern.[36]

---

31 Vgl. *Stern*, Die Idee der Menschen- und Grundrechte, in *Merten/Papier* (Hrsg.) Hdb. d. Grundrechte, Bd. I, S. 26f.

32 *Kühne*, Die Reichsverfassung der Paulskirche, S. 34f.

33 Vgl. *Stern*, Die Idee der Menschen- und Grundrechte, in *Merten/Papier* (Hrsg.) Hdb. d. Grundrechte, Bd. I, S. 27.

34 Vgl. *Stern*, Die Idee der Menschen- und Grundrechte, in *Merten/Papier* (Hrsg.) Hdb. d. Grundrechte, Bd. I, S. 28.

35 Vgl. *Stern*, Die Idee der Menschen- und Grundrechte, in *Merten/Papier* (Hrsg.) Hdb. d. Grundrechte, Bd. I, S. 29.

36 Ebd.

2. Die Idee der Menschenrechte

Die Idee, dass es bestimmte dem Menschen angeborene unveräußerliche und unverletzliche Rechte geben müsse, existierte bereits im antiken Europa; Zwar lässt sich in der griechischen und römischen Antike der Begriff der Menschenrechte nicht nachweisen, gleichwohl aber die dahinter stehende Rechtsidee.[37] In der Zeit der Expansion der europäischen Nationen, insbesondere in der „neuen Welt“ – in Amerika – und der damit verbundenen Kolonialisierung trat die Diskussion erneut in den Blickpunkt der Öffentlichkeit.[38] Insbesondere die Vernichtung ganzer Indianervölker in Amerika durch die spanischen Conquistadores führte zu einer breit geführten Debatte und in deren Fortgang zum Erlass der päpstlichen Bulle „Sublimis Deus" von 1537, in der festgestellt worden ist, dass Indianer auch Menschen sind.[39] In der Folgezeit beschäftigten sich insbesondere Theologen, Philosophen und Juristen unter anderem mit Fragen, die das Verhältnis des Einzelnen zur und in der Gesellschaft betrafen, aber auch damit, welche Rechte und Pflichten des Einzelnen bestehen und woraus diese Rechte und Pflichten abzuleiten sind. Die aufklärerischen geistigen Strömungen seit Ende des 16. Jahrhunderts brachten in Europa eine naturrechtliche Betonung der christlichen Werte hervor. Dem Menschen als vernunftbegabtes Lebewesen seien natürliche Rechte von der Natur gegeben, die jeder Souverän zu achten habe.[40] Das Recht und damit auch die Grundrechtstheorie entwickelte sich im Laufe der Jahrhunderte stetig weiter, jedoch sollten bis zur Geltung von Grundrechten, in der uns in Deutschland heute vertrauten Form, noch einige Jahrhunderte vergehen.

Der positiv-rechtliche Durchbruch gelang der Idee von den Menschenrechten nach der englischen Habeas Corpus Akte von 1679 im Wesentlichen erst mit den Erklärungen der amerikanischen Staaten im 18. Jahrhundert zur Begründung ihrer Unabhängigkeit von England.[41] Hierin ist der Beginn des liberalen,

---

37 Vgl. *Stern*, Die Idee der Menschen- und Grundrechte, in *Merten/Papier* (Hrsg.) Hdb. d. Grundrechte, Bd. I, S. 6f.

38 Vgl. *Schmale*, Grund- und Menschenrechte, S. 68.

39 Vgl. *Schmale*, Grund- und Menschenrechte, S. 32.

40 Vgl. *Stern*, Die Idee der Menschen- und Grundrechte, in *Merten/Papier* (Hrsg.) Hdb. d. Grundrechte, Bd. I, S. 8; der hierzu auf die Werke namhafter Vordenker wie *Hugo Donellus, Johannes Althusius, Hugo Grotius, Samuel Pufendorf, Christian Wolff,m John Milton, Oliver Cromwell, Thomas Hobbes* und *Sir Edward Coke* verweist; Vgl. ebenso *Dreitzel*, Grundrechtskonzeption in der protestantischen Rechts- und Staatslehre im Zeitalter der Glaubenskämpfe, in *Birtsch* (Hrsg.) Grund- und Freiheitsrechte von der ständischen zur spätbürgerlichen Gesellschaft, S. 183.

41 Vgl. *Stern*, Die Idee der Menschen- und Grundrechte, in *Merten/Papier* (Hrsg.) Hdb. d. Grundrechte, Bd. I, S. 14.

demokratischen Zeitalters und des modernen bürgerlich-freiheitlichen Rechtsstaates zu sehen.[42]

3. „Bill of Rights" von Virginia

Die Entwicklung der Menschen- und auch der Grundrechte im juristischen Sinne vollzog sich in der sogenannten „Neuen Welt" keineswegs so revolutionär, wie es mancherorts dargestellt wird. Dies lag beispielsweise daran, dass ein großer Teil der europäischen Auswanderer aus England kam. Deren Bestrebungen waren zunächst darauf gerichtet, gegenüber der englischen Krone durchzusetzen, dass nach der Fahrt über den Atlantik die „Rights of Englishmen" auch weiterhin für sie galten.[43] Darüber hinausgehende Forderungen kamen später im Verlauf der Unabhängigkeitsbestrebungen hinzu.

Als eine Errungenschaft der neu gewonnenen Unabhängigkeit war der Verfassung der Kolonie Virginia vom 12. Juni 1776, einer der nordamerikanischen Gründerstaaten, ein Katalog von Grund- und Menschenrechten, die sogenannte „Bill of Rights", vorangestellt. In diesem sollten die Rechte des Menschen garantiert werden. Ausgehend vom Grundgedanken der natürlichen Freiheit und Gleichheit und von dem unveräußerlichen Recht des Menschen auf Leben, Freiheit, Eigentum, Glück und Sicherheit verbürgte der eher Menschenrechte beinhaltende Katalog im Einzelnen Rechte und Freiheiten wie: Das Recht auf Schutz durch den Staat, das Recht auf ein schnelles Strafverfahren, das Recht der freien Ausübung der (christlichen) Religion oder die Pressefreiheit.[44] Letzteres bestand schon damals in Form eines aus heutiger Sicht klassischen justiziellen Grundrechts.[45] Auch die anderen Staaten, die sich seinerzeit zur Union zusammenschlossen, haben teils in der unmittelbaren Folge ähnliche Zusammenstellungen von Menschenrechten erlassen.[46] Die Union selbst hat zunächst in ihrer Verfassung von 1787[47] auf die Erklärung der Menschenrechte verzichtet. Wenig später wurde die Verfassung dann um

---

42 Vgl. *Schmitt*, Verfassungslehre, S. 157.

43 Vgl. *Fröschl*, Grund- und Menschenrechte, S. 121; vgl. hierzu auch *Maunz*, Deutsches Staatsrecht, S. 67f.

44 Vgl. *Commichau*, Die Entwicklung der Menschen-und Bürgerrechte von 1776 bis zur Gegenwart, S. 70.

45 Vgl. *Stern*, Die Idee der Menschen- und Grundrechte, in *Merten/Papier* (Hrsg.) Hdb. d. Grundrechte, Bd. I, S. 15.

46 Vgl. *Hartung* in *Commichau* (Hrsg.), Die Entwicklung der Menschen- und Bürgerrechte von 1776 bis zur Gegenwart, S. 17.

47 Zur Entstehung und zum Inhalt der Verfassung der vereinigten Staaten von Amerika vgl. *Waibel*, JuS 2001, S. 1048.

eine Reihe von Zusatzartikeln ergänzt, mit denen die wichtigsten Rechte auch für den Gesamtstaat als verbindlich anerkannt wurden.[48]

Der Grund dafür, dass die amerikanischen Erklärungen im englischen Mutterland wie in den europäischen Kontinentalstaaten wenig Beachtung fanden, ist dem Umstand geschuldet, dass die verbürgten Garantien trotz ihres eigentlich revolutionären naturrechtlichen Charakters – die Rechte sollten den Menschen von Geburt an gegeben, ohne vom Staat oder einem Parlament abgeleitet zu sein – nicht konsequent umgesetzt wurden. Die „Menschenrechte" galten nämlich – vorsichtig ausgedrückt – vornehmlich für weiße männliche Amerikaner, denn beispielsweise wurde die Sklaverei erst im Jahre 1865 durch Inkrafttreten des 13. Verfassungszusatzes verboten[49] und die Einführung des Wahlrechts für Frauen ließ bis zum Inkrafttreten des 19. Verfassungszusatzes im Jahre 1920 auf sich warten.

4. „Déclaration des droits de l'homme et du citoyen"

Die Erklärung der Rechte des Menschen und Bürgers vom 26. August 1789, die später Eingang in die Französische Verfassung vom 3. September 1791 fand,[50] stellt jedenfalls aus europäischer Sicht einen entscheidenden Schwellenpunkt in der Diskussion um die Bedeutung der Menschenrechte dar. Gleichwohl kommt ihr nicht die Rolle des Ausgangspunktes für die Menschenrechtsdiskussion überhaupt zu.[51] Die Menschen- und Bürgerrechtserklärung von 1789 war ein Ergebnis der voraus gegangenen Entwicklung, die in ganz Europa und Nordamerika zur Entstehung der Aufklärung und der damit verbundenen Entstehung neuzeitlichen Gedankengutes geführt hatte. Beleg hierfür sind die tragenden Prinzipien der Erklärung von 1789: Freiheit und Gleichheit,[52] die auch in der Literatur der Aufklärung eine zentrale Rolle spielten.

Als natürliche und unabdingbare Menschenrechte garantierte Art. 2 der Erklärung die Freiheit, das Eigentum, die Sicherheit und den Widerstand gegen Unterdrückung. Eine unserem heutigen Art. 2 GG verwandte „Allgemeine Handlungsfreiheit" enthielt Art. 4 der Erklärung, in dem es heißt: „Die Freiheit besteht darin, alles tun zu können, was einem anderen nicht schadet." Das

48 Vgl. *Hartung*, in *Commichau* (Hrsg.), Die Entwicklung der Menschen- und Bürgerrechte von 1776 bis zur Gegenwart, S. 17.

49 Die Gleichberechtigung der der afroamerikanischen Bevölkerung ließ wenigstens ein weiteres Jahrhundert auf sich warten.

50 Vgl. *Commichau*, Die Entwicklung der Menschen- und Bürgerrechte von 1776 bis zur Gegenwart, S. 73.

51 Vgl. *Schmale*, Grund- und Menschenrechte, S. 35.

52 Vgl. *Schmale*, Grund- und Menschenrechte, S. 95.

Recht auf Freiheit der Meinungsäußerung und die Pressefreiheit verbürgte Art. 11 der Erklärung. Schließlich regelte Art. 17 das Recht auf Eigentum und den Schutz vor Enteignung.[53]

Die Erklärung von 1789 richtete sich, dem damaligen Verständnis sowie den seinerzeitigen Bedürfnissen entsprechend, gegen die Staatsgewalt. Die in der Déclaration genannten Rechte sollten dem einzelnen Menschen und Bürger im Wesentlichen Freiheiten sichern, deren Existenz die Verfassungsgeber als naturgegeben verstanden und die von den Staatsgewalten als unantastbar verstanden werden sollten. Die Rechte waren jedoch nicht justiziabel ausgestaltet sondern vielmehr als eine von großem Pathos getragene Belehrung über die naturgegebenen Rechte des Individuums.[54] Vermutlich wurde deshalb eine interindividuale Wirkung der Rechte der Erklärung zu der Zeit in Frankreich auch überhaupt nicht diskutiert. Eine Erklärung, dafür, dass die Franzosen ihre Déclaration im Vergleich zu den Amerikanern nicht so nüchtern und praktikabel ausgestaltet haben, lässt sich in der Entstehungsgeschichte der französischen Erklärung finden. Frankreich stand am Ende des 18. Jahrhunderts, in der Zeit der revolutionären Bewegung, an einem Punkt, an dem bestimmte Bevölkerungsschichten immer stärker versuchten, die Monarchie als herrschende Staatsform abzulösen.

Die Beschwerden über die politischen Zustände wurden nicht nur in die Ständeversammlungen sondern auch auf die Straße getragen. Erstere bildeten allerdings das Forum für die Diskussion über den Sinn und Zweck von Menschen und Bürgerrechten.[55] Die obere Schicht des Dritten Standes Frankreichs suchte seine gesellschaftliche Position zu stärken. Die Forderungen der geistigen Eliten nach Demokratisierung kamen diesen Bestrebungen gerade recht. Insofern sind die zentralen Regelungsinhalte der Erklärung von 1789 nur die logische Folge der Bestrebungen des besitzenden Bürgertums, Freiheiten und Mechanismen zu schaffen, mit denen sie die wirtschaftliche Entwicklung im Zuge der aufkommenden Industrialisierung ungehemmt von staatlicher Willkür zu ihrem eigenen Vorteil nutzen konnten.

Die Erklärung der Menschen- und Bürgerrechte gab bereits während ihrer Entstehung den Anstoß zu einer kontrovers geführten Debatte darüber, welche Rechte den Menschen naturrechtlich verbürgt sein sollten, welche Rechte von wem zu gewährleisten seien und schließlich auch welche Bedeutung den ein-

---

53 Vgl. *Commichau*, Die Entwicklung der Menschen- und Bürgerrechte von 1776 bis zur Gegenwart, S. 73.

54 Vgl. *Stern*, Die Idee der Menschen- und Grundrechte, in *Merten/Papier* (Hrsg.) Hdb. d. Grundrechte, Bd. I, S. 17f.

55 Vgl. *Würtenberger*, Von der Aufklärung zum Vormärz, in *Merten/Papier* (Hrsg.) Hdb. d. Grundrechte, Bd. I, S. 53f.

zelnen Rechten überhaupt zuzumessen sei. In den Jahren nach 1789 blieb die Entwicklung dann auch keineswegs stehen. Beispielsweise haben die Verfassungsgeber der Verfassung von 1791 die Erklärung von 1789 im vollen Wortlaut übernommen und dieser bevorzugten Gruppe von Rechten im ersten Teil eine Reihe weiterer Rechte hinzugefügt.[56] Neu hinzugekommen war die Freizügigkeit, das Recht der freien Meinungsäußerung und der freien Kultusausübung; das Versammlungs- und Petitionsrecht wurden im Gegensatz zur Erklärung von 1789 näher ausgestaltet. Die Entwicklung war aber nicht einseitig von dem Bestreben geprägt, immer mehr Rechte zu schaffen und zu definieren. In der Verfassung von 1793 schmolz die Zahl der Rechte von 35 auf 22. Völlig aus dem Katalog herausgenommen wurde hierbei das Recht zum Widerstand und zur Revolution; das Recht auf freie Meinungsäußerung, die Kultusfreiheit, die Gewerbefreiheit und der Schutz des Eigentums gegen Enteignung wurden inhaltlich so sehr beschnitten, dass diese Rechte ihr eigentliches Wesen verloren.[57]

5. Grundrechte in den deutschen Verfassungen des 19. Jahrhunderts

Die Grundrechts-/Menschenrechtsdogmatik ausgangs des 18. Jahrhunderts war stark von der Naturrechtslehre geprägt. Während die Menschenrechte als angeborenes und unveräußerliches Recht eines jeden schienen, leitete der Staat Grund und Legitimation aus ihnen ab.[58] Bis zum Ende des 19. Jahrhunderts hatte sich in der deutschen Staatsrechtslehre die Auffassung durchgesetzt, dass die Grundrechte vom Staat gewährt würden und nur im Rahmen seiner Gesetze Geltung fänden.[59] Eine Ursache für diesen Wandel des Grundrechtsverständnisses lag insbesondere in der – wenn auch später als in anderen europäischen Ländern – auch in den deutschen Staaten einsetzenden Industrialisierung, mit welcher der Prozess der sozialen, gesellschaftlichen und politischen Aufklärung einher ging.

a) Grundrechte im Konstitutionalismus

---

56 Vgl. *Hartung*, in *Commichau* (Hrsg.), Die Entwicklung der Menschen- und Bürgerrechte von 1776 bis zur Gegenwart, S. 19.

57 Vgl. *Hartung*, in *Commichau* (Hrsg.), Die Entwicklung der Menschen- und Bürgerrechte von 1776 bis zur Gegenwart, S. 21.

58 Vgl. *Grimm*, Die Entwicklung der Grundrechtstheorie in der deutschen Staatsrechtslehre des 19. Jahrhunderts, in *Birtsch* (Hrsg.) Grund- und Freiheitsrechte von der ständischen zur spätbürgerlichen Vgl. Gesellschaft, S. 234; *ders.* in Recht und Staat der bürgerlichen Gesellschaft, S. 308.

59 Vgl. *Grimm*, Die Entwicklung der Grundrechtstheorie in der deutschen Staatsrechtslehre des 19. Jahrhunderts, in *Birtsch* (Hrsg.) Grund- und Freiheitsrechte von der ständischen zur spätbürgerlichen Vgl. Gesellschaft, S. 234; *ders.* in Recht und Staat der bürgerlichen Gesellschaft, S. 308.

Nach dem Untergang des Heiligen Römischen Reiches Deutscher Nation 1806 und den gewonnen Befreiungskriegen in der Zeit von 1813 bis 1815 formierten sich in Deutschland Einzelstaaten im lockeren Zusammenschluss des Deutschen Bundes. Über die Aufnahme von Rechten, die den Deutschen von allen Mitgliedern des Bundes „unverbrüchlich einzuräumen" sind, wurde in den Beratungen zur Bundesverfassung zwar ausführlich diskutiert. Mangels Konsenses sah Art. 14 der Bundesakte vom 8. Juni 1815 dann allerdings lediglich einen weitreichenden Vorbehalt staatsherrlicher Rechte vor.[60] So unterschiedlich die Staatsformen in den einzelnen deutschen Staaten waren, so unterschiedlich waren dann auch die jeweiligen, die Grundrechte betreffenden, rechtlichen Bestimmungen. Teilweise entstanden Verfassungen, die je für sich mehr oder weniger umfangreich ausgestaltete Grundrechtskataloge enthielten.[61] Andernorts wurden überhaupt keine Regelungen in Bezug auf Grundrechtspositionen des Einzelnen getroffen.[62]

An den bestehenden Machtgefügen sollten diese Verfassungen und erst recht die darin enthaltenen Grundrechtskataloge nichts ändern.[63] Nach der seinerzeit herrschenden Auffassung konnten die Grundrechte, die mehr als kasuistische Formulierung des Prinzips der Gesetzmäßigkeit der Verwaltung erscheinen mussten, auch ganz fehlen, ohne dass sich die Rechtsstellung des Einzelnen gegenüber dem Staat dadurch in irgendeiner Weise geändert hätte.[64] Die Grundrechte sagten daher nichts aus, was nicht ohnehin schon galt, und liefen damit als solche praktisch ins Leere.[65]

Die Terminologie hinsichtlich der „Grundrechte" war in dieser Epoche uneinheitlich und spiegelte die unterschiedlichen Positionen des seinerzeitigen Grundrechtsverständnisses wider.[66] Die umstrittene aber entscheidende Frage

---

60 Vgl. *Würtenberger*, Von der Aufklärung zum Vormärz, in *Merten/Papier* (Hrsg.) Hdb. d. Grundrechte, Bd. I, S. 60.

61 Vgl. hierzu *Scheuner*, Staatstheorie und Staatsrecht, S. 633 ff.; *Grimm*, Recht und Staat der bürgerlichen Gesellschaft, S. 308 ff.

62 Eine Übersicht zu den einzelnen Landesverfassungen findet sich bei *Stolleis*, Geschichte des öffentlichen Rechts in Deutschland, Bd. II, S. 187ff.

63 Wenngleich die Verfassungen eine gewisse Volksbeteiligung an der politischen Willensbildung brachten, verblieb die Staatsführung selbst beim Monarchen, da sich an deren Herrschaft durch die Staatsform der konstitutionellen Monarchie nichts änderte.

64 Vgl. *Grimm*, Die Entwicklung der Grundrechtstheorie in der deutschen Staatsrechtslehre des 19. Jahrhunderts, S. 234; *ders.* in Recht und Staat der bürgerlichen Gesellschaft, S. 308.

65 Vgl. *Thoma*, Grundrechte und Polizeigewalt, in FS für das Preußische OVG, S. 183, 196.

66 Vgl. *Würtenberger*, Von der Aufklärung zum Vormärz, in *Merten/Papier* (Hrsg.) Hdb. d. Grundrechte, Bd. I, S. 51.

lautete, ob die Grundrechte natürlich begründet oder staatlich gewährt waren. Während die staatsrechtliche Literatur Anfang des 19. Jahrhunderts überwiegend zu Ersterem tendierte, ließen die Verfassungen keinen Zweifel daran, dass die Antwort die zweite Alternative war. Auch während des Vormärz konnte die Begriffsbildung noch nicht abgeschlossen werden. Folglich wurden die unterschiedlichsten Begriffe, wie Urrechte, Menschenrechte, Untertanrechte oder das Gegensatzpaar Volksrechte und Monarchenrechte verwendet.[67] Die häufiger verwendeten Begriffe waren aber Staatsbürgerrechte bzw. einfach Bürgerrechte. Zwar ist die Begriffswahl[68] im Rahmen der Auslegung durchaus erheblich, jedoch wird aus der Entstehungsgeschichte der Vormärzverfassungen schnell klar, dass in die oktroyierten Verfassungen nicht der konstitutionelle Geist eingeflossen war, sondern vielmehr der feste Wille der Monarchen, an ihrer bisherigen Staatsgewalt festzuhalten und sich allenfalls durch bestimmte Mechanismen, wie Mitbestimmungsrechte der Ständevertretungen, binden zu lassen. Die „Grundrechte" waren daher vom Staat gewährte und nur in ihm und durch ihn geltende, auf die Staatsangehörigen beschränkte Bürgerrechte.[69] Die Auswahl des im Einzelfall verwendeten Begriffs war damit im Ergebnis bedeutungslos geworden.

Die jeweiligen Verfassungsgeber zeigten teilweise bereits im Rahmen der Ausgestaltung der „Grundrechte" deutlich, dass ihnen nicht daran gelegen war, auch nur Teile ihrer Staatsgewalt preiszugeben. So enthielten einige Verfassungen beispielsweise das Recht der Freiheit der Presse, gleichwohl behielten sich die Verfassungen die Zensur in den unterschiedlichsten Facetten vor.[70] Die konstitutionellen Rechte wurden nur den eigenen „Staatsbürgern" (Untertanen) gewährt, denn die Verfassungsgeber verstanden die Rechte keineswegs als vor- und überstaatliche Menschenrechte, sondern als gesetzliche oder verfassungsrechtliche Gewährleistungen.[71] Es galt die Staatsgewalt durch die Gleichheit der Klassen zu stärken, nicht jedoch in eine Demokratie

---

67 Vgl. *Grimm*, Die Entwicklung der Grundrechtstheorie in der deutschen Staatsrechtslehre des 19. Jahrhunderts, S. 237; *ders.* in Recht und Staat der bürgerlichen Gesellschaft, S. 311; Vgl. auch *Würtenberger*, Von der Aufklärung zum Vormärz, in *Merten/Papier* (Hrsg.) Hdb. d. Grundrechte, Bd. I, S. 51, Fn. 2.

68 Zur Begrifflichkeit vgl. weiterführend *Kleinheyer*, Grundrechte *in O. Brunner/W. Conze/R. Koselleck* (Hrsg.), Geschichtliche Grundbegriffe, Bd. 2, S. 1047.

69 Vgl. *Grimm*, Die Entwicklung der Grundrechtstheorie in der deutschen Staatsrechtslehre des 19. Jahrhunderts, S. 238; *ders.* in Recht und Staat der bürgerlichen Gesellschaft, S. 312.

70 Vgl. *Rimscha*, Die Grundrechte im süddeutschen Konstitutionalismus, S. 13; Vgl. auch *Würtenberger*, Von der Aufklärung zum Vormärz, in *Merten/Papier* (Hrsg.) Hdb. d. Grundrechte, Bd. I, S. 62.

71 Vgl. *Scheuner*, Staatstheorie und Staatsrecht, S. 638.

zu verfallen;[72] das absolutistische Herrschaftssystem sollte durch die Verfassung nicht infrage gestellt, sondern manifestiert werden. Konsequenterweise waren von den konstitutionellen Freiheiten die politischen am wenigsten ausgeprägt.[73] Die vom Monarchen gewährten Freiheitsrechte standen zu dessen Disposition. In der Bayrischen Verfassung von 1818 konnten sie beispielsweise auf Initiative des Monarchen, wenn auch nicht ohne qualifizierte Zustimmung der Ständevertretung, abgeändert werden.[74]

Auch inhaltlich waren die Freiheitsrechte der Restaurationsverfassungen nicht mit den heutigen uns bekannten Grundrechten vergleichbar. Die Freiheit der Person etwa galt noch nicht im Sinne einer allgemeinen Handlungsfreiheit. Vielmehr gewährte die Norm Schutz vor willkürlicher Verhaftung und Verfolgung.[75] Die praktische Bedeutung der verheißungsvollen Ankündigungen in den Verfassungsurkunden verblasste jedoch nicht selten mangels einfachgesetzlicher Umsetzung des beschriebenen Prinzips.[76] Die Grundrechte wurden nicht als verbindliche Normen verstanden, sondern als Grundsätze und Prinzipien, während unmittelbar verbindlich nur das Gesetz war.[77] Zentral war das Verständnis der Freiheitsrechte als staatsgerichtete Abwehrrechte, als Schutzrechte vor Eingriffen der Verwaltung in die Individualsphäre des Bürgers. Die Freiheitsrechte wurden dabei als staatliche Gewährleistungen verstanden und nicht als klar dem Gesetz gegenüber höhere Normen angesehen.[78] Das staatsrechtliche Schrifttum des Vormärz ging davon aus, dass die Funktion der Grundrechte darin liege, die Staats- und Regierungsgewalt zugunsten individueller Freiheit zu beschränken.[79] Dieser Schutz verstand sich jedoch nur dann, wenn er einfachgesetzlich ausgeformt war. Während des Vormärz gab es keinen allgemeinen Grundsatz, wonach es der Verwaltung untersagt gewesen wäre, ohne bestehende gesetzliche Erlaubnis in Grundrechte einzugreifen. Vielmehr war das Gegenteil sowohl gelebte Praxis als auch Rechtsverständnis. Nur dort, wo das Gesetz ausdrücklich einen Grundrechtseingriff

---

72 Vgl. *Rimscha*, Die Grundrechte im süddeutschen Konstitutionalismus, S. 15.

73 Vgl. *Grimm*, Die Entwicklung der Grundrechtstheorie in der deutschen Staatsrechtslehre des 19. Jahrhunderts, S. 238; *ders.* in Recht und Staat der bürgerlichen Gesellschaft, S. 313.

74 Vgl. *Rimscha*, Die Grundrechte im süddeutschen Konstitutionalismus, S. 113.

75 Tit. IV § 8 Abs. 3 BayV; § 26 WürttV; § 15 BadV.

76 Vgl. *Rimscha*, Die Grundrechte im süddeutschen Konstitutionalismus, S. 137.

77 Vgl. *Rimscha*, Die Grundrechte im süddeutschen Konstitutionalismus, S. 200 m.w.N.

78 Vgl. *Scheuner*, Staatstheorie und Staatsrecht, S. 642.

79 Vgl. *Grimm*, Recht und Staat der bürgerlichen Gesellschaft, S. 315.

untersagte, war die Verwaltung hieran gebunden.[80] Im gleichen Dilemma steckte die grundrechtliche Beschränkung der gesetzgebenden Gewalt. Zwar war man sich in der Staatsrechtslehre weitgehend einig, dass vorkonstitutionelles, den Grundrechten widersprechendes Recht nicht gelten könne, allerdings ging man nicht soweit, eben jene den Grundrechten widersprechenden Bestimmungen schon deswegen für nichtig zu erklären. Hierfür bedurfte es eines förmlichen Aufhebungsaktes bzw. es bestand die Pflicht des Monarchen, solche Bestimmungen nicht mehr anzuwenden, was seinerseits vielfach an der praktischen Umsetzung scheiterte.[81] Die Umsetzung der durch die Grundrechte generierten Gesetzgebungsaufträge[82] hing im Wesentlichen an der Geschwindigkeit des Gesetzgebungsverfahrens und verlief allein deswegen vielfach im Sande.[83]

Darüber hinaus hatten einzelne Verfassungen doppelten Charakter. Die süddeutschen Staaten hatten während der Rheinbundzeit nach 1815 erhebliche Gebietserweiterungen zu verzeichnen. Die Verfassungen dienten in diesen Fällen neben der Manifestation des Herrschaftsanspruches des jeweiligen Monarchen auch der Verschmelzung der heterogenen Teilflächen zu einem Gesamtstaat.[84] Aufgrund der Freiheiten, die der Bevölkerung durch die Verfassungen zugeschrieben wurden, die diese aber auch nach den Befreiungskriegen, an denen sie tatkräftig mitgewirkt hatte, einforderte, erhöhte sich die Akzeptanz der andererseits mit der Verfassung neu geschaffenen Herrschaftsordnung. Die Verfassungen besiegelten in diesen Fällen die territorialen Veränderungen jener Zeit.

Die Freiheiten, die die Verfassungen der süddeutschen Staaten ihren Staatsbürgern gewährten, orientierten sich bei den Grundrechtskatalogen in erster Linie am französischen Vorbild. Der Bedeutungsgehalt der einzelnen Grundrechte trug jedoch den gegenüber Frankreich veränderten Vorzeichen Rechnung. In Frankreich waren die Grundrechte als Folge der bürgerlichen Revolution von den Prinzipen liberté und égalité getragen. In den deutschen Staaten wurde zwar durch die Verfassungen das ständische Klassensystem beseitigt und damit Gleichheit der Stände hergestellt, gleichwohl blieben die Freiheiten weit hinter dem französischen Maßstab zurück. So verwirklichte bei-

---

80 Vgl. *Grimm*, Die Entwicklung der Grundrechtstheorie in der deutschen Staatsrechtslehre des 19. Jahrhunderts, S. 244; *ders.* in Recht und Staat der bürgerlichen Gesellschaft, S. 319.

81 Vgl. *Grimm*, Recht und Staat der bürgerlichen Gesellschaft, S. 317.

82 Effektiver grundrechtlicher Schutz bedurfte der einfachgesetzlichen Ausgestaltung. Vgl. *Grimm*, Recht und Staat der bürgerlichen Gesellschaft, S. 316.

83 Vgl. *Grimm*, Recht und Staat der bürgerlichen Gesellschaft, S. 317.

84 Vgl. *Rimscha*, Die Grundrechte im süddeutschen Konstitutionalismus, S. 4.

spielsweise die Vereinigung von Legislative und Exekutive in der Hand des Fürsten die Vorstellungen von Gewaltenteilung nur unvollkommen.

Ausgelöst durch die Julirevolution in Frankreich 1830 kam vor allem im norddeutschen Raum es zu einer zweiten deutschen Verfassungswelle (Kur-Hessen, 1831; Sachsen, 1831; Braunschweig, 1832; Hannover, 1832), die zum Teil vergleichbare, teils sogar ausführlichere Grundrechtskataloge enthielten. Die Verfassung von Kur-Hessen enthielt ergänzend unter anderem die Berufsfreiheit (§ 27) und die Meinungsäußerungsfreiheit (§ 39) sowie Rechtsschutz bei verfassungswidrigem Verhalten von Behörden (§ 35).[85]

Die Grundrechtsteile der Verfassungen des Vormärz waren ein Ergebnis des emanzipierten Zeitgeistes, der sich in zahlreichen politischen Debatten, Flugschriften und anderen Äußerungen zu Beginn des 19. Jahrhunderts Ausdruck verschaffte und von der sich dies zu eigen machenden bürgerlichen Gesellschaft getragen wurde.[86] Unter dem Druck dieses Zeitgeistes, der die Gewährung liberaler Grundrechte verlangte, sahen sich die zuständigen Organe veranlasst, die bürgerlichen Forderungen zu berücksichtigen und in die Verfassungen einen Grundrechtsteil aufzunehmen.

Die Grundrechte in den Verfassungen des Vormärz waren tatsächlich solche im Wortsinn. Wie in allen europäischen Verfassungen des 19. Jahrhunderts waren die Grundrechte der Verfassungen des Vormärz keine naturrechtlichen oder vorstaatlichen, sondern vom Staat bzw. den Monarchen den Bürgern gewährte (Grund-)Rechte.[87]

Mit der Positivierung der Grundrechte in den Verfassungen des Vormärz entwickelte sich eine Grundrechtsdogmatik, die sich mehr am Verfassungstext als an den unterschiedlich akzentuierten naturrechtlichen Argumentationsweisen orientierte, gleichwohl jedoch – je nach Standort der Autoren – vernunft- oder naturrechtliche Argumente in die Auslegung der Grundrechtsgewährleistungen einfließen ließ.[88] Die Grundrechtsdogmatik blieb indes zunächst eine theoretische Wissenschaft. Im Konstitutionalismus des 19. Jahrhunderts duldete die Souveränität des Monarchen keine Verfassungsgerichtsbarkeit neben

85 Vgl. *Würtenberger*, Von der Aufklärung zum Vormärz, in *Merten/Papier* (Hrsg.) Hdb. d. Grundrechte, Bd. I, S. 62.

86 Vgl. *Würtenberger*, Von der Aufklärung zum Vormärz, in *Merten/Papier* (Hrsg.) Hdb. d. Grundrechte, Bd. I, S. 63.

87 Vgl. *Würtenberger*, Von der Aufklärung zum Vormärz, in *Merten/Papier* (Hrsg.) Hdb. d. Grundrechte, Bd. I, S. 64.

88 Vgl. *Würtenberger*, Von der Aufklärung zum Vormärz, in *Merten/Papier* (Hrsg.) Hdb. d. Grundrechte, Bd. I, S. 77; Allgemeines zur Staatsrechtslehre im Vormärz vgl. auch *Stolleis*, Geschichte des öffentlichen Rechts in Deutschland, Bd. II, S. 121ff.

sich, die den Inhalt der Verfassung in verbindlicher Weise festgelegt und damit einen wesentlichen Beitrag zur Sicherung der grundrechtlichen Freiheit und zur Fortentwicklung der Grundrechte geleistet hätte.[89] Die Grundrechte der Verfassungen des Vormärz waren selbst nicht gerichtlich einklagbar. Grundrechtsschutz erfuhren die von den Grundrechten Begünstigten daher lediglich dadurch, dass die Grundrechte Programm und Legitimationsgrundlage der liberal Denkenden Vertreter in den Landtagen waren und dass die Grundrechtsvorbehalte Verwaltungsmaßnahmen bei Eingriffen in Eigentum und/oder Freiheit des Einzelnen vor den ordentlichen Gerichten überprüfbar waren.[90] Neben ihrer unbestritten großen Bedeutung für die politische Entwicklung, erlangten die Grundrechte rechtlich nur geringe Bedeutung.[91]

Die mit dem beginnenden 19. Jahrhundert eingeleiteten Reformen hatten schwerwiegende Folgen für das soziale Gefüge der Gesellschaft. Insbesondere die Abschaffung der Leibeigenschaft und die Gewährung größerer ökonomischer Freiheiten, wie auch der starke Bevölkerungszuwachs nach dem Wegfall der Heiratsbeschränkungen wirkten sich für große Teile aller Bevölkerungsschichten nachhaltig negativ aus. Massenarmut und Missernten in den Jahren 1845 bis 1847, denen die Führungsschichten nicht zu begegnen wussten, machten die Lage unerträglich. Die Empörung entlud sich in der März-Revolution von 1848, an deren Spitze sich das Bildungs- und Besitzbürgertum stellte. In dieser Position schob es seine politischen Zielsetzungen[92] nach liberalen und volkstümlichen Regierungen, Pressefreiheit, Vereins- und Versammlungsfreiheit, Liberalisierung des Wahlrechts, Schwurgerichten in Strafsachen, Öffentlichkeit der Gerichtsverfahren, endgültiger Aufhebung aller Feudallasten und nicht zuletzt allgemeine Wahlen zu einer verfassungsgebenden Nationalversammlung für einen einheitlichen deutschen Staat[93] in den Vordergrund. Das schnelle Nachgeben der Landesherren führte dazu, dass bereits im Mai 1848 das erste frei gewählte gesamtdeutsche Parlament – die Nationalversammlung – zusammentrat, durch welches in letzter Konsequenz die erste „deutsche“ Verfassung am 28. März 1849 in der Frankfurter Paulskirche verabschiedet wurde. Im Zentrum der Bestrebungen des Vormärz sowie der verschiedenen Interessenvertreter in der Nationalversammlung stand

89 Vgl. *Würtenberger*, Von der Aufklärung zum Vormärz, in *Merten/Papier* (Hrsg.) Hdb. d. Grundrechte, Bd. I, S. 89.

90 Vgl. *Würtenberger*, Von der Aufklärung zum Vormärz, in *Merten/Papier* (Hrsg.) Hdb. d. Grundrechte, Bd. I, S. 91.

91 Vgl. *Stolleis*, Geschichte des öffentlichen Rechts in Deutschland, Bd. II, S. 113ff., 116.

92 Insoweit lässt sich also durchaus eine Parallele zu den Entwicklungen in Frankreich während der Revolution 1789 ziehen.

93 Vgl. *Kröger*, Grundrechtsentwicklung in Deutschland, S. 20.

– wie auch im Frankreich der Revolution von 1789 – das Streben nach Freiheit für den Einzelnen.

Anders gestaltete sich allerdings die Entwicklung in Preußen. Die Ausgangslage bildete hier das Preußische Allgemeine Landrecht von 1794, ein „Werk monarchischer Reformpolitik“,[94] das traditionelles und reformorientiertes Recht in zahlreichen Regelungen verband und mit diesen außerhalb der ständischen Ordnung einem alternativen Sozialmodeln dem Freiheitsschutz diente.[95] Beispiele hierfür sind das Rückwirkungsverbot für Gesetze in § 10 Einleitung ALR, die Anordnung der Gleichheit vor dem Gesetz in § 22 Einleitung ALR, der Schutz des Eigentums in §§ 26, 27 Abs. 1 Satz 8 ALR oder der Justizgewährungsanspruch in §§ 79, 80 Einleitung ALR. Darüber hinaus sicherte das ALR in § 2 Abs. 2 Satz 11 „eine vollkommene Glaubens- und Gewissensfreiheit“ zu.[96] Darüber hinaus schied Preußen als Staat mit schroff praktizierter Zensur und wegen Fehlens einer kommentierbaren Verfassung für die Kommentierung von Grundrechten aus.[97] Die antikonstitutionellen Kräfte in Preußen spielten auf Zeit und so kam es erst aufgrund der revolutionären Wirren zu der provisorisch in Kraft gesetzten Verfassung vom 5. Dezember 1948 und aus dieser zu der revidierten Verfassung vom 31. Januar 1950.[98]

b) Grundrechte in der Paulskirchenverfassung von 1948

Der Vergleich der Grundrechte der Frankfurter Paulskirche mit anderen frühkonstitutionellen Verfassungen zeigt diesen gegenüber hinsichtlich der öffentlichen und politischen Bedeutung der Grundrechte deutliche Fortschritte.[99] Bereits aus der Überschrift über dem Grundrechtsabschnitt wird die Bedeutung und der Anspruch deutlich, den die Verfassungsgeber dem Werk beimaßen, handelte es sich doch nunmehr um „Grundrechte des Deutschen Volkes“.[100] Die politische Dimension der Grundrechte kommt in einer Aussage *Georg Beselers*, des Berichterstatters des von der Nationalversammlung für

94 Vgl. *Würtenberger*, Von der Aufklärung zum Vormärz, in *Merten/Papier* (Hrsg.) Hdb. d. Grundrechte, Bd. I, S. 55.

95 Vgl. *Würtenberger*, Von der Aufklärung zum Vormärz, in *Merten/Papier* (Hrsg.) Hdb. d. Grundrechte, Bd. I, S. 56.

96 Vgl. *Würtenberger*, Von der Aufklärung zum Vormärz, in *Merten/Papier* (Hrsg.) Hdb. d. Grundrechte, Bd. I, S. 56ff.

97 Vgl. *Stolleis*, Geschichte des öffentlichen Rechts in Deutschland, Bd. II, S. 187.

98 Vgl. *Stolleis*, Geschichte des öffentlichen Rechts in Deutschland, Bd. II, S. 192.

99 Vgl. *Kröger*, Grundrechtsentwicklung in Deutschland, S. 26.

100 Verfassung des Deutschen Reiches vom 28. März 1848, Abdruck des Grundrechtsteils in *Commichau* (Hrsg.), Die Entwicklung der Menschen- und Bürgerrechte von 1776 bis zur Gegenwart, S. 92.

ihre Beratung der Grundrechte eingesetzten Ausschusses, besonders zum Ausdruck. Danach ging es bei den Grundrechten um die Bekräftigung der politischen Einheit des deutschen Volkes in diesen Rechten, um die Absage an den Polizeistaat und die Befestigung des Rechtsstaats,[101] um die Aufstellung von Normen, die den Einzelstaaten als Maßstab dienen und sie nicht aufheben oder beseitigen können.[102] Der Grundrechtskatalog erwies sich als in sich geschlossenes Werk, in dem sich die liberalen Vorstellungen uneingeschränkt durchgesetzt hatten.[103] Die Mehrzahl der Abgeordneten hatte die Aufnahme sozialer Grundrechte abgelehnt, weil sie diese als mit dem liberalen Credo unbeschränkter wirtschaftlicher Entfaltung unvereinbar ansahen.[104] Infolge dessen enthielt der Katalog der Grundrechte im Wesentlichen Freiheitsrechte wie die Freiheit der Person, die Freizügigkeit, das Recht auf freie Meinungsäußerung, die Glaubens- und Gewissensfreiheit, die Versammlungsfreiheit, die Freiheit der Wissenschaft und Lehre, die Unverletzlichkeit der Wohnung und das Petitionsrecht. Die den einzelnen Grundrechten von 1848 übergeordneten drei Hauptfunktionen waren die Einheits-, die Rechtsstaats- und die Modernisierungsfunktion.[105] Obgleich der Individualschutz erst in der zweiten Hälfte des 19. Jahrhunderts am stärksten ausgeprägt worden ist, lag es an dem liberal-demokratischen Kompromiss der Paulskirchenverfassung, dass die Frankfurter Grundrechte über diesen Individualschutz hinausweisen, zugunsten einer bewusst auch politischen Ingebrauchnahme individueller Grundfreiheiten.[106] Gleichwohl waren die Freiheitsrechte für den Staat – auch in der Folgezeit bis 1918 – gerade nicht konstitutiv.[107] Dennoch verstand die Frankfurter Nationalversammlung die Grundrechte, die sie am 27. Dezember 1948 vorab in einem Einführungsgesetz verkünden ließ, als unmittelbar geltendes, das Reich und die Länder bindendes Recht,[108] das zwar nur Programmsätze enthielt, welche aber immerhin Direktiven für die einfache Gesetzgebung waren.[109] Eine Besonderheit im Gegensatz zu früheren Landesverfassungen bestand darin, dass das Einführungsgesetz in Art. 1 Abs. 2 bestimmte, dass alle mit der Reichsverfassung in Widerspruch stehenden Bestimmungen der Länder außer Kraft treten sollten.

---

101 Vgl. hierzu auch die Ausführungen bei *Scholler*, die Grundrechtsdiskussion in der Paulskirche, S. 11ff. und S. 115ff.

102 Vgl. *Scheuner*, Staatstheorie und Staatsrecht, S. 645, m.w.N.; *Scholler*, die Grundrechtsdiskussion in der Paulskirche, S. 122.

103 Vgl. *Kröger*, Grundrechtsentwicklung in Deutschland, S. 24.

104 Vgl. *Kröger*, Grundrechtsentwicklung in Deutschland, S. 25.

105 Vgl. *Kühne*, Die Reichsverfassung der Paulskirche, S. 202.

106 Vgl. *Kühne*, Die Reichsverfassung der Paulskirche, S. 168, 202.

107 Vgl. *Kühne*, Die Reichsverfassung der Paulskirche, S. 203.

108 Vgl. *Scheuner*, Staatstheorie und Staatsrecht, S. 648f.

109 Vgl. *Kühne*, Die Reichsverfassung der Paulskirche, S. 203; *Anschütz*, Kommentar zur WRV, 13. Aufl., S. 446.

Eine weitere Entwicklung der Grundrechte bzw. eine Veränderung des Verständnisses hinsichtlich der Wirkrichtung der Grundrechte bestand darin, dass Grundrechte nicht mehr nur als subjektive Freiheitsrechte des Einzelnen im Sinne von Abwehrrechten gegenüber exekutiver Gewalt verstanden wurden, sondern in den Grundrechten auch objektiv-rechtliche Prinzipien enthalten waren, mit denen Maßstäbe für wesentliche Bereiche des sozialen Lebens gesetzt werden sollten.[110]

Das Verfassungs- und insbesondere das Grundrechtsverständnis der Nationalversammlung unterschied sich von unserem heutigen Kenntnisstand insbesondere dadurch, dass die Paulskirchenverfassung keinen oder jedenfalls einen kaum spürbaren Vorrang des Verfassungsrechts vor dem Gesetzgeber respektive eine Überordnung des Verfassungsrechts kannte.[111] Soweit in den Grundrechten der §§ 166 ff. der FRV auch Rechtsverhältnisse der Bürger untereinander geregelt worden sind,[112] darf dies nicht in dem hier interessierenden Zusammenhang missverstanden werden. Die §§ 166 ff. FRV hoben den Untertänigkeits- und Hörigkeitsverband sowie die Patrimonialgerichtsbarkeit und die grundherrliche Polizei, samt den aus diesen Rechten fließenden Befugnissen, Exemtionen und Abgaben auf.

Nach den Vorstellungen der Paulskirche waren die vorab im Einführungsgesetz verkündeten Grundrechte nach ihrer sofortigen oder nachträglichen Wirksamkeit für die Verwaltung in zweierlei Hinsicht sachlich und unmittelbar bindend: Zum einen hätten sie denkbaren Vollzugsverordnungen entgegengehalten werden können; zum anderen wäre im Falle streitiger Auslegung eines Durchsetzungsgesetzes der unmittelbare argumentative Durchgriff auf die Grundrechte eröffnet gewesen.[113]

Hinsichtlich der gerichtlichen Durchsetzbarkeit der Grundrechte war die FRV ihrer Zeit weit voraus. Gem. § 126 a FRV sollte das Reichsgericht die Anwendung der Grundrechte überwachen.[114] Hierzu bestand hinsichtlich einzelner Grundrechtsbestimmungen mit der reichsrechtlichen Individualverfassungsklage sogar ein Rechtsweg des einzelnen Reichsbürgers. Die Grundrechtsbindung der übrigen Gerichtsbarkeit wurde den damaligen Überlegungen zum Prüfungsrecht entnommen, wonach man sich ein umfassendes rich-

---

110 Vgl. *Scheuner*, Staatstheorie und Staatsrecht, S. 647.

111 So allg. *Scheuner*, Staatstheorie und Staatsrecht, S. 651; a.A. in Bezug auf die FRV *Kühne*, Die Reichsverfassung der Paulskirche, S. 186.

112 Vgl. insoweit *Kühne*, Die Reichsverfassung der Paulskirche, S. 176.

113 Vgl. insoweit *Kühne*, Die Reichsverfassung der Paulskirche, S. 190, m.w.N.

114 Gelegentlich wurden insoweit schon Parallelen zur Stellung des Bundesverfassungsgerichts gezogen. Vgl. hierzu *Kühne*, Die Reichsverfassung der Paulskirche, S. 199.

terliches Prüfungsrecht vorstellte, das auch die Inzidentprüfung von Gesetzen umfasste.[115]

c) Grundrechte in der nachrevolutionären Zeit der Reaktion

Die politische Realität holte die Nationalversammlung unversehens ein, so dass die von ihr verabschiedete Reichsverfassung im Ergebnis wirkungslos blieb. Zunächst hatte Preußen bereits am 5. Dezember 1848 eigene Grundrechte erlassen. Daneben lehnten es neben Preußen auch Bayern und Hannover ab, die von der Nationalversammlung erlassenen Grundrechte zu publizieren, was gleichbedeutend mit der Ablehnung ihrer rechtlichen Wirksamkeit war. Ferner lehnte der preußische König Friedrich Wilhelm IV. die ihm von der Nationalversammlung im März 1849 angebotene Kaiserkrone ab.[116] Zuvor hatten die Mitglieder des oberen Bürgertums mit den alten Mächten paktiert, um die sozialrevolutionären, demokratisch-republikanischen Kräfte abzuwehren. Nicht zuletzt deshalb war die Zentralgewalt in Frankfurt zu schwach, um Österreich entweder hineinzunehmen und umzuformen oder hinauszudrängen. Nachdem Preußen die Kaiserkrone abgelehnt und in Sachsen, Baden und der Pfalz der „Bürgerkrieg um die Reichsverfassung“[117] eingesetzt hatte, gingen Preußen, Österreich und Russland gemeinsam vor und setzten die Gegenrevolution gewaltsam durch.[118] Schließlich fielen sämtliche etwaigen inzwischen entstandenen Rechtswirkungen[119] mit der Außerkraftsetzung durch den Bundesbeschluss von 1851 fort. Trotz des Scheiterns der Paulskirchenverfassung hatte eine Veränderung in der Verfassungs- und Grundrechtswirklichkeit stattgefunden. Fast alle deutschen Staaten waren zum Konstitutionalismus übergegangen und hatten hierbei den Grundrechtsforderungen der Paulskirche weitgehend Rechnung getragen.[120] Auch die preußische Verfassung vom 31. Januar 1850 unterschied sich erheblich von früheren Verfassungen. Wenngleich diese Verfassung deutlich hinter dem zurückblieb, was durchaus als demokratische Errungenschaften der Paulskirchenverfassung bezeichnet werden konnte, wurde nunmehr zumindest das tradierte Ständesystem überwunden und die bürgerliche Autonomie weitgehend gewährleistet. Was blieb, waren die traditionell tragenden Kräfte des Königreichs, die Beamtenschaft und die Armee. Bei der preußischen Verfassung von 1850 handelte es sich um die typische Verfassung einer konstitutionellen Monarchie im Übergangsstadium

---

115 Vgl. *Kühne*, Die Reichsverfassung der Paulskirche, S. 192.

116 Vgl. *Kühne*, Die Reichsverfassung der Paulskirche, S. 47.

117 Vgl. *Stolleis*, Geschichte des öffentlichen Rechts in Deutschland, Bd. II, S. 274.

118 Vgl. *Stolleis*, Geschichte des öffentlichen Rechts in Deutschland, Bd. II, S. 274.

119 Die Grundrechte der Nationalversammlung in Württemberg, Baden und einer Reiche weiterer kleiner Länder veröffentlicht und sogar teilweise in einzelstaatliches Recht übernommen.

120 Vgl. *Grimm*, Recht und Staat der bürgerlichen Gesellschaft, S. 321.

von monarchischer zu parlamentarischer Regierung, von der absoluten Monarchie zur westeuropäischen Demokratie.[121] Der mit „Von den Rechten der Preußen" überschriebene Grundrechtsteil der preußischen Verfassung von 1850 enthielt weniger als das, was die oktroyierte preußische Verfassung von 1848 enthalten hatte. Insbesondere politische Freiheitsrechte wurden stärker als bisher eingegrenzt, indem beispielsweise bisher unbeschränkt garantierte Rechte wie die Versammlungs- und die Vereinigungsfreiheit nunmehr unter einen Gesetzesvorbehalt gestellt wurden.

In den Jahren nach 1849, der Zeit der sogenannten Reaktion, entfernte sich das staatsrechtliche Schrifttum von der Vorstellung, dass die vom Individuum ausgehende Freiheitsvorstellung im Vordergrund stehe, hin zu der vom Gesetzgeber ausgestalteten und begrenzten Freiheitsverbürgung. Durch die Positivierung der Grundrechte waren die rechtspolitischen Forderungen weitgehend erfüllt. Damit hatten sich auch die staatsrechtlichen Fragestellungen nach dem Geltungsgrund der Grundrechte im Prinzip erledigt.[122] Die grundrechtstheoretischen Fragestellungen orientierten sich dem gemäß thematisch neu und wendeten sich der Frage zu, ob die Grundrechte subjektives Recht oder bloß objektives Recht seien.[123] Diese Frage wurde teilweise zugunsten eines subjektiven Gehalts der Grundrechte, mit durchaus sogar gerichtlich durchsetzbarer Qualität in Form subjektiv öffentlicher Rechte, beantwortet.[124] Allerdings bezogen sich die aus den Grundrechtsvorschriften hergeleiteten Rechte – unabhängig davon, ob es sich um subjektive oder objektive Rechte handelte – allein auf das Verhältnis zwischen Bürger und Staat.[125] Die Rechtsbeziehungen der Privaten untereinander wurden dem gegenüber den Bestimmungen des Privatrechts und – soweit es darum ging, dem Individualwillen Grenzen zu setzen – des Strafrechts unterworfen.[126]

Carl Friedrich Gerber unternahm den Versuch, den Einzelnen gegenüber dem Staat zu entrechten, indem er zwar Abwehrrechte des Bürgers anerkannte, dies jedoch nur solange sie kein Äquivalent zum Herrschaftsrecht des Staates darstellten.[127] Diese Ansicht konnte sich zunächst jedoch nicht durchsetzen, so dass das ältere Grundrechtsverständnis weiter wirkte und die Staats-

---

121 Vgl. *Kröger*, Grundrechtsentwicklung in Deutschland, S. 30.

122 Vgl. *Kühne*, Von der bürgerlichen Revolution bis zum Ersten Weltkrieg, in *Merten/Papier* (Hrsg.) Hdb. d. Grundrechte, Bd. I, S. 132.

123 Vgl. *Grimm*, Recht und Staat der bürgerlichen Gesellschaft, S. 322; *ders.*, Die Entwicklung der Grundrechtstheorie in der deutschen Staatsrechtslehre des 19. Jahrhunderts, S. 246.

124 Vgl. *Grimm*, Recht und Staat der bürgerlichen Gesellschaft, S. 327f.

125 Vgl. *Grimm*, Recht und Staat der bürgerlichen Gesellschaft, S. 192.

126 Vgl. *Grimm*, Recht und Staat der bürgerlichen Gesellschaft, S. 193f.

127 Vgl. *Gerber*, Über die öffentlichen Rechte, Tübingen, S. 82.

rechtswissenschaft an dem Doppelcharakter der Grundrechte festhielt. Die Grundrechte schrieben danach einerseits einen bereits bestehenden Rechtszustand fest und gaben andererseits dem Gesetzgeber auf, weitere Reformen durchzusetzen.[128] Die Grundrechte sollten gegenüber der Verwaltung und Rechtsprechung wirken und den Einzelnen vor deren ungesetzmäßigem Handeln schützen und ihm hier sogar unmittelbar aus dem Staatsorganismus oder der Verfassung Rechte zufließen lassen.[129] Soweit jedoch die monarchische Gewalt auf gesetzliches Handeln verweisen konnte, war grundrechtlicher Schutz verwehrt. Der grundrechtliche Schutzbereich war nicht als eine zunächst umfassend gewährte Freiheit zu verstehen, in deren Grenzbereich der Gesetzgeber beschränkend eingreifen durfte, gewährleistet wurde vielmehr nur das, was der Gesetzgeber nach seinen Regulierungen übrig ließ. Dem Gesetzgeber waren in seinem Handlungsspielraum, insbesondere auch was die Beschränkungen der Rechte des Einzelnen anbetraf, keine Grenzen gesetzt.[130]

d) Grundrechte im Kaiserreich

Mit der Thronbesteigung Wilhelms I. im Jahre 1861 trat in Preußen eine Wende in der politischen Entwicklung ein, weg von der Reaktion und hin zu einer liberalen Politik. Gleichwohl enthielten die Verfassungen des Norddeutschen Bundes vom 16. April 1867 und des Deutschen Reiches vom 16. April 1871 keinen Grundrechtskatalog.[131] Gründe dafür, dass die „Bismarck'sche Verfassung“ vom gängigen Verfassungsmodell des 19. Jahrhunderts abwich, gibt es viele. Vornehmlich sind diese Gründe subjektiv politische, wie beispielsweise der realpolitische Pragmatismus des Reichsgründers, der die Aufgabe der Verfassung in der Herstellung eines nach innen und außen gefestigten Organisationsgefüges sah und nicht in dem ideologischen Bekenntnis zu Wertprinzipien.[132] Objektiv war nach damaligem Verständnis aber auch gar kein Grundrechtskatalog in der Reichsverfassung erforderlich, denn die Grundrechtsdogmatiker gingen seinerzeit davon aus, dass Grundrechtsadressat die Landesstaatsgewalt und Grundrechte in der Reichsverfassung daher

---

128 Vgl. *Grimm*, Die Entwicklung der Grundrechtstheorie in der deutschen Staatsrechtslehre des 19. Jahrhunderts, S. 256; *ders.* in Recht und Staat der bürgerlichen Gesellschaft, S. 333.

129 Vgl. *Grimm*, Recht und Staat der bürgerlichen Gesellschaft, S. 334; *Scheuner*, Staatstheorie und Staatsrecht, S. 656.

130 Vgl. *Grimm*, Recht und Staat der bürgerlichen Gesellschaft, S. 337f. m.w.N.

131 *E. R. Huber*, Grundrechte im Bismarckschen Reichssystem, in FS *Scheuner*, S. 163f.

132 Ebd.

entbehrlich waren.[133] Die nach dem Scheitern der Revolution von 1848 fast überall wiederhergestellten Landesverfassungen enthielten teilweise wieder die früheren Grundrechte bzw. je nach Einstellung des monarchischen Landesherrn wurden bestimmte Bereiche liberalisiert, wie das Beispiel Württembergs zeigt, wo das Presse-, Vereins- und Versammlungsrecht ab 1964 (wieder) gelockert wurde.[134] Deswegen gab es aber keineswegs überhaupt keine Regelungen des Reiches im grundrechtlichen Themenkreis. Der Reichsgesetzgeber versuchte das Fehlen detaillierter Regelungen in der Verfassung durch nachkonstitutionelles Recht zu kompensieren, indem er ganze 18 solcher gesetzlichen Grundrechtsnormierungen schuf. Die Gewerbeordnung vom 21. Juni 1869 etwa beinhaltete Regelungen zur Gewerbefreiheit und zur Koalitionsfreiheit. Das Reichsvereinsgesetz vom 19. April 1908 enthielt Regelungen zur Versammlungsfreiheit.[135] Auch wenn Grundrechte damit nicht im Verfassungstext selbst abgedruckt waren, so bestand doch dadurch, dass die zentralen Grundrechtsthemen in einfachgesetzlicher Form kodifiziert waren – jedenfalls formal – ein gewisser Grundrechtsschutz im Reichssystem der konstitutionellen Epoche. Dies zwar nicht Kraft formellen, wohl aber Kraft materiellen Verfassungsrechts.[136] Unabhängig von der fehlenden verfassungsrechtlichen Ausgestaltung war die freiheitsrechtliche Zielrichtung der Verbürgungen gegen den Staat seit der Zeit der Revolution erhalten geblieben.[137]

Die faktische Größe Preußens als größter deutscher Einzelstaat im 1871 gegründeten Reich begründete nicht nur dessen politischen Einfluss und Vorherrschaft im Reich sondern führte auch dazu, dass das Preußische Staatsrecht praktisch als Grundlage und methodisches Muster für das Staatsrecht des Reiches diente.[138] Den anderen Landesverfassungen kam nur untergeordnete politische Bedeutung zu. Nach einer anfänglichen Phase des Stillstandes entwickelte sich erst ab 1860 wieder eine verfassungsrechtliche Diskussion.[139] Aufgrund der Einrichtung einer von der aktiven Verwaltung abgetrennten Verwaltungsgerichtsbarkeit rückte in der zweiten Hälfte des 19. Jahrhunderts eine dogmatische Kernfrage in den Blickpunkt der juristischen Öffentlichkeit:

---

133 *Kühne*, Von der bürgerlichen Revolution bis zum Ersten Weltkrieg, in *Merten/Papier* (Hrsg.) Hdb. d. Grundrechte, Bd. I, S. 137f.; vgl. auch *Stolleis*, Geschichte des öffentlichen Rechts in Deutschland, Bd. II, S. 371f.

134 Vgl. *Stolleis*, Geschichte des öffentlichen Rechts in Deutschland, Bd. II, S. 290.

135 Vgl. weiterführend die Aufstellung bei *Kröger*, Grundrechtsentwicklung in Deutschland, S. 39.

136 Vgl. *E. R. Huber*, Grundrechte im Bismarckschen Reichssystem, in FS *Scheuner*, S. 171.

137 *Kühne*, Von der bürgerlichen Revolution bis zum Ersten Weltkrieg, in *Merten/Papier* (Hrsg.) Hdb. d. Grundrechte, Bd. I, S. 140.

138 Vgl. *Stolleis*, Geschichte des öffentlichen Rechts in Deutschland, Bd. II, S. 302.

139 Vgl. *Stolleis*, Geschichte des öffentlichen Rechts in Deutschland, Bd. II, S. 318f.

Sollten die von der Verfassung oder den Einzelgesetzen eingeräumten Rechtspositionen dem Bürger einen Anspruch, vergleichbar der zivilrechtlichen „actio“ verleihen?[140]

Die grundrechtsdogmatische Kernaussage in der Zeit des Kaiserreiches bestand darin, dass Mittelpunkt des öffentlichen Rechts der Staat als Organismus sei und nicht – wie im Zivilrecht – die Gesamtheit subjektiver Rechte des Einzelnen. Die Freiheitsrechte oder Grundrechte seien Normen für die Staatsgewalt, welche diese sich selbst gebe. Sie bilden Schranken für die Machtbefugnisse der Behörden. Sie sichern dem Einzelnen seine natürliche Handlungsfreiheit in bestimmtem Umfang, aber sie begründen nicht subjektive Rechte der Staatsbürger. Die Grundrechte seien keine Rechte, denn sie hätten kein Objekt.[141] Damit hatte sich 25 Jahre nach *Gerber* dessen Grundrechtsverständnis in der monarchisch geprägten staatsrechtlichen Literatur etabliert und bis zum Ende des 19. Jahrhunderts, wenn auch nicht unumstritten, durchgesetzt. Auch in der Terminologie hatten sich inzwischen die in der Literatur weitgehend einheitlich verwendeten Begriffe Grund- oder Freiheitsrechte durchgesetzt.[142] Diese subjektiv-öffentlichen Rechte wurden von den monarchischen Theoretikern (Laband, Seydel, Arndt, Zorn u.a.) jedoch möglichst klein gehalten bzw. wenn möglich auch ganz geleugnet.[143]

Georg Jellinek ordnete die Grundrechte dem status negativus zu, den er als staatsfreie, das Imperium verneinende Sphäre verstand, „in welcher die streng individuellen Zwecke durch die freie Tat des Individuums ihre Befriedigung finden“.[144] Diese Sphäre sollten die Grundrechte nicht nur gegenüber der Exekutive einschließlich der Justiz schützen, sondern auch gegenüber dem Gesetzgeber.[145] Jedoch sei diese Schutzwirkung gegenüber dem Gesetzgeber nicht als Recht des Einzelnen gegen den Gesetzgeber auf Erlass eines bestimmten Gesetzes zu verstehen.[146] Gegenüber der Exekutive zielten die Grundrechte nach *G. Jellineks* Verständnis auf die Begründung subjektiver Abwehrrechte. *Anschütz* schloss sich dieser Auffassung ausdrücklich an und konkretisierte diese Aussage dahin, dass die Grundrechte „im Kerne ihres Wesens […] auf Unterlassung von Verwaltungsakten“[147] gerichtet seien und

140 Vgl. *Stolleis*, Geschichte des öffentlichen Rechts in Deutschland, Bd. II, S. 320.

141 Vgl. *P. Laband*, Das Staatsrecht des Deutschen Reiches, Bd. I, S. 149.

142 Vgl. *Grimm*, Die Entwicklung der Grundrechtstheorie in der deutschen Staatsrechtslehre des 19. Jahrhunderts, S. 258; *ders.* in Recht und Staat der bürgerlichen Gesellschaft, S. 335f.

143 Vgl. *Stolleis*, Geschichte des öffentlichen Rechts in Deutschland, Bd. II, S. 320.

144 *G. Jellinek*, System der subjektiven öffentlichen Rechte, S. 87.

145 Vgl. *G. Jellinek*, System der subjektiven öffentlichen Rechte, S. 96.

146 So wollte sich *G. Jellinek* sehr wohl verstanden wissen, vgl. *G. Jellinek* a.a.O.

147 *Anschütz*, Die Verfassungsurkunde für den Preußischen Staat, S. 96.

zwar solcher Verwaltungsakte, die gesetzwidrig in die von der Verfassung geschützten Freiheiten eingriffen. Aber auch bei nicht grundrechtlich geschützten Freiheiten bestand dieser Schutz, so dass die Grundrechte nach *Anschütz* „eine kasuistisch gefasste Darlegung des Prinzips der gesetzmäßigen Verwaltung, nicht aber eine Aufzählung der Gegenstände der Gesetzgebung“[148] enthielten.

Abgesehen von der Dimension, die den rechtlichen Anspruchscharakter der jeweiligen „Grundrechtsnorm“ im damaligen Staatssystem betrifft, waren die Einflussmöglichkeiten der Landesgesetzgeber ausschlaggebend für die praktische Bedeutung der Grundrechtsverbürgungen. Aus deren Gesetzen ließ sich der konkrete Gehalt des Grundrechtsschutzes ablesen, ohne dass es einen gesetzesüberschießenden Grundrechtsgehalt gegeben hätte.[149] Reichs- und Landesgesetzgeber regelten die Grundrechtsbereiche einfachgesetzlich, so dass es auch nur eines einfachgesetzlichen Änderungsgesetzes bedurfte, um die Grundrechte einschränken zu können. Beispielhaft für erhebliche Grundrechtseingriffe sind die Landeskulturkampfgesetze und das Sozialistengesetz.[150] Aufgrund dieser Gesetze wurden die Landesbehörden zu einer Vielzahl von Eingriffen in Grundrechtspositionen ermächtigt, wenn auch nur während der vom Gesetzgeber im jeweiligen Gesetz verankerten zeitlichen Befristung. Im Ganzen lässt sich trotz allem festhalten, dass der durch die reichsgesetzlichen Garantien vermittelte Grundrechtsschutz des *Bismarck*'schen Reichssystems nicht weniger wirksam war als die entsprechenden Garantien in Ländern mit verfassungsmäßigen Grundrechtskatalogen.[151]

Ausgehend von der im Wesentlichen von *Gerber* und *Laband* geprägten Überzeugung, dass Grundrechte als sanktionslose politische Deklamationen[152] mit Inhalten, die durch die Gesetzgebung zu erfüllen waren, machten Grundrechte keinen Sinn. Insbesondere dann nicht, wenn ihr entpolitisierter Sinn darin liegt, den Bürger vor rechtswidriger Beeinträchtigung zu bewahren, wenn die Freiheit schrumpfte auf Freiheit von gesetzlichem Zwang, dann genügte das Rechtsstaatsprinzip.[153] Diese in der zweiten Hälfte des 19. Jahrhun-

---

148 *Anschütz*, Die Verfassungsurkunde für den Preußischen Staat, S. 98.

149 Vgl. *Grimm*, Recht und Staat der bürgerlichen Gesellschaft, S. 205.

150 Vgl. *E. R. Huber*, Grundrechte im Bismarckschen Reichssystem, in FS *Scheuner*, S. 175f.

151 Vgl. *E. R. Huber*, Grundrechte im Bismarckschen Reichssystem, in FS *Scheuner*, S. 171f.

152 Im Gegensatz zur Österreichischen und Schweizerischen Verfassung enthielt keine der deutschen Landesverfassungen eine Verfassungsgerichtsbarkeit als grundrechtsüberwachende Instanz; vgl. *Kühne*, Von der bürgerlichen Revolution bis zum Ersten Weltkrieg, in *Merten/Papier* (Hrsg.) Hdb. d. Grundrechte, Bd. I, S. 145ff.

153 Vgl. *Stolleis*, Geschichte des öffentlichen Rechts in Deutschland, Bd. II, S. 373.

derts in Deutschland vorherrschende Auffassung führte dazu, dass die Wahrnehmung der Grundrechte auf deren Abwehrrechtlichen Gehalt reduziert wurde. Hinzu kam die Betonung der Rechtspositivierung, mit welcher der monarchische Staat der mehrheitlich liberalen Gesellschaft deren in den Grundrechtskatalogen enthaltenen Forderungen auf dem Weg der einfachgesetzlichen Gesetzgebung entgegenkam.[154]

Die ökonomischen Prozesse und Entwicklungen im Zusammenhang mit der voranschreitenden Industrialisierung machten die Schaffung handhabbarer juristischer Systeme zur Regelung der Rechtsbeziehungen der Privaten untereinander erforderlich. Während der Gesetzgeber dem nachkam, vollzog sich ein Bewusstseinswandel hinsichtlich der Trennung von Staat und Gesellschaft. Dem folgte die juristisch theoretische Trennung der subjektiven Rechte des Privatrechts („Ansprüche") von den subjektiv-öffentlichen Rechten.[155] Der heutige, dem zivilrechtlichen Anspruchsdenken gleichende, Charakter der subjektiv-öffentlichen Rechte war seinerzeit jedoch noch weitgehend unbekannt und so wurde der Hauptinhalt der subjektiv-öffentlichen Rechte bis zur Bearbeitung des Komplexes durch *G. Jellinek* auf die Unterlassung rechtswidriger Verwaltungsakte reduziert.[156]

e) Keine Drittwirkung der Grundrechte im 19. Jahrhundert

Wie eingangs dieser Untersuchung bereits angedeutet, beeinflussen die Grundrechte heute nicht nur die Rechtsbeziehungen des Einzelnen zum Staat sondern auch die der Privaten untereinander. Auf diesem Weg sollen grundrechtliche Wertungen, die nicht oder nur unzureichend einfachgesetzlich ausgeformt sind, in das Privatrecht hineingetragen werden. Diese Vorstellung war der Grundrechts- wie auch Zivilrechtsdogmatik im 19. Jahrhundert, insbesondere in der Zeit des Kaiserreichs, fremd. Einerseits war die oben dargestellte, maßgeblich von *Gerber* und *Laband* geprägte, Vorstellung von allein gegen den Staat gerichteten Abwehrrechten vorherrschend. Andererseits existierten die ebenfalls bereits erwähnten, einfachgesetzlichen Regelungen der Rechtsbeziehungen der Privaten untereinander, namentlich das Zivilrecht sowie die Sozialgesetzgebung der Jahre 1880 bis 1890.[157] Letztere regelten allerdings weniger die sozialen Beziehungen der Einzelnen untereinander, als sie vielmehr allgemeine soziale Sicherungssysteme etablierten. Darüberhinausgehende soziale Forderungen an die bürgerliche Gesetzgebung sind dann

---

154 Vgl. *Stolleis*, Geschichte des öffentlichen Rechts in Deutschland, Bd. II, S. 374.

155 Vgl. *Stolleis*, Geschichte des öffentlichen Rechts in Deutschland, Bd. II, S. 374.

156 Vgl. *Stolleis*, Geschichte des öffentlichen Rechts in Deutschland, Bd. II, S. 375.

157 Dies sind das Gesetz zur Krankenversicherung von 1883, das Gesetz zur Unfallversicherung von 1884 sowie das Gesetz zur Invaliditäts- und Altersversicherung für Arbeiter von 1889.

auch in das Gesetzgebungsverfahren zum Bürgerlichen Gesetzbuch eingeflossen.[158] Die in dem Gesamtwerk BGB zusammengetragenen umfassenden Regelungen des Privatrechts berücksichtigen zahlreiche soziale Belange, die nicht alle bereits im ersten Entwurf vom Frühjahr 1888 enthalten waren.[159] Beispielsweise kehrte sich der in der ursprünglichen Fassung enthaltene Grundsatz „Kauf bricht Miete" im Laufe der Überarbeitung bis zur Verabschiedung des Gesetzes im Sommer 1896 in das Gegenteil um und hat noch heute in Form des § 566 BGB Bestand. Die Kritik am ersten Gesetzesentwurf, er verfehle die soziale Aufgabe des Privatrechts,[160] verdeutlicht die Forderung an und die Erwartungshaltung gegenüber der mit dem BGB angestrebten Neuordnung des Privatrechts. Eine zentrale politische Zielsetzung bestand – angesichts der vorangegangenen (sozialen) Reichsgesetzgebung – im sozialen Rechtsschutz der Schwachen und Armen.

Ebenfalls eine Forderung mit sozialem Hintergrund, allerdings ausgangs des 20. Jahrhunderts weitgehend ausdiskutiert war das auf sozialistische Ideologien gegründete Recht auf Arbeit. Das Bedürfnis nach einer grundrechtlichen Gewährleistung eines jedem zustehenden Anspruchs auf Arbeit richtete sich primär auf die Sicherung eines Existenzminimums in dem Sinne, dass der Staat dafür Sorge zu tragen habe, dass ausreichend Arbeit vorhanden ist, um seinen Bürgern das eigenständige Erwirtschaften der eigenen Lebensgrundlage zu ermöglichen.[161] Vornehmlich die politisch linken Kräfte Deutschlands gründeten ihre Forderung auf die wirtschaftlichen und sozialen Missstände des vierten und untersten Standes und die Pflicht des Staates, die Existenzsicherung der Lohnarbeiterschaft[162] und als letzte Zuflucht die „Freiheit des Daseins" zu gewährleisten.[163] Teilweise wurde das Recht auf Arbeit auch als das Recht, nicht zu verhungern formuliert.[164]

Die Forderung nach einem Recht auf Arbeit war bereits im Rahmen der Entstehung der Erklärung der Menschen- und Bürgerrechte von 1789 aufgekommen, scheiterte im Frankreich des 19. Jahrhunderts jedoch an der mangelnden politischen Durchsetzungskraft der Proponenten[165] sowie an der Wirtschaftsordnung, mit der ein solches vom Staat verbürgtes Recht der Arbeiterschaft hätte kollidieren müssen. Auch die Grundrechtsdiskussion in der Paulskirche

158 Vgl. *Repgen*, Die soziale Aufgabe des Privatrechts, S. 490ff.
159 Vgl. *Repgen*, Die soziale Aufgabe des Privatrechts, S. 492.
160 Vgl. *Repgen*, Die soziale Aufgabe des Privatrechts, S. 492 m.w.N. in Fn. 5.
161 Vgl. *Scholler*, Die Grundrechtsdiskussion in der Paulskirche, S. 34.
162 Vgl. *Grandner*, Grund- und Menschenrechte, S. 259.
163 Vgl. *Scholler*, Die Grundrechtsdiskussion in der Paulskirche, S. 34.
164 Ebd.
165 Vgl. *Grandner*, Grund- und Menschenrechte, S. 259.

hat sich im Zusammenhang mit den sozialen Grundrechten mit einem Recht auf Arbeit auseinander gesetzt. Obgleich dieses Recht keinen Eingang in den Grundrechtskatalog der Paulskirchenverfassung fand, wurde in der Versammlung eine vor allem theoretische und doch nicht minder heftige Debatte über dessen Aufnahme geführt.[166] Gegen die Forderung der Linken nach einem Recht auf Arbeit wurde vor allem eingewendet, der Staat könne keine Vormundstellung übernehmen. Zudem würde die staatliche Versorgung und Absicherung zur Lähmung des Fleißes, zur Faulenzerei und schließlich zur Erschlaffung der Triebfeder für die Besitzmehrung führen.[167] Die Beseitigung der zünftischen Reglementierungen in der Zeit des ausklingenden 18. Jahrhunderts bis weit in das 19. Jahrhundert hinein hatte auf die Mobilisierung sowohl des Kapitals als auch der Arbeit gezielt. Die Freisetzung der Arbeit bedeutete zwar einerseits die Anerkennung der Arbeitenden als frei entscheidungsfähige Eigentümer ihrer Arbeitskraft; es bedeutete andererseits aber auch die Auslieferung der Arbeit(er) an kaum beeinflussbare Kräfte.[168] Gleichwohl lag genau darin der Motor der Arbeit, der – so glaubten die Gegner des Rechtes auf Arbeit[169] – mit einer staatlichen Minimalversorgung zum Stehen gebracht würde. Die Befürchtungen gingen dahin, die große Masse würde sich mit dem täglichen Brote begnügen, den Staat als Vormund betrachten und diesem die Sorge überlassen, es herbeizuschaffen.[170] Im Ergebnis blieb die Debatte nicht nur in der Nationalversammlung lediglich theoretischer Natur. Die Forderung konnte sich nicht durchsetzen.[171] Die Fortsetzung der Diskussion, unter anderem mit der Argumentation, jedem müsse das Recht garantiert werden, durch seine Arbeitskraft seine Lebensgrundlage zu erwerben und zu sichern, führte im 19. Jahrhundert zu staatlichen Arbeitsbeschaffungsmaßnahmen, die zeitweise in völliger Sinnlosigkeit endeten.[172]

Abgesehen vom Recht auf Arbeit erfüllte der Reichsgesetzgeber die meisten sozialen Forderungen, indem er das BGB in den sozialen Fragestellungen entsprechend im Sinne des Schutzes des Schwächeren ausgestaltete. Dies und das oben angedeutete Grundrechtsverständnis jener Zeit waren wohl die maß-

---

166 Vgl. *Scholler*, Die Grundrechtsdiskussion in der Paulskirche, S. 33, 36.

167 Vgl. *Grandner*, Grund- und Menschenrechte, S. 220 f.

168 Vgl. *Grandner*, Grund- und Menschenrechte, S. 262.

169 Die Forderung nach einem Recht auf Arbeit kommt in dieser Ausprägung eher der Forderung nach einem Recht auf staatliche Grundsicherung gleich.

170 Vgl. *Scholler*, Die Grundrechtsdiskussion in der Paulskirche, S. 221.

171 Vgl. *Scholler*, Die Grundrechtsdiskussion in der Paulskirche, S. 36.

172 Vgl. *Grandner*, Grund- und Menschenrechte, S. 265.

geblichen Ursachen dafür, dass eine Wirkung der Grundrechte im Privatrechtsverkehr nicht diskutiert worden ist.[173]

In der heutigen Arbeitsrechtswissenschaft wird ein Recht auf Arbeit überwiegend abgelehnt.[174] Dies nicht zuletzt deshalb, weil die Existenz eines Rechtes auf Arbeit in einer Marktwirtschaft als unmöglich angesehen wird.[175] *Herschel* kann daher zugestimmt werden, wenn dieser zu dem Ergebnis gelangt, dass über den dürftigen juristischen Stellenwert des Rechts auf Arbeit Einigkeit bestehe.[176]

6. Zusammenfassung

Mit Blick auf den Schwerpunkt der Arbeit, der Frage um die Grundrechte im Arbeitsrecht bleibt festzuhalten, dass das allgemeine Grundrechtsverständnis der Zeit bis 1918 ausschließlich von einem vertikalen Grundrechtsverhältnis, die Beziehungen zwischen Bürger und Staat regelnd, geprägt war. Aufgrund des überwiegend freiheitsbezogenen Hintergrundes bei der Entstehung der amerikanischen „Bill of Rights" war an arbeitsrechtsbezogene Grundrechte nicht zu denken, geschweige denn, dass solche Bestimmungen Eingang in den Katalog der verbürgten Rechte gefunden hätten. Auch der Charakter und die Zielrichtung der „Déclaration des droits de l'homme et du citoyen" von 1789 sowie der französischen Verfassungen der Folgezeit waren in erster Linie freiheitsbezogen. Grundrechtspositionen oder -verbürgungen mit arbeitsrechtlichem Hintergrund gab es seinerzeit keine. Der Grund dafür dürfte primär darin liegen, dass die Interessen des – im Wesentlichen einen arbeitnehmerähnlichen Status innehabenden – „Dritten Standes" mangels durchsetzungsstarker Interessenvertreter keinen Eingang in die seinerzeitige Diskussion fanden. Demgegenüber konnte der wirtschaftlich und politisch starke „Zweite Stand" des Bürgertums die in der Revolution aufgekommene Menschenrechtsdebatte nutzen, um in den Grundrechten das spätere Privatrecht, insbesondere dessen Liberalisierung vorzuzeichnen.[177] In Deutschland ist der Gestaltung arbeits- und wirtschaftsrechtlicher Belange bis zur Mitte des 19. Jahrhunderts nur geringer Stellenwert beigemessen worden. Dies liegt primär

---

173 Vgl. auch *Neuner*, Die Einwirkung der Grundrechte auf das deutsche Privatrecht, in *ders.* (Hrsg), Grundrechte und Privatrecht aus rechtsvergleichender Sicht, S. 159, 161.

174 Vgl. *Coen*, Das Recht auf Arbeit und der Bestandsschutz des gekündigten Arbeitsverhältnisses, S. 51; weitere Nachweise bei *Schwerdtner*, ZfA 1977, S. 47, insb. Fn. 6; *Zöllner*, AcP 176 (1976), S. 221, 227 Fn. 17.

175 Vgl. *Schwerdtner*, ZfA 1977, S. 47, 53.

176 Vgl. *Herschel*, BB 1977, S. 708.

177 Vgl. *Grimm*, Recht und Staat der bürgerlichen Gesellschaft, S. 200.

an dem geringen industriellen Fortschritt Deutschlands zu jener Zeit.[178] Dem gegenüber entwickelte sich die Wirtschaft in England und Frankreich vergleichsweise rasant. Unabhängig jedoch von der Frage, wann die industrielle Revolution im jeweiligen Staat einsetzte, veränderten sich mit ihr Arbeits- und Produktionsprozesse. Damit einher ging eine Veränderung im öffentlichen Bewusstsein dahingehend, dass die Umstände im Zusammenhang mit den neuartigen Arbeitsbedingungen Regelungen bedurften.[179] Allerdings beschränkten sich die Regelungsbemühungen zumindest des – den anderen europäischen Staaten vorauseilenden – englischen Gesetzgebers zunächst darauf, durch einfachgesetzliches Handeln Rahmenbedingungen für arbeitsrechtliche Prozesse zu schaffen.[180] In Deutschland dagegen wurde das politische Geschehen in weiten Teilen des 19. Jahrhunderts von dem Bestreben nach nationaler Einigung bestimmt.[181] Zum einen deshalb, zum anderen wegen der verzögert einsetzenden industriellen Entwicklung bestand bis zur Mitte des 19. Jahrhunderts in Deutschland keine Notwendigkeit, sich mit arbeitsrechtlichen Belangen zu beschäftigen oder sich gar mit der Frage auseinander zu setzen, mit welcher Wirkungsweise arbeitsrechtliche Schutznormen ausgestaltet werden sollten. Das Grundrechtsverständnis in Literatur und Rechtsprechung vor 1914 ging zwar grundsätzlich von einer unmittelbar rechtlichen Geltung der Grundrechte aus, war jedoch weit davon entfernt, die Grundrechte als Grundlage der Rechtsordnung oder als Normen fundamentaler Art, die den Gang der Gesetzgebung beeinflussen, anzusehen.[182] Die Grundrechte sollten im Zweifel keine verfassungsrechtliche Schranke für die künftige Gesetzgebung aufrichten, sondern ihr durch einen sogenannten Programmsatz eine allgemeine, der näheren Bestimmung bedürftigen Richtlinie bzw. Richtschnur geben.[183] Auch eine unmittelbare Grundrechtsbindung der Verwaltung musste aufgrund zahlreicher allgemeiner Gesetzesvorbehalte seit der Reaktionszeit ausscheiden, weil dadurch der Gehalt der Grundrechte für einen solchen Rückgriff zu unbestimmt geworden war.[184] Eine Bindung der Rechtsprechung an die Grundrechte fand in der Praxis nicht statt.[185] Wenn überhaupt, nannten die Obergerichte allenfalls die betroffenen Grundrechte im Zusammenhang mit den dazugehörenden restriktiven hoheitlichen Konkreti-

178 Vgl. dazu *Heis*, Das Recht im frühen Sozialismus, S. 207, Fn. 466.
179 Vgl. dazu *Heis*, Das Recht im frühen Sozialismus, S. 92.
180 Ebd.
181 Vgl. dazu *Heis*, Das Recht im frühen Sozialismus, S. 207, Fn. 466.
182 Vgl. *Scheuner*, Staatstheorie und Staatsrecht, S. 662.
183 Vgl. *Scheuner*, Staatstheorie und Staatsrecht, S. 662; *Kühne*, Die Reichsverfassung der Paulskirche, S. 187.
184 Vgl. *Kühne*, Die Reichsverfassung der Paulskirche, S. 190.
185 Vgl. *Kühne*, Die Reichsverfassung der Paulskirche, S. 190, 193f.

sierungen und wendeten diese ohne Rücksicht auf den näheren Gehalt des Grundrechts an.[186]

II. Grundrechtsverständnis der Weimarer Reichsverfassung

Am Ende des Ersten Weltkrieges standen die militärische Niederlage und der politische Zusammenbruch des Kaiserreichs nebst regierender Fürstenhäuser. Das politische Ende des alten Systems war insbesondere auch das Verdienst der Novemberrevolution 1918, in deren Folge es 1919 zur Gründung eines liberaldemokratischen parlamentarischen Verfassungsstaates kam. Die erste Weimarer Nationalversammlung trat erstmals am 6. Februar 1919 zusammen und verabschiedete am 11. August 1919 in Weimar die „Verfassung des Deutschen Reiches."[187]

1. Grundrechtsverständnis der Verfassungsgeber

Um die Bedeutung und den Wertgehalt des Bonner Grundgesetzes von 1949 vollständig erfassen zu können, bedarf es einer genaueren Betrachtung der Grundrechte der Weimarer Reichsverfassung. Hierbei ist besonderes Augenmerk auf die Frage zu legen, inwieweit sich möglicherweise das Grundrechtsverständnis allgemein und die strukturelle Bedeutung der Grundrechte der Weimarer Reichsverfassung innerhalb des Verfassungsrechts gegenüber den früheren (einzelstaatlichen) Verfassungen geändert hatte. Anlass zu dieser Betrachtung gibt nicht zuletzt das Vorwort *Nipperdeys* in dem 1929 erschienenen dreibändigen Werk zu den Grundrechten der Weimarer Reichsverfassung. „Die Bedeutung der Grundrechte geht naturgemäß über das Gebiet des Staats- und Verwaltungsrechts hinaus. Sie greift, da es sich um die Abgrenzung des Verhältnisses von Staat und Individuum und Verbänden handelt, in weiten Partien in das Privatrecht, das Handels- Wirtschafts- und Arbeitsrecht, in das Gerichtsverfassungsrecht, das Kirchenrecht, das Strafrecht, das Völkerrecht usw. ein."[188] Diese Formulierung klingt zwar zunächst vielversprechend, sie vermag jedoch nicht darüber hinwegzutäuschen, dass das Grundrechtsverständnis der Weimarer Reichsverfassung eine Drittwirkung der Grundrechte in dem später von *Nipperdey* verstandenen Sinne nicht kannte.

a) Ausgangslage zur Jahreswende 1918/1919

---

186 Vgl. *Kühne*, Die Reichsverfassung der Paulskirche, S. 194.

187 Zum historischen Ablauf der Entstehung der Verfassung *Lingelbach* in *Eichenhofer* (Hrsg.) 80. Jahre Weimarer Reichsverfassung, S. 23.

188 Vgl. *Nipperdey*, Die Grundrechte der Weimarer Reichsverfassung, Bd. I, Vorwort.

Rohstoffmangel, Lebensmittelknappheit und soziale Missstände sowie die große Anzahl von Toten und Versehrten hatten die kriegsmüden Massen in Deutschland verbittert. Das Ende der Monarchie und des Kaiserreichs rief in der entkräfteten Bevölkerung kaum noch öffentliches Interesse hervor. Erst als die Revolution Ende Dezember 1918 in eine radikale Phase überging, überwog die Angst vor Bolschewismus und politischer Anarchie gegenüber ökonomischen Existenzsorgen. Infolge dessen bestand eines der wichtigsten Ziele der SPD, die als stärkste Fraktion aus der Wahl zur Nationalversammlung am 19. Januar 1919 hervorgegangen war, neben der Schaffung einer demokratischen Republik darin, die politische Stellung der zahlenmäßigen Mehrheit der arbeitenden Bevölkerung zu stärken. Daneben ging es auch um eine Stärkung der Rechte des Einzelnen. So setzten sich ihre Vertreter im Rahmen der Erarbeitung der neu zu erstellenden Verfassung auch für die Aufnahme bestimmter Rechte (als „Grundrechte") in den Verfassungstext ein.

Zu Beginn der Debatte um die Aufnahme von Grundrechten in die WRV stand dogmatisch die überkommene Rechtsauffassung zur Wirkungsweise der Grundrechte. Danach sollten die Grundrechte allein im Rechtsverhältnis zwischen Staat und Bürger gelten. Als Staat wurde hierbei ausschließlich die Exekutive verstanden, d.h. die Grundrechtsbindung reduzierte sich auf den Vorbehalt des parlamentarischen Gesetzes.[189] Dennoch oder vielleicht gerade deshalb gingen die Auffassungen der am Entstehungsprozess der WRV Beteiligten hinsichtlich des Grundrechtsteils weit auseinander. Daher ist es nicht verwunderlich, dass nach der Auseinandersetzung darüber, ob Grundrechte überhaupt in die neue Verfassung aufzunehmen seien, heftig darüber gestritten, welche Grundrechte Eingang finden sollten. Daneben war die Frage, welche Bedeutung dem Grundrechtsteil als solchem zuzumessen sein sollte, Gegenstand kontroverser Diskussionen. Im Dezember 1918 stellte *Hugo Preuß*,[190] der Vorsitzende der Expertenkommission zur Vorbereitung eines Verfassungsentwurfes, fest, dass „die Aufnahme einzelner grundrechtlicher Bestimmungen kaum zu vermeiden"[191] sei, jedoch nur einige wenige Bestimmungen von unmittelbarer praktischer Bedeutung und Wirksamkeit aufzunehmen seien. Dem gegenüber befanden sich die Befürworter der Grund-

---

189 Vgl. *G. Jellineck*, System der subjektiven öffentlichen Rechte, S. 96; sowie *Anschütz*, Die Verfassungsurkunde für den Preußischen Staat, S. 96.

190 *Preuß* wollte ursprünglich Grundrechte überhaupt nicht in die Verfassung aufnehmen. Vgl. *Anschütz*, Kommentar zur WRV, 13. Aufl., S. 447.

191 Aufzeichnungen über die Verhandlungen im Reichsamt des Inneren über die Grundzüge des der verfassungsgebenden deutschen Nationalversammlung vorzulegenden Verfassungsentwurfs vom 9. bis 12. Dezember 1918, *Weber*, in *Mommsen/Schwentker* (Hrsg.), Zur Neuordnung Deutschlands (MWG Bd. I/16, 1988), S. 71; gegen die Einführung von Grundrechten generell äußerte sich auch *Koch*, DJZ 1919, Sp. 609, 614.

rechtseinführung in der Mehrzahl.[192] Angesichts der Möglichkeiten, die die politische Neuordnung im Deutschen Reich brachte, waren es vor allem liberale und sozialdemokratische Stimmen, die auch hinsichtlich des Grundrechtsbereichs der Verfassung eine ideologische Neuordnung forderten. *Friedrich Naumann* beispielsweise forderte „volksverständliche Grundrechte“[193] und ein „soziales Staatsideal“ in Form eines „sozialen Staatsrechts.“[194] *Hugo Sinzheimer* ging noch weiter und forderte, dass grundrechtlicher Schutz des Einzelnen auch gegenüber „anderen sozialen Gewalten, die mitunter weit mächtiger“ als der Staat seien, gewährleistet werden müsse.[195]

b) Debatte um die Grundrechte im Verfassungsgebungsprozess

Der von *Preuß* vorgelegte Verfassungsentwurf, der nur einige wenige liberale Grundrechtsbestimmungen enthielt, die im Wesentlichen der Paulskirchenverfassung entnommen waren, erntete harsche Kritik, vornehmlich von den Vertretern der linken Parteien. Der Entwurf habe die Grundrechte stiefmütterlich behandelt, er trage den Zuschnitt der bürgerlich-kapitalistischen Gesellschaft und es sei zweifelhaft, ob sich eine solche Verfassung den Anforderungen der Gegenwart und der Zukunft stellen könne.[196] Im Wesentlichen sei die Verfassung von 1848 das Resultat einer bürgerlichen Revolution gewesen. Die neu zu gestaltende Verfassung habe aber dem Rechnung zu tragen, dass 1918 eine proletarische Umwälzung stattgefunden habe, deren Zielsetzung im Kern eine soziale Neuordnung war.[197] Zentrale Interessen der Arbeiterschaft und deren politischer Vertreter – im Wesentlichen die SPD – waren die Lehrfreiheit, die Lernfreiheit und die Neuordnung des Verhältnisses von Staat und Kirche. Aus der Fraktion der DDP kam sogar der Vorschlag, ein einheitliches Unterrichts- und Erziehungswesen mit einem Reichskultusministerium als Zentralstelle einzurichten.[198]

---

192 Vgl. *Gusy*, ZNR 1993, S. 163, 164; spricht sogar von einer gewissen Grundrechtseuphorie.

193 Antrag Nr. 82 – Versuch volksverständlicher Grundrechte von Abg. *Naumann*, in Verhandlungen der verfassungsgebenden Deutschen Nationalversammlung, Bd. 336 Anlagen zu den Stenographischen Berichten. Nr. 391. Bericht des Verfassungsausschusses, S. 171.

194 *Naumann*, S. 180.

195 *Sinzheimer*, Bericht des Verfassungsausschusses, S. 183.

196 *Naumann* bezeichnete die im Regierungsentwurf enthaltenen Grundrechte als antiquierte Denksteine und Museumsstücke früherer Rechtskultur. Vgl. *Anschütz*, Kommentar zur WRV, 13. Aufl. (1930), S. 448.

197 Zu den Kritikern sowie deren Argumenten und Forderungen im Einzelnen vgl. *Pauly*, Grundrechtslaboratorium Weimar, S. 25.

198 Vgl. *Pauly*, Grundrechtslaboratorium Weimar, S. 29.

Die Nationalversammlung verteilte die zu bewältigende Arbeit an Ausschüsse. *Naumann* wurde zum Berichterstatter des Ausschusses „Grundrechte" ernannt und legte zu dessen Arbeitsbeginn seinen „Versuch volksverständlicher Grundrechte" vor. Dabei handelte es sich um „anti-juristische" Vorschläge, die teilweise an alte deutsche Spruchweisheiten erinnerten und zum Teil eher hymnisch oder gar biblisch anmuteten. Beispiele hierfür sind „Grundrechte" wie „Freie Bahn dem Tüchtigen", „Jede ehrliche Arbeit ist gleichen Rechts und gleicher Würde", „Wer nicht arbeitet, der soll auch nicht essen!" oder „Wir behandeln unsere Ausländer, wie wir wünschen im Ausland behandelt zu werden."[199] Die unjuristische Ausdrucksweise hatte *Naumann* ganz bewusst gewählt, denn ihm ging es nicht darum, Normen für die rechtsdogmatische Interpretation oder die judizielle Subsumtion zu liefern. Sein Ziel war es, in der Gesamtheit der Bürger das Verständnis für die politische Ordnung, in der sie lebten, und die Bereitschaft, im Dienst dieser Ordnung selbstverantwortlich zu handeln, zu wecken.[200] Wenngleich es bei dem Versuch bleiben sollte, prägte *Naumann* die weitere Arbeit des Ausschusses und des späteren Unterausschusses maßgeblich, indem er darauf hinwirkte, die Grundrechtsdebatte klar in dem Bewusstsein zu führen, dass es im sozialen Zeitalter darum gehe, die Bedürfnisse der „Vierten Schicht" zu berücksichtigen und in die Verfassung einfließen zu lassen. Nach *Naumanns* Verständnis von einer Verfassung bedeutete die Staatsverfassung kein bloßes positives Rechtsgesetz über den Staatsbürgern, sondern das Manifest eines den Staatsbürgern eigentümlich zugehörigen Inbegriffs überpositiver Staats- und Rechtsideen. *Naumann* betonte, dass gerade den Grundrechten über bloße Rechtsformulierung hinausgreifend der Sinn eines Staatsbekenntnisses innewohne.[201] *Adalbert Düringer* wies als Mitberichterstatter des Ausschusses „Grundrechte" auf deren praktische Bedeutung hin. *Sinzheimer* machte anschließend deutlich, dass es im Rahmen der Grundrechtsdebatte hauptsächlich darum gehe, das „bisher lediglich politisch formulierte Verständnis des Staates zum einzelnen in sozialer Beziehung zu ergänzen." Es sei die Pflicht des Verfassungsgebers, bestimmte wichtige Lebenssphären derart zu schützen, dass deren Änderung nur mittels verfassungsändernden Gesetzes möglich ist. Zudem solle der Verfassungsgeber dem zukünftigen Gesetzgeber Richtlinien mit Programmpunkten und Zielen aufgeben. Schließlich betonte *Sinzheimer* die sozial-ökonomische Grundlage der Grundrechte sowie die Frage ihres Schutzes gegenüber anderen sozialen Gewalten.[202] Für *Konrad Beyerle* war dem Gesetzgeber der Schutz des wirtschaftlich Schwächeren als Leitgedanke mitzugeben; die Ge-

---

199 *Pauly*, Grundrechtslaboratorium Weimar, S. 31.
200 *E.R. Huber*, in FS Wieacker, S. 384, 391.
201 Vgl. *Pauly*, Grundrechtslaboratorium Weimar, S. 387.
202 Vgl. *Pauly*, Grundrechtslaboratorium Weimar, S. 34.

nossenschaften seien in der Verfassung zu verankern; die Arbeitskraft als höchstes Wirtschaftsgut sei zu bewahren; schließlich sei die wirtschaftliche Lage der Arbeiter durch gesetzliche Festschreibung der Grundlagen des Arbeitsvertrages zu schützen.[203] Die Folge all dieser Bestrebungen der Sozialpolitiker war die Einführung eines eigenen Unterabschnittes im Grundrechtsteil, in dem eine Vielzahl sozialer Grundrechtsbestimmungen enthalten waren, z.B. auch das „Recht auf Arbeit“ – Art. 55 im Entwurf vom 28. Mai 1919, „Jedem Deutschen soll die Möglichkeit gegeben werden, durch wirtschaftliche Arbeit seinen Unterhalt zu erwerben“ oder die Pflicht des Gesetzgebers, ein einheitliches Arbeitsrecht zu schaffen. Nach Kritik aus der Wissenschaft wurde der Entwurf zwar noch einmal überarbeitet, einzelne Kritikpunkte blieben jedoch unbearbeitet, wie beispielsweise die Tatsache, dass nicht alle „Grundrechtsbestimmungen“ rechtlich durchsetzbare Ansprüche enthielten, sondern teilweise bloße Lehrsätze oder Leitsätze an den Gesetzgeber enthielten.

Am Ende der Beratungen des Grundrechtsausschusses stand ein Werk bestehend aus fünf Abschnitten: „Die Einzelperson“, „Das Gemeinschaftsleben“, „Religion und Religionsgemeinschaften“, „Bildung und Schule“ sowie „Das Wirtschaftsleben.“ Allem voran stand mit Art. 107 eine allgemeine Vorschrift, aus der das übereingekommene Grundrechtsverständnis der Ausschussmitglieder deutlich hervortrat. „Die Grundrechte und Grundpflichten bilden die Richtschnur und Schranke für die Gesetzgebung, die Verwaltung und die Rechtspflege im Reiche und in den Ländern. Eingriffe von Behörden in die dem einzelnen gewährleisteten Grundrechte können angefochten werden. Sofern nicht bereits ein gesetzlicher Schutz besteht, bestimmt ein Reichsgesetz die zuständige Behörde.“ Hiervon wurde zunächst der zweite Satz gestrichen, nachdem der Reichsjustizminister *Freiherr von Welser* erklärte, es sei „nicht Zweck der Festsetzung der Grundrechte, dass sie dem einzelnen ein klagbares Recht gewähren sollen.“[204] Schließlich aber wurde die ganze Vorschrift gestrichen. Es war in der kurzen Zeit der Beratung nicht gelungen, über die Tragweite der Grundrechte die nötige Klarheit zu finden. Zuvor hatten die Grundrechtsbefürworter vergeblich versucht, ihren Vorschlag zu verteidigen. *Simon Katzenstein* deutete zuletzt sogar eine mittelbare Drittwirkung der Grundrechte an, denn für Art. 107 des Entwurfs spreche, dass das freie Ermessen des Richters in vielen Fällen, etwa bei den allgemeinen Grundsätzen des Bürgerlichen Gesetzbuches eine bestimmte Richtlinie durch die Gesetzgebung erhalte, wozu sich bevorzugt die Grundrechte anböten.[205]

---

203 Vgl. *Pauly*, Grundrechtslaboratorium Weimar, S. 35.

204 Vgl. *Pauly*, Grundrechtslaboratorium Weimar, S. 55.

205 Vgl. *Pauly*, Grundrechtslaboratorium Weimar, S. 59.

c) Zusammenfassung

Der Katalog der in die WRV aufgenommenen Grundrechte war umfangreicher als in früheren Verfassungen. Er enthielt insbesondere Rechte des Einzelnen zur Teilnahme an der politischen Willensbildung. Darüber hinaus gehörte dem Grundrechtskatalog die Freiheit an, sein Leben selbst zu bestimmen. Eine weitere Besonderheit bestand darin, dass der Gleichheitsgrundsatz des Art. 109 WRV am Anfang des Grundrechtskatalogs stand. Wenngleich die Zielsetzung auch darin bestand, Männern und Frauen gleiche Rechte und Pflichten zu gewähren, bezog sich die von Art. 109 WRV angeordnete Gleichstellung in erster Linie auf die Rechtsanwendungsgleichheit sowie die persönliche Rechtsgleichheit.[206] Schließlich, und das dürfte wohl – jedenfalls hinsichtlich des Umfangs des Grundrechtskatalogs – das deutlichste Zeichen eines Bedeutungswandels sein,[207] haben die Verfassungsgeber den Katalog der klassisch-liberalen Grundrechte um eine Vielzahl von sozialen Grundrechten und anderen Bestimmungen mit Bezug zum Gemeinschafts- und Wirtschaftsleben erweitert. Allerdings konnte die überwiegende Zahl der sozialen und ökonomischen Rechtspositionen nicht über den Status bloßer Programmsätze hinauswachsen.

2. Grundrechtsverständnis der Staatsrechtslehre der Weimarer Republik

Die wissenschaftliche Auseinandersetzung mit den Grundrechten der WRV war in den ersten Jahren der Weimarer Republik von abwartender Zurückhaltung geprägt. Erst nach dem Krisenjahr 1923 begann die nähere Untersuchung und Systematisierung der Grundrechte. Maßgeblichen Anteil an dieser ersten Bearbeitung der Problematik hatten die Staatsrechtler *Gerhard Anschütz*, *Richard Thoma* und *Carl Schmitt.*[208] Im Rahmen zweier Staatsrechtslehrertagungen zu den Themen Gleichheitssatz[209] und Meinungsfreiheit[210] wurden die Grundrechte auf breiterer Plattform erörtert, was auch die Diskussion im Schrifttum befruchtete. Gegenstand der staatsrechtlichen Untersuchungen wa-

---

206 Vgl. *Nawiasky*, Die Gleichheit vor dem Gesetz im Sinne des Art. 109 der Reichsverfassung, in Berichte von den Verhandlungen der Tagung der Deutschen Staatsrechtslehrer am 29. / 30. März 1926, S. 43.

207 Vgl. *Dreier*, Die Zwischenkriegszeit, in *Merten/Papier* (Hrsg.) HdB der Grundrechte, S. 159.

208 Vgl. *Stolleis*, in *Rödder* (Hrsg.), Weimar und die Deutsche Verfassung, S. 89, 94.

209 VVDStRL 3 (1927) mit Referaten von *Kaufmann* und *Nawiasky*.

210 VVDStRL 4 (1928) mit Referaten von *Rothenbücher* und *Smend*.

ren verschiedene Aspekte.[211] Die Frage, in welchem Spannungsverhältnis die Grundrechte stehen sollten, wurde von Anfang an relativ eindeutig beantwortet. Trotz der teilweise vertretenen – gleichwohl seinerzeit revolutionären – Ansätze, waren die Grundrechte nur im Spannungsfeld zwischen Bürger und Staat zu sehen.[212] Vereinzelte Versuche, eine Drittwirkung der Grundrechte zu begründen bzw. aus den Grundrechten der WRV herzuleiten, konnten sich nicht durchsetzen.[213] Insbesondere die von *Sinzheimer* in die Beratungen der Nationalversammlung eingebrachte Forderung, die Grundrechte sollten auch zwischen den Privaten gelten, wurde dort bereits verworfen und fand sich später auch nicht im staatsrechtlichen Schrifttum wieder.

a) Grundlegende Bedeutung der Grundrechte der WRV

Die Frage, ob die Grundrechte der WRV unmittelbar geltendes Recht oder bloße Programmsätze waren, kann angesichts der Heterogenität der Bestimmungen nicht einheitlich beantwortet werden. Einigkeit bestand aber auch während der Weimarer Zeit darin, dass diejenigen Grundrechte, bei denen es sich um klassische Freiheitsrechte handelte, wie die Freiheit der Person, des Eigentums usw. unmittelbare Rechtssätze darstellten.[214] *Thoma* ging sogar darüber hinaus und meinte, es komme lediglich darauf an, als Regelfall den Charakter der Grundrechte als verbindlichen Rechtssatz und nicht lediglich als „politisch-ethische Empfehlung" auszuweisen.[215] Retrospektiv ergibt sich jedoch – unter Zugrundelegung der in der Weimarer Zeit ergangenen Rechtsprechung – dass eine Vielzahl der Grundrechte, entgegen der Auffassung vieler Mitglieder der verfassungsgebenden Nationalversammlung, nicht von geringer Bedeutung waren, sondern als unmittelbar geltendes, aktuelles Recht aufgefasst wurden.[216]

---

211 Themen waren bspw. die Frage, welchen Charakter die Normen des zweiten Teils der WRV haben sowie die Frage, ob sich auch Grundrechte aus anderen Vorschriften der WRV ergeben haben. Vgl. hierzu *Schmitt*, in HdB DStR Bd. II, S. 572ff.

212 Vgl. *Bauer*, Geschichtliche Grundlagen der Lehre vom subjektiv öffentlichen Recht, S. 90.

213 Vgl. *E.R. Huber*, Grundrechte im Bismarckschen Reichssystem, in FS *Scheuner*, S. 163; obwohl *Huber* retrospektiv auch die Auffassung vertritt, dass eine Reihe von Grundrechten der Reichsverfassung auch als *„sozialgerichtet"*, nämlich als Abwehrrechte gegen *„soziale Gewalten"* verstanden worden seien. Vgl. *E.R. Huber*, Verfassungsgeschichte, Bd. VI, 1981, S. 96f.

214 Vgl. *Dreier*, Die Zwischenkriegszeit, in *Merten/Papier* (Hrsg.) HdB der Grundrechte, S. 162.

215 Vgl. *Thoma*, in *Nipperdey* (Hrsg.), Die Grundrechte und Grundpflichten der Reichsverfassung, Bd. I, 1, 12; Vgl. *Dreier,* Die Zwischenkriegszeit, in *Merten/Papier* (Hrsg.) HdB der Grundrechte, S. 164, Fn. 64.

216 Dies gilt bspw. für Art. 109 Abs. 3 S. 2 (keine Verleihung von Adelstiteln), Art. 110 Abs. 1 (Staatsangehörigkeit), Art. 114 Abs. 2 (Freiheitsentziehung), Art. 116 (nulla

Das staatsrechtswissenschaftliche Schrifttum hat am zweiten Hauptteil der WRV, insbesondere an dessen Systematik, Struktur und Homogenität sowie an den darin zusammengefassten Regelungen massive Kritik geübt.[217] Stellvertretend sah *Schmitt* im Grundrechtskatalog der WRV statt eines neuen Staatsethos – wie dies die Proklamationen neuer Staaten, wie die Erklärungen der amerikanischen Staaten von 1776, der französischen von 1789 und der russischen Erklärung von 1918 enthielten – lediglich „eine Nebeneinanderstellung verschiedener Prinzipien zu einem interfraktionellen Kompromissprogramm."[218] Anhand des Umfanges, in dem der jeweilige Schutz gewährt wurde, teilte *Schmitt* die Grundrechte in Freiheitsrechte und institutionelle Garantien ein.[219] Institutionelle Garantien seien ihrem Wesen nach begrenzt und beträfen nur rechtlich anerkannte Institutionen, die bestimmten – umschriebenen und umgrenzten – Aufgaben und Zwecken dienen.[220] Hinsichtlich ihrer Einschränkbarkeit ordnete die Staatsrechtswissenschaft der Weimarer Republik die Grundrechte der WRV verschiedenen Kategorien zu.[221] Diese stellten sich wie folgt dar.

- Grundrechte ohne Gesetzesvorbehalt (z.B. Art. 112 Abs. 3; 113, 116, 126, 142, 149 Abs. 2; 159 WRV); ihre Einschränkung war nur durch verfassungsänderndes Gesetz im Wege des Art. 76 WRV zulässig.
- Grundrechte unter Gesetzesvorbehalt (Art. 114, 115, 152, 153 WRV); diese Grundrechte waren unbegrenzt durch Reichs- und Landesgesetzgeber einschränkbar.
- Grundrechte unter dem Vorbehalt des Reichsgesetzes (Art. 111, 112 Abs. 1; 117, 151 Abs. 3; 154, 157 WRV); diese Grundrechte waren durch den Reichsgesetzgeber unbeschränkt, durch die Landesgesetzgeber überhaupt nicht beschränkbar.
- Grundrechte unter limitiertem Gesetzesvorbehalt. Hier differenzierte der Verfassungstext zwischen dem Vorbehalt des allgemeinen Gesetzes

---

poena sine lege), Art. 118 Abs. 2 (Zensurverbot) und Art. 159 (Koalitionsfreiheit) Vgl. *Hensel*, Grundrechte und politische Weltanschauung, (1931), S. 9; Vgl. *Dreier*, Die Zwischenkriegszeit, in *Merten/Papier* (Hrsg.) HdB der Grundrechte, S. 164, Fn. 67.

217 Vgl. statt vieler *Anschütz*, Kommentar zur Reichsverfassung, 13. Aufl., S. 446ff.; *Thoma*, in Nipperdey (Hrsg.), Die Grundrechte und Grundpflichten der Reichsverfassung, Bd. I, S. 1ff.; *Schmitt*, Verfassungslehre, S. 161ff.

218 Vgl. *Schmitt*, Verfassungslehre, S. 162; ähnlich auch *Koch*, DJZ 1919, Sp. 609, 611.

219 Vgl. *Schmitt*, Verfassungslehre S. 158, 163; *ders.*, in HdB. DStR Bd. II, S. 572.

220 Vgl. *Schmitt*, Verfassungslehre, S. 170.

221 Die genaue Anzahl der Kategorien lässt sich nicht eindeutig fassen. Teilweise werden drei, vier fünf oder sogar mehr *Grundrechts*typen unterschieden. Vgl. insb. zusammenfassend *Schneider*, Auslegung des zweiten Hauptteils, S. 8ff.; *Möller*, in *Rödder* (Hrsg.), Weimar und die Deutsche Verfassung, S. 105, 107f.

(Art. 118 Abs. 1; 135 WRV), des Strafgesetzes (Art. 124 Abs. 1 WRV) und dem Einschränkungsvorbehalt zu besonderen Zwecken (Art. 118 Abs. 2: Jugendschutz; Art. 123 Abs. 2: öffentliche Sicherheit). Diese Grundrechte entfalteten Sperrwirkung gegenüber Reichs- und Landesgesetzen, welche die jeweiligen Qualifikationen nicht erfüllten.

- Grundrechte unter Diktaturvorbehalt (Art. 111, 112, 114, 115, 117, 118, 153 WRV). Diese waren unter den Voraussetzungen des Art. 48 Abs. 2 WRV nicht nur einschränkbar, sondern sogar ohne dass es hierzu eines Gesetzes bedurfte, suspendierbar.

In der Mehrzahl enthielten die Normen des zweiten Hauptteils der WRV jedoch keine klassischen Grundrechte „ersten Grades“,[222] zu denen *Anschütz* insbesondere die Art. 109,[223] 110 Abs. 2,[224] 112 Abs. 2,[225] 3,[226] 116,[227] 135,[228] sowie Art. 136[229] WRV zählte. Der Katalog bestand vielmehr aus Gesetzgebungsaufträgen und Programmsätzen, deren Ausgestaltung und Einschränkbarkeit dem einfachen Gesetzgeber vorbehalten blieb. Die Umsetzung einer Vielzahl dieser so verstandenen Aufträge an den parlamentarischen Gesetzgeber scheiterte nicht zuletzt daran, dass in den ersten Jahren der Republik die häufig wechselnden Parlamente nicht in der Lage waren, stabile Mehrheiten zu bilden und die Verfassungsaufträge auszuführen. Als Reaktion darauf setzte sich während dieser Zeit, von den Obergerichten vorangetrieben, mehr und mehr die Auffassung durch, dass Grundrechtsschutz und -gewährleistung – jedenfalls hinsichtlich derjenigen Grundrechte, die einen staatlichem Einfluss entzogenen Kern aufwiesen – von der Justiz gewährleistet werden müsse.[230]

Diese grundrechtsbejahende Grundstimmung setzte sich mit der Zeit auch in der Staatsrechtswissenschaft durch. Infolge dessen bestand jedenfalls zum Ende der Weimarer Republik, mit dem das Ende der Weimarer Reichsverfassung praktisch zusammenfiel, unter den Staatsrechtlern Weimars weitgehend Einigkeit dahingehend, dass die Grundrechte dem einzelnen Grundrechtsträ-

---

222 Vgl. die Kategorisierung bei *Anschütz*, Kommentar zur Reichsverfassung, 13. Aufl., S. 456.
223 Gleichheit vor dem Gesetz.
224 Gleiche Rechte aller Deutschen in jedem Land des Reiches.
225 Anspruch auf Schutz außerhalb des Reichsgebiets.
226 Schutz vor Auslieferung.
227 Nulla poena sine lege.
228 Glaubens- und Gewissensfreiheit.
229 Religionsfreiheit.
230 Vgl. *Gusy*, NZR 1993, S. 163, 183.

ger subjektiv-öffentliche Rechte einräumten.[231] Dies sollte selbst dann gelten, wenn die Grundrechte nicht mit Klagebefugnissen ausgestattet waren.[232] Der subjektiv-rechtliche Gehalt der Grundrechte sollte auch dann anzunehmen sein, wenn der Wortlaut des jeweiligen Grundrechts hierzu ausdrücklich nichts aussagte.[233] Diesem Ansatz lag primär das gewandelte Verständnis von Staat, Verfassung und dem Verhältnis zwischen Staat und Individuum[234] zugrunde. Im Mittelpunkt der – nicht nur politischen, sondern durchaus auch rechtlichen[235] – Betrachtung stand nunmehr der einzelne (Staats-) Bürger und Grundrechtsträger. Nach *Albert Hensel* sollte ein „Grundrechtssystem [...] die Grundentscheidungen einer bestimmten politischen Weltanschauung zu einer widerspruchslosen Einheit zusammenfassen. Diese Einheit soll sich als Werteinheit in der gesamten auf das Grundrechtssystem aufgebauten Rechtsordnung manifestieren."[236] *Ernst Rudolf Huber* interpretierte die Grundrechte als objektive Prinzipien. „In der Regel kommt diesen objektivierten Normen zwar eine subjektive Ausstrahlung zu, aus der sich dann individuelle Rechte und Ansprüche ergeben, aber wesentlich ist diesen Grundrechten nicht die subjektivistisch-individualistische Fernwirkung, sondern der objektive Kern, das Ordnungsprinzip, das sich in ihnen ausdrückt."[237] Für *Rudolf Smend* war mit der WRV ein Bedeutungswandel der Grundrechte eingetreten, mit dem ein „Funktionswandel"[238] der Grundrechte einhergegangen sei. Die Eigenschaft der Grundrechte sei nicht mehr vorrangig die eines negativen Abwehrrechts, sondern vielmehr eine Verstärkung des Staates und der Staatsgewalt. Mit Nachdruck wendete sich *Smend* gegen die individualistische Theorie der Grundrechte, welche diese als bloße Abwehrrechte ansah. Allerdings ging

231 Vgl. *Thoma*, in HdB DStR Bd. II, S. 607, 623; *Bauer*, Geschichtliche Grundlagen der Lehre vom subjektiven öffentlichen Recht, 1986, S. 94f.

232 Vgl. *Thoma*, in HdB DStR Bd. II, S. 607, 616, m.w.N.

233 Vgl. *Thoma*, in *Nipperdey* (Hrsg.), Die Grundrechte und Grundpflichten der Reichsverfassung, Bd. I, S. 1, 4; *Anschütz*, Kommentar zur Reichsverfassung, 13. Aufl., S. 514ff.; RGZ 102, S. 166, 391; dagegen noch Badischer VGH Z.f.bad.Verw., 53 (1921), S. 202f.; *Koch*, DJZ 1919, Sp. 609; *Poetzsch-Heffter*, Kommentar zur Reichsverfassung, S. 397.

234 Zur Kritik am Begriff *„Grundrechte der Deutschen"* in der Überschrift des zweiten Hauptteils der WRV vgl. *Anschütz*, Kommentar zur Reichsverfassung, 13. Aufl., S. 451f.; zur Frage der Geltung der Grundrechte für Ausländer und zum diesbezüglichen Meinungsstand vgl. *Heinze*, Grundrechte der Ausländer, S. 17ff.; *Harz*, Grundrechte und Grundpflichten, S. 28ff.

235 Vgl. *Bauer*, Geschichtliche Grundlagen der Lehre vom subjektiv öffentlichen Recht, S. 86.

236 *Hensel*, Grundrechte und politische Weltanschauung, S. 9.

237 *E.R. Huber*, Der Bedeutungswandel der Grundrechte, in: AöR N.F. Bd. 23 (1933), S. 1, 79.

238 *Smend*, Das Recht der freien Meinungsäußerung, auch in *Smend's* Staatsrechtlichen Abhandlungen, S. 89.

Smend „nur" davon aus, dass das Mehr an Wirkung gegenüber der bloßen Abwehrfunktion darin bestand, dass die Grundrechte die politische Existenz des Individuums im Staat garantierten.[239]

Weitgehend Einigkeit bestand im Schrifttum darüber, wem gegenüber die Grundrechte der WRV ihre subjektive Schutzwirkung entfalteten. Die Grundrechte der WRV wurden unter anderem als eine kasuistisch gefasste Darlegung des allgemeinen formalen Prinzips verstanden, wonach die Verwaltungsorgane, dem Leitgedanken des Rechtsstaats entsprechend, in Freiheit und Eigentum des Einzelnen nur aufgrund und innerhalb der Schranken des Gesetzes eingreifen dürfen (Prinzip der Gesetzmäßigkeit der Verwaltung).[240] Dass die Grundrechte auch vor Verletzungen durch die Judikative schützen sollten, war im staatsrechtlichen Schrifttum ebenso unstreitig.[241] Einigkeit bestand schließlich auch darin, dass es sich bei den Grundrechten der WRV als Freiheitsrechte um Elemente des öffentlichen Rechts handelte, da es grundrechtliche Verbürgungen einzelner Freiheitssphären des öffentlichen Rechts nicht geben konnte.[242] Auch aus den in das Privatrecht eingreifenden Grundrechten der Art. 118 Abs. 1 S. 2,[243] 159 S. 2[244] und 160[245] WRV konnten für den Arbeitnehmer nur dann Freiheitsverbürgungen entspringen, wenn ihm als Arbeitgeber der Staat in Gestalt des Reiches oder Landes gegenüberstand.[246]

---

239 Vgl. *Smend*, Bürger und Bourgeois im Staatsrecht, auch in *Smend's* Staatsrechtlichen Abhandlungen, S. 309, 316, 318.

240 Vgl. *Anschütz*, Kommentar zur Reichsverfassung, 13. Aufl., S. 450.

241 Vgl. *Thoma*, in *Nipperdey* (Hrsg.), Die Grundrechte und Grundpflichten der Reichsverfassung, Bd. I, S. 1, 22; vgl. zu Art. 109 WRV *Anschütz*, Kommentar zur Reichsverfassung, 13. Aufl., S. 460, 462; für Art. 105 *Häntzschel*, in HdB DStR Bd. II, S. 651, 653.

242 Vgl. *Thoma*, in *Nipperdey* (Hrsg.), Die Grundrechte und Grundpflichten der Reichsverfassung, Bd. I, S. 1, 26.

243 Art. 118 Abs. 1 WRV lautet: „Jeder Deutsche hat das Recht, innerhalb der Schranken der allgemeinen Gesetze seine Meinung durch Wort, Schrift, Druck, Bild oder in sonstiger Weise frei zu äußern. *An diesem Rechte darf ihn kein Arbeits- oder Anstellungsverhältnis hindern, und niemand darf ihn benachteiligen, wenn er von diesem Rechte Gebrauch macht.*" (Hervorhebung nicht im Original)

244 Art. 159 S. 2 WRV lautet: „Die Vereinigungsfreiheit zur Wahrung und Förderung der Arbeits- und Wirtschaftsbedingungen ist für jedermann und für alle Berufe gewährleistet. *Alle Abreden und Maßnahmen die diese Freiheit einschränken oder zu behindern suchen, sind rechtswidrig.*" (Hervorhebung nicht im Original)

245 Art. 160 WRV lautet: „Wer in einem Dienst- oder Arbeitsverhältnis als Angestellter oder Arbeiter steht, hat das Recht auf die zur Wahrnehmung staatsbürgerlicher Rechte und, soweit dadurch der Betrieb nicht erheblich geschädigt wird, zur Ausübung ihm übertragener öffentlicher Ehrenämter nötige freie Zeit. Wieweit ihm der Anspruch auf Vergütung erhalten bleibt, bestimmt das Gesetz."

246 Vgl. *Thoma*, in *Nipperdey* (Hrsg.), Die Grundrechte und Grundpflichten der Reichsverfassung, Bd. I, S. 1, 26.

b) Streit um die Grundrechtsbindung der Legislative

Keine Einigkeit bestand – trotz einer Reihe von Diskussionen[247] – in der Frage, ob die Grundrechte auch den Gesetzgeber binden würden.[248] Zunächst wurde – geprägt von der vor 1918 herrschenden positivistischen Lehre – eine Bindung des Gesetzgebers durch die Bestimmungen der WRV jedenfalls dort abgelehnt, wo keine ausdrückliche Anordnung an den Gesetzgeber enthalten war. In der Mitte der zwanziger Jahre nahmen jedoch die Vertreter der Naturrechtslehre[249] zu, die eine Bindung des Gesetzgebers an die Grundrechte der WRV, insbesondere an den Gleichheitsgrundsatz, bejahten.[250]

Demgegenüber lehnte die von *Anschütz* geführte „alte Lehre"[251] eine Grundrechtsbindung des Gesetzgebers strikt ab. Die gegenteilige auf *Heinrich Triepel*[252] und *Gerhard Leibholz*[253] zurückgehende Auffassung, die sich an den Verfassungen der Schweiz und den USA orientierte, hatte das Recht auf Gleichheit vor dem Gesetz zu einem allgemeinen, auch den Gesetzgeber beschränkenden Gerechtigkeitsprinzip gesteigert.[254] Der Streit drehte sich im Kern um die rechtsphilosophische Grundsatzfrage, welcher Lehre der Vorzug zu geben sei, der Lehre vom Positivismus oder der Naturrechtslehre.[255] Die

---

247 Vgl. hierzu überblicksartig *Gusy*, Grundrechte in der Weimarer Republik, ZNR 1993, S. 163, 167.

248 Dafür uneingeschränkt *Triepel*, VVDStRL 3 (1927), S. 50; *ders.*, VVDStRL 4 (1928), S. 89f.; einschränkend *Kaufmann*, VVDStRL 3 (1927), S. 5f., 18f.; *Nawiasky*, VVDStRL 3 (1927), S. 25; *v. Hippel*, AöR N.F. Bd. 10 (1926), S. 124; *W. Jellinek*, Verwaltungsrecht, S. 155f.; dagegen *Thoma*, in *Nipperdey* (Hrsg.), Die Grundrechte und Grundpflichten der Reichsverfassung, Bd. I, S. 1, 22f.; *Anschütz*, Kommentar zur Reichsverfassung, 13. Aufl., S. 461, *ders.*, VVDStRL 3 (1927), S. 48.

249 Vgl. *Kaufmann*, VVDStRL 3 (1927), 14, sprach davon, man müsse sich zurückbesinnen auf die rechtsphilosophischen Anschauungen des vorrationalistischen Naturrechts.

250 Vgl. zum Meinungsstand die Aussprache der Verhandlungen der Staatsrechtslehrer in Münster am 29. und 30. März 1926 VVDStRL 3 (1927), S. 43.

251 Vgl. *Carl Schmitt*, in HdB DStR Bd. II, (1932), S. 593; dagegen bezeichnete *Anschütz* selbst die von ihm vertretene Lehre noch in der 13. Auflage seines Kommentars zur Reichsverfassung 1930 als herrschende Lehre, *Anschütz*, Kommentar zur Reichsverfassung, 13. Aufl., S. 459, m.w.N. In der 14. Auflage (1932) stellte *Anschütz* die von ihm vertretene als *„ältere, früher herrschende Lehre"* dar, *Anschütz*, Kommentar zur Reichsverfassung, 14. Aufl., S. 521.

252 Die Leidenschaft, mit der *Triepel* diese Auffassung vertrat, wird besonders deutlich im Protokoll der Aussprache der Verhandlungen der Staatsrechtslehrer in Münster am 29. und 30. März 1926, *Triepel*, VVDStRL 3 (1927), S. 50.

253 Vgl. *Leibholz*, AöR N.F. Bd. 12 (1927), S. 1.

254 Vgl. *Schmitt*, in HdB DStR Bd. II, S. 593.

255 Diese Erkenntnis hat besonders *Kelsen* auf den Punkt gebracht, VVDStRL 3 (1927), S. 53 f.

neue Lehre litt nach Auffassung von *Anschütz* daran, dass sie fälschlich davon ausging, der Gleichheitssatz habe durch die Änderung der verfassungsrechtlichen Grundlagen einen Bedeutungswandel erfahren.[256] Demgegenüber sei der Gleichheitssatz jedoch „altliberales Gedankengut, von dem, bis zum Beweise des Gegenteils, anzunehmen" sei, dass die WRV „es so aufnehmen wollte, wie es bisher verstanden wurde, wobei im Zweifelsfalle der in Deutschland herkömmlichen, nicht dieser oder jener fremdländischen Verfassung zu folgen"[257] sei. Demzufolge sei eine rechtliche Bindung auch des Gesetzgebers an den Gleichheitssatz der WRV auszuschließen.[258] Hierfür spreche zudem, dass die WRV dort, wo sie Gleichheit des Gesetzes statt des Grundsatzes Gleichheit vor dem Gesetz verlange, dies ausdrücklich gesagt habe.[259]

In der Diskussion um die grundsätzliche Bindung des Gesetzgebers an die Grundrechte der WRV, insbesondere den Gleichheitssatz, wurden im Wesentlichen drei Teilaspekte thematisiert.[260] Die grundsätzliche Bindung des Gesetzgebers – als eines der Staatsorgane – an die Grundrechte der WRV wurde unter dem Hinweis darauf abgelehnt, dass sich ein dahingehendes Verständnis weder aus einer dies positiv formulierenden Bestimmung innerhalb der WRV, noch aus der Auslegung der Verfassung, insbesondere der Grundrechtsgarantien im Ganzen ergebe.[261] Die Befürworter einer Grundrechtsbindung sahen Anhaltspunkte dagegen etwa in den Handlungsanweisungen an den Gesetzgeber wie etwa in Art. 107[262] und Art. 108[263] WRV; Art. 157 Abs. 2[264] WRV; oder in den Einschränkungsvorbehalten zugunsten des Gesetzgebers wie etwa

256 Vgl. *Anschütz*, Kommentar zur Reichsverfassung, 13. Aufl., S. 463.

257 *Anschütz*, Kommentar zur Reichsverfassung, 13. Aufl., S. 463.

258 Vgl. *Anschütz*, Kommentar zur Reichsverfassung, 13. Aufl., S. 463, m.w.N.; bezugnehmend auf die Rspr. des Reichswirtschaftsgerichts, *Breiholdt*, PrVBl. 47 (1925), S. 109, 111, m.w.N.; sowie des Bayerischen Obersten LG, DJZ 31 (1926), Sp. 903.

259 Vgl. *Anschütz*, Kommentar zur Reichsverfassung, 14. Aufl., S. 527; unter Hinweis insb. auf die Art. 17, 22, 105, 106, 109 Abs. 2 und 3, 110 Abs. 2, 113, 119 Abs. 1 S. 2, 121, 128, 134, 136, 146 Abs. 1.

260 Vgl. *Triepel* differenzierte in der Aussprache der Verhandlung der Staatsrechtslehrer in Münster am 29. und 30. März 1926 drei Fragen: 1.) Wendet sich Art. 109 WRV an den Gesetzgeber oder nicht? 2.) Welche inhaltliche Bestimmung hat das Grundrecht des Art. 109 Abs. 1 WRV? 3.) Liegt die Konsequenz der Auslegung des Art. 109 WRV in einem richterlichen Prüfungsrecht, einem unitarischen Prinzip, einem föderativen Gedanken? *Triepel*, VVDStRL 3 (1927), S. 44; ferner hierzu *Kröger*, Grundrechtsentwicklung in Deutschland, S. 59; *ders.*, Der Wandel des Grundrechtsverständnisses in der Weimarer Republik, in *Köbler/Heinze/Schapp* (Hrsg.), Giessener Rechtswissenschaftliche Abhandlungen Bd. 6, S. 299, 304.

261 Vgl. *Gusy*, Grundrechte in der Weimarer Republik, ZNR 1993, S. 163, 167.

262 Einrichtung von Verwaltungsgerichten.

263 Einrichtung eines Staatsgerichtshofes.

264 Schaffung eines einheitlichen Arbeitsrechts durch das Reich.

in Art. 111 S. 3[265] WRV; Art. 115 S. 2[266] WRV; Art. 118 Abs. 1 S. 1[267] WRV; Art. 153 Abs. 1 S. 2[268] WRV. Dem ist entgegenzuhalten, dass es sich hierbei um Aufträge und Zielsetzungen der verfassungsgebenden Nationalversammlung an den späteren Gesetzgeber handelte. Hiervon zu unterscheiden ist die Frage der Bindung des Gesetzgebers an Grundsätze wie den Gleichheitsgrundsatz, der sich in der Ausgestaltung des Art. 109 Abs. 1 WRV nach überkommener Lesart gerade nicht an den Gesetzgeber richtete.

Die eine Grundrechtsbindung des Gesetzgebers annehmende Gegenauffassung differenzierte diesbezüglich in speziellen Einzelanweisungen,[269] grundsätzlichen Richtlinien[270] und Zielsetzungen.[271] Allerdings handelte es sich bei dieser Auffassung nicht um eine formale, aus der Zeit vor dem Ersten Weltkrieg überlieferten Betrachtung, wonach all das, was nicht als positives Gesetz zu verstehen war, Programm sein musste.[272] Vielmehr handelte es sich um einen Versuch, die nicht staatsorganisatorischen Normen der WRV zu kategorisieren.[273] Nach dieser Ansicht waren die Vorschriften der WRV in verschiedene Zwischenstufen einzuteilen, die sich zwischen einem eindeutigen, ohne weiteres vollstreckbaren Befehl des Verfassungsgebers der WRV an die Verfassungsanwender (Verwaltung und Justiz) und einer berechenbaren Subsumtionsmöglichkeit auftaten.[274] Diese Betrachtungsweise brachte jedoch keine Aufhellung bei der Frage nach einer Bindung des Gesetzgebers an Freiheitsgrundsätze.[275]

---

265 Freizügigkeit.

266 Unverletzlichkeit der Wohnung.

267 Meinungsfreiheit, vgl. oben Fn. 243.

268 Eigentumsgarantie.

269 Diese enthalten einen konkreten unmittelbar ausführbaren Befehl, der sich mit dem Erlass des entsprechenden Gesetzes erledigt haben.

270 Hierunter sind u.a. bestimmte Sachgebiete betreffende Gesetzgebungsprogramme zu verstehen, wie die Anweisung zur gesetzlichen Regelung des Arbeits- oder Sozialversicherungsrechts. Zudem sollen hierunter institutionelle Garantien wie Kunst-, Geschichts- Natur- und Landschaftsschutz fallen (Art. 150 WRV).

271 Dieser Bereich betrifft die in die Verfassung geschriebenen Ziel- und Wunschvorstellungen der Nationalversammlung. Die betreffenden Vorschriften sollten den späteren Gesetzgebern die Richtung weisen, in welche sich nach Vorstellung der Verfassungsgeber die gesellschaftliche Entwicklung vollziehen sollte.

272 Diese Auffassung eines einfachen Entweder-Oder lasse sich nicht mehr aufrecht erhalten. Vgl. *Schmitt*, in HdB DStR Bd. II, S. 586.

273 Vgl. *Schmitt*, in HdB DStR Bd. II, S. 603.

274 Ebd.

275 Erstaunlich kurz und eher ausweichend hierzu *Schmitt*, in HdB DStR Bd. II, S. 593; der das Thema als eine *„andere Art der Positivierung"* der Grundrechtssätze bezeichnet, *ders.*, in HdB DStR Bd. II, S. 599.

Die Annahme einer Bindung des Gesetzgebers an grundrechtliche Bestimmungen, insbesondere an den Gleichheitssatz des Art. 109 Abs. 1 WRV,[276] musste gleichsam, um wirksam sein zu können, dazu führen, dass den Gerichten das Amt übertragen würde, die Gesetze (Reichs- und Landesgesetze) daraufhin zu überprüfen, ob die von diesen statuierten Unterscheidungen und Abstufungen auf vernünftigen Gründen beruhen und im Verneinungsfalle diese Gesetze als ungerechte und unvernünftige Diskriminierungen für nichtig zu erklären.[277] Dies würde jedoch nur den einen Absolutismus durch einen anderen Absolutismus ersetzen und zudem zu einer Politisierung der Justiz führen.[278]

Dem gegenüber nahm die Rechtsprechung der (neuen) Weimarer Republik für sich in Anspruch, auch Reichsgesetze auf ihre formelle und materielle Verfassungsmäßigkeit zu überprüfen.[279] Begründet wurde dieses Prüfungsrecht überraschender Weise nicht mit einer Berufung auf Bestimmungen der WRV, sondern mit der Verfassungstradition und einem Prüfungsrecht gegen förmliche Gesetze, das den Gerichten angeblich schon vor der Novemberrevolution zugestanden haben soll[280]. Der Reichsgerichtshof hatte dies in einem Urteil vom 4. November 1925 festgestellt. „Da die Reichsverfassung selbst keine Vorschrift enthält, nach der die Entscheidung über die Verfassungsmäßigkeit der Reichsgesetze den Gerichten entzogen und einer bestimmten anderen Stelle übertragen wäre, muss das Recht und die Pflicht des Richters, die Verfassungsmäßigkeit von Reichsgesetzen zu prüfen, anerkannt werden."[281] Die Grenze eines solchen richterlichen Prüfungsrechts müsse jedoch dort liegen, wo der Richter spezifische gesetzgeberische Aufgaben an sich reißen würde, denn er dürfe nur die Verletzung gewisser äußerster Grenzen rügen.[282]

---

276 Vgl. *Triepel*, Goldbilanzenverordnung und Vorzugsaktien, S. 28; mit dem Argument, man müsse dem Gesetzesabsolutismus entgegentreten.

277 Vgl. hierzu kritisch *Anschütz*, Kommentar zur Reichsverfassung, 13. Aufl., S. 466.

278 Vgl. *Anschütz*, Kommentar zur Reichsverfassung, 13. Aufl., S. 466f.

279 Urteil vom 4. November 1924, in RGZ 111, S. 320; Bayerischen Obersten LG, DJZ 31 (1926), Sp. 903; Für ein richterliches Prüfungsrecht sprachen sich insbesondere auch aus *Triepel*, AöR 39 (1920), S. 456, 534; *Poetzsch-Heffter*, Kommentar zur Reichsverfassung Nr. 2 zu Art. 70; *Hubrich*, Das demokratische Verfassungsrecht 1921, S. 150; *Bühler*, DLZ 1921, Sp. 580. Im Verfassungsgebungsprozess kamen die Befürworter eines richterlichen Prüfungsprozesses aus allen politischen Lagern. Vertreter dieser Auffassung waren insbesondere *Hugo Preuß*, *Adalbert Düringer*, *Oskar Cohn* und *Simon Katzenstein*; vgl. auch *Leisner*, der die Bedeutung der Einführung des richterlichen Prüfungsrechts hervorhebt, Vgl. *Leisner*, Grundrechte und Privatrecht, S. 57.

280 Vgl. *Gusy*, ZNR 1993, S. 169.

281 Urteil vom 4. November 1924, in RGZ 111, S. 320, 323.

282 Vgl. *Holstein*, AöR Bd. N.F. 11 (1926), S. 1, 10.

Neben *Anschütz* lehnten insbesondere auch *Walter Jellinek*[283] und *Thoma* ein richterliches Prüfungsrecht für die Bestimmungen der Verfassung ab. Letzterer zeigte, dass es gerade keine Tradition der deutschen Gerichte sei, materielles Recht von jeher einer Prüfung auf seine Verfassungsmäßigkeit zu unterziehen.[284] Ein richterliches Prüfungsrecht sei zudem mangels ausdrücklicher dahingehender Regelung in der WRV abzulehnen.[285]

Triepel hielt ein Prüfungsrecht von Gesetzen im Hinblick auf ihre Verfassungsmäßigkeit jedenfalls beim Staatsgerichtshof für gegeben. Es ergebe sich nicht zwingend der Schluss, „dass, was man den anderen Gerichten verweigere, dem Staatsgerichtshof nicht zugestanden werden dürfe.“ [286] Der Staatsgerichtshof sei eben kein gewöhnliches, kein „ordentliches“ Gericht.[287] Allerdings konnte sich diese Ansicht nicht durchsetzen, so dass die Kompetenz des Staatsgerichtshofs auf Verfassungsstreitigkeiten im engeren Sinne beschränkt blieb.[288]

Obgleich zum Ende der Weimarer Zeit eine gewisse Tendenz hin zur „neueren“ Lehre auch von deren Gegnern gesehen wurde,[289] konnte sich keine der beiden Seiten endgültig durchsetzen. Im Ergebnis blieb der Streit über die Gesetzesbindung des Gesetzgebers daher offen.

c) Grundrechte der WRV und Drittwirkung

Die Frage, in welchem Verhältnis die Grundrechte der WRV ihre Wirkung entfalten sollten, ist im staatsrechtlichen Schrifttum in erster Linie auf die Bindung des Gesetzgebers bezogen worden. Im Hinblick auf die Drittwirkung der Grundrechte wurde die Diskussion in einem nur sehr begrenzten Umfang geführt. Zwar findet sich im Gegensatz zum Text des Grundgesetzes in Art. 118 Abs. 1 S. 2 WRV sogar eine ausdrückliche Regelung, wonach die Meinungsfreiheit auch von Personen des Privatrechts, namentlich den Arbeit-

---

283 Vgl. *W. Jellinek*, DJZ 1921, Sp. 753; vgl. ebenso *Fr. Schack*, AöR 41 (1921), S. 163, 167; *Wittmayer*, Die Weimarer Reichsverfassung, S. 472.

284 Vgl. *Thoma*, AöR Bd. N.F. 4 (1922), S. 267, 273f.; unter Hinweis auf das Urteil des preußischen OVG vom 25. Oktober 1912, in dem dieses feststellte, dass ein Reichsgesetz zwar die verfassungsmäßigen Grenzen überschritten habe, aber der richterlichen Nachprüfung entzogen sei.

285 Vgl. *Thoma*, AöR Bd. N.F. 4 (1922), S. 267, 274.

286 *Triepel*, Streitigkeiten zwischen Reich und Ländern, in FS für *Wilhelm Kahl* (1923), S. 92.

287 *Triepel*, Streitigkeiten zwischen Reich und Ländern, in FS für *Wilhelm Kahl* (1923), S. 92.

288 Vgl. *Brunner*, in *Spittmann-Rühle/Helwig* (Hrsg.), Von Weimar nach Bonn, S. 41, 43.

289 Siehe hierzu *Anschütz*, Kommentar zur Reichsverfassung, 14. Aufl., S. 521f.

gebern, nicht eingeschränkt werden durfte. Gleichwohl hatte dies bei weitem nicht die Wirkung, die *Nipperdey* später mit der von ihm begründeten Lehre von der absoluten Wirkung der Grundrechte auslösen sollte.

In den grundlegenden staatsrechtlichen Schriften der Weimarer Republik wird die Drittwirkungsproblematik gar nicht[290] bzw. wenn überhaupt, dann allenfalls rudimentär[291] behandelt. *Anschütz* stellt im Hinblick auf die Regelung des Art. 118 Abs. 1 S. 2 WRV kurz und prägnant fest, dass der Satz, soweit er sich auf Arbeits- und Angestelltenverhältnisse beziehe, eine „bemerkenswerte Ausnahme von der Regel" darstelle, wonach „die Grundrechte die Freiheit des Einzelnen nur gegen die öffentliche Gewalt, nicht aber gegen Privatpersonen schützen."[292] Dies entspreche der Struktur der Grundrechte als individuelle Freiheitsrechte.[293] Nicht zuletzt auch weil die praktische Bedeutung der Norm für gering gehalten wurde,[294] fand die Auseinandersetzung mit Art. 118 Abs. 1 S. 2 WRV in anderen Aspekten statt. Im Blickpunkt stand insbesondere die einschränkende Auslegung der Vorschrift in Bezug auf Beamte[295] und Tendenzbetriebe[296] sowie die Frage, welche Handlungen des Grundrechtsträgers der Verfassungsgeber schützen wollte und welche Einschränkungen das Grundrecht selbst durch die allgemeinen Gesetze und die guten Sitten erfahren solle.[297]

Der Eindruck, dass der Frage der Drittwirkung der Grundrechte der WRV allgemein und insbesondere hinsichtlich Art. 118 Abs. 1 S. 2 WRV keine Bedeutung zukam, wird besonders durch die fehlende Auseinandersetzung der Staatsrechtslehrer hiermit unterstrichen. Dies zeigt vornehmlich das Ergebnis der Tagung der Staatsrechtslehrer am 24. und 25. März 1927 in München, die sich unter anderem dem Thema „Das Recht der freien Meinungsäußerung" widmete.[298] Auch in jener Beratung wurde der Geltungsbereich der Mei-

---

290 *Schmitt*, Verfassungslehre, S. 157, widmet diesem Thema kein einziges Wort.

291 Vgl. *Anschütz*, Kommentar zur Reichsverfassung, 14. Aufl., S. 550, 556f.; *Häntzschel*, in HdB DStR, Bd. II, S. 651, 664f.

292 *Anschütz*, Kommentar zur Reichsverfassung, 14. Aufl., S. 550, 556; *Hellwig*, in *Nipperdey*, Die Grundrechte und Grundpflichten der Reichsverfassung, Bd. II, S. 1, 57; formulierte treffend, man könne sagen, dass das allgemeine Verbot des Art. 118 Abs. 1 S. 2 WRV aus dem Rahmen der Grundrechte herausfalle, als es eine Beeinträchtigung des Grundrechts durch private Maßnahmen ausschließen wolle.

293 Vgl. *Anschütz*, Kommentar zur Reichsverfassung, 14. Aufl., S. 549.

294 Vgl. *Häntzschel*, in HdB DStR, Bd. II, S. 651, 665.

295 Vgl. *Anschütz*, Kommentar zur Reichsverfassung, 14. Aufl., S. 550, 556f.; *Smend* in VVDStRL 4 (1928), S. 44, 54.

296 Vgl. *Häntzschel*, in HdB DStR, Bd. II, S. 651, 664.

297 Vgl. *Häntzschel*, in HdB DStR, Bd. II, S. 651, 664f.; *Anschütz*, Kommentar zur Reichsverfassung, 14. Aufl., S. 550, 556f.

298 VVDStRL 4 (1928).

nungsäußerungsfreiheit gegenüber Privaten erörtert. Die Debatte beschränkte sich allerdings auf die Analyse des Umfangs des von Art. 118 Abs. 1 WRV ausgehenden Schutzes sowie auf die Schranken des Grundrechts.[299] *Rothenbücher* formulierte in seinen Leitsätzen hierzu schließlich, Art 118 Abs. 1 S. 2 WRV, erster Halbsatz sei „ein Verbotsgesetz" dem entgegenstehende Vertragsabreden seien nichtig. Art 118 Abs. 1 S. 2 WRV, zweiter Halbsatz sei ein „Schutzgesetz im Sinne des § 823, Abs. 2 BGB."[300] An dem Ausnahmecharakter des Art 118 Abs. 1 S. 2 WRV schien niemand Zweifel gehabt zu haben. Insbesondere die Kommentatoren der WRV gingen kaum oder gar nicht auf die Besonderheit des auch gegenüber Privaten geltenden Grundrechts ein. So verwundert es nicht, wenn *Smend*, als der neben *Rothenbücher* zweite Berichterstatter der Münchener Staatsrechtslehrertagung von 1927, hierauf nicht eingeht. In seinem Vortrag und in seinen Leitsätzen konzentriert er sich mit Blick auf Art 118 Abs. 1 S. 2 WRV im Wesentlichen auf die beamtenrechtlichen Aspekte der Vorschrift.

Nipperdey, der mit Art. 159 WRV ein weiteres „Ausnahmegrundrecht" kommentierte, stellte zu dieser Norm zwar fest, dass sie „auch einen Schutz gegenüber „sozialen Gewalten" und gegenüber Privatpersonen"[301] entfaltete. Gleichwohl zog er daraus keinerlei Konsequenzen, die über den Wirkungskreis des Art. 159 WRV hinausgingen. Erst recht finden sich dort keine grundrechtsdogmatischen Folgerungen.[302]

Zusammenfassend lässt sich festhalten, dass die Drittwirkung der Grundrechte der WRV – zumindest während der Zeit als sich die Weimarer Republik noch nicht in der Krise befand, in der Zeit vor 1930 – kein Thema der Staatsrechtslehre war und auch nicht von anderen Rechtsgebieten, namentlich von Seiten des Arbeitsrechts, hierher hineingetragen worden war. Soweit einzelne Grundrechte Gewährleistungen des jeweiligen Grundrechtsträgers gegenüber Privaten aussprachen, wurden sie als das angesehen, was sie darstellten: Ausnahmeregelungen.

Zum Ende der Weimarer Republik vollzog sich dann eine Entwicklung in der Grundrechtsdogmatik, die eine deutliche Verstärkung der Rechtsstellung des Grundrechtsträgers bedeutete. Die Erkenntnis, dass den Grundrechten unmit-

---

299 Vgl. *Rothenbücher*, in VVDStRL 4 (1928), S. 6, 26 sowie *Smend*, ebd., S. 44, 54.

300 *Rothenbücher*, in VVDStRL 4 (1928), S. 6, 43; *Hellwig*, in *Nipperdey*, Die Grundrechte und Grundpflichten der Reichsverfassung, Bd. II, S. 1, 69.

301 Vgl. *Nipperdey*, in *ders.*, Die Grundrechte und Grundpflichten der Reichsverfassung, Bd. III, S. 385.

302 Vgl. *Nipperdey*, in *ders.*, Die Grundrechte und Grundpflichten der Reichsverfassung, Bd. III, S. 385, 403.

telbare Geltung zukomme nahm in der Staatsrechtslehre zu.[303] Ohne dass es eine ausdrückliche Anordnung in der WRV gab, sollten einzelne Grundrechte einzelne oder alle Staatsgewalten binden.[304] Dass dies eine (Neben-)Folge der allgemeinen Entwicklung der Krisenjahre war, scheint ausgeschlossen. Zwar fand aufgrund der sozialen Katastrophe infolge der Wirtschaftskrise des Jahres 1930 eine Verfassungsdiskussion statt, die einer Verfassungsreformdiskussion gleichkam;[305] jedoch waren die Reformbestrebungen politisch motiviert und zielten entweder auf die Abschaffung oder auf die Stabilisierung des Staatssystems als solches ab und weniger auf die Grundrechte.

III. Grundrechtsverständnis bei Inkrafttreten des Grundgesetzes

1. Ausgangslage des Parlamentarischen Rates

Der soeben betrachtete zweite Hauptteil der WRV ist das Fundament für die Grundrechtsartikel des Grundgesetzes geworden. Die Grundrechte bilden das geistige Zentrum des Grundgesetzes.[306] Das Grundgesetz hat die Grundrechte der WRV im Wesentlichen übernommen, stärker gestrafft, mit direkter Rechtswirkung und mit Sicherungen versehen (Art. 19 GG).[307] Leitend war der Gedanke, die Grundrechte möglichst kurz und einprägsam, gleichsam jedoch bei jedem Grundrecht so konkretisierend wie möglich festzulegen, nach welchen Richtungen dem Gesetzgeber ein Recht zu Eingriffen zugestanden sein soll.[308] Politische Erwägungen führten schließlich zu einer Aufweichung der anfänglichen juristischen Zielsetzung, in den Grundrechtsteil nur solche Bestimmungen aufzunehmen, die unmittelbare Rechtswirkungen erzeugen. So fanden, zum Bedauern einiger juristischer Vertreter im Parlamentarischen Rat,[309] beispielsweise in Art. 6 und 7 GG Deklarationen, pragmatische Erklärungen und Weisungen an den Gesetzgeber Eingang in den Grundrechtskatalog. Auf die Aufstellung von Grundrechten für die kulturelle und soziale Lebensordnung ist mit Rücksicht auf die seinerzeitige Ungewissheit über die wirtschaftliche und kulturelle Entwicklung zunächst ganz bewusst verzichtet

---

303 Vgl. auch *Gusy*, Weimar – die wehrlose Republik?, S. 44.

304 Vgl. *Thoma*, in *Nipperdey* (Hrsg.), Die Grundrechte und Grundpflichten der Reichsverfassung, Bd. I, S. 1, 9; Vgl. *Anschütz*, Kommentar zur Reichsverfassung, 14. Aufl., S. 514ff. m.w.N.; Vgl. auch *Gusy*, Weimar – die wehrlose Republik?, S. 44; Vgl. *Gusy*, Die Weimarer Republik, S. 280ff.

305 Vgl. *Gusy*, Die Weimarer Republik, S. 400.

306 Vgl. *Stolleis*, in *Rödder* (Hrsg.), Weimar und die Deutsche Verfassung, S. 89, 90.

307 Vgl. *Stolleis*, in *Rödder* (Hrsg.), Weimar und die Deutsche Verfassung, S. 89, 91f.

308 Vgl. *von Mangoldt*, GG, 1. Aufl., S. 37.

309 Vgl. *von Mangoldt*, GG, 1. Aufl., S. 38.

worden. Gleichwohl wurden bei der Formulierung des Grundrechtsabschnittes die Grundrechte anderer früherer Verfassungen, insbesondere der Paulskirchenverfassung und der Entwurf der Charta der Menschenrechte der Vereinten Nationen, fortlaufend herangezogen.[310] In seinen Beratungen beschränkte sich der Parlamentarische Rat – im Gegensatz zu den Grundrechten der WRV – auf die klassischen Freiheitsgrundrechte, die aus den besonderen Verhältnissen der seinerzeitigen Gegenwart heraus neu gestaltet und geformt worden sind.[311] Eine wesentliche Änderung im Grundrechtsverständnis gegenüber jenem der verfassungsgebenden Nationalversammlung von 1919 bestand darin, dass die Grundrechte (nun) alle staatliche Gewalt[312] unmittelbar binden sollten.[313] Dies bedeutete eine durchgehende Bindung des Gesetzgebers an die Grundrechte.[314] Dieses gewandelte Verständnis hat der Parlamentarische Rat in Abs. 3 des Art. 1 GG deutlich zum Ausdruck gebracht, indem er dort die unmittelbare Bindung der drei staatlichen Gewalten ausdrücklich ausgesprochen hat. Dies ist insbesondere auf den Vertrauensverlust zurückzuführen, den der Gesetzgeber aufgrund der missbräuchlichen Handhabung dieser Staatsgewalt durch die Nationalsozialisten erfahren hatte.[315] Im Gegensatz zu der zum Ende der Weimarer Republik herrschenden und insbesondere von *Anschütz* angegriffenen[316] naturrechtlichen Lehre von der Bindung des Verfassungsgebers an überkonstitutionelles Recht,[317] beschritt der Parlamentarische Rat den sichereren Weg des normativen Positivismus[318] und formulierte die Bindung auch des Gesetzgebers ausdrücklich in den Verfassungstext.

Die Grundrechte selbst führten im staatsrechtswissenschaftlichen Schrifttum der Jahre nach 1945, insbesondere nach Inkrafttreten des Grundgesetzes, eher ein Schattendasein. Die Auseinandersetzung mit den Grundrechten in vielen Kommentaren beschränkte sich, wenn überhaupt, auf eine erläuternde Darstellung des Wortlauts und der Zielsetzung der jeweiligen Bestimmung.[319]

---

310 Vgl. *von Mangoldt*, GG, 1. Aufl., S. 35.

311 Vgl. *von Mangoldt*, GG, 1. Aufl., S. 35 f.

312 Gesetzgebung, Verwaltung und Rechtsprechung des Bundes und der Länder. Letztere über Art. 28 Abs. 3 GG.

313 Vgl. *von Mangoldt*, GG, 1. Aufl., S. 36; ebenso *Dichgans*, Vom Grundgesetz zur Verfassung, S. 49; *Schmidt*, in *Simon* (Hrsg.), Rechtswissenschaft in der Bonner Republik, S. 188, 197.

314 Vgl. *Nawiasky*, Grundgedanken des Grundgesetzes, S. 19f.

315 Vgl. *von Mangoldt*, GG, 1. Aufl., S. 45.

316 Vgl. *Anschütz*, Kommentar zur Reichsverfassung, 14. Aufl., S. 521.

317 Vgl. hierzu VVDStRL 3 (1927).

318 Kritik hieran und am GG generell vgl. *Weber*, Spannungen und Kräfte, insb. S. 13ff.

319 Vgl. *Schmidt*, in *Simon* (Hrsg.), Rechtswissenschaft in der Bonner Republik, S. 188, 196.

Eine dezidierte dogmatische Bearbeitung der Grundrechte, die sich auch mit der älteren Literatur auseinander setzte, findet sich erst in der 1957 erschienenen zweiten Auflage des von *Hermann von Mangoldt* gegründeten Kommentars.[320] Mit einiger Verzögerung setzte dann auch eine nähere Untersuchung, Unterscheidung und insbesondere Kategorisierung der Grundrechte ein.[321]

Inhaltlich unterschied sich die Diskussion um die Grundrechte dahingehend, dass im Umfeld der Verfassungsgebung die Thematik der Vorbehaltsschranken als Kernproblem der Grundrechtslehren angesehen wurde, wohingegen sich die Verfassungslehre in den ersten Jahren der praktischen Erprobung des Grundgesetzes mit der Schließung von Lücken des Grundrechtsschutzes beschäftigte sowie mit dem Spannungsverhältnis zwischen verfassungsgerichtlicher Abwehr von Grundrechtsverletzungen durch den Gesetzgeber und der Gestaltungsfreiheit desselben Gesetzgebers innerhalb der ihm grundrechtlich gezogenen Schranken. Schließlich war Gegenstand der Erörterungen der Verfassungslehre die Wirkung der Grundrechte im zivilrechtlichen Rechtsgüterschutz.[322]

Hinsichtlich der bereits vor und während der Zeit der Weimarer Republik viel diskutierten Frage, ob die Grundrechte lediglich objektive Rechtsnormen seien oder subjektive öffentliche Rechte enthalten, fand sich in Bezug auf die Grundrechte des GG relativ schnell eine herrschende Meinung, die differenzierend feststellte, dass „ebenso wie der zweite Hauptteil der Weimarer Reichsverfassung [...] auch der Grundrechtsabschnitt des Grundgesetzes und die dazugehörigen Trabantbestimmungen (Verfassungs-)Rechtsnormen [enthalten], die nicht oder nicht nur Grundrechte im Sinne von subjektiven öffentlichen Rechten gewährleisten; es finden sich dort nämlich auch objektive (Verfassungs-)Rechtsnormen, welche die Erhaltung gewisser (Rechts-) Einrichtungen garantieren [...] sogenannte Einrichtungsgarantien."[323] Daraus ergibt sich der Schluss, dass die Grundrechtsbestimmungen des Grundgesetzes objektives aktuelles Recht begründen, aus dem in der Regel subjektiv-öffentliche aktuelle Rechte fließen.[324]

---

320 *Klein*, in *von Mangoldt/Klein* (Hrsg.), GG, Bd. 1, 2. Aufl.

321 Vgl. z.B. *Ramm*, Arbeitskampf und Gesellschaftsordnung, S. 93; später wegweisend *Böckenförde*, Grundrechtstheorie und Grundrechtsinterpretation, in NJW 1974, S. 1529, 1537; vgl. auch überblicksartig zur Entwicklung von Grundrechtsdogmatik und Grundrechtstheorie *Schmidt*, in *Simon* (Hrsg.), Rechtswissenschaft in der Bonner Republik, S. 188.

322 Vgl. *Schmidt*, in *Simon* (Hrsg.), Rechtswissenschaft in der Bonner Republik, S. 188, 197.

323 *Klein*, in *von Mangoldt/Klein* (Hrsg.), GG, Bd. 1, 2. Aufl., S. 83.

324 Vgl. *Klein*, in *von Mangoldt/Klein* (Hrsg.), GG, Bd. 1, 2. Aufl., S. 103.

Im Gegensatz zur traditionell verstandenen Ausrichtung der Grundrechte als Freiheitsrechte des Einzelnen gegenüber dem Staat, wurde vor allem durch die Folgen des Zweiten Weltkrieges die Notwendigkeit der stärkeren Betonung der Fürsorgefunktion der Grundrechte vom Verfassungsgeber als elementare staatliche Notwendigkeit erkannt.[325] Gleichwohl hat dieser Fürsorgeanspruchsgedanke nur eingeschränkt Eingang in das Grundgesetz gefunden.

2. Wirkung einzelner Grundrechte

Die Menschenwürde steht als oberstes Grundrecht und Leitprinzip von grundsätzlicher Bedeutung für den ganzen Grundrechtsteil vor allen anderen Grundrechten in Art. 1 Abs. 1 GG.[326] Der Rechtssatz hat mit Inkrafttreten des GG die Form allgemein gültigen, unmittelbar wirksamen objektiven Rechts angenommen und setzt der staatlichen Hoheitsgewalt in allen Aufgabenbereichen eine unüberschreitbare Grenze.[327] Allerdings wollte bereits der Parlamentarische Rat die Wirkung des Grundrechts der Menschenwürde nicht auf das bipolare Verhältnis zwischen Staat und Bürger begrenzen und hat daher das Grundrecht auch auf die Beziehungen der einzelnen oder Gruppen von ihnen zueinander bezogen.[328] Die Notwendigkeit eines dahingehenden Verständnisses erkannte *von Mangoldt* darin, dass ein Staatswesen, das für das Verhältnis des Einzelnen zum Staat diesen obersten Grundsatz aufstellt, es nicht zulassen könne, dass dieser Grundsatz „im Verhältnis der einzelnen untereinander von dem Mächtigeren mit Füßen getreten wird."[329]

Auch der in Art. 3 Abs. 1 GG enthaltene Gleichheitssatz soll den Gesetzgeber binden. Insoweit positionierten sich die Verfassungsgeber deutlich zu der hinsichtlich Art. 109 Abs. 1 WRV heftig umstrittenen Frage. Auch wenn am Ende der Beratungen eine kürzere Textfassung verabschiedet wurde, sollte die Streichung keine inhaltliche Änderung bewirken, so dass auch ohne geschrieben zu sein insbesondere für den Gesetzgeber gilt, Art. 3 GG bedeutet, dass ein Gesetz Gleiches gleich behandeln muss und Verschiedenes nach seiner Eigenart behandeln kann, ohne dabei Grundrechte antasten zu dürfen.[330] Die in Art. 3 Abs. 2 GG angeordnete Gleichbehandlung von Männern und Frauen

---

325 Vgl. *Leibholz/Rinck*, GG, 1. u. 2. Aufl., Anm. 1, 2 zu Vor Art. 1 – 19, S. 39f.

326 Vgl. *von Mangoldt*, GG, 1. Aufl., S. 43.

327 Vgl. *von Mangoldt*, GG, 1. Aufl., S. 44.

328 V*on Mangoldt*, GG, 1. Aufl., S. 44; sieht die Grundlage für diese Schlussfolgerung sogar schon in Art. 1 Abs. 1 S. 2 GG angelegt.

329 *Von Mangoldt*, GG, 1. Aufl., S. 44; allerdings geht *von Mangoldt* hierbei nicht auf die Drittwirkung des Grundrechts ein; *Nawiasky* bspw. geht auf eine etwaige Drittwirkung der Grundrechte gar nicht ein, vgl. *Nawiasky*, Grundgedanken des Grundgesetzes, S. 18.

330 *Von Mangoldt*, GG, 1. Aufl., S. 51; so auch *Nipperdey*, BB 1951, S. 282.

geht über den Inhalt des Art. 109 Abs. 2 WRV hinaus. Die Norm bezieht sich auch auf privatrechtliche Verhältnisse, so dass der Parlamentarische Rat auch die in den Beratungen immer wieder aufgetauchte Zweifelsfrage, ob die in Art. 3 Abs. 2 gewählte Formulierung für die Frau auch den Satz: „Gleicher Lohn bei gleicher Arbeit" verbürgt, eindeutig bejaht hat.[331]

3. Grundrechte und Drittwirkung

Hinsichtlich der Frage, wem gegenüber die Grundrechte ihre Wirkung als Freiheitsrechte entfalten, bestand im Parlamentarischen Rat überwiegend Einigkeit. Nach dieser auf dem klassischen Grundrechtsverständnis beruhenden Auffassung richten sich die Grundrechte grundsätzlich gegen den Staat, nicht gegen den Einzelnen.[332] Mit Blick auf die Drittwirkungsdebatte ist es insoweit erstaunlich, wenn *von Mangoldt* diesen Grundsatz für die Meinungsäußerungsfreiheit des Art. 5 Abs. 1 GG aufweichte und mit einem vergleichenden Argument feststellte, dass die Grundrechte auch für das Zivilrecht bedeutsam werden können. „Dem privaten Arbeitgeber kann nicht erlaubt sein, was dem Staat ganz allgemein im Verhältnis zu seinen Beamten und Arbeitern verboten ist. Er darf seine Angestellten und Arbeiter kraft des zu ihnen bestehenden Vertragsverhältnisses ebenso wenig hindern, ihre Meinung frei zu äußern, zu verbreiten usw., insbesondere sich zu einer politischen Partei zu bekennen, oder sie deshalb zu benachteiligen, ihnen beispielsweise kündigen oder sie entlassen."[333] *Von Mangoldt*, der damit zwar die grundsätzliche Bedeutsamkeit der Grundrechte für das Zivilrecht anerkannte, äußerte sich gleichwohl nicht näher dazu, wie genau diese Auswirkung der Grundrechte im Zivilrecht seiner Meinung nach auszusehen hat.

In den ersten Jahren seit Inkrafttreten des Grundgesetzes zog die Debatte um die Drittwirkung der Grundrechte, maßgeblich vorangetrieben von *Nipperdey*, immer größere Kreise.[334] Infolge dessen kam auch *Friedrich Klein* bei der

---

331 Vgl. *von Mangoldt*, GG, 1. Aufl., S. 53 m.w.N.; Auch *Giese* spricht sich für eine Geltung des Gleichbehandlungsgrundsatzes im Privatrecht aus, wenngleich es bei dieser Ausnahme belässt, vgl. *Giese*, GG, 1. Aufl., S. 10; Eine grundsätzliche Drittwirkung der Grundrechte im Privatrecht ist bei *Giese* nicht zu erkennen. *Weber*, Die Verfassung in der Bewährung, S. 12f., weist zwar auf die veränderte Bedrohungslage hin, enthält sich jedoch einer Entscheidung bzgl. der Drittwirkungsfrage.

332 Vgl. *von Mangoldt*, GG, 1. Aufl., S. 57; zu den Grundrechten aus Art. 4 GG, insbesondere zur Religionsfreiheit; *ders.*, ebd., S. 62; einschränkend im Hinblick auf die Meinungsäußerungsfreiheit.

333 *Von Mangoldt*, GG, 1. Aufl., S. 62f.

334 Vgl. *Nipperdey*, RdA 1950, S. 121; *ders.*, Grundrechte und Privatrecht; *ders.*, Gleicher Lohn der Frau; *ders.*, Rechtsgutachten für den DGB 1951; *ders.*, DVBl. 1958, S. 447; *Enneccerus/Nipperdey*, LB des Bürgerlichen Rechts, Bd. I, AT, 15. Aufl.,

Herausgabe der zweiten Auflage des Grundgesetz-Kommentars von *von Mangoldt* nicht umhin, sich diesem Thema auf immerhin neun Seiten zu widmen.[335] Allerdings lehnte *Klein* eine Drittwirkung der Grundrechte kategorisch ab. „Die grundsätzliche Bedeutung der Grundrechte, insbesondere auch derjenigen des Grundgesetzes [...] liegt in dem, was sie über das Verhältnis des Einzelnen zum Staat als Hoheitsträger, über ihre diesbezügliche „Angriffsrichtung“ [...] aussagen. Eine Drittwirkung der Grundrechte gegen Private findet nicht statt.“[336] *Klein* führt diese Feststellung zunächst auf das historische Argument der Entwicklung des Grundrechtsbegriffs zurück, wonach die Grundrechte zur Sicherung der Freiheit des Einzelnen gegenüber Eingriffen durch den Staat dienten.[337] Unter Bezugnahme auf *Anschütz*[338] sieht sich Klein auch durch das Grundrechtsverständnis der WRV bestätigt.[339]

Indem sich das BVerfG im Lüth-Urteil[340] zur Wirkung der Grundrechte im Privatrechtsverkehr geäußert und festgestellt hatte, dass der Richter bei der Auslegung des Zivilrechts die vom Grundgesetz in den Grundrechten aufgestellte Wertordnung zu berücksichtigen habe, sahen sich die Kritiker der Drittwirkungslehre bestätigt und gingen nun daran, die gegenteilige Ansicht zu verfestigen.[341] Der Drittwirkungslehre wurde im Wesentlichen vorgeworfen, dass die Ausdehnung etwa des Gleichheitssatzes auf das Zivilrecht ein System staatlich vorgeordneter Rechtsbeziehungen und Zwangsverträge an die Stelle einer Rechtsordnung setzen würde, die ungeachtet der natürlichen Verschiedenheit der Menschen eine formale Chancengleichheit gewährt, welche sich in der Vertragsfreiheit auswirke.[342]

S. 96; vgl. ferner z.B. *Nawiasky*, in *Nawiasky/Leusser*, Kommentar zur Bayerischen Verfassung, Vorb. vor Art. 98, S. 176, 177.

335 Zum Vergleich, die gesamten Vorbemerkungen zum Grundrechtsteil haben einen Umfang von insgesamt 93 Seiten; Vgl. *Klein*, in *von Mangoldt/Klein* (Hrsg.), GG, Bd. 1, 2. Aufl., S. 51.

336 *Klein*, in *von Mangoldt/Klein* (Hrsg.), GG, Bd. 1, 2. Aufl., S. 61.

337 *Klein*, in *von Mangoldt/Klein* (Hrsg.), GG, Bd. 1, 2. Aufl., S. 61f. m.w.N.

338 Vgl. *Anschütz*, Kommentar zur Reichsverfassung, 14. Aufl., S. 549, Anm. 1 zu Art. 117.

339 Vgl. *Klein*, in *von Mangoldt/Klein* (Hrsg.), GG, Bd. 1, 2. Aufl., S. 62.

340 BVerfGE 7, S. 198; siehe hierzu ausführlich unten C.II. S. 175.

341 Vgl. *Leibholz/Rinck* gehen auf die Drittwirkungslehre gar nicht ein, *Leibholz/Rinck*, GG, 1. u. 2. Aufl., Anm. 5 zu Art. 1, S. 47; *Klein* beschränkt sich auf eine kurze Darstellung der Argumente, die gegen die Lehre *Nipperdeys* sprechen, *Klein*, in *von Mangoldt/Klein* (Hrsg.), GG, Bd. 1, 2. Aufl., S. 62; *Scheuner*, Staatstheorie und Staatsrecht, S. 709, 731f.

342 Vgl. *Scheuner*, Staatstheorie und Staatsrecht, S. 709, 731f.

IV. Grundrechtsverständnis heute

1. Begriff und Verständnis der „Grundrechte"

Die grundlegende Unterscheidung im Verständnis der Begrifflichkeit „Grundrechte" lässt in der geschichtlichen Entwicklung eine Zweiteilung erkennen. Einerseits werden die Grundrechte als dem Staat vorausliegende Rechte des Individuums begriffen; Freiheit und Gleichheit der Individuen sind legitimierende Bedingungen der Entstehung des Staates und Freiheits- und Gleichheitsrechte verpflichten und begrenzen die Ausübung staatlicher Gewalt.[343] Andererseits werden als Grundrechte auch Rechte verstanden, die dem Individuum nicht schon als Mensch, sondern als Glied des Staates zukommen, die dem Staat nicht vorausliegen, sondern erst vom Staat gewährt werden.[344] In Abgrenzung zum Begriff der Menschenrechte meint der Begriff „Grundrechte" international heute in der Substanz Menschenrechte, betont aber die Positivierung in der nationalstaatlichen Verfassung.[345] Gemeinsam ist allen Strömungen das Verständnis um die Wirkungsweise der Grundrechte. Sie sind Rechte des Individuums, die den Staat verpflichten.[346]

Das traditionelle und auch heute noch geläufige liberale Grundrechtsverständnis charakterisiert die Freiheitsrechte als subjektiv öffentliche Rechte des Einzelnen auf Abwehr unrechtmäßiger staatlicher Beeinträchtigungen seiner Freiheit.[347] Dem liegt der Gedanke zugrunde, dass die grundrechtliche Freiheit nicht durch den Staat konstituiert wird, sondern ihm – rechtlich gesehen – voraus liegt.[348] Es ist dem gemäß Sache des Staates, die Freiheitssphäre des Einzelnen zu sichern und zu gewährleisten. Daneben existieren in einzelnen Staaten – so auch in Deutschland – Grundrechte, die nur für bestimmte Einwohner des Staates gelten, die beispielsweise der Nationalstaat nur seinen Staatsangehörigen – seinen Bürgern – gewährt. Bei diesen Grundrechten kann es sich strukturell nur um solche handeln, die dem Staat nicht vorausgehen, da sich die Staatszugehörigkeit erst dann feststellen lässt, wenn zuvor insbesondere Begriff, Umfang und Geltungsbereich des Staates definiert worden sind.

---

343 *Dreier*, GG, Bd. I., Vor. Art. 1 – 19, S. 51 f., Rn. 30ff.

344 Dies gilt insbesondere für die deutsche Entwicklung, vgl. *Sachs* (Hrsg.), GG, Einführung, S. 13, Rn. 31; *Umbach/Clemens*, GG, Bd. I., Präambel, S. 98, Rn. 33; *Dreier*, GG, Bd. I., Vor. Art. 1 – 19, S. 52, Rn. 34.

345 *Grandner*, Grund- und Menschenrechte, Einleitung, S. 13.

346 *Schmidt-Bleibtreu/Klein*, GG, Einleitung, S. 99, Rn. 106.

347 *Kröger*, Grundrechtstheorie als Verfassungsproblem, S. 15; *Epping*, Grundrechte, Kapitel 1, 6, Rn. S. 16.

348 *Böckenförde*, NJW 1974, S. 1530; *Umbach/Clemens*, GG, Bd. I., Art. 1, S. 100, Rn. 6ff.

Das Grundgesetz enthält solche sogenannten Deutschengrundrechte insbesondere in den Art. 11,[349] 12[350] und 16[351] GG.

Neben dem traditionellen Grundrechtsverständnis haben sich im Laufe der Zeit Theorien entwickelt, die in unterschiedlicher Ausprägung ein anderes Verständnis von der Wirkung der Grundrechte herausstellen. Die im Zentrum der hiesigen Betrachtung stehende sogenannte „Drittwirkung“ der Grundrechte findet ihre eigentliche wissenschaftliche Grundlegung in der von *Smend* begründeten „Integrationslehre.“[352] Danach ist das Verfassungsrecht als verselbstständigt anzusehen. Die in der Verfassung aufgenommenen Grundrechte sind Teil des Verfassungsrechts und als solches haben sie grundsätzlich die gleichartige Auswirkung auf sämtliche Rechtsgebiete wie die anderen Teile der Verfassung. Drei Teilaspekte der Sichtweise *Smends* haben die grundrechtstheoretische Diskussion der Gegenwart maßgebend mitbestimmt. Die Grundrechte sind nach *Smend* objektive Normen, welche die Einheit der Verfassung mitentscheidend konstituieren. Die rechtliche Freiheit steht nicht mehr im alleinigen persönlichen Belieben des Einzelnen, sondern ist von vornherein in die Gesamtordnung eingebunden. Schließlich versteht *Smend* die Grundrechte als politische Rechte, die integrierend und staatskonstituierend wirken sollen.[353] In erster Linie ist es der erste der drei vorgenannten Aspekte, der für die vorliegende Untersuchung von Interesse ist.

2. Funktion der Grundrechte

Ausgehend von dem Verständnis, dass die Grundrechte den Einzelnen schützen und den Staat verpflichten,[354] werden in der heutigen Staatsrechtswissenschaft die klassischen Funktionen der Grundrechte, vornehmlich nach der von *G. Jellinek* erstmals in dieser Form durchgeführten Unterscheidung,[355] in die Begriffe status negativus, status positivus und status activus untergliedert. Der status bezeichnet hierbei jeweils einen Zustand des Einzelnen gegenüber dem Staat, der in den verschiedenen Grundrechten ausgeformt und gesichert ist. Darüber hinaus werden bestimmte Grundrechte auch als Einrichtungsgarantien verstanden.

---

349 Freizügigkeit.

350 Berufsfreiheit.

351 Verbot der Ausbürgerung deutscher Staatsangehöriger.

352 Vgl. *Leisner*, Grundrechte und Privatrecht, S. 71.

353 Vgl. *Sachs* (Hrsg.), GG, Einführung, S. 13, Rn. 6; *Kröger*, Grundrechtstheorie als Verfassungsproblem, S. 19.

354 Vgl. *Epping*, Grundrechte, Kapitel 1, S. 5 Rn. 13; *Dreier*, GG, Bd. I., Vor. Art. 1 – 19, S. 59f., Rn. 45ff.

355 Vgl. *G. Jellinek*, System der subjektiven öffentlichen Rechte, 2. Aufl., S. 87, 94ff.

a) Grundrechte als Abwehrrechte[356]

Wie bereits bei der Darstellung der historischen Entwicklung der Grundrechte angedeutet, sollen die Grundrechte[357] den Bürgern in erster Linie Schutz vor staatlichen Eingriffen in besonders wichtige Rechtsgüter gewährleisten.[358] Adressat der Grundrechte als Freiheits- bzw. Abwehrrechte ist also gemäß Art. 1 Abs. 3 GG die Staatsgewalt in ihren drei Gestalten, Exekutive, Judikative und Legislative als Gegenüber des Bürgers.[359] Die Funktion des Abwehrrechts besteht traditionell darin, negative Freiheit zu gewährleisten,[360] d.h. einen Freiraum zu schaffen, in den der Staat grundsätzlich nicht eingreifen soll,[361] in dem der Einzelne seine Freiheit vom Staat hat.[362] *G. Jellinek* prägte hierfür den Begriff „status negativus", weil er hier vom Staat ein Nichteingreifen verlangt.[363] Nicht notwendig im Gegensatz hierzu steht das Freiheitsrecht im Sinne eines „status positivus", der Freiheit des Einzelnen, die er nicht ohne den Staat haben kann.[364] Dies bedeutet eine vom Grundrecht ausgehende positive Freiheit als Gewährleistung der Bedingungen des Gebrauchs der negativen Freiheit.[365] Dieser Zustand ist ausgeformt und in den Grundrechten gesichert, wenn und soweit die Grundrechte Anspruchs-, Schutz-, Teilhabe-, Leistungs- und Verfahrensrechte sind.[366] Schließlich bezeichnet „status activus" den Zustand, in dem der Einzelne seine Freiheit im und für den Staat

---

356 Ausführlich zur Methodik und Funktion der Grundrechte *Poscher*, Grundrechte als Abwehrrechte; ebenso *Cremer*, Freiheitsrechte.

357 Entsprechend der liberalen Verfassungstheorie, vgl. hierzu *Brugger*, JZ 1987, S. 633ff.

358 Vgl. *J. Isensee*, Handbuch des Staatsrechts, Band V., § 111, S. 145, Rn. 2; *Dreier*, GG, Bd. I., Vor. Art. 1 – 19, S. 59, Rn. 45; *Starck*, in *von Mangoldt/Klein/Starck* (Hrsg.), GG, Bd. I, Art. 1, S. 104, Rn. 182.

359 Vgl. *J. Isensee*, Handbuch des Staatsrechts, Band V., § 111, S. 146, Rn. 4.

360 Vgl. *Poscher*, Grundrechte als Abwehrrechte, S. 121.

361 Vgl. *J. Isensee*, Handbuch des Staatsrechts, Band V., § 111, S. 155, Rn. 21; *Dreier*, GG, Bd. I., Vor. Art. 1 – 19, S. 61, Rn. 48; *Starck*, in *von Mangoldt/Klein/Starck* (Hrsg.), GG, Bd. I, Art. 1, S. 106, Rn. 186.

362 BVerfGE 7, S. 198, 204; *Schmidt-Bleibtreu/Klein*, GG, Vor. Art. 1, S. 113, Rn. 26; vgl. auch *Poscher*, Grundrechte als Abwehrrechte, S. 107f.; *Badura*, Staatsrecht, S. 83, Rn. 3.

363 Vgl. *G. Jellinek*, Allg. Staatslehre, 3. Aufl., S. 419ff.

364 Vgl. *Bleckmann*, Staatsrecht II, 4. Aufl., S. 199; *G. Jellinek*, Allg. Staatslehre, 3. Aufl., S. 419ff.; *Starck*, in *von Mangoldt/Klein/Starck* (Hrsg.), GG, Bd. I, Art. 1, S. 107, Rn. 187.

365 Vgl. *Poscher*, Grundrechte als Abwehrrechte, S. 113, 125.

366 Vgl. *Bleckmann*, Staatsrecht II, 4. Aufl., S. 199; *Siekmann/Duttge*, Staatsrecht I, S. 412, Rn. 947ff.; *Starck*, in *von Mangoldt/Klein/Starck* (Hrsg.), GG, Bd. I, Art. 1, S. 112, Rn. 197f.; *Dreier*, GG, Bd. I., Vor. Art. 1 – 19, S. 62, Rn. 50.

bestätigt.[367] Das BVerfG hat zur Abwehrfunktion der Grundrechte ausgeführt, die Grundrechte seien ohne Zweifel „in erster Linie dazu bestimmt, die Freiheitssphäre des Einzelnen vor Eingriffen der öffentlichen Gewalt zu sichern; sie sind Abwehrrechte des Bürgers gegen den Staat."[368] Das ergebe sich „aus der geistesgeschichtlichen Entwicklung der Grundrechtsidee wie aus den geschichtlichen Vorgängen, die zur Aufnahme von Grundrechten in die Verfassung der einzelnen Staaten geführt haben."[369] Diesen Sinn hätten „auch die Grundrechte des Grundgesetzes, das mit Voranstellung des Grundrechtsabschnittes den Vorrang des Menschen und seiner Würde gegenüber der Macht des Staates betonen wollte."[370]

Aus arbeitsrechtlicher Sicht kommen von den klassischen Abwehrrechten insbesondere die Grundrechte aus Art. 2 Abs. 1 und 2, Art. 4 Abs. 1 und 3, Art. 6, Art. 10, Art. 12, Art. 13 sowie Art. 16 GG in Betracht. Die klassische Betrachtungsweise der Grundrechte als Abwehrrechte des Bürgers gegen staatliche Machtentfaltung ist nach wie vor der zentrale, aber keinesfalls mehr der alleinige Inhalt der Grundrechte.[371]

b) Grundrechte als Schutzpflichten

Ein neuerer Ansatz zur Lösung des Drittwirkungsproblems ist die sogenannte Lehre von der Schutzgebotsfunktion der Grundrechte.[372] Die insbesondere in Art. 1 Abs. 1 S. 2 GG sowie der speziellen Anordnung in Art. 6 Abs. 1 GG zum Ausdruck kommende allgemeine Grundrechtsfunktion als Schutzpflicht soll die Pflicht des Staates, d.h. des Gesetzgebers oder an seiner Stelle des Richters begründen, Grundrechtsberechtigte auch vor Übergriffen Dritter in deren grundrechtlich geschützte Positionen in Schutz zu nehmen. Dies gelte für alle Bereiche des Rechts, also auch für das Verhältnis der Privatrechtssubjekte untereinander.[373] Die grundrechtliche Schutzpflicht ist in Art. 1 Abs. 1

---

367 Vgl. *Sachs*, Verfassungsrecht II, Art. 4, S. 46f. Rn. 42 f.; *Starck*, in *von Mangoldt/Klein/Starck* (Hrsg.), GG, Bd. I, Art. 1, S. 106, Rn. 186.

368 BVerfGE 7, 198, S. 204f.

369 BVerfGE 7, 198, S. 204f.

370 BVerfGE 7, S. 198, 204f.

371 Vgl. *J. Isensee*, Handbuch des Staatsrechts, Bd. V., § 111, S. 145, Rn. 1; *Dreier*, GG, Bd. I., Vor. Art. 1 – 19, S. 58, Rn. 43; *Starck*, in *von Mangoldt/Klein/Starck* (Hrsg.), GG, Bd. I, Art. 1, S. 104, Rn. 182; *Sachs*, Verfassungsrecht II, Art. 4, S. 47, Rn. 43; *Stern*, Staatsrecht, Bd. III/1, § 64, III. 1., S. 453ff.

372 Vgl. *Canaris*, AcP 184 (1984), S. 201, 225; *Stern*, Staatsrecht, Bd. III/1, § 76, S. 1560; *Starck*, in *von Mangoldt/Klein/Starck* (Hrsg.), GG, Bd. I, Art. 1, S. 156, Rn. 312; *Sachs* (Hrsg.), GG, Vor. Art. 1, S. 45, Rn. 39.

373 Vgl. *Canaris*, AcP 184 (1984), S. 201, 225; *Stern*, Staatsrecht, Bd. III/1, § 76, S. 1560; *Starck*, in *von Mangoldt/Klein/Starck* (Hrsg.), GG, Bd. I, Art. 1, S. 156, Rn. 312.

S. 2 GG für das Grundrecht der Menschenwürde ausdrücklich genannt. Die Menschenwürde „zu achten und zu schützen ist Verpflichtung aller staatlichen Gewalt.“[374] Weitere Schutzpflichten des Staates ergeben sich z.B. aus Art. 6 Abs. 1 und 4 GG. Trotz dessen, dass die vorstehend zitierten Vorschriften die einzigen ausdrücklich als solche bezeichneten Schutzpflichten im Grundrechtskatalog des Grundgesetzes sind, ist heute anerkannt, dass sich die Funktion der Grundrechte nicht in der Abwehr staatlicher Eingriffe erschöpft.[375] Dennoch machen die zitierten Normen deutlich, dass es sich bei dem zum Schutz der jeweiligen Grundrechte Verpflichteten in erster Linie um den Staat handelt.

Der Unterschied zwischen Abwehrrecht und Schutzpflicht besteht vornehmlich darin, dass die Gefahr für das Grundrecht bei den Abwehrrechten vom Staat selbst ausgeht, während dies bei den Schutzpflichten gerade nicht der Fall ist. Gleichwohl ist der Staat in beiden Fällen verpflichtet, den Schutz der von den Grundrechten ausgehenden Freiheitssphäre zu gewährleisten. In einem Fall (Abwehrrechte) liegt der Schutz darin, sich selbst zurückzuhalten und nicht in den grundrechtlich geschützten Bereich einzugreifen. In dem anderen Fall (Schutzpflichten) besteht der Schutz darin, das Grundrecht des Einzelnen vor der von nichtstaatlicher Seite ausgehenden Gefahr zu bewahren. Dass die Gefahr in diesen Fällen zwar in aller Regel, aber keinesfalls immer von Dritten ausgeht, zeigen die Beispiele aus der Praxis. In der Vergangenheit hatten die Gerichte mehrfach Gelegenheit, sich mit der Frage der Schutzpflicht des Staates gegenüber nichtstaatlichen Eingriffen zu befassen. So insbesondere mit den Themen Schwangerschaftsabbruch,[376] terroristische Erpressung,[377] Gefahren durch den Betrieb von Kernkraftwerken,[378] Fluglärm,[379] Straßenlärm,[380] Gentechnikanlagen,[381] Sekten[382] und insbesondere Nachtarbeit.[383]

---

374 Art. 1 Abs. 1 S. 2 GG

375 Vgl. *Stern*, Staatsrecht, Bd. III/1, § 64, II. 7., S. 431ff.; *von Münch*, Staatsrecht II, S. 89; *Krings*, Grund und Grenzen, S. 85; *Starck*, in *von Mangoldt/Klein/Starck* (Hrsg.), GG, Bd. I, Art. 1, S. 104, Rn. 182; *Sachs*, Verfassungsrecht II, A 4, S. 47, Rn. 45.

376 BVerfGE 39, S. 1ff. Schwangerschaftsabbruch I; BVerfGE 86, S. 390ff. Schwangerschaftsabbruch II (einstweilige Anordnung); BVerfGE 88, S. 203ff. Schwangerschaftsabbruch II (Hauptsacheentscheidung); vgl. auch *Krings*, Grund und Grenzen, S. 70f.

377 BVerfGE 46, S. 160ff. (Schleyer); *Krings*, Grund und Grenzen, S. 66.

378 BVerfGE 49, S. 89 (Kalkar).

379 BVerfGE 56, S. 54 (Flughafen Düsseldorf-Lohausen); *Krings*, Grund und Grenzen, 68.

380 BVerfGE 79, S. 174 (Straßenplanung durch Bebauungsplan München).

381 Hess. VGH JZ 1990, S. 88 (CHEMTEC).

Im Unterschied zu den Abwehrrechten ist bei den Schutzpflichten zu beachten, dass die zum Schutz des Grundrechts erforderlich werdende Maßnahme Eingriffe in Grundrechte anderer notwendig machen kann. Dies insbesondere, wenn die Gefahr für das eine Grundrecht von einem Dritten ausgeht, der seinerseits Träger von Grundrechten ist. Problematisch wird diese Konstellation immer dann, wenn der eine Private in Ausübung seiner Grundrechte in die Grundrechte eines anderen Privaten eingreift, was nach den vorstehenden Grundsätzen eine Reaktion des Staates zum Schutz des betroffenen Grundrechtsträgers auslösen müsste. Diese Konstellation gibt das klassische Schema der Problematik um die Grundrechtswirkung im individualarbeitsrechtlichen Bereich wieder. Hier stehen sich zwei Privatrechtssubjekte gegenüber. Beide sind Träger von Grundrechten, deren Schutzbereiche einander überlagern. Ein staatlicher Eingriff zum Schutz eines Grundrechts würde daher nicht selten Gefahr laufen, das Grundrecht des anderen einzuschränken.[384] Dieser Punkt ist eine offene Flanke der Drittwirkungslehren.

c) Grundrechte als Leistungsrechte (Teilhaberechte)

Neben den Abwehrrechten und den Grundrechten mit Schutzpflichtcharakter gewähren einige Grundrechte direkt einen Anspruch gegen den Staat auf bestimmte Leistungen, andere Leistungsansprüche ergeben sich zudem mittelbar aus in Grundrechten bestimmten Vorgaben an den Gesetzgeber. Diese zusätzliche Funktion der Grundrechte geht auf die im Laufe des 19. Jahrhunderts vollzogenen gesellschaftlichen Veränderungen zurück. Insbesondere der Wandel von der Agrar- zur Industriegesellschaft brachte nicht zuletzt eine Veränderung des Staatsverständnisses mit sich. Zu den Forderungen nach individuellem Freiraum vom Staat trat das Bedürfnis nach staatlicher Ordnung und Fürsorge. Insbesondere in den neu entstandenen Ballungsräumen mit hoher Bevölkerungsdichte wuchs das Verlangen nach sozialen – vom Staat zu gewährleistenden – Sicherungen. Die Folge war die *Bismarck*'sche Sozialgesetzgebung, mit der sich zeigte, dass auch die Gewährung staatlicher Leistungen erforderlich geworden war.[385] Seinen Höhepunkt fand diese Entwicklung in der Entstehung des heutigen Sozialstaates, der vor, während und in den ersten Jahren nach seiner Gründung die Folgen des Zweiten Weltkrieges zu bewältigen hatte. Verteilung von Lebensmitteln, Behebung der Wohnungsnot,

---

382 BVerwGE 82, S. 76 (Transzendentale Meditation); im Anschluss daran BVerfG NJW 1989, S. 3269 (Transzendentale Meditation).

383 BVerfGE 85, S. 191 (Nachtarbeitsverbot für Arbeiterinnen); *Krings*, Grund und Grenzen, S. 70; BVerfGE 87, S. 363 (Nachtbackverbot).

384 Um dem besonderen Teil dieser Arbeit (0, Seite 90) nicht vorzugreifen, soll die Lösung der Problematik an dieser Stelle offen bleiben.

385 Vgl. *von Münch*, Staatsrecht II, S. 93.

Eingliederung von Flüchtlingen, Wiedergutmachung von nationalsozialistischem Unrecht zwangen den Staat zur Gewährung von Leistungen in verschiedenster Form.[386] Während zu den Aufgaben des modernen Staates auch die Daseinsvorsorge zählt, hat sich der Verfassungsgesetzgeber mit der Ausgestaltung von Leistungsrechten zurückgehalten. Einen wirklichen „Anspruch" gewährt (jedenfalls vom Wortlaut her) nur Art. 6 Abs. 4 GG, wonach jede Mutter „Anspruch auf den Schutz und die Fürsorge der Gemeinschaft"[387] hat.

Das Fehlen eines eindeutigen, einen Leistungsanspruch gewährenden Wortlautes hat die Rechtsprechung nicht davon abgehalten, mit den Mitteln juristischer Methodik bei Bedarf aus den Grundrechten einen solchen Leistungsanspruch herzuleiten. So hat beispielsweise das BVerfG für das Grundrecht aus Art. 12 Abs. 1 S. 1 GG deren Doppelnatur im Wege der Auslegung herausgearbeitet. Danach kann das Grundrecht Abwehrrecht und Leistungsrecht zugleich sein. „Je stärker der moderne Staat sich der sozialen Sicherung und kulturellen Förderung der Bürger zuwendet, desto mehr tritt im Verhältnis zwischen Bürger und Staat neben das ursprüngliche Postulat grundsätzlicher Freiheitssicherung vor dem Staat die komplementäre Forderung nach grundsätzlicher Verbürgung der Teilhabe an staatlichen Leistungen."[388]

Zuvor hatte bereits das BVerwG aus dem in Art. 7 Abs. 4 S. 1 GG gewährleisteten „Recht zur Errichtung von privaten Schulen" einen Leistungsanspruch abgeleitet, nämlich einen Rechtsanspruch der Privatschulen auf Subventionierung (Finanzhilfen) aus staatlichen Mitteln. Dieser Leistungsanspruch sei jedenfalls dann gegeben, wenn es sich um eine als Ersatzschule anerkannte Privatschule handele, die der Staat von seiner Bildungsaufgabe entlaste und ihm dadurch besondere Kosten erspare.[389] Die wohl überwiegende Meinung im Schrifttum lehnt die Umdeutung von Abwehrrechten in Leistungsrechte ab[390] – Dies vor allem mit dem Argument, die Umdeutung von Abwehrrechten in Leistungsrechte sei keine zulässige Form der Auslegung,

---

386 Ebd.; zur heutigen Bedeutung des Sozialstaatsprinzips siehe auch *Stern*, Staatsrecht, Bd. III/1, § 69, VI. 3., S. 982.

387 Vgl. *Stern*, Staatsrecht, Bd. III/1, § 67, I. 2., S. 690, 706, mit einer Aufzählung der einzelnen Grundrechtsbestimmungen, die ausdrücklich eine Leistungsverpflichtung oder den entsprechenden Anspruch statuieren; *Starck*, in *von Mangoldt/Klein/Starck* (Hrsg.), GG, Bd. I, Art. 1, S. 107f., Rn. 187, 190; *Sachs*, Verfassungsrecht II, A 4, S. 46, Rn. 41.

388 BVerfGE 33, S. 303.

389 BVerwGE 23, S. 347; 27, S. 360; BVerfGE 90, S. 107; 90, S. 128.

390 Vgl. *Stern*, Staatsrecht, Bd. III/1, § 67, I. 1., S. 690; *ders.*, Handbuch des Staatsrechts, § 109, Rn. 43; *Starck*, in *von Mangoldt/Klein/Starck* (Hrsg.), GG, Bd. I, Art. 1, S. 107, Rn. 187; *Dreier*, GG, Bd. I., Vor. Art. 1 – 19, S. 63, Rn. 51.

sondern unzulässige Unterlegung.[391] Zudem seien Leistungsrechte nicht unmittelbar vollziehbar, sondern bedürften zur Vollziehbarkeit der Aktualisierung und Konkretisierung durch den Gesetzgeber. Da es jedoch an einer solchen Aktualisierung und Konkretisierung in der Verfassung selbst fehle, könne gleichwohl im Streitfall der Richter diese Ausfüllung keineswegs selbst übernehmen. Andernfalls werde der Richter zum Herrn der Verfassung und erhebe sich über das Parlament. Demgegenüber hält die Gegenmeinung die Grundrechte nicht allein für Abwehrrechte, sondern auch für Leistungsrechte.[392] Dies liege vor allem daran, dass die Gewährung (Leistung) eines Grundrechts Voraussetzung für abwehrendes Gebrauchmachen sei („capacité" als Voraussetzung der „liberté").[393] Ferner sei die Umdeutung der Abwehrgrundrechte in Leistungsgrundrechte keine unzulässige Abweichung vom Inhalt der Grundrechtsnormen, sondern eine grundrechtssichernde Geltungsfortbildung.[394]

d) Grundrechte als objektive Wertentscheidung

Unabhängig von der Unterscheidung in Abwehrrechte und Leistungsrechte sind die Grundrechte insoweit stets subjektiv öffentliche Rechte des Einzelnen oder mehrerer Einzelner.[395] Die Grundrechte sind grundsätzlich an individuelle Grundrechtsträger gebunden.[396] In Literatur[397] und Rechtsprechung[398] ist darüber hinaus anerkannt, dass in den Grundrechten auch eine „objektive Wertentscheidung" liegt. Nach ständiger Rechtsprechung des BVerfG enthalten die Grundrechtsnormen „nicht nur subjektive Abwehrrechte des Einzelnen gegen den Staat, sondern sie verkörpern zugleich eine objektive Wertordnung, die als verfassungsrechtliche Grundentscheidung für alle Bereiche des Rechts

---

391 Vgl. *von Münch*, Staatsrecht II, S. 96, Rn. 160, m.w.N. in Fn. 81; *Stern*, Staatsrecht, Bd. III/1, § 67, I. 1., S. 690;.

392 Vgl. *von Münch*, Staatsrecht II, S. 96, Rn. 161.

393 Vgl. *von Münch*, Staatsrecht II, S. 96, Rn. 161.

394 Vgl. *von Münch*, Staatsrecht II, S. 96, Rn. 161.

395 Vgl. Versammlungsfreiheit Art. 8 Abs. 1 GG und Vereinigungsfreiheit Art. 9 Abs. 1 GG.

396 *Dreier*, GG, Bd. I., Vorb. Art. 1 – 19, S. 75, 77; *von Münch*, Staatsrecht II, S. 100; *Sachs*, Verfassungsrecht II, A 6, S. 69, Rn. 1; *Stern*, Staatsrecht, Bd. III/1, § 65, VI. 1., S. 594; *ders.*, Handbuch des Staatsrechts, § 109, S. 89, Rn. 74; *Starck*, in *von Mangoldt/Klein/Starck* (Hrsg.), GG, Bd. I, Art. 1, S. 115, Rn. 205.

397 Vgl. *Dreier*, GG, Bd. I., Vorb. Art. 1 – 19, S. 58, 66, Rn. 43, 55; *von Münch*, Staatsrecht II, S. 100; *Sachs*, Verfassungsrecht II, A 4, S. 49, Rn. 48; *Stern*, Staatsrecht, Bd. III/1, § 65, I. 1., S. 477, VI. 1., S. 594; *Badura*, Handbuch des Staatsrechts, § 159, S. 50, Rn. 29; *Starck*, in *von Mangoldt/Klein/Starck* (Hrsg.), GG, Bd. I, Art. 1, S. 98, Rn. 167.

398 BVerfGE 7, S. 198, 207; 18, S. 85; 30, S. 173; 32, S. 311; 34, S. 118; 34, S. 269; 42, S. 133; BGHZ 33, S. 145; 38, S. 317; 38, S. 317; 39, S. 124; 50, S. 133.

gilt und Richtlinien und Impulse für Gesetzgebung, Verwaltung und Rechtsprechung gibt."[399] Mit dieser Rechtsprechung hat das BVerfG ein deutliches Signal für die Diskussion um die Drittwirkung der Grundrechte ge- und sich schließlich auch durchgesetzt.

e) Grundrechte als institutionelle Garantien

Institutionelle Garantien[400] enthalten verfassungsrechtliche Verbürgungen von öffentlich-rechtlichen Einrichtungen.[401] Die in der Freiheitsgewährung gegenüber Einzelnen zum Ausdruck kommende Wertung zugunsten der institutionellen Freiheit (z.B. die Selbstverwaltung Art. 28 GG, die politischen Parteien Art. 21 und 38 GG, das Beamtentum Art. 129 GG, die Religionsgemeinschaften Art. 4, 140, 141 und 123 GG, die Presse[402] Art. 5 GG) soll folglich an sich und unabhängig vom einzelnen Grundrechtsträger geschützt sein. So ist deshalb auch eine Beschränkung der Wissenschaftsfreiheit eines einzelnen Wissenschaftlers denkbar, wenn es die Freiheit der Wissenschaft als Institut erfordert.[403] Institutionelle Garantien sind keine subjektiven Rechte; sie führen sich insbesondere nicht auf naturrechtliche Grundlagen zurück, sondern haben von vornherein innere Grenzen.[404]

f) Grundrechte als Organisationsmaximen und Verfahrensgarantien

Die gegenseitige Durchdringung von Grundrechten, Organisation und Verfahren ist heute unbestritten. Die Ausübung und Gewährleistung der durch die Grundrechte garantierten Freiheit bedarf zu deren Sicherung einer gewissen

---

399 BVerfGE 7, S. 198, 207.

400 Zum Begriff vgl. *Schmitt*, Verfassungslehre, S. 170.

401 Vgl. *Scheuner*, Staatstheorie und Staatsrecht, S. 665, 672; *Dreier*, GG, Bd. I., Vor. Art. 1 – 19, S. 74, Rn. 68; *von Münch*, Staatsrecht II, S. 101, Rn. 171; *Sachs*, Verfassungsrecht II, A 4, S. 49, Rn. 50; *Stern*, Staatsrecht, Bd. III/1, § 68, I. 1., S. 754; *Stern*, Handbuch des Staatsrechts, § 109, S. 75, Rn. 50; *Starck*, in *von Mangoldt/Klein/Starck* (Hrsg.), GG, Bd. I, Art. 1, S. 100, Rn. 174.

402 Vgl. ausführlich zur Pressefreiheit *Scheuner*, Privatwirtschaftliche Struktur und öffentliche Aufgabe der Presse, in Staatstheorie und Staatsrecht, S. 759; *Starck*, in *von Mangoldt/Klein/Starck* (Hrsg.), GG, Bd. I, Art. 5, S. 537, Rn. 59; *Stern*, Handbuch des Staatsrechts, § 109, S. 76, Rn. 53; *J. Isensee*, Handbuch des Staatsrechts, § 118, S. 582, Rn. 28.

403 Vgl. *von Münch*, Staatsrecht II, S. 102, Rn. 172; *Starck*, in *von Mangoldt/Klein/Starck* (Hrsg.), GG, Bd. I, Art. 5, S. 634, Rn. 351, 409; *Dreier*, GG, Bd. I, Art. 5, S. 466, Rn. 20.

404 Vgl. *Scheuner*, Staatstheorie und Staatsrecht, S. 665, 673; *Dreier*, GG, Bd. I., Vor. Art. 1 – 19, S. 74, Rn. 68; *von Münch*, Staatsrecht II, S. 101, Rn. 171; *Sachs*, Verfassungsrecht II, A 4, S. 49, Rn. 50; *Stern*, Staatsrecht, Bd. III/1, § 68, I. 1., S. 754; *ders.*, Handbuch des Staatsrechts, § 109, S. 75, Rn. 50; *Starck*, in *von Mangoldt/Klein/Starck* (Hrsg.), GG, Bd. I, Art. 1, S. 100, Rn. 174.

Organisation und eines Verfahrens. Andererseits prägen die Grundrechte das Organisations- und Verfahrensrecht dergestalt, dass eine Grundrechtsverwirklichung und -sicherung gewährleistet ist.[405] Dort, wo staatliche Monopole bestehen – unabhängig davon, ob dies auf rechtliche oder tatsächliche Gründe zurückzuführen ist – oder jedenfalls ein erheblicher staatlicher Einflussbereich existiert, bedarf es (staatlicher) Organisationsregelungen als Hilfe zur Grundrechtsgewährleistung und -sicherung. Das BVerfG hat sowohl für das Hochschulrecht[406] als auch für den Rundfunkbereich[407] die Notwendigkeit organisationsrechtlicher Absicherung der Grundechte betont. Für *Horst Dreier* wird darüber hinaus dort, „wo sich Grundrechte in einem komplexen und vielfältigen Zusammenspiel unterschiedlicher Grundrechtssubjekte entfalten sollen, [...] die Organisation zur entscheidenden Frage für die Freiheitssicherung."[408] Verfahrens- oder auch prozessuale Grundrechte sichern den praktischen Bestand der materiellen Grundrechte im staatlich verwalteten Bereich. Bekannte und gleichsam existenzielle Grundrechte sind in Art. 101 Abs. 1 S. 2 GG – das Recht auf den gesetzlichen Richter – und in Art. 103 Abs. 1 GG – der Anspruch auf rechtliches Gehör – verbürgt. Auch wirken die Grundrechte auf die Verfahren im Rahmen berufs- und ausbildungsbezogenen Prüfungen oder in Asylverfahren ein.

3. Grundrechte und Drittwirkung[409]

Ob die Grundrechte auch in den Rechtsbeziehungen privater Rechtssubjekte zur Wirkung gelangen, wird von den verschiedenen Vertretern in Literatur und Rechtsprechung unterschiedlich beantwortet. Das BAG hat sich erstmals mit der Untersuchung der Drittwirkung der Grundrechte im Zusammenhang mit der Frage nach der gleichen Entlohnung von Mann und Frau[410] beschäftigen müssen. Anschließend hat der BGH[411] Art. 1 und Art. 2 Abs. 1 GG zur Begründung eines allgemeinen Persönlichkeitsrechts im Rahmen des § 823 BGB herangezogen. Weitere Schritte in der Entwicklung der Diskussion um die Drittwirkung der Grundrechte waren Entscheidungen zu der Frage, ob ei-

---

405 Vgl. *Starck*, in *von Mangoldt/Klein/Starck* (Hrsg.), GG, Bd. I, Art. 1, S. 114, Rn. 203; *Dreier*, GG, Bd. I, Art. 1, S. 161, Rn. 58.

406 BVerfGE 35, S. 79 (Niedersächsisches Hochschulvorschaltgesetz).

407 BVerfGE 12, S. 205 (Deutschland-Fernsehen).

408 *Dreier*, Jura 1994, S. 505ff.

409 Vgl. Grundlegend hierzu *Stern*, Staatsrecht, Bd. III/1, § 76, S. 1511; *J. Isensee*, Handbuch des Staatsrechts, § 111, S. 147, Rn. 5; *Starck*, in *von Mangoldt/Klein/Starck* (Hrsg.), GG, Bd. I, Art. 1, S. 152, Rn. 303; *Dreier*, GG, Bd. I., Vor. Art. 1 – 19, S. 67, Rn. 57; *Sachs*, Verfassungsrecht II, A 5, S. 64, Rn. 30.

410 BAGE 1, S. 185.

411 BGHZ 13, S. 334.

ne Ehefrau eine Unterlassungsklage gegen die Ehestörerin[412] habe, ob für den Arbeitgeber eine Beschäftigungspflicht des Arbeitnehmers[413] bestehe und schließlich ob sich aus der grundrechtlich geschützten Meinungsäußerungsfreiheit des Art. 5 Abs. 1 GG ein Verbot gegenüber dem Arbeitgeber hinsichtlich der Meinungsbeeinflussung seiner Arbeitnehmer ergebe.[414] Art. 2 Abs. 1 GG wurde herangezogen, um die privatrechtliche Unzulässigkeit von Kartellen wegen der Wirtschafts- und Wettbewerbsfreiheit[415] zu begründen. Ebenso wurden die Grundrechte herangezogen, um Gewissenskonflikte im privaten Vertragsverhältnis zu lösen.[416]

Zur Negativabgrenzung sei gesagt, dass kein Fall der Drittwirkung vorliegt, wenn Privatpersonen, denen der Staat durch Gesetz die Erfüllung öffentlicher Aufgaben und vor allem Hoheitsbefugnisse übertragen hat (Beliehene), gegenüber anderen Privatpersonen auftreten. Diese handeln nicht in ihrer Eigenschaft als Privatperson, sondern vielmehr als „Behörde“. Beliehene sind im Rahmen der Wahrnehmung/Ausübung dieser ihnen übertragenen Aufgaben und Befugnisse daher vollumfänglich an die Grundrechte gebunden. Dies ist auch nur konsequent, da der Beliehene in dem Moment in die Staatsorganisation eingegliedert ist.[417]

Ob die Frage einer Grundrechtbindung der Tarifvertragsparteien ähnlich zu lösen ist, wie *Albert Bleckmann* formuliert,[418] soll an späterer Stelle untersucht werden. Nur soviel sei bereits hier gesagt: Das BAG vertritt diesbezüglich die sogenannte Delegationslehre, wonach Grundrechtsbindung deshalb zu bejahen sei, weil der Gesetzgeber den Tarifpartnern öffentliche Gesetzgebungsgewalt übertragen habe. Demgegenüber kann nach Auffassung von *Dürig* die vorstehende These nur dann vertreten werden, wenn die Tarifverträge stets öffentliche Interessen verfolgten oder wenn zumindest ihr Abschluss einer staatlichen Kontrolle unterworfen sei, welche die Einhaltung der öffentlichen Interessen garantiere. Dies sei aber gerade nicht der Fall.[419]

---

412 BGH Urt. v. 26. Juni 1952, JZ 1952, S. 688f. dort mit Anmerkung *Coing*; siehe auch BGHZ 6, S. 360, 366.

413 BAGE 2, S. 221; 28, S. 168; 29, S. 195.

414 BAG Urt. v. 12. Juni 1986, DB 1987, S. 1898f.

415 BAGE 1, S. 185; 7, S. 256; 24, S. 438; 29, S. 195; 47, S. 363; BAG, DB 1978, S. 641; BAG, DB 1978, S. 1038f.

416 BAG Urt. v. 20. Dezember 1984, NJW 1986, S. 85ff.

417 Vgl. *Bleckmann*, Staatsrecht II, 4. Aufl., § 10, S. 219, Rn. 66; *Sachs*, Verfassungsrecht II, A 5, S. 58, Rn. 10; *Starck*, in *von Mangoldt/Klein/Starck* (Hrsg.), GG, Bd. I, Art. 1, S. 127, Rn. 232.

418 Vgl. *Bleckmann*, Staatsrecht II, 4. Aufl., § 10, S. 219, Rn. 66.

419 Vgl. *Dürig*, Das Eigentum als Menschenrecht, in ZgS, Bd. 109 (1953), S. 326, 340; *ders.*, Grundrechte und Zivilrechtsprechung, in FS für *Nawiasky*, S. 158; *ders.*, Anmerkung Lüth, DÖV 1958, S. 194, 196.

a) Drittwirkung der Grundrechte im Ausland

Die Frage der Drittwirkung der Grundrechte ist kein rein deutsches Thema. Dies zeigt beispielsweise ein Blick in Art. 35 der aktuellen Bundesverfassung der Schweiz. Dort heißt es „Die Grundrechte müssen in der ganzen Rechtsordnung zur Geltung kommen. Wer staatliche Aufgaben wahrnimmt, ist an die Grundrechte gebunden und verpflichtet, zu ihrer Verwirklichung beizutragen. Die Behörden sorgen dafür, dass die Grundrechte, soweit sie sich dazu eignen, auch unter Privaten wirksam werden."[420] Ein Verfassungsentwurf der Schweizer Expertenkommission für die Vorbereitung einer Totalrevision der Bundesverfassung ging sogar noch weiter. In dem darin enthaltenen Art. 25 hieß es zur Wirkung der Grundrechte unter Privaten, „Gesetzgebung und Rechtsprechung sorgen dafür, dass die Grundrechte sinngemäß auch unter Privaten wirksam werden. Wer Grundrechte ausübt, hat die Grundrechte anderer zu achten. Vor allem darf niemand Grundrechte durch Missbrauch seiner Machtstellung beeinträchtigen."[421]

b) Allgemeines zur Drittwirkung der Grundrechte

In der Vergangenheit ist mehrfach der Versuch unternommen worden, die Drittwirkungsproblematik zu lösen. Dabei sind die verschiedensten Konstruktionen entwickelt worden. Nach einem Ansatz sollte dabei die Wirkung der Grundrechte zwischen Privaten über den Staat, insbesondere in Person des Richters, vermittelt werden, da dieser an die Grundrechte gebunden sei. Diese Ansicht geht jedoch am eigentlichen Ziel vorbei, nämlich der Frage, ob überhaupt und wenn ja, auf welche Weise die Grundrechte zwischen Privaten wirken, unmittelbar oder mittelbar über die privatrechtlichen Generalklauseln.

Art. 1 Abs. 3 GG lässt die Frage der Grundrechtsbindung Privater offen, denn er formuliert nur, dass die Grundrechte Gesetzgebung, vollziehende Gewalt und Rechtsprechung binden. Insoweit hält *Dreier* der Auffassung von *Pieroth/Schlink*, die auf dieses Wortlautargument verweisen,[422] entgegen, mit der Aufzählung in Art. 1 Abs. 3 GG sei gerade nicht zum Ausdruck gebracht, dass nur die dort genannten Gewalten gebunden sein sollen.[423] Das BVerfG hat in seinem Lüth-Urteil hierzu lediglich ausgesprochen, die Grundrechte seien in erster Linie dazu bestimmt, die Freiheitssphäre des Einzelnen vor

---

420 Art. 35 der Bundesverfassung der Schweiz.

421 Art. 25 der Bundesverfassung der Schweiz.

422 Vgl. *Pieroth/Schlink* Grundrechte, Staatsrecht II, § 5 II 3., S. 43, Rn. 173.

423 Vgl. *Dreier*, GG, Bd. I, Art. 1, S. 149, Rn. 23ff. unter Hinweis auf *Starck*, in *von Mangoldt/Klein/Starck* (Hrsg.), GG, Bd. I, Art. 1, S. 95, 133 Rn. 158, 249; *Stern*, Staatsrecht, Bd. I, § 19, S. 704.

Eingriffen der öffentlichen Gewalt zu sichern.[424] Darüber hinaus müsse sich der objektivrechtliche Gehalt der Grundrechte im Privatrecht durch das Medium der dieses Rechtsgebiet unmittelbar beherrschenden Vorschriften entfalten. Dies habe insbesondere durch Auslegung der privatrechtlichen Vorschriften, den Generalklauseln, zu geschehen.[425]

Die Argumente beider Seiten stellen sich zusammengefasst wie folgt dar. Gegen die Drittwirkung der Grundrechte spreche zum einen die Entstehungsgeschichte der Grundrechte.[426] Dort habe zunächst das Bemühen im Vordergrund gestanden, Übergriffe der Staatsgewalt in private Bereiche abzuwehren und eine Sphäre privater Freiheit abzuschirmen. Andererseits ist die Stellung des einen Bürgers zum anderen Bürger typischerweise anders als die Stellung des Bürgers zum Staat. Im Verhältnis der Bürger untereinander herrscht grundsätzlich Gleichordnung und Privatautonomie, also die Selbstgestaltung der Rechtsbeziehungen. Im Verhältnis Bürger zum Staat herrscht dagegen grundsätzlich die mit einer einseitigen Regelungsmacht ausgestattete Institution über den Bürger. Ferner spreche der Wortlaut des Art. 1 Abs. 3 GG gegen eine Wirkung der Grundrechte im Privatrechtsverkehr. Die Norm nenne „nur" die öffentliche Gewalt beim Namen.[427] Ob dies historische Gründe hat, dem Zweck dient, die Bindung der öffentlichen Gewalt besonders hervorzuheben oder andere Gründe zu der gewählten Formulierung geführt haben, bedarf hier keiner Beantwortung. Eindeutig ist jedoch, dass Art. 1 Abs. 3 GG nach seinem Wortlaut eben nicht „nur" sondern zumindest „insbesondere" die öffentliche Gewalt bindet. Schließlich spricht auch die systematische Auslegung der Grundrechte gegen deren Wirkung im Privatrechtsverkehr.

Für die Drittwirkung der Grundrechte spricht zunächst, dass die Freiheit des Einzelnen auch von Privaten bedrängt werden kann. Dies insbesondere dort, wo jemand dem faktischen Zugriff oder der rechtlichen Regelungsmacht anderer ausgesetzt ist, wie etwa die Befugnis der Tarifpartner, Verträge über Lohn- und Arbeitsbedingungen der Arbeitnehmer zu schließen.[428] Zum Teil

---

424 BVerfGE 7, S. 198.

425 BVerfGE 7, S. 198, 204ff.; *Siekmann/Duttge*, Staatsrecht I, § 42, S. 451, Rn. 1039; *Starck*, in *von Mangoldt/Klein/Starck* (Hrsg.), GG, Bd. I, Art. 1, S. 153, Rn. 306; *Sachs*, Verfassungsrecht II, A 5, S. 67, Rn. 38; *Stern*, Staatsrecht, Bd. III/1, § 76, S. 1543.

426 Vgl. *Zippelius/Würtenberger*, Deutsches Staatsrecht, § 18, I., 3., S. 168; *Stern*, Staatsrecht, Bd. III/1, § 76, S. 1530.

427 Vgl. *Höfling*, in *Sachs* (Hrsg.), GG, Art. 1, S. 109, Rn. 112, stellt fest, dass die Grundrechtswirkung auf die Privatrechtsverhältnisse Konsequenz der Bindung des Staates an die Grundrechte sei, nicht aber die Grundrechte unmittelbar bindende Anordnungen für die Privatrechtsbeziehungen der Bürger entfalten, dies sei kein Thema des Art. 1 Abs. 3 GG.

428 Vgl. *Zippelius/Würtenberger*, Deutsches Staatsrecht, § 18, I., 3., S. 169.

wird dies auf die Entwicklung vom liberalen zum sozialen Rechtsstaat zurückgeführt, in dem die Freiheitsbedrohung auch von sozialen Kräften, von Konzernen, Wirtschaftsverbänden, Standesorganisationen, Gewerkschaften und Arbeitgeberverbänden ausgeht.[429] Auch können Private faktisch in die Freiheit, insbesondere die Privatsphäre des Einzelnen einbrechen, seine Menschenwürde und damit sein „Persönlichkeitsrecht“ verletzen oder sein Leben oder seine körperliche Unversehrtheit angreifen.[430] Schließlich stellt Art. 1 Abs. 2 GG fest, dass die Menschenrechte Grundlage jeder menschlichen Gemeinschaft sind.[431]

c) „Ob“ der Drittwirkung der Grundrechte

Grundsätzliche Einigkeit besteht heute in Literatur und Rechtsprechung darin, dass die Grundrechte eine wie auch immer geartete Wirkung in den Rechtsverhältnissen der Privaten untereinander entfalten.[432] Hinsichtlich der Grundrechte, die nicht ausdrücklich von der Verfassung als unter Privaten wirkend benannt sind, ist heftig umstritten, ob und in welchem Umfang eine Grundrechtsgeltung zwischen Personen im Privatrechtsverkehr anzuerkennen ist.[433] Die hierzu vertretenen Meinungen reichen von völliger Ablehnung der Drittwirkung,[434] mit der Betonung auf der ausschließlichen Staatsgerichtetheit der Grundrechte auf der einen Seite, bis zur Anerkennung der vollständigen unmittelbaren Wirkung der wichtigsten Grundrechte im Privatrechtsverkehr.[435] Die heute herrschende Meinung erkennt an, dass die Grundrechtsbestimmungen als objektive Wertordnung einen mittelbaren Einfluss auf das Privatrecht haben.[436] Damit ist allerdings noch nicht klar, welche Grundrechte dies be-

---

429 Vgl. *Böckenförde*, Freiheitssicherung gegenüber gesellschaftlicher Macht, 1975, S. 69; *Starck*, in *von Mangoldt/Klein/Starck* (Hrsg.), GG, Bd. I, Art. 1, S. 154, Rn. 307; *Stern*, Staatsrecht, Bd. III/1, § 76, S. 1539.

430 Vgl. *Epping*, Grundrechte, Rn. 571, S. 244.

431 Vgl. hierzu *v. Hodenberg*, Das Bekenntnis des deutschen Volkes zu den Menschenrechten in Art. 1 Abs. 2 GG, S. 92ff.; *Dreier*, GG, Art. 2, S. 206, Rn. 10; *Starck*, in *von Mangoldt/Klein/Starck* (Hrsg.), GG, Bd. I, Art. 2, S. 250, Rn. 189 a.E.

432 BVerfGE 7, S. 198; 73, S. 261; BAG 1, S. 185; 47, S. 363; 48, S. 122; BGHZ 33, S. 145; 38, S. 317; 38, S. 317; 39, S. 124; 50, S. 133; *Stern*, Staatsrecht, Bd. III/1, § 76, S. 1561; *Starck*, in *von Mangoldt/Klein/Starck* (Hrsg.), GG, Bd. I, Art. 1, S. 152, Rn. 303; *Dreier*, GG, Art. 1, S. 149, Rn. 24; *Sachs*, Verfassungsrecht II, A 5, S. 64, Rn. 30; *Höfling*, in *Sachs* (Hrsg.), GG, Art. 1, S. 109, Rn. 112.

433 Vgl. *Stein/Frank*, Staatsrecht, § 27 V, S. 223.

434 Vgl. *J. Schwabe*, Die sogenannte Drittwirkung, S. 106ff.

435 Vgl. *Nipperdey*, RdA 1950, S. 121, 125; *Enneccerus/Nipperdey*, LB des Bürgerlichen Rechts, Bd. I, AT, 15. Aufl. (1959), S. 96; *Nipperdey*, Grundrechte und Privatrecht, S. 17; BAGE 1, S. 185, 191ff.; 4, S. 274, 276; 13, S. 168, 175; *Schwabe*, NJW 1973, S. 229f.; Hager JZ 1994, S. 373ff.

436 Vgl. *Stern*, Staatsrecht, Bd. III/1, § 76, S. 1561; *Starck*, in *von Mangoldt/Klein/Starck* (Hrsg.), GG, Bd. I, Art. 1, S. 152, Rn. 303; *Dreier*, GG, Art. 1,

trifft und welches Ausmaß deren Geltung im Privatrecht haben soll. Das BVerfG betont, dass die ordentlichen Gerichte die Ausstrahlungswirkung der in den Grundrechten enthaltenen Wertentscheidungen im Bereich des Zivilrechts hinreichend zu beachten haben. Einzelne Zivilrechtsnormen dienen als „Einfallstore", um durch sie die Grundrechte in einem privatrechtlichen Rechtsverhältnis zur Geltung zu bringen. Die Verfassungsgerichtsbarkeit hat darüber zu wachen, dass die zivilgerichtlichen Entscheidungen auf einer grundsätzlich richtigen Auffassung von der Reichweite und Wirkung der Grundrechte beruhen und sie nicht verletzen. Insbesondere die staatliche Schutzfunktion zur Abwehr von Eingriffen Privater in Grundrechte Dritter gebietet im Rahmen bestehender Interpretationsspielräume eine grundrechtskonforme Auslegung.[437] Danach bleibt zunächst dem Zivilrichter, freilich im Rahmen der Grenzen der Auslegungsmethodik und in dem Bewusstsein vom BVerfG überwacht zu werden, die Entscheidung, ob und welche Wertungen der Grundrechte er zur Anwendung kommen lässt. Auch die herrschende Meinung kann folglich abstrakt keine Antwort darauf geben, welche Grundrechte in welcher Form und Intensität Drittwirkung entfalten. *Zippelius* versucht sich der Problemlösung mit einem Stufenmodell zu nähern. Danach soll, ausgehend von der prinzipiellen Schutzwürdigkeit elementarer persönlicher Bereiche gegenüber jedermann, dort, wo der Einzelne in Privatautonomie über seine Rechte verfügt und Bindungen eingeht, sein Selbstbestimmungsrecht weitgehend respektiert und der Grundrechtsschutz im gleichen Maße zurückgezogen werden. Hingegen soll der Grundrechtsschutz stufenweise umso stärker zur Geltung kommen, je mehr der Einzelne einer einseitigen Regelungsmacht oder auch dem tatsächlichen Zugriff anderer Privatpersonen oder sozialer Gewalten ausgeliefert ist.[438]

d) „Wie" der Drittwirkung der Grundrechte

Zur Frage des „Wie" der Drittwirkung der Grundrechte gehen die Meinungen ebenso weit auseinander wie zur Frage des „Ob". *Zippelius* geht zunächst von einem mittelbar wirkenden Schutz der Grundrechte durch solche Gesetze aus, die grundrechtlich gewährleistete Freiheiten und Güter – wie Leben, Gesundheit, Ehre und Freiheit von Zwang – schützen. Ebenso seien die Wertentscheidungen und der Schutzauftrag der Grundrechte bei der Auslegung der

---

S. 149, Rn. 24; *Höfling*, in *Sachs* (Hrsg.), GG, Art. 1, S. 109, Rn. 112; *Sachs*, Verfassungsrecht II, A 5, S. 64, Rn. 30; nach *Harnischfeger*, Die Rechtsprechung des BVerfG zu den Grundrechten, hat „der Wesensgehalt eines Grundrechts auch im Privatrechtsverkehr eine absolute Geltung", S. 222f.

437 Vgl. *Stern*, Staatsrecht, Bd. III/1, § 76, S. 1561; *Starck*, in *von Mangoldt/Klein/Starck* (Hrsg.), GG, Bd. I, Art. 1, S. 152, Rn. 303; *Dreier*, GG, Art. 1, S. 149, Rn. 24; *Sachs*, Verfassungsrecht II, A 5, S. 64, Rn. 30.

438 Vgl. *Zippelius/Würtenberger*, Deutsches Staatsrecht, § 18, I., 3., S. 170.

Gesetze zur Wirkung zu bringen. Dort aber, wo eine „mittelbare" Drittwirkung unzureichend ausgestaltet sei, werde es von Bedeutung, dass die Grundrechte auch im Verhältnis der Bürger untereinander unmittelbar verpflichtend wirken.[439]

Die heute herrschende Meinung[440] folgt im Wesentlichen der von *Dürig* begründeten Lehre von der „mittelbaren Drittwirkung". Danach sei davon auszugehen, dass die Grundrechte mittelbar über die unbestimmten Rechtsbegriffe und Generalklauseln in das Privatrecht einwirken, also über Rechtsnormen, die in besonderer Weise im Sinne einer verfassungs- und grundrechtskonformen Interpretation auslegungsbedürftig und wertausfüllungsfähig sind.[441] Aber auch in den Fällen, in denen eine „gesellschaftliche Gewalt" durch Ausübung massiven wirtschaftlichen oder sozialen Druckes auf Teilgebieten faktisch so wirke und eingreife wie der Staat selbst, wo also Macht in bestimmten sozialen Beziehungen zur „gesellschaftlichen Übermacht" werde, sollen ausnahmsweise die Grundrechte bindend sein.[442] Zum Schutz der individuellen Freiheitssphäre, einer Hauptaufgabe der Grundrechte, müsse dann, wenn Monopole, Wirtschaftsverbände, Gewerkschaften usw. dem Einzelnen praktisch wie die öffentliche Hand gegenüberstünden, also die gesellschaftliche Macht in ihren Auswirkungen für den Einzelnen der Stoßkraft staatlicher Gewalt in etwa gleichkomme, eine möglichst umfassende Grundrechtsbindung bestehen, wobei umstritten ist, ob in solchen Fällen eine mittelbare Drittwirkung[443] oder eine analoge Anwendung des Art. 1 Abs. 3 GG die richtige Rechtskonstruktion darstellt.[444] Ähnliches gelte für stark einseitige und ungewöhnlich belastende, also gestörte Vertragsparitäten. Es dürfe nicht nur das Recht des Stärkeren gelten. Eine grundrechtswidrige „Fremdbestimmung" eines Vertragsteils bei völlig einseitiger, stark gestörter Vertragssymmetrie

---

439 Vgl. *Zippelius/Würtenberger*, Deutsches Staatsrecht, § 18, I., 3., S. 169.

440 BVerfGE 7, S. 198; 73, S. 261; BAG 47, S. 363; 48, S. 122; BGHZ 33, S. 145; 38, S. 317; 38, S. 317; 39, S. 124; 50, S. 133; *Stern*, Staatsrecht, Bd. III/1, § 76, S. 1561; *Starck*, in *von Mangoldt/Klein/Starck* (Hrsg.), GG, Bd. I, Art. 1, S. 152, Rn. 303; *Dreier*, GG, Art. 1, S. 149, Rn. 24; *Sachs*, Verfassungsrecht II, A 5, S. 64, Rn. 30.

441 Vgl. *Dürig*, Das Eigentum als Menschenrecht, in ZgS, Bd. 109 (1953), S. 326, 340; *ders.*, DÖV 1958, S. 194, 196.

442 Vgl. *Nipperdey*, Gleicher Lohn der Frau, S. 15; *Nipperdey*, DVBl. 1958, S. 447; *Nipperdey*, Grundrechte und Privatrecht, S. 17; *Enneccerus/Nipperdey*, LB des Bürgerlichen Rechts, Bd. I, AT, 15. Aufl. (1959), S. 96; *Sachs*, Verfassungsrecht II, A 5, S. 67, Rn. 39.

443 OLG Stuttgart, JZ 1975, S. 698; mit zustimmender Anmerkung *Sambuc*, JZ 1975, S. 700.

444 BVerfGE 25, S. 256, 263; 62, S. 230, 244; siehe auch *Möllers* NJW 1996, 1374, zum Schutzbereich der Meinungsfreiheit des Art. 5 Abs. 1 GG im Verhältnis Privater untereinander.

oder Verhandlungsstärke sowie bei ungewöhnlich stark einseitiger Belastung müsse nach dieser Ansicht vor allem über §§ 138, 242 BGB korrigiert werden.[445] Diese Korrektur erfolgt, je nach unterschiedlichem Verständnis um die Wirkung der Grundrechte, durch unmittelbare Anwendung des „Regelungsgehaltes" des jeweiligen Grundrechts auf das Privatrechtsverhältnis, oder durch Auslegung der streitentscheidenden Privatrechtsnormen unter besonderer Berücksichtigung der Gewährleistungen des jeweiligen Grundrechts. Dass das Erfordernis zu einer derartigen Korrektur im Arbeitsrecht größer ist als in anderen Rechtsgebieten, liegt nicht zuletzt daran, dass die sich im Arbeitsrecht gegenüber stehenden Vertragspartner in den seltensten Fällen gleich stark sind, so dass dieses Rechtsgebiet strukturell dazu neigt, „gestörte Vertragssymmetrien" – gerade in Zeiten hoher Arbeitslosigkeit – hervorzurufen.

Das Gegenstück zur vollständigen Ablehnung der Drittwirkung ist die von *Nipperdey* begründete Lehre von der *unmittelbaren* Drittwirkung der Grundrechte. Die Grundrechtsnormen entfalten danach – ohne vermittelnde Normen zu benötigen – direkte Wirkung im Privatrechtsverkehr. Diese Lehre geht davon aus, dass sich die Grundrechte neben dem Staat auch an die Subjekte des Privatrechtes richten. Zivilrechtsdogmatisch führt dies dazu, dass die Grundrechte im rechtsgeschäftlichen Bereich zu gesetzlichen Verboten im Sinne von § 134 BGB und im deliktischen Bereich zu absoluten Rechten im Sinne von § 823 Abs. 1 BGB oder zu Schutzgesetzen im Sinne von § 823 Abs. 2 BGB werden.[446] Ausgenommen von der unmittelbaren Wirkung der Grundrechte sollen allerdings diejenigen Grundrechte sein, die sich per se nur an den Staat als Adressat richten können. Dies betrifft z.B. die Grundrechte aus Art. 4 Abs. 3 S. 1 GG,[447] Art. 16 Abs. 1 S. 1 und 2 GG,[448] Art. 16 Abs. 2 GG[449] sowie aus Art. 16a Abs. 1 GG.[450] Neben *Nipperdey* hat das BAG mehr als 30 Jahre an dieser Lehre festgehalten.[451] Ausgangspunkt der Begründung der Theorie der unmittelbaren Drittwirkung war die Annahme, das Verständnis von der Wirkungsweise der Grundrechte habe sich gewandelt, mit Inkrafttreten des Grundgesetzes habe ein „Bedeutungswandel der Grundrechte"[452] stattgefunden. In seiner diesbezüglich grundlegenden Entscheidung hat

---

445 BVerfGE 81, S. 242, 255f.; 89, S. 214, 229f.; 103, S. 89, 100 f.

446 Vgl. *Canaris*, AcP 184 (1984), 201, 202.

447 Kriegsdienstverweigerung.

448 Schutz gegen Entzug und Verlust der deutschen Staatsangehörigkeit.

449 Verbot der Auslieferung Deutscher an das Ausland.

450 Asyl; weiterhin sind hier zu nennen Art. 8, 11, 13, 14, 17 GG; vgl. *Nipperdey*, Rechtsgutachten für den DGB 1951, S. 18.

451 BAGE 1, S. 51; BAGE 1, S. 185; BAGE 1, S. 285; BAGE 4, S. 274; BAG NJW 1954, S. 1301; BAG NJW 1957, S. 1688; BAGE 16, S. 95; hierzu sogleich ausführlich unter A Seite 175.

452 Vgl. *von Münch*, Staatsrecht II, S. 111, Rn. 186.

das BAG ausgeführt, dass seiner Ansicht nach „zwar nicht alle, aber doch eine Reihe bedeutsamer Grundrechte der Verfassung nicht nur Freiheitsrechte gegenüber der Staatsgewalt garantieren, vielmehr Ordnungsgrundsätze für das soziale Leben sind, die in einem aus dem Grundrecht näher zu entwickelnden Umfang unmittelbare Bedeutung auch für den privaten Rechtsverkehr der Bürger untereinander haben."[453] Auch das normative Bekenntnis des Grundgesetzes zum sozialen Rechtsstaat (Art. 20, 28 GG), das für die Auslegung des GG und anderer Gesetze von grundlegender Bedeutung ist, spreche für die unmittelbare privatrechtliche Wirkung der grundrechtlichen Bestimmungen, die für den Verkehr der Rechtsgenossen untereinander in einer freiheitlichen und sozialen Gemeinschaft unentbehrlich seien. Desweiteren spreche für die unmittelbare Drittwirkung der Grundrechte das in Art. 1 Abs. 2 GG enthaltene Bekenntnis des Deutschen Volkes „zu unverletzlichen und unveräußerlichen Menschenrechten als Grundlage jeder menschlichen Gemeinschaft." Dieser Satz verdeutliche zum einen, dass das Bekenntnis vom ganzen Volk ausgehe, also nicht nur von den in Art. 1 Abs. 3 GG aufgezählten Staatsgewalten. Zum anderen seien die Menschenrechte Grundlage jeder menschlichen Gemeinschaft, also nicht nur Grundlage des Verhältnisses zwischen Bürger und Staat.[454] Zudem wohne dem die Freiheit sichernden Charakter der Grundrechte die Aufgabe inne, ein Minimum zu bilden, unterhalb dessen ein Leben in Freiheit nicht möglich sei. Die Freiheit des Einzelnen werde aber eben nicht nur von der staatlichen Allmacht bedroht, vielmehr können Bedrohungen auch von Privaten ausgehen. Der Begriff „Bedrohungen" sei hierbei weniger im strafrechtlichen Sinne zu verstehen, sondern vielmehr als Bedrohungen von Personen aufgrund von deren wirtschaftlicher oder sozialer Machtstruktur gemeint. Als Beispiel wird der Arbeitgeber angeführt, der gegenüber seinen Arbeitnehmern und Bewerbern in der Lage ist, die Konditionen des Arbeitsvertrages nach seinem Belieben zu diktieren. Schließlich könne die historische Bedeutung der Grundrechte heute nicht mehr entscheidend sein, da die Grundrechte die Freiheit bewahren, nicht die Historie konservieren sollen.[455] Die Gefahr, dass bei unmittelbarer Drittwirkung der Grundrechte die Privatautonomie beseitigt werde, bestehe überdies nicht, denn die Privatautonomie – insbesondere die Vertragsfreiheit – sei durch Art. 2 Abs. 1 GG geschützt.

---

453 BAG NJW 1957, S. 1688f.

454 Zusammenfassend zu den Argumenten dieser Lehre *Stern*, Staatsrecht, Bd. III/1, § 76, S. 1538; siehe auch Vgl. *von Münch*, Staatsrecht II, S. 111, Rn. 187.

455 Vgl. *von Münch*, Staatsrecht II, S. 111, Rn. 187.

4. Zusammenfassung

Die vorangegangene Darstellung des klassischen und heutigen Grundrechtsverständnisses hat dessen Wandlungsfähigkeit im Laufe der Zeit gezeigt. Ausgehend von der reinen Staatsgerichtetheit der Grundrechte bis hin zur unmittelbaren Anwendung der Grundrechtsbestimmungen auf den Privatrechtsverkehr haben sich die Positionen innerhalb eines Jahrhunderts fundamental verschoben. Obgleich sich die von *Nipperdey* begründete Lehre nicht durchsetzen konnte, hat das BAG diese Lehre über mehr als 30 Jahre vertreten. Dies könnte an den Besonderheiten des Arbeitsrechts liegen. Allerdings beruht auch das Arbeitsverhältnis auf einer privatrechtlichen Rechtsgrundlage. So ist es zudem nicht ungewöhnlich, wenn in diesem Zusammenhang die Frage aufgeworfen wird, wie der Arbeitgeber, der selbst Träger von Grundrechten ist,[456] gleichzeitig gegenüber dem von ihm beschäftigten Arbeitnehmer zur Rücksichtnahme auf dessen Grundrechte verpflichtet sein kann. Um der Antwort auf diese Frage näher zu kommen und die möglichen Besonderheiten des Arbeitsrechts zu beleuchten, soll nun zunächst in gebotener Kürze das Arbeitsrecht als besonderer Teil des Zivilrechts dargestellt und dabei das arbeitsrechtliche Grundrechtsverständnis hervorgehoben werden.

V. Arbeitsrecht: Ein besonderer Teil des Zivilrechts

Nahezu jede aktuelle Abhandlung, die den Anspruch erhebt, das Arbeitsrecht umfassend darzustellen, enthält einen Abschnitt zur Wirkung der Grundrechte im Arbeitsrecht.[457] Heute ist allgemein anerkannt, dass die Grundrechte das Arbeitsrecht beeinflussen.

1. Allgemeines zum Arbeitsrecht

Eine eindeutige Zuordnung des Arbeitsrechts ist nicht möglich. Es bildet sowohl einen Teilbereich des Privatrechts als auch des öffentlichen Rechts.[458] Sein Grundtatbestand ist die abhängige Arbeit.[459] Es ist die Summe derjenigen Rechtsregeln, die sich mit der in abhängiger Tätigkeit geleisteten Arbeit beschäftigen. Das Arbeitsrecht bezieht sich auf das Verhältnis von Arbeitgebern

---

456 Vgl. *Dreier*, GG, Bd. I., Art. 9, S. 624, Rn. 21.

457 Vgl. *Richardi*, in Münchener HdB ArbR, Bd. 1, § 10, S. 82ff.; *C.W. Hergenröder* in *Henssler/Willemsen/Kalb*, Arbeitsrecht Kommentar, S. 2224ff.; *Hanau/Adomeit*, Arbeitsrecht, B. II, S. 27 ff.; *Hromadka/Maschmann*, Arbeitsrecht, § 2 III. 3., S. 30ff.; GewO § 106, Rn. 125f.; *Kittner/Zwanziger*, Arbeitsrecht, § 15 II. 2., S. 276ff.

458 Vgl. *Linck*, in *Schaub*, HdB ArbR, I. Buch § 1. 1., S. 1, Rn. 1.

459 Vgl. *Richardi*, in Münchener HdB ArbR, Bd. 1, § 1 I., S. 1.

und Arbeitnehmern, das normalerweise im Arbeitsvertrag seine Grundlage hat, aber auch auf das Verhältnis zu den im gleichen Betrieb zusammengeschlossenen Mitarbeitern, auf die Verhältnisse der Arbeitnehmer- und Arbeitgeberzusammenschlüsse und ihre Rechtsbeziehungen zueinander sowie das Verhältnis der Arbeitsvertragsparteien und ihrer Verbände zum Staat. Das Arbeitsrecht ist – neben dem Tarifvertragswesen und dem Betriebs- und Unternehmensverfassungsrecht – gekennzeichnet von der sich jahrzehntelang verstärkenden und verfeinernden Gesetzgebung zum Schutze der Arbeitnehmer.[460]

Das positive Recht untergliedert sich heute in drei Bereiche unterschiedlichen Umfanges: das Privatrecht, das öffentliche Recht und das Strafrecht. Während sich die beiden ersten Rechtsgebiete mit der Regelung der innerstaatlichen bzw. zwischenmenschlichen Ordnung befassen, kommt das Strafrecht zur Anwendung, wenn eine Verletzung oder Bedrohung eben dieser Ordnung bzw. Rechtsgüter gegeben ist.[461] Die Unterscheidung der ordnenden Rechtsgebiete erfolgt anhand der von den Regelungen betroffenen Objekte bzw. Subjekte.[462] Während sich im Zivilrecht in der Regel nur zwei oder jedenfalls wenige Beteiligte (Private) mit deutlich abgegrenzten Interessen gegenüberstehen, betrifft das öffentliche Recht – insbesondere das Verwaltungsrecht – oft eine große Zahl von Interessenträgern.[463] Im Vordergrund steht vor allem das öffentliche Interesse, so dass Gegenstand der Regelungen im öffentlichen Recht die Rechtsverhältnisse zwischen Privaten und der hoheitlichen Gewalt (im weitesten Sinne als Staat zu verstehen) sind.

Die Tatsache, dass gem. Art. 95 Abs. 1 GG die Arbeitsgerichtsbarkeit, mit dem BAG als oberstem Gerichtshof sowie einem entsprechenden Unterbau an Instanzengerichten in den Ländern, als Rechtsweg eigener Art eingerichtet ist, unterstreicht die herausragende Bedeutung des Arbeitsrechts als eigenständiges Rechtsgebiet. Das BVerfG hat diese Erkenntnis bereits in einer Entscheidung vom 22. April 1958 gezogen. „Das Arbeitsrecht wird nicht vom bürgerlich-rechtlichen Kodifikationsprinzip <Art. 3, 55, 218 EGBGB> erfasst, denn es hat sich als Ganzes – einschließlich seiner Privatrechtsnormen – im Laufe der letzten Jahrzehnte zu einem selbständigen und eigenständigen Rechtsge-

460 Vgl. *Linck*, in *Schaub*, HdB ArbR, I. Buch § 2. I. S. 2. Rn. 2.

461 Vgl. *Roxin*, Strafrecht AT, B § 1, Rn. 5; *Otto*, Grundkurs Strafrecht, § 1 II. 5., Rn. 50, § 1, III., Rn. 76; *Wessels/Beulke*, Strafrecht AT, § 1 I. 1.f., Rn. 4; *Eser*, in *Schönke/Schröder*, StGB, Vor. 1, Rn. 27; *Tröndle/Fischer*, StGB, § 46, Rn. 9.

462 Vgl. *Säcker*, in MüKo BGB, Einl., Rn. 2f.; *Larenz/Wolf*, Bürgerliches Recht AT, § 1, 3., S. 5ff.; *Brox*, BGB AT, § 1 II., 1., Rn. 10; *Wolff/Bachof/Stober*, Verwaltungsrecht I, § 1, I., 1., Rn. 3ff.

463 Vgl. *Wolff/Bachof/Stober*, Verwaltungsrecht I, § 1, I., 1., Rn. 3.

biet entwickelt, das neben dem bürgerlichen Recht steht."[464] Die Eigenständigkeit des Arbeitsrechts kommt nach Ansicht des BVerfG zudem in der Nennung der Rechtsgebiete in Art. 74 Abs. 1 GG zum Ausdruck. Die Gesetzgebungskompetenz des Bundes ergibt sich danach für das bürgerliche Recht, das mit den §§ 611 ff. BGB jedenfalls den Kernbereich des Individualarbeitsrechts umfasst, aus Art. 74 Abs. 1 Nr. 1 GG, während dies daneben für den selbstständig genannten Bereich des Arbeitsrechts Art. 74 Abs. 1 Nr. 12 GG regelt. Nicht zuletzt belegen auch die Verfahrenszahlen[465] die Bedeutung dieses Rechtsgebiets und die Notwendigkeit einer eigenen Arbeitsgerichtsbarkeit.

Gleichwohl stellt das Arbeitsrecht einen Bestandteil des bürgerlichen Rechts dar und ist diesem gegenüber kein eigenes Rechtsgebiet mit eigenen Normen, eigenen Grundsätzen und eigenen Auslegungsregeln.[466] Vielmehr folgen sowohl das Individualarbeitsrecht als auch das kollektive Arbeitsrecht im Grundsatz der privatrechtlichen Ordnung der Rechtsbeziehungen im Wege sozialer Selbstbestimmung durch ein Regelungssystem vertraglicher Verhandlung und Einigung.[467] In seinem Mittelpunkt steht die Rechtsfigur des Vertrages, um eine sinnvolle Ordnung des Arbeitslebens herbeizuführen.

2. Historischer Hintergrund

Das moderne Arbeitsrecht entstand im 19. Jahrhundert, als sich mit der Ausbreitung der Lohnarbeit die Sozialordnung änderte. Durch die Industrialisierung entstanden Systeme, die den Beschäftigten – vornehmlich den Lohnarbeiter – in eine persönliche Abhängigkeit brachten, wobei der die Feudalordnung prägende persönlich vermittelte Charakter der Herrschaftsbeziehung verloren ging.[468] Lohnarbeit und Abhängigkeiten hat es aber auch schon vor der industriellen Phase gegeben, allerdings fehlte ein diese Verhältnisse regelndes Arbeitsrecht.[469] Mit der Einführung der Gewerbefreiheit und der Beseitigung des Zunftzwanges durch die *Stein/Hardenberg*'schen Reformen setzte sich neben dem öffentlich-rechtlichen Prinzip der Gewerbefreiheit das Privatrechtliche Prinzip der Vertragsfreiheit durch. An die Stelle der bisheri-

464 BVerfGE 7, S. 342, 348.

465 Über 580.000 bei den Arbeitsgerichten eingereichte Klagen bundesweit im Durchschnitt der Jahre 2003, 2004 und 2005. Zum Vergleich: bei den Landgerichten waren es rund 430.000 eingereichte Klagen im Durchschnitt der Jahre 2003 und 2004. vgl. Statistisches Bundesamt.

466 Vgl. *Richardi*, in Münchener HdB ArbR, Bd. 1, § 1 III., S. 9.

467 Vgl. *Richardi*, in Münchener HdB ArbR, Bd. 1, § 1 III., S. 11.

468 Vgl. *Richardi*, in Münchener HdB ArbR, Bd. 1, § 1 III., S. 13.

469 Vgl. zur historischen Entwicklung *Richardi*, in Münchener HdB ArbR, Bd. 1, § 1 IV., S. 13.

gen genossenschaftlichen oder staatlichen Reglementierung der Arbeitsverhältnisse trat nun deren Ordnung durch den Vertrag zwischen dem einzelnen Arbeitgeber und Arbeitnehmer.[470] Mit der Auflösung der Stände waren auch personenrechtliche Schranken gefallen und es bestand – mit Ausnahme der Landwirtschaft, in der weiterhin das Gesinderecht galt – Abschlussfreiheit. Damit einhergehend schuf die industrielle Revolution neue Phänomene. So wurde insbesondere in der Fabrikarbeit die traditionelle Einheit von Haushalt und Arbeitsplatz aufgelöst. Dies in Verbindung damit, dass die Fabrikarbeiter allein ihre Arbeitskraft gegen Entgelt zur Verfügung stellten, aber weder über Handwerkzeuge noch über Produktionsmittel verfügten, führte zu erheblicher Unsicherheit und einem hohen Maß an Unvorhersehbarkeit der Lebenschancen.[471] Schließlich trat neben die Abhängigkeit der Arbeitseinkommen von Markt und Konjunktur die Abhängigkeit von der Betriebsleitung, die im Gegensatz zu den Abhängigkeitsverhältnissen der feudalen Gesellschaft nicht durch eine persönliche Beziehung gemildert war. Problematisch in diesem Zusammenhang war die reale Imparität, die die Vorteile der Vertragsfreiheit für den Arbeitnehmer – jedenfalls im Hinblick auf den Fabrikarbeiter, der nicht über Produktionsmittel verfügte – ins Gegenteil verkehrte. Faktisch konnte der Arbeitgeber die Vertragsbedingungen nach seinem Belieben einseitig gestalten.

Mit dem preußischen Regulativ über die Beschäftigung jugendlicher Arbeiter in Fabriken vom 9. März 1839 lässt sich der Beginn der staatlichen Arbeitsschutzgesetzgebung zeitlich einordnen. Weitere – für die Entwicklung eines einheitlichen Arbeitsrechts maßgebliche – Veränderungen im 19. Jahrhundert waren die Arbeiterschutzbestimmungen in der Gewerbeordnung für den Norddeutschen Bund, die nach der Reichsgründung 1871 auch in den süddeutschen Staaten einheitlich galt. Hinzu traten die in den achtziger Jahren des 19. Jahrhunderts auf Betreiben von *Bismarck* erlassenen Sozialgesetze.[472] Unter *Berlepsch* wurde der öffentlich-rechtliche Arbeiterschutz in den Jahren nach 1890 weiter ausgebaut und es wurden erste Ansätze betrieblicher Mitbestimmung eingeführt.[473] Daneben trat am 29. Juli 1890 das Gewerbegerichtsgesetz in Kraft, das bis zum Inkrafttreten des Arbeitsgerichtsgesetzes am 23. Dezember 1926 galt und mit der hälftigen Besetzung der Beisitzer durch Vertreter von Arbeitgebern und Arbeitern bereits Systeme enthielt, die noch bis heute Bestand haben.

---

470 Vgl. *Richardi*, in Münchener HdB ArbR, Bd. 1, § 2 III., S. 16.

471 Vgl. *Richardi*, in Münchener HdB ArbR, Bd. 1, § 2 III., S. 17.

472 Das Krankenversicherungsgesetz vom 15. Juni 1883, das Unfallversicherungsgesetz vom 6. Juli 1884 sowie das Gesetz betreffend die Invaliditäts- und Altersversicherung vom 22. Juni 1889.

473 Vgl. *Richardi*, in Münchener HdB ArbR, Bd. 1, § 2 IV., S. 19.

Neben diese öffentlich rechtliche Entwicklung der wachsenden Arbeitnehmerabsicherung trat die Entwicklung der Gewerkschaftsbewegung. In den sechziger Jahren des 19. Jahrhunderts etablierten sich – nach dem Fall der Koalitionsverbote – die Gewerkschaften als Teil der deutschen Arbeiterbewegung.[474] In den neunziger Jahren des 19. Jahrhunderts emanzipierten sich die Gewerkschaften von der Arbeiterbewegung und es setzte sich bei diesen die Erkenntnis durch, dass es ihnen, den Gewerkschaften, durch den kollektiven Zusammenschluss möglich sei, sich an den ökonomischen Marktgesetzen der liberalen Ordnung zu beteiligen und den Erfolg durch den Abschluss von Tarifverträgen dauerhaft zu sichern. Damit hatte sich das Prinzip der kollektiven Vertragsautonomie durchgesetzt und es war klar, dass damit nicht der Kampf, sondern der Vertrag die maßgebliche Ordnungsentscheidung war, die man traf, um eine Regelung der Arbeits- und Wirtschaftsbedingungen herbeizuführen.[475]

Die Entwicklung in der Weimarer Republik war vom Ausbau der sozialpolitischen Gesetzgebung geprägt. Neben der Einführung des Achtstundentages traten Regelungen zum Kündigungsschutz bei Massenentlassungen, das Schwerbeschädigtenrecht sowie die Gehaltsfortzahlung im Krankheitsfall in Kraft. Auch im kollektiven Arbeitsrecht gab es Neuerungen. So trat beispielsweise das Betriebsrätegesetz in Kraft, womit erstmals eine Betriebsvereinbarung geschaffen war. Ferner führte die Regierung *Stresemann* auf Grundlage eines Ermächtigungsgesetzes ohne Zustimmung des Parlaments am 30. Oktober 1923 mit der Schlichtungsverordnung die Zwangsschlichtung ein. Danach waren verbeamtete Schiedsmänner ermächtigt, für den Fall, dass die Tarifparteien keine Einigung zustande brachten, verbindliche Zwangsschlichtungen durchzuführen.

Seit 1945, insbesondere nach Inkrafttreten des Grundgesetzes, haben Gesetzgeber, Arbeitsgerichte und arbeitsrechtliche Literatur in vielen Bereichen an der Weiterentwicklung des Arbeitsrechts gearbeitet. Nicht zuletzt aufgrund der um das Jahr 1950 von *Nipperdey* begründeten Lehre von der absoluten Wirkung der Grundrechte war diese Entwicklung oftmals auf den Arbeitnehmerschutz bedacht.[476] Beispiele hierfür sind das Arbeitszeitgesetz,[477] die umfangreichen und vielschichtigen Regelungen im Bereich des Arbeitsschutzrechts[478] sowie eine Reihe von Maßnahmen der betrieblichen Alters- und So-

---

474 Vgl. *Richardi*, in Münchener HdB ArbR, Bd. 1, § 2 V., S. 22.

475 Vgl. *Richardi*, in Münchener HdB ArbR, Bd. 1, § 2 V., S. 23.

476 Vgl. *Gamillscheg*, AcP 164 (1964), S. 385, 390.

477 Arbeitszeitgesetz vom 6. Juni 1994, BGBl. I 1994, 1170.

478 Arbeitsschutzrecht im engeren Sinne ist öffentliches Recht, für das die Grundrechte unmittelbar gelten. Jüngere Beispiele arbeitsschutzrechtlicher Bestimmungen sind

zialvorsorge, die bis in die achtziger Jahre des 20. Jahrhunderts den infolge des Wirtschaftswachstums entstandenen Wohlstand auch auf die Arbeitnehmer verteilen sollten. Die in den letzten Jahren vollzogene Entwicklungsphase des Arbeitsrechts ist besonders durch europarechtliche Vorgaben geprägt. Für Aufsehen hat jüngst das auf vier europäische Richtlinien[479] zurückgehende Allgemeine Gleichbehandlungsgesetz[480] gesorgt, dessen Hauptzweck im Schutz vor Diskriminierungen im Bereich des Arbeitsrechts besteht. Hinzu kommen verschiedenste Regelungen über die Mitbestimmung der Arbeitnehmer im Unternehmen,[481] die zu den klassischen Instrumenten der Einflussnahme mittels Arbeitnehmervertretungen Betriebsrat und Gewerkschaft hinzugetreten sind. Aufgrund der Beteiligung der Belegschaft an Organen, die in erster Linie die Vertretung der Gesellschafter sind, ist es den Arbeitnehmern heute möglich, in sozialen, personellen und wirtschaftlichen Angelegenheiten Einfluss zu nehmen sowie an strategischen unternehmerischen Entscheidungen mitzuwirken.

3. Rechtsquellen des Arbeitsrechts

In der Vergangenheit ist mehrfach der Versuch unternommen worden, ein einheitliches Arbeitsgesetzbuch zu schaffen.[482] Aus verschiedenen sowohl politischen als auch juristischen Gründen konnte dieses Ansinnen jedoch bis heute nicht umgesetzt werden. Infolge dessen wird das Arbeitsrecht heute von zahlreichen Rechtsquellen beeinflusst. Hierzu zählen neben gesetzlichen Be-

---

das zweite Gleichberechtigungsgesetz vom 24. Juni 1994 sowie das Arbeitsschutzgesetz vom 7. August 1996.

479 2000/43/EG des Rates vom 29. Juni 2000 zur Anwendung des Gleichbehandlungsgrundsatzes ohne Unterschied der Rasse oder der ethnischen Herkunft (ABl. EG Nr. L 180 S. 22); 2000/78/EG des Rates vom 27. November 2000 zur Festlegung eines allgemeinen Rahmens für die Verwirklichung der Gleichbehandlung in Beschäftigung und Beruf (ABl. EG Nr. L 303 S. 16); 2002/73/EG des Europäischen Parlaments und des Rates vom 23. September 2002 zur Änderung der Richtlinie 76/207/EWG des Rates zur Verwirklichung des Grundsatzes der Gleichbehandlung von Männern und Frauen hinsichtlich des Zugangs zur Beschäftigung, zur Berufsbildung und zum beruflichen Aufstieg sowie in Bezug auf die Arbeitsbedingungen (ABl. EG Nr. L 269 S. 15) und 2004/113/EG des Rates vom 13. Dezember 2004 zur Verwirklichung des Grundsatzes der Gleichbehandlung von Männern und Frauen beim Zugang zu und bei der Versorgung mit Gütern und Dienstleistungen (ABl. EU Nr. L 373 S. 37).

480 Allgemeines Gleichbehandlungsgesetz vom 14. August 2006, BGBl. I, 1897.

481 Betriebsverfassungsgesetz vom 11. Oktober 1952, BGBl. I 1952, 681 sowie vom 15. Januar 1972, BGBl. I 1972, 13 (Neubekanntmachung); Mitbestimmungsgesetz vom 4. Mai 1976, BGBl. I 1976, 1153; Montan-Mitbestimmungsgesetz vom 21. Mai 1951, BGBl. I 1951, 347.

482 Versuche gab es 1923, 1938 sowie 1977, vgl. *Hromadka/Maschmann*, Arbeitsrecht, S. 34.

stimmungen vielfach privatrechtliche Vereinbarungen. Systematisierend lassen sich diese Rechtsquellen – ausgehend von der Theorie der Normenhierarchie – in folgende Reihenfolge bringen. An oberster Stelle stehen europarechtliche Bestimmungen (z.B. Richtlinien, Verordnungen) gefolgt von den Regelungen des Grundgesetzes. Sodann folgen die einfachen Gesetze, insbesondere das BGB. Daran schließen sich Tarifverträge, Betriebsvereinbarungen und die Regelungen des jeweiligen Einzelarbeitsvertrages an.[483] Schließlich wird das Arbeitsrecht auch von dispositiven Kollektivvereinbarungen und dispositivem Gesetzesrecht sowie von Anordnungen und Zusagen des Arbeitgebers beeinflusst. Das „Kernstück" des Arbeitsrechts bilden die dienstvertragsrechtlichen Vorschriften der §§ 611 ff. BGB. Ergänzt werden diese Normen durch besondere Regelungen für arbeitsrechtliche Sachverhalte in Nebengesetzen wie HGB und GewO. So werden z.B. auch von §§ 59 ff. HGB (Handlungsgehilfen) oder §§ 105 ff GewO (Zeugnis- und Wettbewerbsrecht etc.) arbeitsrechtliche Sachverhalte geregelt. Schließlich wird das Arbeitsrecht bis heute in erheblichem Umfang durch die Rechtsprechung geprägt.[484] Beispielsweise sind die Grundsätze des innerbetrieblichen Schadensausgleiches,[485] die Betriebsrisikolehre[486] sowie der arbeitsrechtliche Gleichheitssatz[487] durch richterliche Rechtsfortbildung entwickelt worden.

4. Grundprinzipien des Arbeitsrechts

Als Bestandteil des Privatrechts folgt das Arbeitsrecht grundsätzlich allgemeinen zivilrechtlichen Grundsätzen und Prinzipien.[488] Das bedeutet, für den Vertrag als dem zentralen Regelungsinstrument des Privatrechts – ganz gleich ob individual- oder kollektivarbeitsrechtlicher Natur – die Geltung insbesondere des allgemeinen Teils des BGB mit allen seinen Billigkeitsregeln und wertausfüllungsbedürftigen unbestimmten Rechtsbegriffen, wie den §§ 134, 138, 242 und 315 BGB sowie den mit Inkrafttreten des Schuldrechtsmodernisierungsgesetzes hinzugekommenen §§ 241 und 314 ff. BGB. Darüber hinaus lässt sich das Arbeitsrecht wegen seiner personenrechtlichen Grundstruktur viel weniger als andere Rechtsverhältnisse mit naturwissenschaftlichen Methoden fassen. In vielerlei Hinsicht kommt das Arbeitsrecht Billigkeitsrecht

---

483 Hierzu zählen insbesondere allgemeine Arbeitsbedingungen und betriebliche Übungen.

484 Vgl. *Richardi*, in Münchener HdB ArbR, Bd. 1, § 9 V., S. 77.

485 BAG, NJW 1967, S. 269 = BAG, AP Nr. 5 zu § 282 BGB.

486 BAGE 15, S. 281; BAG, AP Nr. 61 zu § 611 BGB (Haftung des Arbeitnehmers); mit Anmerkung *Rieger*, RdA 71, S. 150; BAG, VersR 1979, S. 779.

487 BAGE 3, 31, 180; vgl. auch die Nachweise bei *Hueck/Nipperdey*, LB ArbR, Bd. I, § 48 a, S. 417; *Hueck/Nipperdey*, Grundriss des Arbeitsrechts, I, § 24, S. 91.

488 Vgl. *Richardi*, in Münchener HdB ArbR, Bd. 1, § 1 III., S. 9.

gleich und folgt seine konkrete Ausgestaltung dem Ermessen des urteilenden Richters.

Mehr als andere Bereiche des (Privat-)Rechts wird das Arbeitsrecht von wertausfüllungsbedürftigen Prinzipien geprägt, die nur teilweise gesetzlich ausgestaltet sind und dennoch die Beziehungen der Arbeitsvertragsparteien wesentlich prägen. Der Notwendigkeit geschuldet, auch in nicht regulierten Bereichen tragfähige Ergebnisse erzielen zu müssen, ist gerade der Richter bei der Entscheidungsfindung auf leitende Prinzipien und Grundsätze angewiesen. Eines dieser zentralen Prinzipien bildet beispielsweise das soziale Schutzprinzip, das seine gesetzliche Ausprägung neben dem allgemeinen[489] und besonderen[490] Kündigungsschutz auch in den Bestimmungen zur Existenzsicherung des Arbeitnehmers[491] gefunden hat. Seine Grundlage findet dieses auch allgemeine Fürsorgepflicht des Arbeitgebers genannte Prinzip in einer Vielzahl grundsätzlicher Erwägungen. Diese lassen sich im Wesentlichen zusammenfassen auf das personenrechtliche Gemeinschaftsverhältnis des Arbeitsverhältnisses, den allgemeinen Schutzcharakter im Arbeitsrecht, das bei Arbeitsverhältnissen besonders stark ausgestaltete Prinzip von Treu und Glauben, den Sozialstaatsgedanken sowie auf die schuldrechtliche Schutzpflicht, nach der niemand einen anderen in seinen Interessen verletzen darf.[492] Auch im Dienstvertragsrecht, konkret in § 615 S. 1 BGB, kommt das Prinzip zum Ausdruck, indem die Risikoverteilung dem Dienstberechtigten im Falle des Annahmeverzuges die Pflicht zur Vergütung der nicht geleisteten Dienste auferlegt, ohne dass im Gegenzug der Dienstverpflichtete zur Nachleistung verpflichtet ist. Ein weiteres Prinzip stellt der arbeitsrechtliche Gleichbehandlungsgrundsatz dar.[493] Dieser gewohnheitsrechtlich anerkannte, privatrechtliche Grundsatz, von dem das BAG bereits im Urteil vom 9. November 1956 festhielt, er dürfe nicht mit dem Gleichheitssatz des Art. 3 Abs. 1 GG verwechselt werden,[494] wird gleichwohl inhaltlich vom grundrechtlichen Gleichheitssatz bestimmt.[495] Ein weiteres Prinzip ist der allgemeine Beschäftigungsanspruch des Arbeitnehmers, den das BAG mit Urteil vom 10. November

---

489 Siehe hierzu die Regelungen des Kündigungsschutzgesetzes.

490 Vgl. z.B. die Regelungen des Mutterschutzgesetzes und des Schwerbehindertengesetzes.

491 Vgl. z.B. die Regelungen zur Lohn- und Entgeltfortzahlung im Krankheitsfall sowie der Sozialgesetzgebung in den SGB I bis XII.

492 Vgl. *Koch*, in *Schaub*, HdB ArbR, VI. Buch § 107. I. 2., S. 1078f. Rn. 2.

493 Vgl. *Richardi*, in Münchener HdB ArbR, Bd. 1, § 10 III., S. 96f., Rn. 44 ff.; *Linck*, in *Schaub*, HdB ArbR, VI. Buch § 112. I. 1., S. 1141, Rn. 1.; *Schliemann*, in *ders.* ArbR im BGB, § 611, II. 4., S. 36, Rn. 117; *Hueck/Nipperdey*, Grundriss des Arbeitsrechts, § 24, II., 91.

494 BAGE 3, S. 180.

495 Vgl. *Linck*, in *Schaub*, HdB ArbR, VI. Buch § 112. I. 1., S. 1141, Rn. 1.

1955 aus dem allgemeinen Persönlichkeitsrecht des Arbeitnehmers hergeleitet hat.[496] Der Große Senat des BAG hat zur Begründung dieses Rechtes später die §§ 611, 613 BGB i.V.m. § 242 BGB herangezogen und ausgeführt, der Arbeitgeber sei aus der verfassungsrechtlichen Wertentscheidung der vorgenannten Normen zur Förderung der Beschäftigungsinteressen des Arbeitnehmers verpflichtet.[497]

Ein weiteres tragendes Prinzip ist die soziale Selbstverwaltung im Arbeitsrecht. Die Koalitionen der Arbeitnehmer und Arbeitgeber haben die Aufgabe, die Löhne und sonstigen Arbeitsbedingungen „in einem von staatlicher Rechtssetzung frei gelassenen Raum in eigener Verantwortung und im Wesentlichen ohne staatliche Einflussnahme durch unabdingbare Gesamtvereinbarungen sinnvoll zu ordnen."[498] Wichtigstes Instrument dieser Autonomie ist der Tarifvertrag. Im Gegensatz zum individuellen Arbeitsvertrag beruht das Tarifvertragssystem auf einem Verhandlungsgleichgewicht der Koalitionen. Zur Sicherung eines sozialen Mindeststandards für die Arbeitsvertragsparteien zwingende gesetzliche Regelungen, sind daher gegenüber den Tarifvertragsparteien häufig dispositiv ausgestaltet (tarifdispositives Gesetzesrecht).[499] Zur Sicherung des Verhandlungsgleichgewichtes besteht für beide Seiten das nicht kodifizierte, vom GG vorausgesetzte Recht zum Arbeitskampf.[500]

5. Struktur des Arbeitsrechts

Das Arbeitsrecht wird strukturell in zwei Bereiche unterteilt: Individualarbeitsrecht und kollektives Arbeitsrecht. Wenngleich diese Unterscheidung von nicht zu unterschätzender Bedeutung ist, darf keinesfalls dem Trugschluss erlegen werden, beide Gebiete würden unabhängig voneinander funktionieren.[501] Beide Bereiche beeinflussen die Rechtsbeziehungen zwischen Arbeitgeber und Arbeitnehmer; allein die Ebenen, auf denen die dem jeweiligen Bereich zuzuordnenden Regelungen getroffen werden, sind verschieden.

Das Individualarbeitsrecht betrifft die Regelungen, die direkt von und zwischen dem einzelnen Arbeitnehmer und seinem Arbeitgeber getroffen werden, also den jeweiligen Arbeitsvertrag nebst diesen ergänzenden Vereinbarungen. Das kollektive Arbeitsrecht umfasst diejenigen Regelungen, die sich auf eine Vielzahl einzelner Arbeitsverhältnisse beziehen. Hier handeln in aller Regel

---

496 BAGE 2, S. 221.
497 BAGE 48, S. 123.
498 BVerfGE 44, S. 322, 341f.
499 Vgl. *Richardi*, in Münchener HdB ArbR, Bd. 1, § 6 III., S. 45.
500 Vgl. *Koch*, in *Schaub*, HdB ArbR, XIII. Buch § 193. I. 1., S. 1874, Rn. 1.
501 Vgl. *Hanau/Adomeit*, Arbeitsrecht, 12. Aufl. 2000, B I. 3. Rn. 36.

auf beiden Seiten, zumindest aber auf der Seite der Arbeitnehmer, Kollektivorgane, also Zusammenschlüsse als Interessenvertreter mehrerer Beteiligter.

a) Individualarbeitsrecht

Das Individualarbeitsrecht untergliedert sich in das Arbeitsvertragsrecht und das Arbeitnehmerschutzrecht.[502] Der Arbeitsvertrag ist ein privatrechtlicher, gegenseitiger Austauschvertrag, durch den sich der Arbeitnehmer zur persönlichen Leistung von fremdbestimmter, abhängiger oder unselbstständiger Arbeit unter Leitung und Weisung des Arbeitgebers und dieser zur Zahlung einer Vergütung verpflichtet.[503] Für das Individualarbeitsvertragsrecht als Unterfall des Dienstvertragsrechtes gelten danach die privatrechtlichen Bestimmungen, insbesondere des BGB.[504] Rechtliche Untersuchungen haben daher regelmäßig namentlich die Vertragsfreiheit der Arbeitsvertragsparteien zu berücksichtigen. Diese Vertragsfreiheit hat der Gesetzgeber mit einer Reihe, zumeist den Arbeitnehmer schützenden Vorschriften[505] eingegrenzt. Da es sich bei solchen Schutzvorschriften um zwingendes Gesetzesrecht handelt, führt ein Verstoß in aller Regel unmittelbar zur Unwirksamkeit der jeweiligen einzelvertraglichen Bestimmung. Weitere unmittelbare Folge eines Verstoßes ist die Geltung der gesetzlichen[506] Regelung. Die zwingende Schutzvorschrift wirkt in derartigen Fällen gestaltend auf den Arbeitsvertrag ein. Beispielsweise legt das Arbeitszeitgesetz die gesetzlich zulässige Höchstdauer der Arbeit fest.[507] Verstößt eine Regelung in einem Arbeitsvertrag gegen die zulässige Höchstdauer der Arbeitszeit, ist die Regelung unwirksam und es gilt – mangels einschlägiger Sonderregelungen – die gesetzlich zulässige Höchstgrenze unmittelbar.

Trotz des vergleichsweise hohen Regulierungsgrades des Arbeitsrechts kommt den allgemeinen privatrechtlichen Prinzipien bei der Rechtsfindung insbesondere durch die zivilrechtlichen Generalklauseln große Bedeutung zu. Hierin wird wohl eine Ursache für die vergleichsweise starke richterrechtliche Prägung des Arbeitsrechts[508] zu sehen sein.

---

502 Vgl. *Richardi*, in Münchener HdB ArbR, Bd. 1, § 7 II., S. 50.

503 Vgl. *Müller-Glöge*, in MüKo BGB, § 611, Rn. 154; *Linck*, in *Schaub*, HdB ArbR, IV. Buch § 29 I. 1., S. 195, Rn. 1.

504 Vgl. *Linck*, in *Schaub*, HdB ArbR, IV. Buch § 29. I. 3., S. 195f., Rn. 4f.

505 Arbeitszeitgesetz, Teilzeit- und Befristungsgesetz, Entgeltfortzahlungsgesetz, Bundesurlaubsgesetz, Kündigungsschutzgesetz, Mutterschutzgesetz, einzelne Sozialgesetzbücher, um nur einige zu nennen.

506 Abgesehen von evtl. vorrangig geltenden Regelungen in Betriebsvereinbarungen oder Tarifverträgen.

507 Vgl. *Preis*, Der Arbeitsvertrag, II A 90, Rn. 1.

508 Vgl. *Linck*, in *Schaub*, HdB ArbR, IV. Buch § 31. III. 5., S. 202, Rn. 16f.

b) Kollektives Arbeitsrecht

Das kollektive Arbeitsrecht besteht zum einen aus der von der Koalitionsfreiheit, Art. 9 Abs. 1 GG, geprägten Rechtsmaterie, die sich in das Recht der Koalitionsfreiheit, dem Koalitionsverbandsrecht, dem Tarifvertragsrecht sowie dem Arbeitskampf- und Schlichtungsrecht unterteilt. Zum anderen ist das Recht der Mitbestimmung in Betrieben und Unternehmen Bestandteil des Arbeitsrechts. Dieser Bereich umfasst das Betriebsverfassungs-, das Personalvertretungs- und das Mitbestimmungsrecht.[509] Das kollektive Arbeitsrecht ist aber auch der Bereich, der von seiner Rechtsnatur zwischen Gesetz und Vertrag tritt,[510] hierzu gehören Tarifverträge und Betriebsvereinbarungen.[511] Gesamtvereinbarungen sind keine formellen Gesetze, da sie nicht vom Gesetzgeber erlassen werden. Gleichwohl haben sie normative – also gesetzesähnliche – Wirkung auf einzelne Rechtsverhältnisse.[512]

Ausgangspunkt des heutigen Tarifvertragsrechts ist Art. 9 Abs. 3 GG, in dem das Grundgesetz den Tarifparteien die Aufgabe übertragen hat, die Arbeits- und Wirtschaftsbedingungen zu regeln. Der Gesetzgeber hat diese Tarifautonomie zu respektieren und den Tarifparteien Regelungsspielräume zu belassen. Der Staat hat aber auch die Verpflichtung, den im Rahmen dieser Tarifautonomie getroffenen Regelungen Geltung zu verschaffen und ihre Durchsetzung zu fördern. Hierzu hat der Bundesgesetzgeber verschiedene Instrumente geschaffen.[513] Eines der bekanntesten Mittel ist wohl die Allgemeinverbindlicherklärung gemäß § 5 TVG, mit deren Hilfe die Rechtswirkungen eines Tarifvertrages auch auf Außenseiter, also auf nicht Tarifgebundene erstreckt werden können.[514]

Tarifverträge sind formbedürftige, privatrechtliche Vereinbarungen zwischen einzelnen Arbeitgebern oder deren Vereinigungen und Gewerkschaften[515] mit unmittelbarer und zwingender Wirkung für die tarifgebundenen Arbeitnehmer und Arbeitgeber.[516] Nach der auf *Nipperdey* zurückgehenden Formulierung ist der „Tarifvertrag der schriftliche Vertrag zwischen einem oder mehreren Arbeitgebern oder Arbeitgeberverbänden und einer oder mehreren Gewerkschaften zur Regelung von arbeitsrechtlichen Rechten und Pflichten der Tarifver-

---

509 Vgl. *Richardi*, in Münchener HdB ArbR, Bd. 1, § 7 II., S. 50.

510 Vgl. *Hanau/Adomeit*, Arbeitsrecht, 12. Aufl., B I. 3. Rn. 35.

511 Zusammen *„Gesamtvereinbarungen"* genannt.

512 Vgl. *Hanau/Adomeit*, Arbeitsrecht, 12. Aufl., B I. 3. Rn. 35.

513 Beispielhaft sei hier die Einführung des Tarifvertrags- und Betriebsverfassungsgesetzes genannt, wobei ersteres bereits vor dem GG in Kraft getreten ist.

514 Vgl. *Schaub*, in *ders.*, HdB ArbR, XV. Buch § 207. I. 1., Rn. 1.

515 Vgl. *Lieb*, Arbeitsrecht, 8. Aufl., § 6 I. 1. Rn. 473.

516 Vgl. *Linck*, in Schaub, HdB ArbR, IV. Buch § 31. IV. 2., S. 202, Rn. 20.

tragsparteien (schuldrechtlicher oder obligatorischer Teil) und zur Festsetzung von Rechtsnormen über Inhalt, Abschluss und Beendigung von Arbeitsverhältnissen sowie über betriebliche und betriebsverfassungsrechtliche Fragen und gemeinsame Einrichtungen der Vertragsparteien (normativer Teil).“[517] Diese Beschreibung hebt die beiden Elemente des Tarifvertrages hervor, die diesem Vertragstyp seinen Sonderstatus verleihen und ihn gegenüber anderen privatrechtlichen Verträgen abgrenzen. Hieraus geht die rechtliche Doppelnatur des Tarifvertrages hervor.[518] Mit dem schuldrechtlichen Teil, einem zweiseitigen Vertrag arbeitsrechtlichen Inhalts werden die Rechtsbeziehungen der Tarifvertragsparteien zueinander geregelt. Demgegenüber ist der normative Teil des Tarifvertrages ein für Dritte rechtsverbindlicher zweiseitiger kooperativer Normenvertrag, der für die Arbeitsverhältnisse der Tarifunterworfenen Rechtsnormen aufstellt.[519] Der Tarifvertrag ist damit ein Gesetz im materiellen Sinne.[520] Zu den typischen Erscheinungsformen der Tarifvereinbarungen gehören Branchen-, Flächen- und Firmentarifverträge. Zu den typischen Inhalten der Tarifverträge gehören Regelungen von Leistungen und Verpflichtungen aus dem Arbeitsverhältnis und solcher Fragen, die im Zusammenhang mit dem Arbeitsverhältnis stehen. Hierzu gehören die Arbeitsvergütung, die Arbeitszeit, Arbeitsplatz und Qualifikationsschutz (Rationalisierungsschutzabkommen), die allgemeinen Arbeitsbedingungen, die Qualifizierung der Arbeitnehmer und die Besetzung von Arbeitsplätzen.[521] Ganz allgemein erfüllen sie zentrale Schutzfunktionen zugunsten der Arbeitnehmer.[522] Das im Normalfall bestehende Machtungleichgewicht zwischen dem einzelnen Arbeitnehmer und seinem Arbeitgeber wird durch die – zumindest theoretisch bestehende – Machtgleichheit zwischen Gewerkschaften und Verband ersetzt.[523]

Während die Gewerkschaften gemäß Art. 9 Abs. 3 GG berechtigt sind, die Interessen ihrer Mitglieder gegenüber Tarifpartnern, also den Arbeitgeber(-verbänden) durch den Abschluss von Tarifverträgen zu vertreten, ist es die Aufgabe der Betriebsverfassungsorgane auf der Grundlage des BetrVG bei

---

517 *Nipperdey*, in *Hueck/Nipperdey*, LB ArbR, Bd. II, S. 207; *Schaub*, in *ders.*, HdB ArbR, XV. Buch § 198. II. 1., S. 1908, Rn. 10.

518 Vgl. hierzu *Schaub*, in *ders.*, HdB ArbR, XV. Buch § 198. III., S. 1909, Rn. 16.

519 Vgl. *Schaub*, in *ders.*, HdB ArbR, XV. Buch § 198. II. 1., S. 1908, Rn. 10.

520 Vgl. *Schaub*, in *ders.*, HdB ArbR, XV. Buch § 198. III. 1., S. 1909, Rn. 16; Gleichwohl sind die Tarifparteien deshalb nicht Grundrechtsadressaten i.S.d. Art. 1 Abs. 3 GG, vgl. *Dieterich*, in Erfurter Kommentar, GG Einl., III. 4., S. 5, Rn. 20; a.A. zeitweise *Nipperdey*, Gleicher Lohn der Frau, 1951, S. 20; hierzu sogleich unter B.II.3, Seite 119.

521 Vgl. *Schaub*, in *ders.*, HdB ArbR, XV. Buch § 200. I. 1., S. 1935, Rn. 2.

522 Vgl. *Wilhelm/Lindemann*, Unternehmenshandbuch Arbeitsrecht, Kapitel 6 A., Rn. 6.1.

523 BVerfG, NZA 1991, S. 809, 811.

der Gestaltung der innerbetrieblichen, die Arbeitnehmer betreffenden Angelegenheiten mitzuwirken.[524] Hierbei besteht der Zweck des Betriebsverfassungsrechts darin, die monokratische Struktur des Betriebes zu beseitigen und durch Schaffung von betrieblichen Arbeitnehmervertretungen die sich aus der Eingliederung in eine fremdbestimmte Organisation ergebende Abhängigkeit des Arbeitnehmers auszugleichen oder zumindest abzumildern. Sozial- und allgemeinpolitische Zielsetzungen haben das Betriebsverfassungsrecht zu einem Speigelbild der Demokratisierung des Staates gemacht.[525]

Das innerbetriebliche Pendant zum Tarifvertrag ist die Betriebsvereinbarung.[526] Dies sind privatrechtliche Normverträge zur Regelung der betrieblichen und betriebsverfassungsrechtlichen Ordnung sowie Inhalt, Abschluss und Beendigung von Arbeitsverhältnissen, die zwischen Arbeitgeber und Arbeitnehmern, vertreten durch den Betriebsrat, geschlossen werden und unmittelbar und zwingend gelten.[527] Soweit Arbeitnehmern durch Betriebsvereinbarungen Rechte eingeräumt werden, kann auf diese wirksam nur mit Zustimmung des Betriebsrates verzichtet werden.[528]

6. Arbeitsrecht und Grundrechte

Die Grundrechtsbestimmungen des Grundgesetzes haben für das Arbeitsrecht weit größere Bedeutung als für viele andere Bereiche des Privatrechts.[529] Die personenrechtliche Ausgestaltung des Arbeitsvertrages,[530] die Eingliederung des Arbeitnehmers in den Betrieb des Arbeitgebers und nicht zuletzt die Weisungsgebundenheit und wirtschaftliche Abhängigkeit[531] des Arbeitnehmers bedeuten im Vergleich zu anderen (vertraglichen) Lebensbereichen ein erhebliches Mehr an Berührungspunkten im persönlichen Bereich. Von einzelnen Grundrechten gehen teilweise tief einschneidende Wirkungen auf das Arbeitsrecht aus.[532] Die Gerichte sind verpflichtet, bei der Auslegung zivilrechtlicher

---

524 Vgl. *Koch*, in *Schaub*, HdB ArbR, XV. Buch § 215. I. 1., S. 2053, Rn. 1.

525 Vgl. *Koch*, in *Schaub*, HdB ArbR, XV. Buch § 210. I. 1., S. 2027, Rn. 2.

526 § 77 BetrVG.

527 Vgl. *Koch*, in Schaub, HdB ArbR, XVI. Buch § 231. II. 1., S. 2182, Rn. 4.

528 § 77 Abs. 4 S. 2 BetrVG; Ein Verzicht ohne Zustimmung des Betriebsrates ist unwirksam. BAG 30. März 2004, AP 170 zu § 112 BetrVG 1972 – Sozialplanabfindung.

529 Vgl. *Zöllner*, Arbeitsrecht, § 7, S. 71.

530 Vgl. hierzu *Linck*, in *Schaub*, HdB ArbR, III. Buch § 29. I. 5., S. 196, Rn. 5; vgl. auch *Hueck/Nipperdey*, Grundriss des Arbeitsrechts, § 24, I. 1., S. 85; *Hueck*, in *Hueck/Nipperdey*, LB ArbR, Bd. I, S. 28.

531 Vgl. *Hueck*, in *Hueck/Nipperdey*, LB ArbR, Bd. I, S. 26.

532 Vgl. *Nikisch*, Arbeitsrecht, Bd. 1, § 5 III. 1., S. 39; *Berkowsky*, in Münchener HdB ArbR, Bd. 2, § 133 III., S. 368, Rn. 56.

und damit auch arbeitsrechtlicher Vorschriften Bedeutung und Tragweite der von ihrer Entscheidung berührten Tragweite zu beachten.[533] Weit mehr als andere hat sich die arbeitsgerichtliche Rechtsprechung von dieser Aussage leiten lassen. Sie hat dabei vielen Grundrechtsnormen und nicht zuletzt dem Sozialstaatsprinzip eine die Lösung arbeitsrechtlicher Fragestellungen teils tragende teils bekräftigende Funktion eingeräumt.[534] Im individualarbeitsrechtlichen Verhältnis werden insbesondere auch die Treue- und Fürsorgepflichten als maßgebliche Grundprinzipien des Arbeitsvertragsrechts betont, mit denen in enger Verbundenheit der Grundsatz der Gleichbehandlung steht, der jede willkürliche Disqualifizierung des Arbeitnehmers verbietet.[535] Der Versuch einer Beantwortung der Frage nach der Rechtsgrundlage für die Geltung des Gleichbehandlungsgrundsatzes im Individualarbeitsrecht führt unweigerlich zur Auseinandersetzung mit den Grundlagen des Theorienstreits um die Wirkung der Grundrechte im Privatrechtsverkehr.

Mit Blick auf das kollektive Arbeitsrecht enthalten die Grundrechte, namentlich Art. 9 GG, für die Arbeitsverfassung die verfassungsrechtlich gewährleistete Systemfestlegung (Tarifautonomie). Deshalb sind neben dem Gesetzgeber, der an die Grundrechte gebunden ist, auch die Tarifvertragsparteien und die Betriebspartner verpflichtet, die Grundrechte wegen deren Schutzfunktion für die von ihnen erfassten Rechtsgüter zu respektieren, wenn sie Recht für den Inhalt von Arbeitsverträgen schaffen.[536] Dies gilt sowohl für das Tarifvertragsrecht als auch für das Betriebsverfassungsrecht. Abgesehen von unterschiedlichen Begründungen besteht im arbeitsrechtlichen Schrifttum Einigkeit hinsichtlich der Geltung der Grundrechte im Tarifvertragsrecht.[537] Da im Tarifvertrag eine kollektive Ordnung aufgestellt wird, dürfen durch sie die in den Grundrechten festgelegten Ordnungssätze für das soziale Leben nicht au-

---

533 Vgl. *Dieterich*, in Erfurter Kommentar, GG Einl., IV. 2., S. 7, Rn. 33; *Canaris*, AcP 184 (1984), S. 201; *Linck*, in *Schaub*, HdB ArbR, I. Buch § 3. I. 2., S. 6, Rn. 2.

534 Vgl. *Zöllner*, Arbeitsrecht, § 7, S. 71; *Kittner*, in *Kittner/Zwanziger*, Arbeitsrecht, § 15, II. 1., S. 275, Rn. 9; *Hromadka/Maschmann*, Arbeitsrecht, § 2, III. 3., S. 33, Rn. 38.

535 Vgl. *Hueck*, in *Hueck/Nipperdey*, LB ArbR, Bd. I, S. 28; *Bötticher*, RdA 1953, S. 161.

536 Vgl. *Richardi*, in Münchener HdB ArbR, Bd. 1, § 9 II., S. 70.

537 Vgl. *Richardi*, in Münchener HdB ArbR, Bd. 1, § 10 II. 2., S. 90, begründet die Befugnis zu autonomer Rechtssetzung damit, dies sei ein besonderer Fall normativer Gestaltung innerhalb der Privatautonomie. Demgegenüber führt die Delegationstheorie *Gamillschegs* die Ermächtigung der Tarifpartner zum Erlass von Normen auf § 1 TVG zurück, einem Gesetz, das seinerseits gemäß Art. 1 Abs. 3 GG an die Grundrechte gebunden sei. Vgl. *Gamillscheg*, Grundrechte im Arbeitsrecht, AcP 164 (1964), S. 385.

ßer Kraft gesetzt werden.[538] Insoweit entfalten die Grundrechte ausstrahlende Schutzwirkung gegenüber der jeweils anderen Tarifpartei.

Auch das Betriebsverfassungsrecht unterliegt der Schutzgebotsfunktion der Grundrechte.[539] Verstößt eine Betriebsvereinbarung gegen höherrangige gesetzliche oder tarifvertragliche Regelungen, ist sie insoweit unwirksam. Zwar besteht keine unmittelbare Bindung der Betriebspartner an die Grundrechte, jedoch dürfen sie sich mit ihrem Handeln wegen § 75 Abs. 1 BetrVG nicht in Widerspruch zu den grundrechtlichen Wertentscheidungen setzen.[540]

Die nachfolgende Untersuchung wird sich im Wesentlichen auf die Wirkung der Grundrechtsbestimmungen im Bereich des Individualarbeitsrechts beschränken. Obgleich die Bedeutung der Grundrechte für das kollektive Arbeitsrecht nicht weniger gewichtig ist als in dem hier zu untersuchenden Bereich, erscheint eine thematische Begrenzung geboten. Dort, wo sich – in Bezug auf die vorliegend zu untersuchende Fragestellung – Schnittstellen zwischen beiden Bereichen ergeben, wird darauf hingewiesen.

538 Vgl. *Richardi*, in Münchener HdB ArbR, Bd. 1, § 10 II. 2., S. 93.
539 Vgl. *Richardi*, in Münchener HdB ArbR, Bd. 1, § 10 II. 3., S. 94.
540 Vgl. *Koch*, in *Schaub*, HdB ArbR, XVI. Buch § 231. II. 2., S. 2183, Rn. 8.

B. Absolute Wirkung der Grundrechte nach *Nipperdey*

Grundgesetzliche Bestimmungen und insbesondere die Grundrechte spielen im Arbeitsrecht eine wichtige Rolle. Nach *Franz Gamillscheg* bilden ursprüngliches und verfassungsgetragenes Arbeitsrecht „heute eine ineinander verschränkte Einheit, in der ein bestimmter Teil von Wertungen des Grundgesetzes geformt wird um dort seinen verfassungsrechtlichen Mutterboden findet.“[541] Seit dem Inkrafttreten des Bonner Grundgesetzes ist viel über die Bedeutung der Grundrechte im Arbeitsrecht geschrieben worden. Auch die arbeitsgerichtliche Rechtsprechung hat in einer Vielzahl von Entscheidungen zur Bedeutung der Grundrechte im Arbeitsrecht Stellung genommen. Im arbeitsrechtlichen Schrifttum wurde die Frage danach, „Ob“ die Grundrechte für das Arbeitsrecht Bedeutung haben, weitgehend eindeutig mit ja beantwortet. Die Aussage trifft auch heute noch in dieser Klarheit zu. Die Grundrechte haben seit dem Inkrafttreten des Grundgesetzes keinen Tag an Bedeutung verloren. Dagegen ist die Frage, „Wie“ die Grundrechte ihre Wirkung auf das Arbeitsrecht entfalten bis heute noch nicht abschließend geklärt.

Die Diskussion um die Wirkung der Grundrechte zwischen Privatpersonen begann fast gleichzeitig mit Inkrafttreten des Grundgesetzes. Während das Verhältnis von Privatrecht und Verfassung vereinzelt bereits in der Literatur vor 1949 thematisiert worden war,[542] war es *Nipperdey*, der als einer der ersten Autoren bereits 1949 zu der Frage der Bedeutung und Wirkung der Grundrechte, insbesondere zur direkten Wirkung einzelner Grundrechte im Verhältnis zwischen Privatrechtssubjekten Stellung nahm und sich in der Folgezeit intensiv mit dieser Problematik auseinander setzte.[543]

---

541 *Gamillscheg*, Die Grundrechte im Arbeitsrecht, AcP 164, S. 387.

542 Vgl. *Coing*, SJZ 1947, Sp. 641 – 645, 643; *Raiser*, ZHR 111 (1948), S. 75, 90; *Krüger*, NJW 1949, S. 163.

543 Vgl. *Nipperdey*, RdA 1949, S. 214, 216; *ders.*, RdA 1950, S. 121; *ders.*, BB 1951, S. 282; *ders.*, Gleicher Lohn der Frau, 1951, S. 16; *Nipperdey* auf der Tagung der Zivilrechtslehrer in Bad Kreuznach (Tagungsbericht), JZ 1951, 734; *Enneccerus/Nipperdey,* LB des Bürgerlichen Rechts, Bd. I, AT, 14. Aufl., S. 57f.; *Nipperdey*, VVDStRL 12 (1954), S. 96; *ders.*, soziale Marktwirtschaft in der Verfassung, 1954, S. 10, 20; *ders.*, Die Würde des Menschen, insb. S. 17ff.; *ders.*, DVBl. 1958, 445; *Enneccerus/Nipperdey,* LB des Bürgerlichen Rechts, Bd. I, AT, 15. Aufl., S. 57f.; *Nipperdey*, Wirtschaftsrecht, 1959, S. 1560; *ders.*, Bundesverfassungsgericht, 1960, S. 57; *ders.*, Arbeitsrechtliche Probleme, 1961, S. 323; *ders.*, Grundrechte und Privatrecht, S. 12; *ders.*, Freie Entfaltung der Persönlichkeit, 1962, S. 747f.

Nipperdey sprach regelmäßig von der „absoluten Wirkung“[544] bestimmter Grundrechte. Die heute geläufige Terminologie der „Drittwirkung“ geht auf *Hans-Peter Ipsen*[545] zurück, der diesen Begriff erstmals Mitte der 1950er Jahre in diesem Zusammenhang verwendete. Im Laufe der Zeit setzte sich im Schrifttum und im allgemeinen Sprachgebrauch als Bezeichnung für die Theorie *Nipperdeys* die „unmittelbare Drittwirkung der Grundrechte im Privatrechtsverkehr“ durch.

I. Keine Grundlegung in der Zeit vor Inkrafttreten des GG

1. *Nipperdey* zu den Grundrechten der WRV

Der Ursprung der Theorie *Nipperdeys* von der absoluten Wirkung der Grundrechte ist nicht in den Veröffentlichungen *Nipperdeys* zur WRV zu finden. Zwar maß *Nipperdey* der WRV und insbesondere den darin enthaltenen Grundrechten gegenüber *Ludwig Enneccerus*, dem Begründer des von *Nipperdey* fortgeführten „Lehrbuch des Bürgerlichen Rechts“[546] durchaus größere Bedeutung für das Privatrecht bei. Immerhin finden sich in der ersten von *Nipperdey* bearbeiteten Auflage des Lehrbuches 1931[547] dreimal mehr Einträge bzw. Verweisungen auf die WRV als noch bei *Enneccerus.*[548] Gleichwohl lässt sich weder in den vorgenannten Verweisungen noch in den sonstigen Schriften *Nipperdeys* zur WRV ein Ansatz erkennen, der darauf hindeutet, dass *Nipperdey* von einer absoluten Wirkung der Grundrechte der WRV im Privatrechtsverkehr ausgegangen ist. Auf den ersten Blick überraschend ist insoweit, dass *Nipperdey* als Zivilrechtslehrer eine dreibändige Kommentierung zur WRV herausgab.[549] Aus dem Vorwort des Herausgebers zu diesem Werk lässt sich erahnen, dass für *Nipperdey* die Grundrechte von besonderer Bedeutung gewesen sein mussten. So ging für ihn die „Bedeutung der Grundrechte [...] naturgemäß über das Gebiet des Staats und Verwaltungsrechts hinaus.“[550]

Die Tatsache, dass *Nipperdey* seine Theorie von der „absoluten Wirkung der Grundrechte“ nicht bereits in der Zeit der Weimarer Republik begründet hat,

---

544 Ebd.
545 Vgl. *Ipsen*, Gleichheit, in *Neumann/Nipperdey/Scheuner*, Grundrechte, Bd. 2, S. 111, 143.
546 *Enneccerus/Nipperdey*, LB des Bürgerlichen Rechts, Bd. I, AT, 13. Aufl.
547 *Enneccerus/Nipperdey*, LB des Bürgerlichen Rechts, Bd. I, AT, 13. Aufl.
548 Vgl. *Enneccerus*, LB des Bürgerlichen Rechts, Bd. I, AT, 12. Aufl. (1923).
549 Vgl. *Nipperdey*, (Hrsg.) Die Grundrechte und Grundpflichten der Reichsverfassung.
550 *Nipperdey*, Die Grundrechte und Grundpflichten der Reichsverfassung, Bd. I (1929), Vorwort, V.

lässt sich wohl damit erklären, dass die Frage nach einer Drittwirkung der Grundrechte in der Rechtswissenschaft der Weimarer Republik generell keine große Rolle gespielt hat.[551] Zwar hat sich *Nipperdey* im Rahmen der Kommentierung des Art. 159 WRV, der Koalitionsfreiheit,[552] auch mit der Frage der Wirkung der Grundrechte beschäftigt, jedoch ging die Auseinandersetzung nicht über eine kurze und punktuell begrenzte Betrachtung hinaus.[553] Die intensive Bearbeitung und Auseinandersetzung mit dieser Thematik durch *Nipperdey* sollte erst ab 1949 stattfinden. Während der Wortlaut des Art. 159 WRV[554] bereits einige Anhaltspunkte bot, eine unmittelbare Wirkung auch gegenüber Privatrechtssubjekten zu begründen, beschränkte sich *Nipperdey* darauf, Art. 159 WRV als Schutzgesetz im Sinne der §§ 134 sowie 823 Abs. 2 BGB zu betrachten und so einen zivilrechtlichen Schadenersatzanspruch des Verletzten zu ermöglichen.[555] Zu diesem Ergebnis gelangte *Nipperdey*, weil er davon ausging, dass Art. 159 Satz 2 WRV auch „den Schutz gegenüber privaten Mächten"[556] gewährleiste. *Nipperdey* ging allerdings nicht soweit, in Art. 159 WRV ein „sonstiges Recht" im Sinne des § 823 Abs. 1 BGB zu sehen. „Wenn Art. 159 in Satz 2 alle Abreden und Maßnahmen, welche die Koalitionsfreiheit einzuschränken oder zu behindern suchen, für rechtswidrig erklärt, so ist damit lediglich eine allgemeine Verbotsnorm aufgestellt, die dem einzelnen eine rechtlich geschützte Lage, ein rechtlich geschütztes Interesse, aber kein subjektives Recht verschafft."[557] Gleichwohl ging *Nipperdey* davon aus, dass Art. 159 Satz 2 WRV auch „den Schutz gegenüber privaten Mächten"[558] gewährleiste und damit ein Schutzgesetz im Sinne des § 134 BGB darstelle.

---

551 Vgl. zusammenfassend *Vogt*, Die Drittwirkung der Grundrechte und Grundpflichten des Bonner Grundgesetzes, 1960, S. 22.

552 Vgl. *Nipperdey*, (Hrsg.), Die Grundrechte und Grundpflichten der Reichsverfassung, Bd. III, (1930), Art. 159, S. 385.

553 Vgl. *Nipperdey*, (Hrsg.), Die Grundrechte und Grundpflichten der Reichsverfassung, Bd. III, (1930), Art. 159, S. 385.

554 Der Text lautet wörtlich: *„Die Vereinigungsfreiheit zur Wahrung und Förderung der Arbeits- und Wirtschaftsbedingungen ist für jedermann und für alle Berufe gewährleistet. Alle Abreden und Maßnahmen, welche diese Freiheit einzuschränken oder zu behindern suchen, sind rechtswidrig."*

555 Vgl. *Nipperdey*, (Hrsg.), Die Grundrechte und Grundpflichten der Reichsverfassung, Bd. III (1930), Art. 159 WRV, S. 412f.

556 Vgl. *Nipperdey*, (Hrsg.), Die Grundrechte und Grundpflichten der Reichsverfassung, Bd. III (1930), Art. 159 WRV, S. 410.

557 Vgl. *Nipperdey*, (Hrsg.), Die Grundrechte und Grundpflichten der Reichsverfassung, Bd. III (1930), Art. 159 WRV, S. 413.

558 Vgl. *Nipperdey*, (Hrsg.), Die Grundrechte und Grundpflichten der Reichsverfassung, Bd. III (1930), Art. 159 WRV, S. 413.

Auch in dem 1931 erschienen *Enneccerus-Nipperdey*, Lehrbuch des Bürgerlichen Rechts, betonte *Nipperdey* die Bedeutung der WRV für das Privatrecht. Messbare verfassungsrechtliche Einflüsse lassen sich in jener Darstellung des Privatrechts allerdings nur ansatzweise erkennen. Gegenüber *Enneccerus* sah *Nipperdey* verschiedene Privatrechtsinstitute in der Verfassung verankert. Daneben wirkte die Verfassung für ihn steuernd auf das Privatrecht ein.

Von einer – wie auch immer gearteten – Wirkung der Grundrechte der WRV in arbeitsrechtlichen Fallgestaltungen lässt sich in den Veröffentlichungen *Nipperdeys* während der Weimarer Zeit nichts finden. Eine Ursache für diese Zurückhaltung *Nipperdeys* könnte darin liegen, dass die grundsätzliche Debatte um eine mögliche Wirkung von Grundrechten im Privatrechtsverkehr im Wesentlichen von Staatsrechtslehrern wie *Anschütz*, *Schmitt*, *Thoma* und *Hensel* geführt, von diesen im Wesentlichen jedoch verneint wurde.[559] Hinzu kommt, dass der Schwerpunkt der staatsrechtlichen Betrachtung auf dem richterlichen Prüfungsrecht und der Bindung des Gesetzgebers lag. Dies nicht zuletzt auch deshalb, weil der Streit um eine mögliche absolute bzw. unmittelbare Wirkung der Grundrechte im Privatrechtsverkehr bereits zu Beginn der Verfassungsgebenden Versammlung heftig geführt und im Ergebnis gegen die Wirkung der Grundrechte im Privatrechtsverkehr entschieden worden war.[560]

2. *Nipperdey* in der Zeit des Nationalsozialismus

Die Veröffentlichungstätigkeit *Nipperdeys* ging während der Zeit des Nationalsozialismus gegenüber der Zeit der Weimarer Republik deutlich zurück.[561] Die Reichstagsbrandverordnung vom 28. Februar 1933 und das Ermächtigungsgesetz vom 24. März 1933 hatten die WRV, insbesondere die Grundrechte, weitgehend außer Kraft gesetzt. Damit erübrigten sich Untersuchungen zu der Frage, ob und welche Wirkungen die Grundrechte zwischen Privaten hatten. Gleichwohl soll hier nicht unerwähnt bleiben, dass *Nipperdey* in dieser Phase davon ausging, dass das Privatrecht durch das „neue Rechtsideal“ durch die Generalklauseln der §§ 242 und 138 BGB durchdrungen gewesen sein soll.[562] In seiner Kommentierung zum AOG[563] wies *Nipperdey* darauf hin, dass zur Auslegung neben dem Willen des Gesetzgebers auch die Ge-

---

559 Vgl. die Ergebnisse der Tagungen der Staatsrechtslehrer in VVDStRL 3 (1927), VVDStRL 4 (1928); siehe hierzu im Übrigen oben A.II.2 Seite 48.

560 Siehe hierzu oben A.II.1 Seite 41.

561 Vgl. *Hollstein*, Die Verfassung als Allgemeiner Teil, S. 168, mit Werkeverzeichnis *Nipperdeys*, S. 327.

562 Vgl. *Nipperdey*, Das System des Bürgerlichen Rechts, 1938, S. 95, 97.

563 Gesetz zur Ordnung der nationalen Arbeit vom 20. Januar 1934.

rechtigkeit heranzuziehen sei.[564] Allerdings bleibt unklar, welchen konkreten Inhalt *Nipperdey* der Gerechtigkeit beimaß und ob die Gerechtigkeit nur dann zur Geltung kommen sollte, wenn das Gesetz keine Antwort auf eine Fragestellung gab oder ob die Gerechtigkeit auch als Korrektiv wirken sollte.

II. Lehre von der absoluten Wirkung der Grundrechte

1. *Nipperdeys* Grundrechtsverständnis

Nipperdey unterschied die im Grundrechtskatalog des Grundgesetzes enthaltenen Rechte grundsätzlich nach dem klassischen Modell[565] *G. Jellineks* in Abwehrrechte, Leistungsrechte und Teilhaberechte.[566] Demgemäß ging er davon aus, dass die Grundrechte, in ihrer Eigenschaft als subjektiv öffentliche Rechte, nicht für den Privatrechtsverkehr bestimmt sind.[567] Einzelnen Grundrechten wollte er jedoch besonderen Charakter zuerkennen. Diese Grundrechte enthielten zwar grundsätzlich,[568] aber eben nicht nur Rechte des Einzelnen gegenüber dem Staat, sondern darüber hinaus Rechtseinrichtungen – Instituts- oder Einrichtungsgarantien – die vor (staatlichen) Eingriffen geschützt seien. Dazu zählte *Nipperdey* unter anderem Ehe und Familie (Art. 6 Abs. 1 GG), Gewerbefreiheit (Art. 12 GG),[569] Eigentum und Erbrecht (Art. 14 Abs. 1 GG).[570] Nach *Nipperdeys* Konstruktion sollten diese Institutsgarantien unmittelbar für den Privatrechtsverkehr verbindlich sein.[571] *Nipperdey* ging ferner davon aus, dass diejenigen Grundrechte, die Ordnungssätze und Grundsatznormen für die gesamte Rechtsordnung aufstellten, unmittelbar bindende Wirkung auf den Privatrechtsverkehr ausüben würden.[572] Dies hätte dann zur Konsequenz, dass ein Rechtsgeschäft, das gegen ein auch im Privatrecht geltendes Grundrecht verstößt, in aller Regel nichtig ist.[573] In

564 Vgl. *Nipperdey*, AOG, 4. Aufl. 1943, § 32, S. 454, Rn. 126.
565 Vgl. hierzu oben A.IV.2 S. 72.
566 Vgl. *Enneccerus/Nipperdey*, LB des Bürgerlichen Rechts, Bd. I, AT, 15. Aufl., S. 92.
567 Vgl. *Enneccerus/Nipperdey*, LB des Bürgerlichen Rechts, Bd. I, AT, 15. Aufl., S. 92.
568 *Nipperdey*, BB 1951, 593, 594.
569 Vgl. *Nipperdey*, BB 1951, 593.
570 Vgl. *Enneccerus/Nipperdey*, LB des Bürgerlichen Rechts, Bd. I, AT, 15. Aufl., S. 92.
571 Vgl. *Enneccerus/Nipperdey*, LB des Bürgerlichen Rechts, Bd. I, AT, 15. Aufl., S. 92.
572 Vgl. *Enneccerus/Nipperdey*, LB des Bürgerlichen Rechts, Bd. I, AT, 15. Aufl., S. 93.
573 Vgl. *Enneccerus/Nipperdey*, LB des Bürgerlichen Rechts, Bd. I, AT, 15. Aufl., S. 95; vgl. auch *Herbert Krüger*, der eine dem Gleichheitssatz widersprechende

Abgrenzung der Bereiche des Privatrechts, in denen die von *Nipperdey* begründete Lehre Anwendung finden sollte, ist zunächst festzustellen, dass nicht der nichtgewerbliche Einzelbarkauf einer Konsumware betroffen sein sollte.[574] Für diese Fälle halten die privatrechtlichen Normen ausreichende Regelungen bereit. Vielmehr hatte *Nipperdey* die Dauerschuldverhältnisse[575] im Blick, die zu einer gewissen organisatorisch-institutionellen Verfestigung neigen und denen daher eine verstärkt immanent-objektive Vertragsordnung eigen ist. Insbesondere im Hinblick auf das betriebliche Arbeitsverhältnis sah *Nipperdey*, wegen dessen vielschichtiger Besonderheiten,[576] das Bedürfnis einer möglichen, zumindest partiellen Grundrechtsanwendung.

Hinsichtlich der Wirkung der Grundrechte auch im Privatrecht von einer „Drittwirkung" der Grundrechte zu sprechen, hielt *Nipperdey* für ungenau. Vielmehr sei von einer „absoluten Wirkung" bestimmter Grundrechte auszugehen.[577] Die einschlägigen Grundrechte würden nämlich unmittelbar normativ wirken, gleichsam als objektives verbindliches Verfassungsrecht, das Bestimmungen des Privatrechts aufgehoben, modifiziert, ergänzt oder neu geschaffen hat.[578]

Hinter der Konzeption *Nipperdeys* stand das Bedürfnis, das in manchen Rechtsverhältnissen bestehende reale Problem des Kräfteungleichgewichts zwischen den Privatrechtssubjekten dogmatisch zu lösen. Zudem war *Nipperdey* darum bemüht, einen Grundbestand an Freiheit zu gewährleisten und die Aufhebung des Prinzips der Freiheit durch sich selbst zu verhindern.[579] *Nipperdeys* Lehre von der absoluten Wirkung der Grundrechte war daher in erster Linie auf eine interessengerechte Ergebnisgestaltung des Ein-

---

Satzungs-/Vertragsklausel gem. § 134 BGB für nichtig hält, NJW 1949, S. 163, 166.

574 Vgl. *Brecher*, Grundrechte im Betrieb, in FS *Nipperdey* zum 70. Geb. Bd. 2, S. 29, 41.

575 Wie z.B. grundstücksbezogene Miet- oder Pachtverträge, unternehmensbezogene Dauerlieferungs- oder Bankkreditverträge, Versicherungs- und Lizenzverträge. Siehe auch *Brecher*, Grundrechte im Betrieb, in FS *Nipperdey* zum 70. Geb. Bd. 2, S. 29, 41.

576 Es ist individuell abgeschlossen, personal betont, aber auch objektbezogen auf das Unternehmen, eingebettet in die betriebliche Organisation und deren Gesamtregelung in Betriebsvereinbarungen und wird zugleich inhaltlich beeinflusst durch generell formulierte, zwischen beiderseitigen Koalitionen abgemachte Tarifbedingungen.

577 Vgl. *Küchenhoff*, Einwirkungen des Verfassungsrechts auf das Arbeitsrecht, in FS *Nipperdey* zum 70. Geb. Bd. 1, S. 317, 340, insb. Fn. 90, wollte dagegen von einer *„Rundumwirkung"* der Grundrechte sprechen.

578 Vgl. *Enneccerus/Nipperdey*, LB des Bürgerlichen Rechts, Bd. I, AT, 15. Aufl., S. 94f.

579 Vgl. *Hollstein*, Die Verfassung als Allgemeiner Teil, S. 317.

zelfalles ausgerichtet. Demzufolge war es nur konsequent, wenn nach dieser Konstruktion die Rechtsprechung diejenige Gewalt sein sollte, die zur Realisierung dieser Gewährleistungen berufen war. Der Richter sollte im jeweiligen Einzelfall zunächst im Wege der Auslegung ermitteln, ob das einzelne Grundrecht im Privatrecht grundsätzlich zur Anwendung komme. Käme er zu dem Ergebnis, diese Vorfrage zu bejahen, so obliege ihm die Entscheidung darüber, welche Wirkung das jeweilige Grundrecht im konkreten Fall entfalten solle.

2. Politischer, gesellschaftlicher und grundrechtsdogmatischer Neuanfang

Nipperdey schrieb von der absoluten Wirkung der Grundrechte erstmals bereits kurz nach Inkrafttreten des Bonner Grundgesetzes (23. Mai 1949).[580] Eine der ersten zentralen Feststellungen *Nipperdeys* bezog sich auf die Frage, ob die Grundrechte ausschließlich die Staatsgewalt, nicht aber die einzelnen Rechtsgenossen binden. *Nipperdey* kam zu der Überzeugung, dass diese Frage nicht allgemein und von einer bestimmten historischen Auffassung ausgehend für „die Grundrechte" entschieden werden könne. Vielmehr müsse man – um die Frage im Einzelfall entscheiden zu können – von dem konkreten Inhalt, dem Wesen und der Funktion des einzelnen Grundrechts, noch genauer, des einzelnen aus dem Grundrecht herzuleitenden Rechtssatzes in unserem heutigen Gemeinwesen ausgehen.[581] Die Grundrechte hätten, vorbehaltlich einer näheren Untersuchung der einzelnen Grundrechte, die Bedeutung allgemeiner Rechtsprinzipien erhalten, deren Geltung nicht ohne Weiteres auf den staatlichen Bereich beschränkt werden könne. Es gebe nämlich Verfassungssätze, die nicht oder nicht in erster Linie, jedenfalls nicht nur mit einer vor dem Staat zu schützenden Freiheitssphäre zu tun hätten, die vielmehr dem einzelnen Privaten in seinen wirtschaftlichen und sozialen Rechtsbeziehungen zu anderen Privaten durch Rechtssatz einen „status sozialis positivus" garantieren, der die privatrechtlichen Beziehungen unmittelbar beeinflusse.[582] Zu diesen Verfassungssätzen zählte *Nipperdey* insbesondere[583] die Meinungsäußerungsfreiheit in den Grenzen des Art. 5 GG, die Diskriminierungsverbote des Art. 3 Abs. 3 GG, die Konkurrenzfreiheit, die sich aus Art. 2 und 12 GG

580 Vgl. *Nipperdey*, RdA 1949, S. 214, 216; *ders.*, RdA 1950, S. 121, 124; *ders.*, BB 1951, S. 282; *ders.*, Gleicher Lohn der Frau, 1951, S. 16.

581 Vgl. *Nipperdey*, Gleicher Lohn der Frau, 1951, S. 16.

582 Vgl. *Enneccerus/Nipperdey*, LB des Bürgerlichen Rechts, Bd. I, AT, 14. Aufl., S. 57f.

583 Die Aufstellung bei *Enneccerus/Nipperdey*, LB des Bürgerlichen Rechts, Bd. I, AT, 14. Aufl., S. 58, sollte gerade nicht als abschließend verstanden werden; wenngleich *Nipperdey* auch deutlich machte, dass die öffentliche Diskussion zu diesem Fragenkomplex noch nicht abgeschlossen war.

ergebe und auch den Grundsatz des Art. 14 Abs. 2 GG, wonach Eigentum verpflichtet.[584] Im Übrigen betonte *Nipperdey*, die Grundrechte seien unmittelbar geltendes Recht und nicht nur Programmsätze.[585] Insbesondere der Gleichheitsgrundsatz müsse als ein Ordnungsprinzip angesehen werden, das auch innerhalb der Gesellschaftsordnung wirksam werde.[586]

Die zivilrechtliche Konsequenz, die *Nipperdey* aus der Theorie von einer absoluten Wirkung der Grundrechte zog, liegt darin, dass diejenigen Grundrechte, auf welche die Theorie anzuwenden ist, absolute Rechte im Sinne von § 823 Abs. 1 BGB sind.[587] Zudem sollen die betroffenen Grundrechte – wie bereits Art. 159 WRV – als Schutzgesetze im Sinne der §§ 134 und 823 Abs. 2 BGB anzusehen sein.[588] Infolge dessen hielt *Nipperdey* den Ersatz immaterieller Schäden aufgrund von Grundrechtsverletzungen bei grundrechtskonformer Auslegung des § 847 BGB für möglich.[589] Damit ging *Nipperdey* deutlich weiter als noch in der Kommentierung zu Art. 159 WRV. Dort hielt er eine solche Wirkung für ausgeschlossen.[590]

3. Die drei zentralen Argumente *Nipperdeys*

Nipperdey stützte seine Theorie im Wesentlichen auf drei Hauptargumente: einen Erst-recht-Schluss aus Art. 1 Abs. 3 GG, ein objektiv teleologisches Argument unter Zugrundelegung eines grundlegenden Bedeutungswandels der Grundrechte sowie ein objektiv normatives Argument, das er aus der Analyse der Grundrechtsnormen und ihrer Struktur herleitete. Erstaunlich ist, dass in der Argumentation *Nipperdeys* keine klare Trennung zwischen den Fragen nach dem „Ob“ und dem „Wie“ einer absoluten Wirkung der Grundrechte zu erkennen ist. *Nipperdey* erörterte beide Aspekte gemeinsam. Es hat den An-

---

584 Vgl. *Enneccerus/Nipperdey*, LB des Bürgerlichen Rechts, Bd. I, AT, 14. Aufl., S. 58.

585 So auch *Kunze*, Die *„Zölibatsklausel“* im Einzelvertrag, AuR 1953, S. 76.

586 Vgl. *Nipperdey*, Gleicher Lohn der Frau, 1951, S. 17.

587 Vgl. *Nipperdey*, RdA 1950, S. 121, 125; *ders.*, Die Würde des Menschen, S. 13, 37f., 40ff.; *Enneccerus/Nipperdey*, LB des Bürgerlichen Rechts, Bd. I, AT, 15. Aufl., S. 95; *Nipperdey*, Wirtschaftsrecht, in *Hax-Wessel*, Handbuch der Wissenschaften, Bd. II (1959), S. 1561; *ders.*, Grundrechte und Privatrecht, S. 15.

588 Vgl. *Nipperdey*, Arbeitsrecht im Grundgesetz, 1949, S. 216; *ders.*, RdA 1950, S. 121, 124f.; *ders.*, Die Würde des Menschen, S. 35f.; *Enneccerus/Nipperdey*, LB des Bürgerlichen Rechts, Bd. I, AT, 15. Aufl., S. 97; *Nipperdey*, Grundrechte und Privatrecht, S. 15.

589 Vgl. *Nipperdey*, Die Würde des Menschen, 1954, S. 46; *Enneccerus/Nipperdey*, LB des Bürgerlichen Rechts, Bd. I, AT, 15. Aufl., S. 95; *Nipperdey*, Wirtschaftsrecht, in *Hax-Wessel*, Handbuch der Wissenschaften, Bd. II (1959), S. 1561; *ders.*, Grundrechte und Privatrecht, S. 15.

590 Vgl. hierzu oben B.I.1 Seite 111.

schein, dass er das „Ob“ der Grundrechtswirkung im Privatrechtsverkehr geradezu voraussetzte.

a) Erst-recht-Schluss

Ein sehr frühes Argument *Nipperdeys* bestand in einem Erst-recht-Schluss aus Art. 1 Abs. 3 GG. Danach müsse, wenn die Staatsgewalt an die Grundrechte gebunden sei, dies „erst recht“ für Private gelten, denn auch diese oder andere „soziale Gewalten“ könnten „dem einzelnen Rechtsgenossen gefährlich werden.“[591] Gegen diese Gefahren schützen – so *Nipperdey* – die Grundrechte. Bei den Grundrechten, die weniger staatsbezogen als vielmehr für den Privatrechtsverkehr bestimmt seien, ergebe sich die Vermutung für unmittelbar geltendes Recht aus Art. 1 Abs. 3 GG.[592] Für die Grundrechte des status socialis positivus ergebe sich aus Art. 1 Abs. 3 GG, dass nicht nur, sondern auch die bestehende und künftige Gesetzgebung gebunden werde. Daraus folgerte *Nipperdey*, dass nicht nur der Staat als vorgeblicher Inhaber des Gewaltmonopols, sondern auch andere – zum Teil faktische – Gewaltenträger, namentlich sozial mächtige Private, verpflichtet seien, das Grundgesetz zu achten und die dort manifestierten Schutzbereiche der Grundrechte unversehrt zu lassen. *Nipperdey* vertrat ferner den Standpunkt, die Bindung des Gesetzgebers sei insbesondere deshalb nicht von besonderer Bedeutung, weil sie sich ohnehin aus der Kraft und dem Wesen der Verfassungssätze ergebe.[593] Mit Blick auf deren grundrechtliche Auswirkungen analysierte *Leisner* die rechtliche Qualität des Arbeitsvertragsverhältnisses. Er kam zu dem Schluss, dass das Verhältnis die Bezeichnung als Vertrag lediglich am Anfang und mit Blick auf dessen originär strukturell immanenten Gleichordnungscharakter auch nur bedingt verdiene. Hingegen sei die Beziehung seinem Bestehen nach ein rechtliches Gewaltverhältnis, geprägt von herrschaftlichen Elementen, wie etwa dem Weisungs- und Direktionsrecht des Arbeitgebers und der Treueverpflichtung des Arbeitnehmers.[594] Teilweise zog *Nipperdey* zu diesem Argument den Wortlaut des Art. 1 Abs. 2 GG hinzu,[595] in dem sich das „deutsche Volk“, also alle Deutschen „zu unverletzlichen und unveräußerlichen Menschenrechten“ bekennen. Dies könne dann nur bedeuten, dass jeder Deutsche damit auch die Grundrechte anderer respektieren müsse.[596] Jeder Einzelne sei

591 *Nipperdey*, RdA 1950, S. 121, 125.
592 *Nipperdey*, Gleicher Lohn der Frau, S. 20; so auch *Mallmann*, JZ 1951, S. 27f., der im Ergebnis aber eher zu einer mittelbaren Wirkung über § 138 BGB zu neigen scheint.
593 *Nipperdey*, Gleicher Lohn der Frau, S. 20.
594 *Leisner*, Grundrechte und Privatrecht, S. 257f.
595 *Nipperdey*, RdA 1950, S. 121, 125.
596 *Nipperdey*, RdA 1950, S. 121, 125.

selbst in der Ausübung der eigenen Freiheit an die Grenzen der Freiheit anderer gebunden.

An dieser Argumentation übte insbesondere *Dürig* ausführlich Kritik.[597] Die These verkenne, dass im Grundrechtsverhältnis Privater zum Staat eine einseitige Berechtigung auf der einen und eine Verpflichtung auf der anderen Seite vorliege, während das Verhältnis der Privaten untereinander ein auf der Freiheit beruhendes Verhältnis gleichberechtigter Grundrechtsträger sei.[598] In der 1959 erschienenen 15. Auflage seines Lehrbuchs des Bürgerlichen Rechts gab *Nipperdey* das Argument des Erst-recht-Schlusses daraufhin ausdrücklich auf.[599] Im Anschluss an *Dürig* wies er fortan darauf hin, dass sich im Privatrechtsverkehr zwei Grundrechtsträger gegenüberstünden, weshalb die Situation mit dem zwischen Grundrechtsträger und Staat, bei dem eine einseitige Berechtigung einer ebenso einseitigen Verpflichtung gegenüber stehe, nicht vergleichbar sei.

b) Objektiv-teleologisches Argument

Das Argument des Bedeutungswandels der Grundrechte und ihres Schutzzweckes kann wohl ohne Übertreibung als das stärkste Argument *Nipperdeys* bezeichnet werden. Es bildet die eigentliche Quelle der Lehre *Nipperdeys* von der absoluten Wirkung der Grundrechte.[600] *Nipperdey* war offensichtlich der Auffassung, dass aufgrund der gewandelten historischen Situation eine Anpassung der Funktion der Grundrechte[601] dahingehend stattgefunden habe, dass aus der Sozialstaatlichkeit des Grundgesetzes eine gewisse Vermutung für die absolute (Schutz-)Wirkung der Grundrechte im Privatrechtsverkehr folge.[602] *Nipperdey* warf die Frage auf, ob es nicht ein „Erfordernis des sozialen Rechtsstaats [sei], den ernsthaften Versuch zu machen, die Grundrechte daraufhin zu überprüfen, ob und inwieweit sie für den Privatrechtsverkehr Geltung haben."[603] Er betonte ausdrücklich, es sei dabei keineswegs notwendig, dass die Bedeutung der Grundrechte gegenüber der Staatsgewalt die gleiche sei wie für den Privatrechtsverkehr. Es könnten sich durchaus Differenzierungen ergeben.[604]

---

597 *Dürig*, Grundrechte und Zivilrechtsprechung, in FS für *Nawiasky*, S. 157, 158; *ders.*, DÖV 1958, S. 194, 196; hierzu auch sogleich unter B.II.5.b) Seite 145.

598 *Dürig*, DÖV 1958, S. 194, 196.

599 *Enneccerus/Nipperdey*, LB des Bürgerlichen Rechts, Bd. I, AT, 15. Aufl., S. 97.

600 *Nipperdey*, Freie Entfaltung der Persönlichkeit, S. 750, 752f.

601 *Nipperdey*, RdA 1950, S. 121, 125; *Enneccerus/Nipperdey*, LB des Bürgerlichen Rechts, Bd. I, AT, 15. Aufl., S. 96; *Nipperdey*, Grundrechte und Privatrecht, S. 17.

602 *Nipperdey*, Die Würde des Menschen, S. 20.

603 *Nipperdey*, in VVDStRL 12 (1954), S. 97.

604 *Nipperdey*, in VVDStRL 12 (1954), S. 97.

Nipperdey hielt es demgemäß für verfehlt, die Grundrechte nur nach dem klassisch-historischen Grundrechtsbegriff im Sinne eines status negativus zu beurteilen.[605] Vielmehr gäbe es in den modernen Verfassungen[606] Grundrechte oder jedenfalls verfassungsrechtliche Sätze, die dem Einzelnen in seinen wirtschaftlichen und sozialen Rechtsbeziehungen zu anderen Privaten durch Rechtssatz einen status socialis positivus garantieren.[607] In dieser Funktion sollten die sozialen positiven Grundrechte dem Einzelnen mit zwingender Wirkung eine bestimmte Rechtsposition im privaten Rechtsverkehr mit anderen Privaten gewähren. Dies sei der entscheidende soziale Fortschritt, den das Grundgesetz gebracht habe.[608] Ergänzt wurde diese Argumentation *Nipperdeys* beispielsweise von *Hildegard Krüger*, die auf die Auseinandersetzung des GG mit den Erfahrungen aus der Zeit des „Dritten Reichs" abhob. Die Entwürdigung des Menschen, während der dem GG unmittelbar vorangegangenen Epoche und das vom GG im Gegensatz dazu entworfene Bild eines freien Menschen, dessen Würde unantastbar, dessen Gewissensfreiheit unverletzlich, dessen Rechtsstellung nicht wegen seines Geschlechtes, seiner Rasse, seines Glaubens und seiner religiösen oder politischen Anschauungen, seiner Heimat oder seiner Herkunft gemindert werden darf und dem das Recht der Anrufung des Gerichts gegen die öffentliche Gewalt zusteht, zwängen dazu, grundsätzlich in den Grundrechten Schutzrechte zu sehen, die nicht nur gegen den Staat, sondern gegen jedermann gerichtet seien.[609] Die Berufung auf die historische Entwicklung der Grundrechte als gegen den Staat gerichtete subjektive Rechte gehe angesichts der unmittelbar der Schaffung des GG vorangegangenen Epoche des „Dritten Reiches" fehl, wurden die Grundrechte doch „für unser Volk aus unserer Zeit"[610] geschaffen. *Leisner* ergänzte diese Argumentation von der Fortschrittlichkeit des GG um die Aussage, Art. 19 Abs. 2 GG habe den entscheidenden Unterschied zur früheren Grundrechtsdogmatik gebracht. Mit ihm werde das Kernbereichsdenken auf die subjektiven Rechte übertragen, was deren unmittelbare Anwendung im Privatrecht technisch erst ermögliche, während es bisher im Bereich des objektiven Rechts verblieben war.[611]

---

605 So z.B. *Knolle*, Arbeitsbedingungen der Frau und *„Grundrechte"*, BB 1949, S. 451f; *Schmidt-Rimpler, Gieseke, Friesenhahn, Knur*, AöR 1950, S. 165, 171.

606 Vgl. *Nipperdey* verweist hier auf die Grundrechtskonvention der UN und des Europarates.

607 Vgl. *Nipperdey*, Gleicher Lohn der Frau, S. 18.

608 Vgl. *Nipperdey*, BB 1951, S. 282, 284; *ders.*, Gleicher Lohn der Frau, S. 20.

609 Vgl. *Krüger*, RdA 1954, S. 365, 369.

610 Vgl. *Krüger*, RdA 1954, S. 365, 369.

611 Vgl. *Leisner*, Grundrechte und Privatrecht, S. 156f., 160.

Dagegen und um zum Beispiel eine grundsätzliche Ungleichbehandlung von Männern und Frauen zu rechtfertigen, sind die verschiedensten Argumente ins Feld geführt worden. So sei etwa Unternehmern daran gelegen, seine Angestellten möglichst lange Zeit zu beschäftigen, Frauen seien insoweit ein unsicheres Element, da sie nur dann lange im Unternehmen blieben, wenn sie nicht heirateten. Arbeitende verheiratete Frauen würden der Familie ein zusätzliches Einkommen einbringen. Gerade in Zeiten hoher Arbeitslosigkeit sei aber das Doppelverdienertum zu bekämpfen und nicht – z.B. mittels Zahlung gleicher Löhne – zu fördern. Auch seien Frauen als Alleinstehende in der Lage, ihren Lebensunterhalt billiger zu bestreiten als Männer.[612] Im Übrigen sei die Rolle der Frau bevölkerungs- und sozialpolitisch die der Hausfrau und Mutter. Solchen Argumenten, die auf einem traditionellen Verständnis der Rolle der Frau gründeten, hielt *Nipperdey* bereits 1950 entgegen,[613] dass das Grundgesetz in Art. 3 GG entgegen diesem Rollenverständnis eine Grundentscheidung zugunsten der Gleichberechtigung von Mann und Frau getroffenen habe.[614] Hiergegen wendeten Kritiker ein, die generelle Ungleichbehandlung der Frauen sei damit zu rechtfertigen, dass bestimmte Industrien einen hohen Bedarf an billigen, vornehmlich weiblichen Arbeitskräften hätten. Überdies sprächen allgemeine Erwägungen über die generell geringere Leistungsfähigkeit[615] von Frauen[616] für deren grundsätzliche Benachteiligung im Hinblick auf deren Vergütung.

Nipperdey verstand die in der Verfassung und insbesondere den Grundrechten zum Ausdruck kommenden Wertungen durchaus einer gewissen Dynamik zugänglich und versuchte daher, den objektiven Sinn und Zweck der betroffenen Grundrechtsbestimmungen jeweils aktuell zu bestimmen.[617] Dabei ging er von dem Grundverständnis aus, die Grundrechte seien nicht mehr nur aus der historischen Perspektive des 19. Jahrhunderts als reine Abwehrrechte gegen

612 Dies insbesondere weil Männer grundsätzlich nicht kochen könnten und Hilfe im Haushalt benötigten.

613 Vgl. *Nipperdey*, RdA 1950, S. 121.

614 Dass sich die Gleichberechtigung über das traditionelle Verständnis von der Rolle der Frau hinweggesetzt hat, zeigen aktuelle Statistiken. Im Jahr 2005 waren in Deutschland unter insgesamt rd. 41 Mio. Erwerbstätigen rd. 16,5 Mio. Frauen. Damit belief sich der Anteil der Frauen auf knapp 40 %. Die Erwerbsquote der Frauen lag im selben Jahr bei 65 %.

615 Vgl. *Schätzel*, RdA 1950, S. 248, 252.

616 Es ist den genannten Argumenten unschwer anzusehen, dass diese den fünfziger Jahren des 20. Jahrhunderts entstammen. Im Jahr 2008 wären solche Argumente – wegen ihrer diskriminierenden Tendenzen – aller Wahrscheinlichkeit nach nicht haltbar.

617 Vgl. *Hollstein*, Die Verfassung als Allgemeiner Teil, S. 194.

den Staat zu verstehen.[618] Vielmehr müssten die Grundrechte in der „industriellen Massengesellschaft“ dem Einzelnen Schutz gewähren gegenüber Gruppen, Verbänden, großen Unternehmen, sozialen Mächten und einzelnen Mächtigen.[619] Diese Notwendigkeit habe dazu geführt, dass bereits in der Weimarer Reichsverfassung einzelne Grundrechte ausdrücklich mit direkter Wirkung im Privatrechtsverkehr ausgestaltet worden waren.[620] Hierzu zählte nach *Nipperdey* allerdings allein das Grundrecht auf Koalitionsfreiheit aus Art. 159 S. 2 WRV. In Anlehnung an *Sinzheimer*[621] und die entsprechenden Beratungen zur WRV griff *Nipperdey* auch den Begriff der „sozialen Gewalten“ wieder auf. Hierzu zählten nach seinem Verständnis ausdrücklich die „mit Rechtssetzungsgewalt ausgestatteten Kollektive“,[622] wie Betriebsräte, Gewerkschaften und Arbeitgeberverbände. Infolge dessen forderte *Nipperdey* die effektive Geltung der Grundrechte, deren Freiheitsgehalt er nicht mehr nur durch den Staat bedroht sah. Insbesondere die Gewerkschaften mussten für *Nipperdey* ein vitales Interesse daran haben, „dafür zu sorgen, dass nicht durch die Justiz und die konservativen deutschen Staatsrechtslehrer die Grundrechte der Verfassungen praktisch wertlos gemacht werden.“[623]

Dies zugrunde gelegt wird deutlich, warum *Nipperdey* seine Theorie zur Lehre von einer umfassenden Grundrechtsgeltung in der gesamten Rechtsordnung weiterentwickelte. Für *Nipperdey* wurde das gesamte Privatrecht durch die absolute Wirkung der Grundrechte beeinflusst. Es sollten insbesondere die Menschenwürde, die allgemeine Handlungsfreiheit und das Sozialstaatsprinzip als Auslegungsprinzipien gelten.[624] Zudem gewährten nach seinem Verständnis bestimmte Grundrechte Leistungs- und Teilhaberechte.[625] Die

---

618 Vgl. *Nipperdey*, DVBl. 1958, S. 447; *Enneccerus/Nipperdey*, LB des Bürgerlichen Rechts, Bd. I, AT, 15. Aufl., S. 96; *Nipperdey*, Wirtschaftsrecht, in *Hax-Wessel*, Handbuch der Wissenschaften, Bd. II (1959), S. 1561; ders. Grundrechte und Privatrecht, S. 17; *ders.*, Freie Entfaltung der Persönlichkeit, S. 748.

619 *Nipperdey*, Grundrechte und Privatrecht, S. 16f.; *ders.*, Freie Entfaltung der Persönlichkeit, S. 749; *Enneccerus/Nipperdey*, LB des Bürgerlichen Rechts, Bd. I, AT, 15. Aufl., S. 96; *Nipperdey*, Wirtschaftsrecht, in *Hax-Wessel*, Handbuch der Wissenschaften, Bd. II (1959), S. 1561.

620 Vgl. *Nipperdey*, DVBl. 1958, S. 447; *Nipperdey*, Grundrechte und Privatrecht, S. 17; *Enneccerus/Nipperdey*, LB des Bürgerlichen Rechts, Bd. I, AT, 15. Aufl., S. 96; *Nipperdey*, Wirtschaftsrecht, in *Hax-Wessel*, Handbuch der Wissenschaften, Bd. II (1959), S. 1562.

621 Vgl. *Sinzheimer*, in: Bericht des Verfassungsausschusses, 1920, S. 183.

622 Vgl. *Nipperdey*, Gleicher Lohn der Frau, S. 15.

623 Hierzu vgl. *Hollstein*, Die Verfassung als Allgemeiner Teil, S. 203, Fn. 479.

624 *Hollstein*, Die Verfassung als Allgemeiner Teil, S. 193.

625 Vgl. *Nipperdey*, Die Würde des Menschen, S. 4.

Grundrechte begründeten danach schließlich staatliche Schutzpflichten[626] und hätten institutionelle Bedeutungsaspekte.[627]

Bis 1960 hatte die von *Nipperdey* angestoßene Diskussion um die Wirkung der Grundrechte im Privatrecht in der Literatur bereits weite Kreise gezogen, inzwischen auch die obergerichtliche Rechtsprechung erreicht[628] und mit dem Lüth-Urteil[629] auch eine erste Stellungnahme des BVerfG hervor gebracht. Durch diese Entwicklung sah *Nipperdey* seine Rechtsauffassung nicht nur bestätigt, er ging sogar so weit, dass er in der 1959 erschienenen 15. Auflage seines Lehrbuches des Bürgerlichen Rechts formulierte, seine Lehre scheine sich allmählich durchzusetzen.[630] Uneingeschränkt zutreffend ist diese Aussage jedenfalls hinsichtlich der Rechtsprechung des BAG, das spätestens seit dem Urteil vom 5. November 1955[631] die Lehre von der unmittelbaren Wirkung der Grundrechte im Arbeitsrecht anwendete. Gleiches galt zunächst für die Rechtsprechung des BGH. Auch dieser folgte im Wesentlichen der Lehre *Nipperdeys* und wendete die Grundrechte weitgehend unmittelbar an.[632] Aus der Rechtsprechung des BVerfG, namentlich dem Lüth-Urteil lässt sich diese Feststellung *Nipperdeys* jedoch nicht ableiten. Danach kann lediglich festgestellt werden, dass das BVerfG zwar eine gewisse Einwirkung der Grundrechte auf den Privatrechtsverkehr ganz allgemein bejahte,[633] gleichwohl aber nicht den Teil der Lehre *Nipperdey*s bestätigte, der über eine bloße Ausstrahlungswirkung der Grundrechte auf das bürgerliche Recht[634] hinausging. Das Gericht schloss sich vielmehr im Wesentlichen der Auffassung *Dürigs* an, der in Erwiderung auf *Nipperdey* die Lehre von der mittelbaren Drittwirkung der Grundrechte im Privatrecht begründet hatte.[635]

---

626 Vgl. *Hollstein*, Die Verfassung als Allgemeiner Teil, S. 295.

627 *Hollstein*, Die Verfassung als Allgemeiner Teil, S. 283.

628 BAGE 1, S. 51, 185, 285; 2, S. 221; 4, S. 274; BAG NJW 1954, S. 1301; BAG NJW 1957, S. 1688; BGHZ 6, S. 361; 13, S. 334; 24, S. 72; 29, S. 76.

629 BVerfGE 7, S. 198.

630 Vgl. *Enneccerus/Nipperdey*, LB des Bürgerlichen Rechts, Bd. I, AT, 15. Aufl., S. 93 Fn. 62; eine Abhandlung *Nipperdeys*, in DRiZ 1962, 73 lässt vermuten, dass *Nipperdey* die Rechtsprechung des BVerfG als Bestätigung der von ihm begründeten Lehre interpretierte. Anlässlich des 10-jährigen Bestehens des BVerfG würdigte er dessen Verdienste für die „*unmittelbare Ausstrahlungswirkung* der Grundrechte auf das Privatrecht sowie die dort geschützten Rechtsgüter."

631 BAGE 2, S. 221.

632 BGHZ 6, S. 361; 13, S. 334; 24, S. 72; 29, S. 76.

633 BVerfGE 7, S. 198, 205.

634 Soweit geht jedenfalls nur BVerfGE 7, S. 198.

635 Vgl. hierzu bereits oben A.IV.3.d) Seite 88 sowie ausführlich sogleich unten B.II.5.b) Seite144.

Auf die Kritik des BVerfG und *Dürigs* an seiner Lehre erwiderte *Nipperdey*, es bedürfe keines Mediums,[636] keiner Einbruchsstellen[637] und auch keiner Verteidigung der Eigenständigkeit des Zivilrechts gegenüber dem Verfassungsrecht.[638] Die Rechtsordnung sei eine Einheit. Alles Recht gelte nur auf der Grundlage und im Rahmen der Verfassung, dies gelte insbesondere auch für das bürgerliche Recht, denn das BGB gelte gem. Art. 123 Abs. 1 GG nur fort, „soweit es dem Grundgesetz nicht widerspricht."[639] Das Privatrecht erhalte durch die Grundrechtsnormen Schutz, Festigung und Freiheit. Dies beweise gerade die „neuere" Rechtsprechung des BGH zum Schutz der Persönlichkeit.[640] Die Charakterisierung der Grundrechte als unbestimmte Rechtsbegriffe könne überdies kein Grund gegen ihre unmittelbare Anwendung auf dem Gebiet des Privatrechts sein, da sie ihre Ausgestaltung ohnehin durch den Richter fänden.[641] *Nipperdey* begegnete der Kritik zudem damit, die Anwendung der Verfassungsnormen im Privatrecht schränke die Freiheitssphäre des Einzelnen keineswegs zu stark ein. Die Freiheit könne nur dort eingeschränkt werden, wo es im Interesse des gesunden sozialen Lebens dringend erforderlich sei.[642] Die Gegenmeinung kranke daran, dass sie die Bedeutung der Grundrechte vor allem aus der historischen Perspektive des 19. Jahrhunderts sehe. Diese Betrachtungsweise sei jedoch kein Beweis dafür, dass die Grundrechte des Grundgesetzes nur die gleiche Bedeutung haben müssten wie in früheren Verfassungen.[643] Eine Verfassung sei oder solle jedenfalls das Spiegelbild einer staatlichen Ordnung im Zeitpunkt ihres Erlasses sein. Die im 19. Jahrhundert ausschließlich staatsbezogene Ausrichtung der Grundrechte könne im Zeitpunkt des Erlasses des Grundgesetzes als nicht mehr zeitgemäß angesehen werden. Während ursprünglich die Grundrechte vor willkürlichen Eingriffen des Staates schützen sollten, habe sich im Laufe der Zeit herausgestellt, dass ein Bedürfnis nach verfassungsrechtlichem Schutz vor sozialen

---

636 BVerfGE 7, S. 198.

637 BVerfGE 7, S. 198.

638 Vgl. *Dürig*, Grundrechte und Zivilrechtsprechung, in FS für *Nawiasky*, S. 157, 176; vgl. hierzu auch die Buchbesprechung von *Krüger*, RdA 1956, S. 430.

639 Vgl. *Enneccerus/Nipperdey*, LB des Bürgerlichen Rechts, Bd. I, AT, 15. Aufl., S. 97.

640 BGH, JZ 1954, S. 698, BGHZ 15, S. 249, 258; 20, S. 345; 24, S. 72, 76; 26, S. 349; 27, S. 284; BGH NJW 1957, S. 1146; *Enneccerus/Nipperdey*, LB des Bürgerlichen Rechts, Bd. I, AT, 15. Aufl., S. 97.

641 Vgl. *Enneccerus/Nipperdey*, LB des Bürgerlichen Rechts, Bd. I, AT, 15. Aufl., S. 97.

642 Vgl. *Enneccerus/Nipperdey*, LB des Bürgerlichen Rechts, Bd. I, AT, 15. Aufl., S. 95.

643 Vgl. *Enneccerus/Nipperdey*, LB des Bürgerlichen Rechts, Bd. I, AT, 15. Aufl., S. 95.

Gewalten und vor Dritten überhaupt bestehe.[644] Dieser Verständniswandel habe sich bereits in Art. 118 und 159 WRV gezeigt, da dort der Geltungsbereich insbesondere der Meinungsfreiheit ausdrücklich auch auf den Privatrechtsverkehr bezogen worden war. Damit habe sich ein Bedeutungswandel des Grundrechtsverständnisses angekündigt, der sich daraus erkläre, dass die Gefährdung der Rechtssphäre des einzelnen Staatsbürgers durch andere als staatliche Gewalten zugleich eine Anpassung der Funktion der Grundrechte an eine gewandelte historische Situation bedinge. Dies gelte umso mehr für das Grundgesetz, das nach seiner Präambel dem staatlichen Leben eine neue Ordnung geben wolle, von der das BVerfG[645] sagt, dass es keine wertneutrale Ordnung, sondern eine objektive Wertordnung sein will.[646] Aus der Feststellung des BVerfG, dass dieses Wertsystem, das seinen Mittelpunkt in der innerhalb der sozialen Gemeinschaft sich frei entfaltenden menschlichen Persönlichkeit und ihrer Würde findet, als verfassungsrechtliche Grundentscheidung für alle Bereiche des Rechts gelten muss und dass es selbstverständlich auch das bürgerliche Recht beeinflusst, leitete *Nipperdey* ab, dass dies nichts anderes sei, als die Anerkennung der unmittelbaren normativen Wirkung der Grundrechte im Privatrecht.[647] Ohne Belang seien insoweit die Ausführungen des BVerfG, das den Einfluss der grundrechtlichen Maßstäbe „vor allem" über das ius cogens und die Generalklauseln des bürgerlichen Rechts aktualisiert. Enthalte das grundrechtliche Wertesystem wirklich eine „Grundentscheidung für alle Bereiche des Rechts",[648] so werde hierdurch die gesamte Rechtsordnung unmittelbar beeinflusst und umgewandelt.

c) Objektives, verbindliches Verfahrensrecht

Nachdem sich das BVerfG im Lüth-Urteil – bei dessen Vorbereitung das Gericht die bis dahin in der Literatur vertretenen Theorien berücksichtigt hatte – deutlich der von *Dürig* begründeten mittelbaren Drittwirkungslehre anschloss, kam zu *Nipperdeys* Argumentation seit 1959 ein weiterer Aspekt, namentlich die objektiv-rechtliche Dimension der Grundrechte hinzu. Die Normstruktur

644 Vgl. *Enneccerus/Nipperdey*, LB des Bürgerlichen Rechts, Bd. I, AT, 15. Aufl., S. 96

645 BVerfGE 7, S. 198ff., 205.

646 Vgl. *Enneccerus/Nipperdey*, LB des Bürgerlichen Rechts, Bd. I, AT, 15. Aufl., S. 96.

647 Vgl. *Enneccerus/Nipperdey*, LB des Bürgerlichen Rechts, Bd. I, AT, 15. Aufl., S. 96.

648 Vgl. *Enneccerus/Nipperdey*, LB des Bürgerlichen Rechts, Bd. I, AT, 15. Aufl., S. 97.

der Grundrechte sollte normatives Argument werden.[649] Eine konkrete Analyse, welche Argumente für eine positivrechtliche Normstruktur der einzelnen Grundrechte sprechen sollten, lässt sich bei *Nipperdey* jedoch nicht finden. Die Ausführungen *Nipperdeys* bleiben vielmehr allgemeiner Natur. Die Wandlungsfähigkeit der Grundrechte und des Grundrechtsbegriffs beweise noch nicht eine tatsächlich vollzogene und rechtlich verbindliche Wandlung. Sie solle auch nicht nur mit der – auch von Gegnern der absoluten Wirkung der Grundrechte zugegebenen – Notwendigkeit der Ausdehnung des grundrechtlichen Schutzes gegenüber sozialen Mächten und der Macht einzelner begründet werden, obwohl diese Notwendigkeit durchaus einen legitimen Grund für die Wirksamkeitserweiterung der Grundrechte darstelle. Entscheidend sei vielmehr, dass der Bedeutungswandel der Grundrechte keine isolierte Erscheinung, sondern Ausdruck einer Wandlung des Inhalts der modernen Verfassung selbst sei.[650]

Nipperdey betonte den besonderen Charakter des Grundgesetzes als „Spitze der Normenhierarchie“[651], in dem die Grundrechte als die „bedeutsamsten allgemeingültigen Rechtsprinzipien“[652] positiviert seien. Eine besondere Stellung nehme hierbei Art. 1 GG ein. Die darin verbriefte, unantastbare Würde des Menschen wurde für *Nipperdey* zum „Zentrum der Rechtsidee“[653] und damit zur „Grundlage der Gesamtrechtsordnung“[654], zum „materiellen Hauptgrundrecht.“[655] – Dies insbesondere deshalb, weil die Menschenwürde als positivierter Naturrechtssatz anzusehen sei, weil sie „Quelle und Wurzel aller später formulierten Grundrechte“[656] sei und weil sich das deutsche Volk in Art. 1 Abs. 2 GG „darum“, also um der Menschenwürde Willen, „zu unverletzlichen und unveräußerlichen Menschenrechten als Grundlage jeder Gemeinschaft, des Friedens und der Gerechtigkeit in der Welt“[657], bekenne, dieses also voraussetze. In dem Bekenntnis des Art. 1 Abs. 2 GG komme die Er-

649 *Enneccerus/Nipperdey*, LB des Bürgerlichen Rechts, Bd. I, AT, 15. Aufl., S. 96f.; *Nipperdey*, Grundrechte und Privatrecht, S. 17; *Nipperdey*, Freie Entfaltung der Persönlichkeit, S. 749f.

650 *Nipperdey*, Grundrechte und Privatrecht, S. 17.

651 *Nipperdey*, Grundrechte und Privatrecht, S. 17.

652 *Enneccerus/Nipperdey*, LB des Bürgerlichen Rechts, Bd. I, AT, 15. Aufl., S. 78.

653 *Nipperdey*, Die Würde des Menschen, S. 9; *ders.*, Grundrechte und Privatrecht, S. 6f.

654 *Enneccerus/Nipperdey*, LB des Bürgerlichen Rechts, Bd. I, AT, 15. Aufl., S. 78.

655 *Nipperdey*, Die Würde des Menschen, S. 11f.; *ders.*, Freie Entfaltung der Persönlichkeit, S. 742; *Enneccerus/Nipperdey*, LB des Bürgerlichen Rechts, Bd. I, AT 15. Aufl., S. 98.

656 *Nipperdey*, Die Würde des Menschen, S. 11f.; *ders.*, Freie Entfaltung der Persönlichkeit, S. 742; *Enneccerus/Nipperdey*, LB des Bürgerlichen Rechts, Bd. I, AT 15. Aufl., S. 98.

657 *Nipperdey*, Die Würde des Menschen, S. 12.

kenntnis zum Ausdruck, dass ohne Anerkennung von menschlichen Freiheitsrechten echte Achtung vor der Menschenwürde undenkbar sei.[658] Diese Argumentation zeigt, dass *Nipperdey* seine Grundrechtstheorie insgesamt stark auf einen rechtsphilosophischen Ansatz gründete. *Nipperdey* sah beispielsweise in dem Prinzip des freiheitlichen, demokratischen und sozialen Rechtsstaat (Art. 18, 20, 21 Abs. 2, 28 sowie 79 Abs. 3 GG), in der Bindung des Richters und der Verwaltung an Gesetz und Recht (Art. 20 Abs. 3 GG), in der Unantastbarkeit der Menschenwürde (Art. 1 Abs. 1, 79 Abs. 3 GG), in der Bindung aller staatlichen Gewalt an die Grundrechte (Art. 1 Abs. 3, 79 Abs. 3 GG), in der Wesensgehaltsgarantie (Art. 19 Abs. 2 GG), in den „wichtigsten Freiheitsrechten der Person (Art. 2 GG)“[659] und im Gleichheitssatz des Art. 3 GG Naturrechtssätze in der Verfassung positiviert. An diesen positivrechtlichen Vorgaben sei alles zu messen, hinter ihnen habe insbesondere auch prinzipiell existierendes Naturrecht zurückzutreten. *Nipperdey* räumte den Grundrechten einen bedeutenden Stellenwert ein. Er verstand die Grundrechte als „Normen höchsten Grades“,[660] „Ordnungsprinzipien“,[661] „allgemeingültige Rechtsprinzipien“,[662] „Ordnungssätze oder Grundsatznormen für die gesamte Rechtsordnung“,[663] „Grundprinzipien der geltenden Rechtsordnung und Wirtschaftsordnung“,[664] Prinzipien, „die in einer gut, gerecht, freiheitlich und sozial geordneten Gesellschaft bestehen müssen, so dass ihre Wirkung nicht auf das Verhältnis von Staat und Bürger beschränkt sein kann, sondern auch für die Rechtsgenossen untereinander gelten muss.“[665] Für *Nipperdey* boten die Grundrechte als ranghöchste Inhaltsnormen der Rechtsordnung – in den Händen des Richters – einerseits positivrechtliche Stabilisierung, andererseits durch ihren offenen Wortlaut weitreichende Interpretationsspielräume.[666]

---

658 Vgl. *Nipperdey*, Die Würde des Menschen, S. 13f.

659 *Enneccerus/Nipperdey*, LB des Bürgerlichen Rechts, Bd. I, AT, 14. Aufl., S. 135; *ders.*, LB des Bürgerlichen Rechts, Bd. I, AT, 15. Aufl., S. 221.

660 *Nipperdey*, RdA, 1950, S. 124.

661 *Nipperdey*, Gleicher Lohn der Frau, 1951, S. 17.

662 *Enneccerus/Nipperdey*, LB des Bürgerlichen Rechts, Bd. I, AT, 14. Aufl., S. 135; *ders.* LB des Bürgerlichen Rechts, Bd. I, AT, 15. Aufl., S. 221; *Nipperdey*, Die Würde des Menschen, S. 18f.

663 *Enneccerus/Nipperdey*, LB des Bürgerlichen Rechts, Bd. I, AT, 15. Aufl., S. 93; *Nipperdey*, Wirtschaftsrecht, 1959, S. 1560; *ders.*, Grundrechte und Privatrecht, S. 14; *ders.*, Freie Entfaltung der Persönlichkeit, S. 745.

664 *Nipperdey*, Wirtschaftsrecht, in *Hax-Wessel*, Handbuch der Wissenschaften, Bd. II (1959), S. 1550.

665 *Enneccerus/Nipperdey*, LB des Bürgerlichen Rechts, Bd. I, AT, 15. Aufl., S. 97; *Nipperdey*., Grundrechte und Privatrecht, S. 18; *ders.*, Freie Entfaltung der Persönlichkeit, S. 750.

666 Vgl. *Hollstein*, Die Verfassung als Allgemeiner Teil, S. 215.

Nachdem sich das BVerfG im Lüth-Urteil im Wesentlichen gegen die von *Nipperdey* vertretene Lehre von der absoluten Wirkung der Grundrechte entschieden hatte, schloss er sich dem BVerfG insoweit an, als auch er nun das Grundgesetz ganz allgemein als objektive Wertordnung bezeichnete. Gleichwohl wollte sich *Nipperdey* damit nicht auf die Wertordnungsterminologie des BVerfG festlegen lassen.[667] Vielmehr schien er in dieser Entscheidung Raum gesehen zu haben, darin grundsätzlich ein Entgegenkommen des BVerfG hinsichtlich seiner Lehre zu verstehen. Infolge dessen verteidigte *Nipperdey* seine Lehre, trotz der sich mehrenden kritischen Stimmen, weiterhin standhaft. Die Überzeugungskraft des *Nipperdeys* Grundrechtstheorie zugrunde liegenden rechtsphilosophischen Ansatzes ist in erster Linie auf eine – aufgrund der seinerzeit bestehenden Umbruchsituation – gesamtgesellschaftlich akzeptierte Wertbejahung zurückzuführen.[668] Die allseitige Akzeptanz des neuen Wertebewusstseins kommt auch im Lüth-Urteil zum Ausdruck, indem das BVerfG dort von „Strahlkraft der verheißungsvollen Worte"[669] „Werte"[670] und „Wertordnung"[671] spricht. *Nipperdey* sah hierin vor allem die Unterstützung seiner Theorie von der absoluten Wirkung der Grundrechte. Das BVerfG ist *Nipperdeys* gedanklichem Konstrukt jedenfalls insoweit gefolgt, als es – wenn auch mit einer gegenüber *Nipperdey* neutralerer Terminologie – von objektiv-rechtlicher Wertentscheidung, objektiver oder wertgebundener Ordnung, verfassungsrechtlicher Grundentscheidung, objektiven Prinzipien oder von der wertsetzenden Bedeutung der Grundrechte spricht.[672]

4. Weitere Argumente der Unterstützer von *Nipperdeys* Lehre

An der von *Nipperdey* angestoßenen Diskussion um die Wirkung der Grundrechte im Privatrechtsverkehr beteiligten sich sowohl Zivilrechtlicher als auch Staatsrechtler gleichermaßen.[673] Obgleich die Kritik an der Lehre, insbesondere die verfassungsrechtliche bisweilen recht hart ausfiel,[674] fanden sich

667 BVerfGE 2, S. 1, 12; BVerfGE 5, S. 85; 134, S. 197; BVerfGE 6, S. 32, 40f.

668 Vgl. *Wahl,* Dimensionen, Rn. 15; *Hollstein*, Die Verfassung als Allgemeiner Teil, S. 211.

669 *Leisner*, Grundrechte und Privatrecht, S. 373.

670 *Leisner*, Grundrechte und Privatrecht, S. 373.

671 Zur Kritik an der Dogmatik des die Drittwirkungslehre betreffenden Teils des Lüth-Urteils vgl. insbesondere *Leisner*, Grundrechte und Privatrecht, S. 373.

672 BVerfGE 2, S. 1, 12; BVerfGE 5, S. 85; 134, S. 197; BVerfGE 6, S. 32, 40f.; siehe auch *Dreier*, Dimensionen, S. 23; *Wahl*, Dimensionen, Rn. 10.

673 Eine Zusammenfassung des Streitstandes im Jahr 1966 findet sich bei *Lehmann/Hübner*, Allgemeiner Teil des Bürgerlichen Gesetzbuches, 15. Aufl., S. 70, 71.

674 Vgl. die ausführlichen Nachweise bei *Leisner*, Grundrechte und Privatrecht, S. 310, Fn. 63.

zahlreiche Befürworter und Unterstützer der Lehre.[675] Teilweise traten hierbei neue, weitere Argumente zur dogmatischen Untermauerung der Lehre hervor.

a) Umgestaltung des Privatrechts

Bestätigung fand *Nipperdey* in der Annahme eines Bedeutungswandels der Grundrechte, die sich mit dem Inkrafttreten des Grundgesetzes vollzogen habe, etwa von *Leisner* und *Kaufmann*. Beide sahen in der unmittelbaren Drittwirkung der Grundrechte die Fortsetzung einer seit der Weimarer Epoche im Gange befindlichen Ausdehnung der unmittelbaren Grundrechtsbedeutung auch auf die bürgerlichen Verhältnisse.[676] Diese Entwicklung sei nun im Grundgesetz zum Ausdruck gekommen und liege auf der Linie einer das Privatrecht in neuernder Umgestaltung unmittelbar ergreifenden Funktion der allseitig wirkenden Grundrechte.[677] *Kaufmann* hielt die Position *Dürigs* für bedenklich, weil eine bloße Ausstrahlungswirkung der Grundrechte auf das Zivilrecht über dessen Generalklauseln rechtspolitisch zur Folge habe, dem Richter eine in ihrer Tragweite mit § 242 BGB nicht mehr zu vergleichende Handhabe zur bindungslosen Umgestaltung des Privatrechts zu gewähren.[678]

Die unmittelbare Geltung der Grundrechte im Privatrechtverkehr ergebe sich zudem daraus, dass sich auch die Ausübung des grundrechtsaktualisierten privatrechtlichen Grundsatzes der Vertragsfreiheit an den Rahmen der Grundrechte halten müsse. Dies folge schon daraus, dass sie unter einem so weitgehenden Gesetzesvorbehalt stehe, dass sie praktisch in jeder Richtung durch besondere (privatrechtliche) Gesetze spezialisierbar (bzw. durch öffentlichrechtliche Regelungen beschränkbar) sei.[679] *Leisner* sah daher den Sinn der Drittwirkung in Verbindung mit der Vertragsfreiheit darin, dass dem Einzelnen, kraft der ihm durch die Vertragsfreiheit eingeräumten (i.w.S. gesetzlichen) Befugnisse, nicht mehr gestattet sei, als der Gesetzgeber dem Einzelnen gestatten könne.[680]

Am Ende seiner Untersuchung zur Frage des „Ob" einer Drittwirkung der Grundrechte kam *Leisner* zu dem Ergebnis, dies zu bejahen habe sich spätes-

675 Siehe etwa *Leisner*, Grundrechte und Privatrecht, S. 339; *Kaufmann*, AcP 161 (1962), S. 289; *Koebel*, JZ 1961, S. 525; *Laufke*, Verfassungsfreiheit und Grundgesetz, FS *Lehmann* zum 80. Geb., Bd. 1, S. 145, 150.

676 Zusammenfassend *Leisner*, Grundrechte und Privatrecht, S. 332f.

677 Vgl. *Leisner*, Grundrechte und Privatrecht, S. 292, 300; *Kaufmann*, AcP 161 (1962), S. 289, 298.

678 Vgl. *Kaufmann*, AcP 161 (1962), S. 289, 299.

679 Vgl. *Leisner*, Grundrechte und Privatrecht, S. 330; leitete die Vertragsfreiheit aus Art. 2 Abs. 1 GG her.

680 Vgl. *Leisner*, Grundrechte und Privatrecht, S. 330; leitete die Vertragsfreiheit aus Art. 2 Abs. 1 GG her.

tens seit der Entscheidung des BVerfG im Lüth-Urteil endgültig durchgesetzt. Das Hauptargument, das sich gegen den Vorzug der reinen Staatsrichtung durchgesetzt habe, die Allseitigkeit der wehrhaften Grundentscheidung, entspreche voll den Grundgedanken und der Tradition des neueren deutschen Verfassungsrechts.[681] Nach der Entscheidung des BVerfG im Lüth-Urteil kam es im Hinblick auf das „Ob" der Wirkung der Grundrechte im Privatrechtsverkehr auch im staatsrechtlichen Schrifttum zur allmählichen Durchsetzung der Drittwirkungslehre. Gleichwohl blieb im Detail weiterhin umstritten, wie die Grundrechte auf das Privatrecht einwirken sollten, mittelbar oder unmittelbar. Letztlich hatte sich *Nipperdey* folglich mit seinem Argument, dass die Zunahme an Freiheitsgefährdungen durch nichtstaatliche „soziale Gewalten" notwendig auch einen Funktionswandel der Grundrechte bzw. ein gewandeltes Verständnis von deren gesellschaftlicher Bedeutung nach sich ziehen müsse,[682] durchgesetzt.

b) Sozialstaatsprinzip

Die Ausführungen *Nipperdeys* zum überholten Grundrechtsverständnis haben einige Autoren um das Argument ergänzt, die unmittelbare Geltung der Grundrechte im Verhältnis der Privaten untereinander ergebe sich auch aus dem Sozialstaatsprinzip.[683] *Krüger* beispielsweise war der Ansicht, die Verfassung eines Staates sei unvollkommen, wenn dieser bestimmte außerstaatliche soziale Gebilde wie Universitäten, Kirchen oder politische Parteien zu Lasten seiner Bürger schütze, weil er letztere nicht auch gegen diese sozialen Gebilde schütze, wie vor sich selbst. In diesem Zusammenhang ging *Krüger* auf den Umfang des Schutzbereiches des Art. 5 Abs. 1 GG ein und diesbezüglich davon aus, die noch in Art. 118 Abs. 1 S. 2 WRV enthaltene Festlegung, wonach die Meinungsfreiheit auch nicht durch Arbeits- und Anstellungsverhältnisse beeinträchtigt werden dürfe, sei dem heutigen Grundrecht der Meinungsfreiheit inhärent. Dies führe zum Schutz des Einzelnen vor sozialen Machthabern, weil im Ergebnis dem privaten Arbeitgeber nicht erlaubt sein könne, was dem Staat ganz allgemein im Verhältnis zu seinen Beamten, Angestellten und Arbeitern verboten sei.[684] *Nipperdey* griff dieses Argument auf und stellte fest, das Sozialstaatsprinzip sei im Sinne eines sozialen Schutzprinzips „in erster Linie durch freiwilliges und eigenverantwortliches sozial verpflichtetes Verhalten der einzelnen Staatsbürger im gegenseitigen Verkehr

---

681 Vgl. *Leisner*, Grundrechte und Privatrecht, S. 353.

682 Vgl. *Bachof*, in *Bettermann-Nipperdey-Scheuer*, Die Grundrechte, Bd. 3, HBd. 1, S. 155, 174.

683 Vgl. *Krüger*, RdA 1954, S. 365, 368; vgl. auch die Übersicht bei *Gamillscheg*, Die Grundrechte im Arbeitsrecht, 1989, S. 71.

684 Vgl. *Krüger*, RdA 1954, S. 365, 369.

und hier nicht zuletzt durch die sich selbst verwaltenden, auf freiwilliger Basis gebildeten Verbände der Rechtsgenossen in die Tat umzusetzen."[685]

Dagegen wird eingewendet, das Ziel des Sozialstaates liege darin, dem Bürger Schutz vor den Risiken des Marktes zu gewährleisten und ihm die effektive Ausübbarkeit der Freiheit unter den Bedingungen ungleicher gesellschaftlicher Machtverhältnisse zu ermöglichen. Der soziale bzw. sozialstaatliche Schutz sei von dem rechtsstaatlichen Schutz grundrechtlicher Güter abzugrenzen, denn beide lägen auf unterschiedlichen Ebenen.[686] Die Sozialstaatlichkeit sei mithin Auftrag an den Staat zu sozialgemäßer Gestaltung.[687] Während es dem Rechtsstaat darum gehe, die Wahrung bestehender Rechte zu gewährleisten, liege die Aufgabe des Sozialstaates darin, die Chancen zur sozialen Selbstbehauptung, also die realen Voraussetzungen, unter denen alle Bürger ihre grundrechtliche Freiheit einschließlich der in ihr verkörperten Privatautonomie effektiv ausüben können, zu schaffen und zu erhalten.[688] Auf der einen Seite gehe es um den juristisch fassbaren Begriff der Rechtsverletzung als Tatbestandsmerkmal, der eine Rechtsfolge auslöse. Auf der anderen Seite gehe es um den nur politisch fassbaren Sachverhalt des wirtschaftlichen oder sozialen Ungleichgewichts, dessen Beurteilung dem Gesetzgeber vorbehalten sei. Aus letzterem lasse sich daher kein rechtlicher Anspruch gegen andere Rechtsgenossen ableiten, da sich das Sozialstaatsprinzip gerade nicht auf die Freiheit gegenüber der Beeinflussung durch andere beziehe.

Davon losgelöst hielt *Leisner* fest, dass vor allem in dem Wort „sozial" gleichmäßig das Verhältnis der Einzelnen zueinander, wie das der Rechtsgenossen zur Gemeinschaft angesprochen zu sein scheine. Fast einstimmig werde daher die Einwirkung sozialstaatlicher Vorstellung auf das Privatrecht im Schrifttum bejaht.[689] Es stehe demnach außer Zweifel, dass den Einzelnen auch in ihren Beziehungen zu anderen ein soziales Verhalten anzusinnen sei. Hinzu komme, dass die Grundrechte privatrechtskonformer würden und das Privatrecht immer mehr grundrechtsähnliche Denkkategorien entwickle.[690] Das Privatrecht erschöpfe sich nicht mehr nur in der Schlichtung von Ansprüchen auf materielle Güter, sondern sehe hinter ihnen das Problem der Freiheit und erkenne diese immer mehr in den verschiedensten Formen als selbststän-

---

685 *Enneccerus/Nipperdey*, LB des Bürgerlichen Rechts, Bd. I, AT 15. Aufl., S. 84; vgl. zur Bedeutung des Sozialstaatsgrundsatzes auch *Laufke*, Vertragsfreiheit und Grundgesetz, in FS für *Lehmann* zum 80. Geb., Bd. 1, S. 145, 184.

686 Vgl. *J. Isensee*, Handbuch des Staatsrechts, § 111, Rn. 132.

687 Vgl. *Leisner*, Grundrechte und Privatrecht, S. 165.

688 Vgl. *J. Isensee*, Handbuch des Staatsrechts, § 111, Rn. 132.

689 Vgl. *Leisner*, Grundrechte und Privatrecht, S. 171.

690 Vgl. *Leisner*, Grundrechte und Privatrecht, S. 215.

diges Rechtsgut an.[691] Ausgehend von der ursprünglich rein liberalistischen Sichtweise des Privatrechts und der rein staatsbezogenen Sichtweise der Freiheitsrechte sei der Staat mehr und mehr als Gegenspieler zurückgetreten. Gleichsam habe sich – im Sinne einer sozialrechtlichen Wendung – im Privatrecht die Erkenntnis durchgesetzt, dass der privatrechtlichen Freiheitsbetätigung immanente Grenzen gesetzt seien.[692]

c) Unverletzlichkeit der Grundrechte durch die Menschenwürde

Leisners Ausführungen zur Unverzichtbarkeit der Menschenwürde lieferten ein weiteres Argument für die unmittelbare Wirkung der Grundrechte im Privatrechtsverkehr. Die in Art. 1 Abs. 1 GG festgehaltene Menschenwürde verleihe den Grundrechten ihre „Unverletzlichkeit" und „Unveräußerlichkeit."[693] Entgegen der von *Dürig* betonten Freiheit des Einzelnen, sich im Kooperationsverhältnis auch über eigene Grundrechte hinwegsetzen, diese also „veräußern" zu können, war *Leisner* der Auffassung, dass dies nur bedingt zutreffend sei. Im Hinblick auf die „Unveräußerlichkeit" des Menschenwürdegehalts der einzelnen Freiheitsrechte sei festzuhalten, dass insoweit gerade kein Verzicht möglich sei. Ein „menschenunwürdiger" Zustand werde vom Recht weder anzuerkennen noch zu gestatten sein.[694] Infolge dessen liege in dem Satz von der Menschenwürde eine grundsätzliche Entscheidung zugunsten einer möglichen Drittwirkung eines Kernbereichs jedes Grundrechts. Die Menschenwürde sei weniger in ihrer unmittelbaren eigenen Drittwirkung, als vielmehr als Motor eines neuen Bedeutungswandels entscheidend, der sämtliche Grundrechte, dem Privatrecht gegenüber durch Überwindung der liberalistischen, formalen, gerichteten, abwägungsfremden Freiheit aufschließe.[695]

d) Schärfere Inhaltserfassung der Grundrechte

In Übereinstimmung mit dem allgemeinen Schrifttum sah *Leisner* ebenso wie auch *Nipperdey*, dass die unmittelbare Geltung der Grundrechte im Privatrechtsverkehr nicht pauschal für alle Grundrechte gelten könne.[696] Ausgehend von der grundsätzlichen individuellen Dispositionsfreiheit hinsichtlich der grundrechtlich verbürgten Freiheit, die sich an den Grundrechtsschranken orientiere, könne der Einzelne auf gesetzlich einschränkbare Freiheitsgrundrechte selbst verzichten. Hierbei ergebe sich im Rahmen der Privatrechtswirkung der Grundrechte sodann die Notwendigkeit einer Klärung der eigentlichen

---

691 Vgl. *Leisner*, Grundrechte und Privatrecht, S. 215.
692 Vgl. *Leisner*, Grundrechte und Privatrecht, S. 221.
693 *Leisner*, Grundrechte und Privatrecht, S. 149.
694 Vgl. *Leisner*, Grundrechte und Privatrecht, S. 150.
695 Vgl. *Leisner*, Grundrechte und Privatrecht, S. 151.
696 Vgl. *Leisner*, Grundrechte und Privatrecht, S. 384.

Schutzbereiche durch Inhaltsinterpretation der Grundrechte. Hierbei sei zunächst dem Persönlichkeitsbezug des Grundrechts besondere Beachtung zu schenken, denn nur das könne Grundrechtsinhalt sein, was unmittelbarer Teil der Freiheit des Einzelnen sei. Dies gelte insbesondere auch für die politische Freiheit des Einzelnen. Schließlich sei auch zu berücksichtigen, dass die Grundrechte nicht jede Freiheitsausübung, sondern nur, aber dies in jedem Fall, einen Minimalschutz hinsichtlich des Kernbereichs des Freiheitsrechts gewähren.

e) Arbeitgeber als der sozial Mächtigere

Die unmittelbare Geltung der Grundrechte gegenüber „sozialen Mächten" wollte *Gamillscheg* nicht nur im Zusammenhang mit Verbänden anerkennen, sondern vielmehr auch im individualarbeitsrechtlichen Verhältnis. Danach sei das Großunternehmen in einer Kleinstadt, das dort in seinem Bereich bei der Vergabe von Arbeitsplätzen eine Monopolstellung innehat, insoweit an die Grundrechte gebunden, als es im Gegensatz zum kleinen Handwerksmeister gegenüber einem Bewerber beispielsweise keine konfessionellen Gesichtspunkte bei der Entscheidung über dessen Einstellung anwenden dürfen solle.[697] Vor diesem Hintergrund ging *Gamillscheg* davon aus, dass im Hinblick auf die Rechtmäßigkeit einseitigen Handelns des Arbeitgebers dieser gegenüber seinem Arbeitnehmer grundsätzlich als „soziale Gewalt" auftrete. Infolge dessen sei er als der Stärkere an die Grundrechte gebunden, was dazu führe, dass der so geschlossene Arbeitsvertrag an den Grundrechten zu messen sei.[698] Es bedürfe auch keines Umweges über den arbeitsrechtlichen Gleichbehandlungssatz, der sich inhaltlich nicht von Art. 3 GG unterscheide. Vielmehr resultiere dies aus der Zwangslage des Arbeitnehmers, auf den ihm angebotenen Arbeitsvertrag angewiesen zu sein,[699] ohne ernsthaft über die Konditionen verhandeln zu können. In diesen Fällen habe die Vertragsfreiheit zurückzustehen, denn Vertragsfreiheit setze einen frei ausgehandelten, nicht einen diktierten Vertrag voraus.[700] Die so aufgestellten Voraussetzungen für die Anwendung der Grundrechte im Privatrechtsverkehr führten dazu, dass *Gamillscheg* das eigentliche Einflussfeld der Grundrechte in der richterlichen Wertung zu erkennen glaubt.[701] Dabei ließen sich Auslegung der Norm, namentlich der zivilrechtlichen Generalklauseln, und unmittelbare Drittwirkung der Grundrechte nicht sauber trennen, sondern stehen vielmehr nebeneinander

---

697 Vgl. *Gamillscheg*, AcP 164 (1964), S. 385, 407f.

698 Vgl. *Gamillscheg*, AcP 164 (1964), S. 411.

699 Nach Ansicht von *Gamillscheg*, ebd., kommt es auch nicht auf die Ursache der Zwangslage an.

700 Vgl. *Gamillscheg*, AcP 164 (1964), S. 413.

701 Vgl. *Gamillscheg*, AcP 164 (1964), S. 403.

bzw. gehen sogar ineinander über.[702] Dies leuchtet ein, insbesondere deshalb, weil der Richter, der beispielsweise zur Entscheidung über die Wirksamkeit einer Kündigung berufen ist, nach *Gamillschegs* Ansicht daneben der Frage nachgehen muss, ob möglicherweise Grundrechte unter dem Gesichtspunkt sozialer Machtausübung verletzt sein könnten. Hierbei bleibt dem Gericht dann aber nichts anderes als eine wertende Entscheidung insbesondere darüber zu treffen, welche Marktstellung der Arbeitgeber im betreffenden Zeitpunkt innehatte, welche Auswirkungen die gegenwärtige Arbeitsmarktsituation auf die Entscheidung des Arbeitgebers gehabt habe oder welches Ausmaß der vom klagenden Arbeitnehmer in Anspruch genommene grundrechtlich geschützte Freiheitsraum hatte. Welche Grenzen dem Richter hierbei gesetzt sein sollen, lässt *Gamillscheg* ebenso offen wie die Frage, welche Werkzeuge dem Richter bei der Feststellung der sozialen Marktmacht des Arbeitgebers zur Hand gegeben werden sollen. Ob hierbei die wettbewerbsrechtlichen Vorschriften, die ihrem Sinn und Zweck nach eine andere Zielrichtung haben, Anhaltspunkte geben können, ist zweifelhaft. Jedenfalls aber dürfte die Erweiterung des richterlichen Handlungsspielraums mit erheblichen Schwierigkeiten hinsichtlich seiner Kontrolle verbunden sein, da nahezu jede gerichtliche Entscheidung, die auf eine solche Begründung gestützt würde, im Kern auf Billigkeitserwägungen beruhen müsste, die wiederum den Rechtssuchenden ein kaum berechenbares Prozessrisiko aufbürden. Ob dies das Ziel der Überlegungen *Gamillschegs* gewesen ist, darf bezweifelt werden. Jedenfalls greift aber die bloße Feststellung, die Entscheidung könne nicht allgemein getroffen, sondern müsse im Einzelfall dem Richter überlassen werden, unter praktischen Gesichtspunkten zu kurz.

5. Argumente der Kritiker von *Nipperdeys* Lehre

Im Rahmen der ersten Zivilrechtslehrertagung nach Inkrafttreten des Grundgesetzes[703] stellte *Nipperdey* seine Theorie von der absoluten Wirkung der Grundrechte einem großen Forum zur Diskussion. Dem Tagungsbericht zufolge war am Ende der Diskussion eher die Meinung vorherrschend, dass die Grundrechte auf die privatrechtlichen Rechtsverhältnisse keine unmittelbare Anwendung finden sollten.[704] Im Anschluss an die Tagung setzte eine breite wissenschaftliche Diskussion vor allem im staatsrechtlichen Schrifttum bezüglich der von *Nipperdey* vorgeschlagenen absoluten Wirkung der Grundrechte ein. Während sich einzelne Untersuchungen ganz allgemein mit der Fragestellung befassten, ob die Grundrechte überhaupt im Privatrecht wirken,

702 Vgl. *Gamillscheg*, AcP 164 (1964), S. 404.

703 Diese fand auf Einladung von *Dietz* (Münster) am 15./16. Oktober 1951 in Bad Kreuznach statt.

704 Bericht von der Zivilrechtslehrertagung, JZ 1951, S. 733f.

ging eine Vielzahl von Aufsätzen und Beiträgen vor allem darauf ein, ob und wenn ja, welche Grundrechte im Einzelnen den Privatrechtsverkehr beeinflussten. Schließlich ging es um die Fragestellung, auf welche Weise diese Beeinflussung vonstattengehe. Mit seinen Veröffentlichungen insbesondere zum Lohngleichheitsgrundsatz des Art. 3 GG lieferte *Nipperdey* zusätzlichen Zündstoff, der ein starkes Echo in der Literatur auslöste. Mit der Zielsetzung den Grundsatz „Gleicher Lohn der Frau bei gleicher Arbeit und gleicher Leistung“[705] argumentativ zu begründen und dogmatisch zu hinterlegen leitete *Nipperdey* dieses Prinzip der Lohngleichheit in erster Linie unmittelbar aus Art. 3 GG her. Quasi als Auffanglösung sprach er davon, dass dieser Grundsatz jedenfalls aber mit dem Wortlaut des Art. 3 GG „durchaus vereinbar“ sei.[706] Die Annahme, dass der Lohngleichheitsgrundsatz nach der Logik *Nipperdeys* bereits immanent im Privatrecht selbst angelegt gewesen sein soll, würde wohl mehr Dogmatik in den Lösungsansatz hinein interpretieren, als dort seinerzeit angelegt war. Ausgehend von der Rechtspositivistischen Herangehensweise *Nipperdeys* war ein zentraler Aspekt seiner Argumentationskette die Abarbeitung des Wortlauts der Grundrechtsbestimmung. Vor diesem Hintergrund ließen sich der Ansicht *Nipperdeys* einige gewichtige, auf der traditionellen Grundrechtsdogmatik fußende, gleichwohl jedoch auch Wortlaut und Systematik des Grundrechtsteils des Bonner Grundgesetzes berücksichtigende Aspekte entgegenhalten. Die wichtigsten vom Schrifttum hervorgebrachten Gegenargumente lassen sich wie folgt zusammenfassen.[707] An erster Stelle stehen die allgemeine Tradition und der Begriff der Grundrechte, die einer Drittwirkung widersprechen.[708] Dieses Argument werde insbesondere von Art. 9 Abs. 3 GG unterstrichen, der als einzige und insoweit Ausnahmevorschrift, unmittelbare Wirkung auch im Privatrecht entfalte.[709] Weiterhin wurde darauf hingewiesen, dass der Verfassungsgeber keinen Auftrag zur Ordnung der Verhältnisse zwischen den Rechtsgenossen hatte[710] und eine Drittwirkung der Grundrechte ersichtlich auch nicht habe schaffen wollen.[711] Ferner spreche Art. 19 Abs. 4 GG nur von der Verletzung der Rechte durch die öffentliche Gewalt.[712] Art. 1 Abs. 3 entscheide die Frage der Grund-

---

705 Vgl. *Nipperdey*, Gleicher Lohn der Frau, 1951, S. 6.

706 Vgl. *Nipperdey*, Gleicher Lohn der Frau, 1951, S. 4.

707 Vgl. hierzu auch die Erwiderungen auf die einzelnen Argumente von *Leisner*, Grundrechte und Privatrecht, S. 312ff.

708 Vgl. *Knolle*, BB 1949, 451 f; *Hueck*, Die Bedeutung des Art. 3 GG, S. 10.

709 Vgl. *Schmidt-Rimpler, Gieseke, Friesenhahn, Knur*, AöR 1950, S. 165, 171.

710 Vgl. *Schätzel*, RdA 1950, S. 248, 250.

711 Vgl. *Schmidt-Rimpler, Gieseke, Friesenhahn, Knur*, AöR 1950, S. 165, 176f.; *Hueck*, Die Bedeutung des Art. 3 GG, 12f.; *Schätzel*, RdA 1950, S. 248, 251.

712 Vgl. *Schätzel*, RdA 1950, S. 248, 251.

rechtsbindung nicht allgemein[713] und damit auch nicht zugunsten des Privatrechts, sondern beweise – dem Wesen der Grundrechte entsprechend – gerade das Gegenteil.[714] Schließlich wurde immer wieder auf die geringe Konkretisierung des verfassungsrechtlichen Gleichheitssatzes und die das Privatrecht sprengende Ausrichtung einer Drittwirkung hingewiesen, was sich, mutatis mutandis, auf die Grundrechte im Allgemeinen übertragen lasse.[715]

a) Keine Drittwirkung der Grundrechte

Während *von Mangoldt* in der ersten Auflage seines Bonner Kommentars zum Grundgesetz das Thema „Drittwirkung der Grundrechte" nur ansatzweise und auch nur im Rahmen der Ausführungen zu einzelnen Grundrechten behandelte, setzte sich *Klein* in der zweiten, 1957 erschienenen Auflage des dann schon zweibändigen Werkes mit den Argumenten der (neuen) Drittwirkungslehre *Nipperdeys* auseinander. *Klein* lehnte die Lehre *Nipperdeys* im Ergebnis durchgehend ab.[716] Abgesehen von *Kleins* Kritik an der fehlenden systematischen Klarheit hinsichtlich der Grundrechtswirkung gegenüber Privaten im diesbezüglichen Schrifttum,[717] würde die Bejahung einer etwaigen Drittwirkung, jedenfalls hinsichtlich der unmittelbaren und einfach-mittelbaren Drittwirkungslehre zu einer Vermischung unterschiedlicher Methoden, mit unabsehbaren Folgen führen.[718] „Innerhalb eines privatrechtlichen Rechtsverhältnisses können keine subjektiv-öffentlichen Rechte bestehen, beziehungsweise aus subjektiven öffentlichen Rechten können keine subjektiven Privatrechte abgeleitet werden."[719] In Bezug auf die zweifach-mittelbare Drittwirkung könne man schon nicht von einer „Drittwirkung des subjektiv öffentlichen Rechts" sprechen, denn in diesem Fall würden die subjektiven privaten Rechte „allein aus Gesetzen abgeleitet, zu deren Erlass der einfache Gesetzgeber verfassungsrechtlich, und zwar grundrechtlich, verpflichtet war."[720] Von einer gewissen „Drittwirkung" sprach *Klein* auch im Zusam-

713 Vgl. *Schmidt-Rimpler, Gieseke, Friesenhahn, Knur*, AöR 1950, S. 165, 176f.; *Hueck*, Die Bedeutung des Art. 3 GG, S. 12f.; *W. Jellinek*, BB 1950, S. 425, 426.

714 Vgl. *Schätzel*, RdA 1950, S. 248, 250.

715 Vgl. *Schmidt-Rimpler, Gieseke, Friesenhahn, Knur*, AöR 1950, S. 165, 172f.; *Hueck*, Die Bedeutung des Art. 3 GG, S. 23f.

716 Vgl. *Klein*, in *von Mangoldt/Klein*, GG, Bd. 1, 2. Aufl., insb. bzgl. Art. 1 Abs. 1 GG, S. 147; bzgl. Art. 2 Abs. 1 GG, S. 174; bzgl. Art. 3 Abs. 1 GG, S. 203; bzgl. Art. 3 Abs. 2 GG, S. 207; bzgl. Art. 3 Abs. 3 GG, S. 212; bzgl. Art. 4 Abs. 2 GG, S. 217; bzgl. Art. 5 GG, S. 238.

717 Vgl. *Klein*, in *von Mangoldt/Klein*, GG, Bd. 1, 2. Aufl., S. 65; *Klein* unterscheidet drei mögliche Arten von Drittwirkung der Grundrechte: unmittelbare, einfach-mittelbare und zweifach-mittelbare Drittwirkung.

718 Vgl. *Klein*, in *von Mangoldt/Klein*, GG, Bd. 1, 2. Aufl., S. 65f.

719 Vgl. *Klein*, in *von Mangoldt/Klein*, GG, Bd. 1, 2. Aufl., S. 65f.

720 *Klein*, in *von Mangoldt/Klein*, GG, Bd. 1, 2. Aufl., S. 66.

menhang mit denjenigen Grundrechtsbestimmungen, die Einrichtungsgarantien bzw. Grundsatznormen enthalten. Rechtsfolge derselben sei die Nichtigkeit aller außerverfassungsrechtlichen Rechtssätze, die den Einrichtungsgarantien bzw. Grundsatznormen widersprechen.[721] Obgleich diese objektivrechtlichen Einrichtungsgarantien und Grundsatznormen damit zu einer Erweiterung des verfassungsrechtlichen (niederrangigen) Rechtsschutzes führen, entfalten sie gleichwohl keine Drittwirkung im strengen Wortsinne.[722] Nach *Klein* kann eine Grundrechtsnorm als Einrichtungsgarantie oder Grundsatznorm nicht zur Folge haben, dass ein diesen entgegenstehendes Rechtsgeschäft nach § 134 BGB nichtig ist. „Die gesetzlichen Verbote im Sinne dieser Vorschrift müssen einen eng begrenzten konkreten und klar erkennbaren Inhalt haben, wenn die weitreichende Rechtsfolge der Nichtigkeit eintreten soll."[723] Diesen Anforderungen an Konkretheit und Bestimmtheit genügen jedoch nur wenige Bestimmungen.[724] Schließlich erkannte *Klein* eine weitere Art der Drittwirkung der Grundrechte in dem Sinne, dass diese als „Auslegungsregeln auch für die außerverfassungsrechtlichen Rechtsgebiete, mithin auch das bürgerliche Recht, in Betracht kommen."[725] Im Anschluss an *Schmidt-Rimpler*[726] können die Grundrechte auch nach *Klein* Wertungsgrundsätze enthalten, welche die jeweilige Auslegung der bürgerlich rechtlichen Normen bzw. privatrechtlichen Rechtsverhältnisse unmittelbar beeinflussen können.[727]

Der Argumentation *Nipperdeys*, wonach Art. 1 Abs. 1 S. 1 GG ein Grundrecht im Sinne eines „materiellen Hauptgrundrechts" enthalte, widersprach *Klein* ausdrücklich.[728] Weder Standort, Wortlaut noch Sinn des Art. 1 Abs. 1 GG würden seine Qualifizierung als Grundrecht rechtfertigen. Zudem würde der naturrechtliche Einschlag der Norm in den anschließenden Bestimmungen nicht fortgeführt; diese seien vielmehr individualistisch liberal im Sinne des rationalistischen Aufklärungsdenkens geprägt.[729] Wenngleich *Klein* die Herleitung eines allgemeinen Persönlichkeitsrechts aus Art. 2 Abs. 1 GG i.V.m. Art. 1 Abs. 1 GG grundsätzlich anerkannte, lehnte er die Anerkennung dieses Rechts als „Grundrecht" konsequenterweise mit derselben Begründung ab.[730]

721 *Klein*, in *von Mangoldt/Klein*, GG, Bd. 1, 2. Aufl., S. 66.
722 *Klein*, in *von Mangoldt/Klein*, GG, Bd. 1, 2. Aufl., S. 67.
723 *Klein*, in *von Mangoldt/Klein*, GG, Bd. 1, 2. Aufl., S. 68.
724 *Klein*, in *von Mangoldt/Klein*, GG, Bd. 1, 2. Aufl., S. 68; *Klein* zählt hierzu insbesondere Art. 9 Abs. 3, Art. 3 Abs. 3 und Art. 5 Abs. 1 S. 1.
725 *Klein*, in *von Mangoldt/Klein*, GG, Bd. 1, 2. Aufl., S. 69.
726 Vgl. *Schmidt-Rimpler*, AöR Bd. 76, S. 165.
727 Vgl. *Klein*, in *von Mangoldt/Klein*, GG, Bd. 1, 2. Aufl., S. 69.
728 Vgl. *Klein*, in *von Mangoldt/Klein*, GG, Bd. 1, 2. Aufl., S. 147.
729 Vgl. *Klein*, in *von Mangoldt/Klein*, GG, Bd. 1, 2. Aufl., S. 147f.
730 Vgl. *Klein*, in *von Mangoldt/Klein*, GG, Bd. 1, 2. Aufl., S. 174.

Ebenso klar lehnte *Klein* eine Drittwirkung des Art. 3 Abs. 1 GG ab, der seiner Meinung nach selbst dann nicht im Bereich privater Rechtsgestaltung wirke, „wenn diesem der Charakter objektiven Rechts zukommt, so dass z.B. im Arbeitsrecht der Tarifvertrag, als Normsetzung verstanden, nicht unter dem Gleichheitsgebot steht.“[731] Ebenso wenig anerkannte *Klein* die privatrechtliche Geltung des Art. 3 Abs. 2 GG, insbesondere den Grundsatz der Lohngleichheit von Mann und Frau, im Sinne eines subjektiven öffentlichen Rechts oder auch nur eines subjektiven privaten Rechts. Ersteres setze begrifflich Staatsbezogenheit voraus, letzteres scheide aus, weil die „Lohngestaltung, und zwar auch unter Tarifparteien, Gegenstand schuldrechtlichen Leistungsaustauschs, nicht hoheitlicher Verfügung ist.“[732]

Im Ergebnis kam *Klein* trotz Ablehnung der Lehre *Nipperdeys* dennoch in vielen Fällen zur Anwendung der Grundrechte im Privatrechtsverkehr. Teilweise zog er die Grundrechte als Auslegungskriterien heran, andernorts gelangte er über die von ihm beschriebene „zweifach-mittelbare Drittwirkung“ zur Anwendung der Grundrechte.[733]

b) Mittelbare Drittwirkung der Grundrechte im Privatrechtsverkehr

Ein entschiedener Kritiker der von *Nipperdey* entwickelten Lehre war *Dürig*. In mehreren Abhandlungen, insbesondere zu Art. 11 und 14 GG, zeigte dieser auf, dass es eine nur eine mittelbare Geltung der Grundrechte im Privatrechtsverkehr geben könne. In der – wenn auch – vorsichtigen Formulierung *Nipperdeys* „ist sogar die Staatsgewalt gebunden, so können erst recht Private gebunden sein“,[734] komme zwar zum Ausdruck, dass darin kein allgemeingültiges Prinzip eines argumentum a majore ad minus zu sehen sein soll. Gleichwohl hielt *Dürig* diesen Ansatz für einen Selbstmordversuch des Zivilrechts.[735] Dieser Erst-recht-Schluss sei eine fundamentale Verkennung der Tatsache, dass es das Privatrecht mit koordinierten Rechtssubjekten zu tun habe, die alle (beim Grundmodell des zweiseitigen Vertrags folglich beide) Grundrechtsträger und damit Freiheitsinhaber in der Staatsrichtung seien.[736] Der Schluss von den dem Staat auferlegten Verhaltensregeln auf die den Privaten auferlegten Verhaltensregeln würde die Freiheitsträger mit den Mitteln binden, die ihre Freiheit gewährleisten sollen. Die eigentliche Schutzwirkung

731 Vgl. *Klein*, in *von Mangoldt/Klein*, GG, Bd. 1, 2. Aufl., S. 203.

732 Vgl. *Klein*, in *von Mangoldt/Klein*, GG, Bd. 1, 2. Aufl., S. 207.

733 Vgl. *Klein*, grds. S. 66; bzgl. Art. 3 Abs. 2 GG, S. 208; bzgl. Art. 3 Abs. 3 GG, S. 212; bzgl. Art. 5 GG, S. 238.

734 *Dürig*, DÖV 1958, S. 194, 196, hält diesen Schluss für ein fatales Argument.

735 Vgl. *Dürig*, Das Eigentum als Menschenrecht, in ZgS, Bd. 109 (1953), S. 326, 340; *ders.*, DÖV 1958, S. 194, 196.

736 Vgl. *Dürig*, DÖV 1958, S. 194, 197.

zugunsten der Einzelnen würde sich wie ein Bumerang in die entgegengesetzte Richtung wenden. Die generelle Ausdehnung des verfassungsrechtlichen Gleichheitssatzes auf private Beziehungen würde zu einer untragbaren Beschränkung der individuellen Freiheit führen,[737] damit würde Vernunft zu Unsinn, Wohltat zur Plage werden.[738] Gleichwohl wäre es verfehlt, wenn das Zivilrecht die von Art. 1 Abs. 3 GG erstrebte Aktualisierung der Grundrechte überhaupt nicht zur Kenntnis nähme.[739] Die Einbruchsstellen der Grundrechte in das Zivilrecht sind dessen wertausfüllungsfähige und wertausfüllungsbedürftige Normen der §§ 138, 242, 826 BGB.[740] Hierbei unterschied *Dürig* drei Intensitätsgrade. In der Regel werde das vorhandene durchgebildete privatrechtliche Schutzsystem, insbesondere seine Begriffe, durch die in den Grundrechten zum Ausdruck kommenden Wertgehalte konkretisiert und verdeutlicht.[741] Seltener sei der zweite Fall, in welchem bereits vorhandene privatrechtliche Abwehrnormen völlig ausreichen und an sich keine Wertschutzlücken aufweisen, aber infolge eines in der Verfassung erkennbar gewordenen Auffassungswandels einer wertgeschärften Auslegung bedürfen.[742] Der seltenste Fall sei schließlich darin zu erkennen, dass die überkommenen privatrechtlichen Schutzsysteme, gemessen an dem in der Verfassung ausgeformten Wertesystem, Lücken aufwiesen.[743] In allen Fällen sei dem Privatrecht zuzuerkennen, dass es in den Lösungsmodalitäten über volle Eigenverantwortlichkeit verfüge, während das Verfassungsrecht lediglich Modalität sei.[744]

Diesem Ansatz hielt *Gamillscheg* entgegen, es könne keine Mischlösung geben, entweder gelte das eine oder das andere. Wenn *Dürig* die Anwendung

737 Vgl. *Dürig*, DÖV 1958, S. 194, 197; *Hueck*, Die Bedeutung des Art. 3 GG, 1951, S. 26; dagegen *Laufke*, Vertragsfreiheit und Grundgesetz, in FS für *Lehmann* zum 80. Geb., Bd. 1, S. 145, 180.

738 So zur Frage der Ausdehnung des Gleichheitssatzes, insbesondere der Bestimmung des Art. 3 Abs. 2 GG; vgl. *Apelt*, JZ 1951, S. 353, 358.

739 So in einer Abhandlung zu Art. 11 GG *Dürig*, Freizügigkeit, in *Neumann/Nipperdey/Scheuner*, Grundrechte, Bd. 2, S. 507, 525.

740 Vgl. *Dürig*, Freizügigkeit, in *Neumann/Nipperdey/Scheuner*, Grundrechte, Bd. 2, S. 507, 525; dem gegenüber wirft *Leisner*, Grundrechte und Privatrecht, S. 361; der Lehre *Dürigs*, die er als Sinnerfüllungslehre bezeichnet, vor, sie überwinde die Schwäche der von ihr angegriffenen Lehre gerade nicht, denn auch sie lasse im unklaren, wie, nach welchen Grundsätzen und in welchen Grenzen, die Erfüllung vor sich gehen solle; *Leisner*, ebd. S. 363.

741 Vgl. *Dürig*, Grundrechte und Zivilrechtsprechung, in FS für *Nawiasky*, S. 157, 177.

742 Vgl. *Dürig*, Grundrechte und Zivilrechtsprechung, in FS für *Nawiasky*, S. 157, S. 178f.

743 Vgl. *Dürig*, Grundrechte und Zivilrechtsprechung, in FS für *Nawiasky*, S. 157, S. 179.

744 Vgl. *Dürig*, Grundrechte und Zivilrechtsprechung, in FS für *Nawiasky*, S. 157, S. 181.

der Grundrechte auf das Arbeitsverhältnis ablehne, weil sie staatsbezogen seien, dann müsse diese Staatsrichtung auch hindern, dass die Grundrechte auf § 138 BGB einwirken.[745] *Gamillschegs* Vorwurf an die Theorie *Dürigs* wandte sich insbesondere an die mit § 138 BGB verbundene Aussage, wonach ein hierauf gestütztes Urteil dem Arbeitgeber entgegenhalten würde, die vom Arbeitgeber gewählte Klausel, Handlung, Maßnahme sei sittenwidrig, verstoße also gegen das Anstandsgefühl aller billig und gerecht Denkenden und sei daher unanständig.[746] Diese Feststellung treffe jedoch insbesondere in den Fällen regelmäßig nicht zu, sondern schieße über das Ziel hinaus, in denen die betreffende Regelung zwar in einen grundrechtlich gewährleisteten Schutzbereich des Arbeitnehmers eingreife, aber deshalb noch nicht sittlich verwerflich sein müsse. Dies gelte namentlich für Zölibatsklauseln oder Rückforderungsklauseln, die die Rechtsprechung auch nicht per se als unwirksam abstempele, sondern in Einzelfällen, in denen die Regelungsgehalte derartiger Bestimmungen zu weit gingen, ausgebremst hat. Ein Richterspruch, der dem Arbeitgeber zwar Einhalt gebiete, ihn jedoch nicht als unsittlich Handelnden brandmarke, kränke diesen weniger oder gar nicht und könne daher eher zur Befriedung des Streitverhältnisses beitragen. Daher sei die unmittelbare Anwendung der Grundrechte im Arbeitsrecht im Hinblick auf die Aussagewirkung der Urteile deutlich behutsamer, ohne an Wirkungskraft gegenüber § 138 BGB einzubüßen.[747] Dies nicht zuletzt, weil die Interessenwertung und -abwägung bei der unmittelbaren Drittwirkung nicht anders vollzogen werde, als bei der Ausfüllung von Generalklauseln.[748]

Wenngleich sich die Theorien *Nipperdeys* und *Dürigs* aus dogmatischer Sicht erheblich voneinander unterscheiden, so empfand *Nipperdey* seinen Theorieansatz gar nicht soweit von dem *Dürigs* entfernt. – Jedenfalls wenn es darum ging, die Verfassung als Wertordnung gegen Angriffe wie beispielsweise den *Forsthoffs*[749] zu verteidigen. *Nipperdey* meinte, wer den Charakter der Grundrechte als Wertnormen anerkenne, müsse auch die absolute Wirkung der

---

745 Vgl. *Gamillscheg*, AcP 164 (1964), S. 385, 420.
746 Vgl. *Gamillscheg*, AcP 164 (1964), S. 385, 421f.
747 Vgl. *Gamillscheg*, AcP 164 (1964), S. 385, 422.
748 Vgl. *Gamillscheg*, AcP 164 (1964), S. 385, 425.
749 Vgl. *Forsthoff*, Die Umbildung des Verfassungsgesetzes, in FS für *Schmitt* (1959), S. 35, 44, 55; hatte darauf hingewiesen, dass die neuere Staatsrechtswissenschaft, indem sie der von *Smend* begründeten Methode der geisteswissenschaftlichen Sinn- und Werterfassung folge, das überkommene System der juristischen Hermeneutik abstreife, damit das Verfassungsrecht verunsichere und in Kasuistik auflöse. Der Lehre *Nipperdeys* warf *Forsthoff* vor, sie würde – bezeichnenderweise – die Drittwirkung der Grundrechte nicht mit traditionellen Auslegungsregeln aus den Grundrechten ableiten, weil diese einer Drittwirkung der Grundrechte keinen Raum gegeben würden. Vgl. *Forsthoff*, ebd. S. 45f.

Grundrechte bejahen. Darin würden beide Theorien übereinstimmen, indem sie die Abhängigkeit des bürgerlichen Rechts von dem Wertsystem des Grundgesetzes anerkennen und die Grundrechte im Bereich des bürgerlichen Rechts aktualisieren wollen. Der einzige Unterschied sei, dass er, *Nipperdey*, dies unmittelbar, *Dürig* aber über die auslegungsfähigen und auslegungsbedürftigen Generalklauseln tue. *Nipperdey* sah das Gemeinsame überwiegen. Gerade im Hinblick auf den unerfreulichen Beitrag von *Forsthoff* meinte *Nipperdey*, solle man daher versuchen, sich auf eine Grundlinie zu einigen, um gegen die, die Wertordnung des Grundgesetzes so sehr bedrohen, gemeinsam vorzugehen.[750] *Dürig* hielt der Lehre *Nipperdeys* entgegen, obgleich ihr inneres Ziel durchaus charismatisch sei, kämpfe sie gewissermaßen verschleiert. Das Ziel der Lehre *Nipperdeys* glaubte *Dürig* in dem Bedürfnis zu erkennen, den Menschen gegenüber sozialen Zwischenmächten zu schützen, denen dieser faktisch nicht in dem vom traditionellen Privatrecht vorausgesetzten Koordinationsverhältnis stehe, denen er vielmehr mehr oder weniger unterworfen sei.[751] Wenngleich es bestechend klinge, für marktbeherrschenden Unternehmen unmittelbar Art. 3 GG anzuwenden, um sie an einer unterschiedlichen Behandlung einzelner Arbeitnehmer zu hindern, sei der elegantere Weg vielmehr darin zu sehen, offen zuzugeben, dass man im Wege unmittelbarer und starrer Grundrechtsbindung derartige Machtkonzentrationen „entprivatisieren“ wolle.[752]

Nach alledem reduzierte *Leisner* das Verhältnis von Grundrechten und Generalklauseln, wie es sich übereinstimmend aus den Lehren *Dürigs* und *Nipperdeys* ergebe, auf drei Aussagen. Die zivilrechtlichen Bestimmungen über Treu und Glauben oder die guten Sitten könnten – unabhängig von aller „technischen“ Drittwirkung – eine allgemeine, analoge Anwendung grundrechtlicher Normgehalte gebieten. Die Grundrechte bilden die Schranke für die Normfindungstätigkeit des Richters zu §§ 138, 242 BGB ebenso wie sie die gesetzgeberische Tätigkeit beschränken. Schließlich müssen die Grundrechte in ihrer Begrenzungsfunktion wiederum unter Berücksichtigung der allgemeinen Anschauungen ausgelegt werden, so dass hier Treu und Glauben und die guten Sitten als höchste Rechtsgedanken zu Schranken der Grundrechte werden.[753]

---

750 Siehe hierzu ausführlich *Hollstein*, Die Verfassung als Allgemeiner Teil, S. 207f. m.w.N.

751 Vgl. *Dürig*, DÖV 1958, S. 194, 197.

752 Vgl. *Dürig*, DÖV 1958, S. 194, 197.

753 Vgl. *Leisner*, Grundrechte und Privatrecht, S. 370.

c) Bindung der Rechtsprechung an die Grundrechte

Auch *Walter Jellinek* lehnte den Ansatz *Nipperdeys*, die Rechtsprechung sei aufgrund der Bindung an die Grundrechte gem. Art. 1 Abs. 3 GG verpflichtet, grundrechtlichen Wertungen widersprechende Rechtsgeschäfte für nichtig zu erklären, ab. Dies würde die Grundrechte ihrer ausschließlichen Staatsgerichtetheit entkleiden.[754] Gleichwohl hielt auch *W. Jellinek* unzulässige Differenzierungen zwischen Mann und Frau nicht nur im Arbeitsrecht für nicht vertretbar und im Ergebnis für nichtig. Dies solle immer dann der Fall sein, wenn die Differenzierung aus unsachlichen Gründen erfolge, der Idee der Gerechtigkeit zuwiderlaufen und schlussendlich dadurch gegen die guten Sitten verstoßen würde.[755] Nach dieser Begründung bedarf es keiner Unterstützung des Privatrechts durch die Grundrechte, da die bestehenden Regelungen für die Herstellung gerechter Ergebnisse insbesondere aufgrund auslegungsbedürftiger und flexibler Vorschriften wie denen der §§ 138 und 242 BGB ausreichend seien. Allein der aus den grundgesetzlichen Bestimmungen hervorgehende Grundgedanke, dass Männer und Frauen gleichberechtigt sein sollen, färbe auf das Privatrecht ab.[756] Im Ergebnis ist dieser Ansatz stark an die Lehre *Dürigs* von der mittelbaren Drittwirkung der Grundrechte im Privatrechtsverkehr angelehnt.

d) Drittwirkung mit traditionellen Auslegungsregeln nicht begründbar

Forsthoff hielt der deutschen Staatsrechtswissenschaft insgesamt vor, sie suche die Ordnung (der Grundrechte) in den für sie wesentlichen Relationen des materiellen Sinns der Normen.[757] Diese Auslegung werde zudem an die Stelle der anderen gesetzt und als einzig richtige und primäre Methode vertreten. *Forsthoff* hielt es jedoch für vorzugswürdig, die neue geisteswissenschaftliche Methode der Sinnerfassung als Auslegungshilfe anzuwenden, wenn die traditionellen Wege der Auslegung nicht mehr weiter helfen würden. Indem das neue Verfassungsverständnis die Grundrechte ihrer Rangverschiedenheit entsprechend klassifiziere und sich auf der Basis einer *Smend*'schen geisteswissenschaftlichen Methode Begrifflichkeiten bediene, wie zum Beispiel „Wertsystem", „Kultursystem" oder „Gütersystem" der Grundrechte, werde das Verfassungsgesetz jedoch partiell aufgelöst.[758] Gegen die Drittwirkungslehre wandte *Forsthoff* ein, zunächst seien die Gründe der Staatsrechtswissenschaft

754 Vgl. *W. Jellinek*, BB 1950, S. 425.

755 Vgl. *W. Jellinek*, BB 1950, S. 425.

756 Vgl. *W. Jellinek*, BB 1950, S. 425, 426.

757 *Forsthoff*, Die Umbildung des Verfassungsgesetzes, in FS für *Schmitt* (1959), S. 35, 44.

758 *Forsthoff*, Die Umbildung des Verfassungsgesetzes, in FS für *Schmitt*, S. 35, 59.

und der Verfassungsauslegung geradezu unzugänglich.[759] Angesichts der hermeneutischen Prägung des *Forsthoff*'schen Verfassungsverständnisses leuchtet dies zweifelsohne ein. Danach sind Erwägungen über den Schutz vor sozialen Gewalten für die Auslegung des das Staats- bzw. Verfassungsrecht regelnden Gesetzes ohne Belang. Im Wesentlichen kritisierte *Forsthoff* an der Entwicklung, dass anhand der neuen Methode geistesgeschichtlich-soziologische Erwägungen und Situationsdeutungen, deren Ergebnisse und Postulate mit keiner weiteren Begründung als der, dass sie den freiheitlichen und demokratischen Intentionen des Grundgesetzes entsprechen, diesem als geltendes Recht unterschoben werden.[760] Hierin erkannte *Forsthoff* den Bruch mit der traditionellen Verfassungsinterpretation. Gleichwohl gestand *Forsthoff* der neuen Form der Verfassungsauslegung zu, dass sie inzwischen allseits akzeptiert und Stand der Technik geworden war.[761]

e) Betonung der liberalen Geisteshaltung der Grundrechte

Maunz hob die liberale Geisteshaltung hervor, von welcher der Katalog der Grundrechte im Grundgesetz beherrscht sei. Die Grundrechte seien danach vor allem dem Staat vor- bzw. übergelagerte Verbürgungen, die Freiheit von ungesetzlichem aber auch staatsgesetzlichem Zwang gewährleisteten.[762] Ähnlich wie *Nipperdey* erkannte auch *Maunz* der Würde des Menschen die Funktion zu, die Grundlage eines Wertsystems der menschlichen Güter zu bilden, das zu entwickeln die Verfassungsgerichte berufen seien.[763] Er ging allerdings nicht soweit wie *Nipperdey*, dieses Wertsystem auf die rechtlichen Beziehungen der Privatrechtssubjekte zu erstrecken.

f) Bedeutung allgemeiner Rechtsgrundsätze

Ein anderer Ansatz findet sich bei *Hans J. Wolff*, der die Grundsätze der *Menschenwürde*, der *Gleichbehandlung* und der *guten Sitten* im Rahmen einer Untersuchung zu den Rechtsquellen, bei der er auch die sogenannten Rechtsgrundsätze betrachtete, der Gruppe der allgemeinen Rechtsgrundsätze,[764] als

---

759 *Forsthoff*, Die Umbildung des Verfassungsgesetzes, in FS für *Schmitt*, S. 35, 45.
760 *Forsthoff*, Die Umbildung des Verfassungsgesetzes, in FS für *Schmitt*, S. 35, 50.
761 Vgl. *Forsthoff*, Die Umbildung des Verfassungsgesetzes, in FS für *Schmitt*, S. 35, 51.
762 Vgl. *Maunz*, Deutsches Staatsrecht, S. 67, 70.
763 Vgl. *Maunz*, Deutsches Staatsrecht, S. 84f.
764 Das Gegenstück zu den allgemeinen Rechtsgrundsätzen bilden nach *Wolff* die besonderen Rechtsgrundsätze wie etwa die Gleichheit und Gleichberechtigung der Staaten (Völkerrecht) oder der Grundsatz des rechtlichen Gehörs (Prozessrecht). *Wolff*, Rechtsgrundsätze und verfassungsgestaltende Grundentscheidungen als Rechtsquellen, in Gedächtnisschrift für *W. Jellinek*, S. 33, 41.

Ableitungen aus Rechtsprinzipien, zuordnete.[765] Diese allgemeinen, allgemeingültigen Rechtsgrundsätze bilden nach *Wolff* das „normative Fundament“ jeder Rechtsordnung.[766] Allgemeine wie besondere Rechtsgrundsätze stellen ungeschriebene Rechtsquellen dar, die zum Teil in den Grundrechten des Grundgesetzes zum Ausdruck gekommen sind (Art. 3 Abs. 1 GG sowie Art. 4 Abs. 1 GG). Die Geltung der Rechtsgrundsätze ist davon jedoch unabhängig. Für die konkrete Rechtsfindung hielt *Wolff* die Rechtsgrundsätze, entgegen der Kritik diese seien bloße Programmsätze, Richtlinien für den Gesetzgeber oder Zielbestimmungen, ohne Weiteres für möglich. Ähnlich den Generalklauseln seien Rechtsgrundsätze zwar nicht unmittelbar anwendbar, gleichwohl aber erste Bauprinzipien des konkreten Inhalts des jeweiligen Rechts.[767] Die Einzelfalllösung bleibe letztlich jedoch dem Richter vorbehalten, der bei Heranziehung eines Rechtsgrundsatzes diesen konkretisieren und ausfüllen müsse. Mit diesem naturrechtlichen Ansatz ging *Wolff* sogar über das eher normativ geprägte Verständnis *Nipperdeys* hinaus, mit dem dieser versuchte, die Gewährleistungen aus den jeweiligen Grundrechtstexten abzuleiten.

g) Grundgesetz als Erkenntnisquelle des bürgerlichen Rechts

Bei der Auslegung und Fortbildung des bürgerlichen Rechts sind nach *Karl Larenz* die Bewertungsmaßstäbe des Grundgesetzes, insbesondere die im Grundrechtsteil sowie in dem Bekenntnis zu einem demokratischen und sozialen Rechtsstaat in Art. 28 Abs. 1 GG niedergelegten Grundsätze von besonderer Bedeutung.[768] Dem Grundgesetz komme privatrechtsgestaltende Kraft zu, weil eine Gesetzesbestimmung, die den Rechtsnormen des Grundgesetzes widerstreite, keine Geltung beanspruchen könne, sofern eine verfassungskonforme Auslegung der Norm nicht möglich sei.[769] Dies bedeute aber nicht, dass die Privatrechtsordnung unmittelbar aus den Verfassungsartikeln abgeleitet werden könne. Die Lehre *Nipperdeys* hielt *Larenz* für zu weit gehend. Die Lehre verkenne, dass das Grundgesetz seinerseits die Kernbegriffe des Privatrechts bereits voraussetze und die Privatrechtsordnung als Ganzes anerkennen und bestätigen wolle.[770] Auch die unter grundrechtlichen Schutz

765 *Wolff*, Rechtsgrundsätze und verfassungsgestaltende Grundentscheidungen als Rechtsquellen, in Gedächtnisschrift für *W. Jellinek*, S. 39.

766 *Wolff*, Rechtsgrundsätze und verfassungsgestaltende Grundentscheidungen als Rechtsquellen, in Gedächtnisschrift für *W. Jellinek*, S. 40.

767 *Wolff*, Rechtsgrundsätze und verfassungsgestaltende Grundentscheidungen als Rechtsquellen, in Gedächtnisschrift für *W. Jellinek*, S. 44.

768 Vgl. *Larenz*, Allgemeiner Teil des Deutschen Bürgerlichen Rechts, § 2, III, S. 35, 36.

769 Vgl. *Larenz*, Allgemeiner Teil des Deutschen Bürgerlichen Rechts, § 2, III, S. 37.

770 Vgl. *Larenz*, Allgemeiner Teil des Deutschen Bürgerlichen Rechts, § 2, III, S. 39.

gestellten privatrechtlichen Institute wie etwa Eigentum und Ehe würden nicht vom Grundgesetz geschaffen, sondern seien integraler Bestandteil des (älteren) Privatrechts. Allerdings hielt *Larenz* das Ergebnis *Nipperdeys* für richtig, dass dort wo das Grundgesetz bestimmte Freiheiten gegenüber der Staatsgewalt gewähre, wie z.B. die Glaubens- und Gewissensfreiheit und die ungestörte Religionsausübung (Art. 4 GG) oder die Freiheit der Meinungsäußerung (Art. 5 GG), gefolgert werden müsse, diese Freiheiten seien nach dem Willen des Verfassungsgebers grundsätzlich auch im Verhältnis der Einzelnen zueinander und zu den nichtstaatlichen Verbänden zu respektieren.[771] Diesen Schutz könne das Privatrecht jedoch nur mit privatrechtskonformen Mitteln, also unter Beachtung der anerkannten Grundsätze des Privatrechts wie Vertragsfreiheit und Vertrauensgrundsatz gewähren.[772] Hierbei seien dann die vom Grundgesetz getroffenen, für die gesamte Rechtsordnung maßgeblichen Grundentscheidungen und Wertungsmaßstäbe mit Hilfe der anerkannten Interpretationsmethoden und unter Berücksichtigung des Funktionszusammenhangs der Privatrechtsnormen heranzuziehen.[773]

h) Einseitige Leistungsbestimmung im Arbeitsvertrag

Das Recht des Arbeitgebers, das zwischen ihm und dem in seinem Betrieb beschäftigten Arbeitnehmer bestehende Arbeitsverhältnis mittels einseitiger Leistungsbestimmungen zu gestalten, hat *Söllner* näher untersucht und seine normative Grundlage im Wesentlichen auf § 315 BGB zurückgeführt.[774] Auch im Hinblick auf die von Art. 1 und 2 GG garantierten höchsten Rechte bestehe bei der Anwendung des § 315 BGB keine Besorgnis wegen einer etwaigen übermäßigen Einschränkung der Rechte des Arbeitnehmers. Das Zivilrecht biete selbst ausreichende Schutzmechanismen, um einer unbilligen Ausübung der Gestaltungsrechte durch den Arbeitgeber zu begegnen.[775] Im Rahmen der von § 315 Abs. 3 S. 1 BGB angeordneten Ermessenskontrolle würden die Grenzen des Leistungsbestimmungsrechts durch die Wertungen des Grundgesetzes, insbesondere die Grundrechtsgewährleistungen ausgeformt.[776]

---

771 Vgl. *Larenz*, Allgemeiner Teil des Deutschen Bürgerlichen Rechts, § 2, III, S. 35, 38.

772 Vgl. *Larenz*, Allgemeiner Teil des Deutschen Bürgerlichen Rechts, § 2, III, S. 38.

773 Vgl. *Larenz*, Allgemeiner Teil des Deutschen Bürgerlichen Rechts, § 2, III, S. 39.

774 Vgl. *Söllner*, Einseitige Leistungsbestimmung im Arbeitsvertrag, S. 25.

775 Vgl. *Söllner*, Einseitige Leistungsbestimmung im Arbeitsvertrag, S. 67.

776 Vgl. *Söllner*, Einseitige Leistungsbestimmung im Arbeitsvertrag, S. 67f., 129.

III. Absolute Wirkung einzelner Grundrechte

Einzelne bereits vorliegende Analysen der Theorie deuten den Ansatz *Nipperdeys* im Wesentlichen dahingehend, dass die Verfassung als eine Art „Allgemeiner Teil" der gesamten Rechtsordnung zu sehen sei, die den anderen Teilen der Rechtsordnung vorangehe.[777] So sei insbesondere das Privatrecht und auch das darin enthaltene Arbeitsrecht ein „Verfassungsfortsatz."[778] Beide Begrifflichkeiten stellen auf den gleichen Aspekt ab: die Beeinflussung aller Rechtsgebiete durch die Grundrechte. Die Frage, wie sich dieser Einfluss auswirke – ob mittelbar oder unmittelbar – könnte sich durchaus bereits aus der dogmatischen Analyse des verwendeten Begriffs „Allgemeiner Teil" ergeben. Im Zivilrecht enthält der „Allgemeine Teil" Normen, die – ohne Ansehung des jeweiligen Instituts des „Besonderen Teils" – direkt wirken und Rechtsfolgen oder Anspruchsgrundlagen darstellen.[779] In diesem Sinne versteht sich *Nipperdeys* Theorie durchaus. Zum einen können bestimmte Grundrechte in bestimmten Rechtsverhältnissen unmittelbar Ansprüche gewähren; zum anderen können bestimmte Grundrechte die Nichtigkeit bestimmter Rechtsverhältnisse bewirken, wenn ein Verstoß gegen den Regelungsgehalt des jeweiligen Grundrechts vorliegt. Vor diesem Hintergrund soll noch einmal hervorgehoben werden, dass *Nipperdey* davon ausging, dass zwar nicht alle, wohl aber eine ganze Reihe einzelner Grundrechte die von ihm beschriebene absolute Wirkung im Privatrechtsverkehr entfalten sollten. Eine zentrale Rolle in *Nipperdeys* Drittwirkungslehre kommt dem Grundrecht aus Art. 3 Abs. 1 GG, namentlich dem Gleichheitsgrundsatz zu. An diesem Grundrecht entwickelte *Nipperdey* die Grundsätze seiner Lehre. Daneben ging er davon aus, dass auch den Grundrechten aus Art. 1 Abs. 1 i.V.m. Art. 2 Abs. 1 GG,[780] Art. 5, Art. 6 Abs. 1, Art. 9 Abs. 1 und Abs. 3, Art. 10, Art. 11, Art. 12, Art. 13 sowie Art. 14 Abs. 2 GG absolute Wirkung im Privatrechtsverkehr zuzumessen sei.[781]

1. Allgemeines Persönlichkeitsrecht

In der 1952 erschienen 14. Auflage des Lehrbuchs des Bürgerlichen Rechts stellte *Nipperdey* fest, dass an der noch in der Vorauflage vertretenen Auffas-

777 Vgl. *Wahl*, Dimensionen, Rn. 23; ausführlich hierzu *Hollstein*, Die Verfassung als Allgemeiner Teil, S. 213.

778 *Rückert*, Prinzipien, Rn. 6

779 Vgl. *Hollstein*, Die Verfassung als Allgemeiner Teil, S. 212 m.w.N.

780 Aus diesen leitete *Nipperdey* das allgemeine Persönlichkeitsrecht her.

781 Vgl. *Enneccerus/Nipperdey*, LB des Bürgerlichen Rechts, Bd. I, AT, 14. Aufl., S. 56; *ders.*, LB des Bürgerlichen Rechts, Bd. I, AT, 15. Aufl., S. 98.

sung[782] zum allgemeinen Persönlichkeitsrecht nicht mehr festzuhalten sei.[783] Die dieser Rechtsauffassung zugrunde liegende Rechtslage habe sich mit in Kraft treten des Grundgesetzes grundlegend geändert. Das Grundgesetz erklärte nun in Art. 1 GG die Menschenwürde für unantastbar und in Art. 79 Abs. 3 GG diesen Grundsatz zudem für unantastbar. Mit Art. 2 GG trat der Grundsatz hinzu, wonach jeder das Recht auf die freie Entfaltung seiner Persönlichkeit hat, soweit er nicht die Rechte anderer verletzt und gegen die verfassungsmäßige Ordnung oder das Sittengesetz verstößt. Beide Grundsätze sind nach *Nipperdey* integrierende Bestandteile des allgemeinen Persönlichkeitsrechts, das damit durch die Rechtsordnung als subjektives (öffentliches und privates) Recht gewährleistet ist.[784] Nach *Nipperdey* gewährt das allgemeine Persönlichkeitsrecht ein subjektives absolutes Recht im Sinne des § 823 BGB auf Erhaltung, Unverletzlichkeit, Würde, anerkannte Bezeichnung und freie Entfaltung der Individualität des Menschen.[785] Die absolute Geltung des allgemeinen Persönlichkeitsrechts im Privatrechtsverkehr führte *Nipperdey* darauf zurück, dass die Bestimmungen der Art. 1 Abs. 1 und Art. 2 Abs. 1 GG nicht nur die Staatsgewalt, sondern auch die Rechtsgenossen binden.[786] Aus der auch von Privaten zu respektierenden, verfassungsmäßig gewährleisteten Würde des Menschen (Art. 1 Abs. 1 GG) und dem Recht auf freie Entfaltung seiner Persönlichkeit (Art. 2 Abs. 1 GG) ergebe sich dieses allgemeine, übergeordnete Grundrecht.[787] Für *Leisner* war mit dem allgemeinen Persönlichkeitsrecht einerseits ein subsidiäres Auffangrecht, andererseits aus dem Willen zur Globalregelung des Unnormierbaren ein Mutterrecht entstanden.[788]

---

782 Vgl. *Enneccerus/Nipperdey*, LB des Bürgerlichen Rechts, Bd. I, AT, 13. Aufl., § 78, S. 233; die herrschende Lehre während der Zeit der Weimarer Republik lehnte die Existenz eines allgemeinen Persönlichkeitsrechts mit der Begründung ab, es fehle an Rechtsvorschriften, die die persönliche Sphäre als subjektives Recht kennzeichneten.

783 Vgl. *Enneccerus/Nipperdey*, LB des Bürgerlichen Rechts, Bd. I, AT, 14. Aufl., S. 293.

784 Vgl. *Enneccerus/Nipperdey*, LB des Bürgerlichen Rechts, Bd. I, AT, 14. Aufl., S. 293.

785 Vgl. *Enneccerus/Nipperdey*, LB des Bürgerlichen Rechts, Bd. I, AT, 14. Aufl., S. 391.

786 Vgl. *Enneccerus/Nipperdey*, LB des Bürgerlichen Rechts, Bd. I, AT, 14. Aufl., S. 293.

787 *Enneccerus/Nipperdey*, LB des Bürgerlichen Rechts, Bd. I, AT, 15. Aufl., S. 453.

788 Vgl. *Leisner*, Grundrechte und Privatrecht, S. 243.

2. Gleichheitssatz und arbeitsrechtlicher Gleichbehandlungsgrundsatz[789]

Das Grundgesetz trat zu einer Zeit in Kraft, in der die Nachwirkungen des Zweiten Weltkrieges noch immer gegenwärtig waren. Eine dieser Folgeerscheinungen war die hohe Zahl arbeitender Frauen. Die Gründe hierfür sind bekannt. Interessant im Hinblick auf die gegenständlich zu untersuchende Fragestellung sind in diesem Zusammenhang die Auswirkungen des Faktischen auf die Rechtslandschaft. Nicht nur, dass sich die Gesellschaft im Vergleich zu den Jahren der Weimarer Republik verändert hatte, aufgrund der Vielzahl arbeitender Frauen rückte auch die seinerzeit ganz normale ungleiche Entlohnung von Männern und Frauen in den Fokus der Öffentlichkeit. Frauen verdienten 1949 zum Teil weniger als 70 % dessen, was ein gleichwertig qualifizierter Mann für die gleiche Arbeit/Leistung erhielt.[790] Folge der Bewusstwerdung dieses Problems war die politische Forderung der Gleichbehandlung von Männern und Frauen. Diese fand mit Art. 3 GG sogar Eingang in das Grundgesetz, das der Bundesrepublik seine Wertordnung geben sollte. Gegenstand der Beratungen über den Text des Art. 3 GG war auch der Satz „Gleicher Lohn für gleiche Leistung."

Für *Nipperdey* ergab sich der Grundsatz, gleicher Lohn der Frau für gleiche Leistung, bereits eindeutig aus Art. 3 GG[791] i.V.m. Art. 1 Abs. 3 GG mit der Wirkung unmittelbar geltenden Rechts.[792] Dies sei unzweifelhaft auch der Wille des Verfassungsgesetzgebers gewesen.[793] Die Frage, ob Art. 3 GG grundsätzlich und generell zwischen Privaten Geltung beansprucht, ließ *Nipperdey* zunächst außer Acht.[794] Vielmehr konzentrierte er sich darauf, den allgemeinen Gleichheitssatz für den Lohnanspruch der Frau im Sinne eines klagbaren Rechtsanspruches auf Zahlung des gleichen Lohns wie deren männliche Kollegen, die gleiche Leistungen erbringen, fruchtbar zu machen. Hierzu ging *Nipperdey* ganz allgemein vom verfassungsrechtlichen Gleich-

---

789 Vgl. hierzu auch *Bobrowski/Gaul*, Das Arbeitsrecht im Betrieb, S. 306ff.

790 Vgl. Beispiele bei *Schätzel*, RdA 1950, 248.

791 Vgl. *Nipperdey*, RdA 1950, 121; *ders.*, Gleicher Lohn der Frau, S. 3f.; nach *Beitzke*, RdA 1953, 281, 283 enthält Art. 3 GG nach allgemeiner Meinung das Prinzip der Lohngleichheit, ebd. m.w.N.; *ders.*, Gleichheit von Mann und Frau, in *Neumann/Nipperdey/Scheuner*, Grundrechte, Bd. 2, S. 199, 222

792 Vgl. *Nipperdey*, Gleicher Lohn der Frau, S. 20.

793 Vgl. *Nipperdey*, BB 1951, S. 282, 283.

794 So *Beitzke*, Gleichheit von Mann und Frau, in *Neumann/Nipperdey/Scheuner*, Grundrechte, Bd. 2, S. 199, 224, der die Allgemeingültigkeit des Gleichheitsgrundsatzes des Art. 3 GG, mithin dessen Geltung auch im Privatrechtsverkehr betonte und die Nichtigkeitsfolge eines Verstoßes gegen den Grundsatz aus § 138 BGB herleitete; ebd., S. 211.

heitssatz[795] aus. Die Geltung des aus Art. 3 GG abgeleiteten Lohngleichheitsgrundsatzes verstand *Nipperdey* über eine bloß programmatische Bedeutung hinausgehend.[796] Wie selbstverständlich stellte er daher fest, dass der Grundsatz konsequenterweise in die Vertragsfreiheit eingreife und diese in bestimmter Richtung beschränke.[797] Kriterium für die Gleich- oder Ungleichbehandlung sei die Sachlichkeit.[798] Willkür, also die Differenzierung nach unsachlichen Kriterien sei dem gegenüber verboten. Als willkürlich/unsachlich/ungerecht empfand *Nipperdey* insbesondere, dass einerseits nach Leistung gezahlt wurde, andererseits aber eine Frau, die auf dem gleichen Arbeitsplatz das Gleiche leistete wie ein Mann geringer entlohnt wurde. Bestätigt sah *Nipperdey* sein Ergebnis[799] durch die Aussagen der Art. 3 Abs. 2 und Abs. 3 GG, die im Interesse der Klarheit einige Differenzierungen ausdrücklich als willkürlich bezeichneten und damit dem in Art. 3 Abs. 1 GG ausgesprochenen allgemeinen Grundsatz eine verbindliche Regel gäben. Art. 3 Abs. 2 GG statuiere die Gleichberechtigung zwischen Mann und Frau, sie hätten gleiche Rechte und somit im Bereich der Arbeit Anspruch auf gleichen Lohn.[800] Art. 3 Abs. 3 GG enthalte schließlich ein als allgemeiner Rechtssatz[801] geltendes Benachteiligungsverbot, wonach es verboten sei, eine Frau, die Gleiches leistet wie ein Mann, im Verhältnis zu diesem geringer zu entlohnen.[802] *Nipperdey* wurde in dieser Ansicht nicht zuletzt durch die Frauenlohnentscheidungen[803] des BAG bestätigt. Dieses Ergebnis werde auch nicht deshalb unrichtig, weil weibliche Arbeitskräfte infolge der zu ihren Gunsten erlassenen Schutzbestimmungen (MuSchG etc.) größere Fehlzeiten hätten, wodurch sie einen geringeren wirtschaftlichen Nutzen brächten. Die besonderen Schutzbestimmungen der Frauen beruhen auf der Achtung des Persönlichkeitswertes (Art. 1 Abs. 2, Art. 2 Abs. 1 GG) und der durch die

795 Vgl. *von Mangoldt*, GG, 1. Aufl., S. 51; *Nipperdey*, BB 1951, S. 282; *Leibholz*, DVBl. 1951, S. 193; BVerfGE 1, S. 14; 4, S. 144, 155.

796 So hingegen etwa *Bötticher*, RdA 1953, S. 161, 165, für den sich der bloße Programmsatzcharakter bereits unmittelbar aus der Verbindung mit anderen zweifellosen Programmsätzen wie „Der Lohn muss der Leistung entsprechen und den angemessenen Lebensbedarf des Arbeitenden und seiner Familie decken.“

797 Vgl. *Nipperdey*, BB 1951, S. 282, 283.

798 So auch *Schmidt-Rampler, Gieseke, Friesenhahn, Knur*, AöR 1950, S. 165, 168f.

799 Vgl. *Nipperdey*, Gleicher Lohn der Frau, S. 3.

800 Vgl. ebenso *Beitzke*, Gleichheit von Mann und Frau, in *Neumann/Nipperdey/Scheuner*, Grundrechte, Bd. 2, S. 199, 212; a.A. *Schmidt-Rampler, Gieseke, Friesenhahn, Knur*, AöR 1950, S. 165, 175, danach lege Art. 3 Abs. 2 GG den von Art. 3 Abs. 1 GG aufgestellten Grundsatz ausdrücklich auch für die *„von Natur aus ungleichen Geschöpfe“* Mann und Frau fest.

801 Vgl. *Beitzke*, Gleichheit von Mann und Frau, in *Neumann/Nipperdey/Scheuner*, Grundrechte, Bd. 2, S. 199, 212.

802 Vgl. *Nipperdey*, RdA 1950, S. 121, 123.

803 BAGE 1, S. 258, 348; sowie BAG NJW 1955, S. 688.

Art. 3 und 6 GG gebotenen Rücksichtnahme auf die Eigenarten und Aufgaben der Frau in der Familie und der Gemeinschaft (Art. 20, 28 GG).[804] Die Schutzbestimmungen folgen nicht aus dem Gleichheitssatz selbst, seien aber mit diesem vereinbar, weil die allein für die Frau getroffenen Regelungen in deren unterschiedlichen Konstitution und ihrer sozialethischen Stellung und damit sachlich begründet seien.[805]

Im Ergebnis war für *Nipperdey* klar, der in Art. 3 GG enthaltene Grundsatz der Lohngleichheit bei Frauen sei ein Satz, der im positiven Ergebnis die Rechtsbeziehungen der Rechtsgenossen zueinander, nämlich die der Arbeitgeber und Arbeitnehmer hinsichtlich der Frauenlöhne ordnen soll.[806] Dies ergebe schließlich auch die Auslegung von Art. 1 Abs. 3 GG, denn die Annahme, wonach die Aufzählung der drei an die Grundrechte gebundenen Gewalten[807] des Staates abschließend sein soll, gehe am Sinn und Zweck der modernen demokratischen Verfassung vorbei.[808] Das Grundgesetz trage der offensichtlichen Entwicklung Rechnung, wonach Grundrechtsbestimmungen immer mehr den Charakter unmittelbar bindender Vorschriften annehmen.[809] Die Durchsetzung grundrechtlicher Bestimmungen sei nur dann voll gewährleistet, wenn auch die einzelnen Rechtsgenossen, die Staatsbürger an sie gebunden seien. Die Verfassung – als Lebens-/Wertordnung des Volkes[810] (das sich – wie in der Präambel festgehalten – die Verfassung selbst gegeben hat) – erwarte von jedermann, dass er sich auf den Boden der verfassungsrechtlichen, das Gemeinschaftsleben bestimmenden Sätze stelle und ihnen auch in seinen privatrechtlichen Beziehungen Rechnung trage. Im Zweifel sei davon auszugehen, dass die Verfassung die Grundrechte als allgemein durchsetzbare Rechtsgrundsätze ausgestalten wolle. Art. 3 Abs. 3 GG unterstreiche in weitgehender Wiederholung die Gedanken aus Art. 3 Abs. 1 und Abs. 2 GG und hebe durch seine Verbotsvorschrift seine besondere Bedeutung hervor.[811] Sein einziger Sinn bestehe in der Beherrschung des Gemeinschaftslebens. Im Übrigen sei der aus dem Gleichheitssatz des Art. 3 GG entsprungene allgemeine

804 So auch *Beitzke*, Gleichheit von Mann und Frau, in *Neumann/Nipperdey/Scheuner*, Grundrechte, Bd. 2, S. 199, 221.

805 Vgl. *Gaul*, RdA 1955, S. 362, 363.

806 Vgl. *Nipperdey*, Gleicher Lohn der Frau, S. 7.

807 Nach Art. 1 Abs. 3 GG binden die Grundrechte Gesetzgebung, Verwaltung und Rechtsprechung.

808 Vgl. *Nipperdey*, RdA 1950, S. 121, 124.

809 Vgl. *Nipperdey*, RdA 1950, S. 121, 124.

810 Vgl. *Nipperdey*, RdA 1950, S. 121, 124.

811 A.A. vgl. *W. Jellinek*, BB 1950, S. 425, 426, der von einem Schönheitsfehler des verfassunggebenden Gesetzgebers spricht und den Fehler auf dessen gesetzestechnische Unerfahrenheit zurückführt.

Gleichbehandlungsgrundsatz im Arbeitsrecht, wie auch sonst im Privatrecht weitgehend anerkannt.[812]

Dem trat wiederum *Dürig* entgegen, der eine unmittelbare Rechtswirkung des Art. 3 Abs. 2 GG nur insoweit anerkannte, als sich die Norm ausschließlich gegen den Staat richte. Eine unmittelbare Drittrichtung komme Art. 3 Abs. 2 GG ebenso wenig zu wie Art. 3 Abs. 1 GG. Vielmehr sei dessen Wertgehalt in die herkömmlichen Generalklauseln des Zivilrechts einzubeziehen, so dass die Benachteiligung der Frauen wegen des Geschlechts in aller Regel gegen §§ 138, 242, 826 BGB verstoßen werde.[813] *Dürig* deutete Art. 3 Abs. 2 GG als gesetzliche Umsetzung der historischen Forderung nach einer Gleichberechtigung der Geschlechter im Sinne einer Angleichung der Rechte der Frau an jene des Mannes.[814] Er bezeichnete es daher als Fehldeutung des Gleichberechtigungsgrundsatzes, wenn damit eine Gleichheit gefordert werde, die den Mann von seinen bisherigen Pflichten entbinde.

Schätzel hingegen hielt gegenüber der Argumentation *Nipperdeys* anhand der Gesetzesmaterialien den Nachweis dafür erbracht, dass der Verfassungsgesetzgeber, die seinerzeitige öffentliche Diskussion um die Lohngleichheit der Frau wohl zur Kenntnis nehmend, bewusst keinen Hinweis auf die Gleichbehandlung von Männern und Frauen im Hinblick auf Arbeit und Lohn aufgenommen, sondern dies zu regeln – und den Grundsatz umzusetzen – bewusst dem einfachen Gesetzgeber überlassen habe.[815] *Nipperdey* nahm dieselben Auszüge aus den Gesetzesmaterialien für den Beweis des Gegenteils zur Aussage *Schätzels* in Anspruch. Aus der ersten Lesung der Grundrechtsbestimmungen im Hauptausschuss ergebe sich klar, dass von der Aufnahme des besonderen Satzes über das Recht auf gleichen Lohn der Frau bei gleicher Arbeit abgesehen worden sei, weil dieses Recht in der Formulierung schon enthalten sei.[816] Demgemäß habe der Vorsitzende des Hauptausschusses in seiner 42. Sitzung am 18. Januar 1949 wörtlich festgestellt, „dass der Satz von der Gleichberechtigung für Mann und Frau beinhalte, dass Mann und Frau bei gleicher Arbeit gleichen Lohn bekommen (Zustimmung). Es ist keine Stimme dagegen.“[817] Auch Art. 1 Abs. 3 GG stehe dieser Auffassung nicht entgegen.

812 Vgl. *Nipperdey*, RdA 1950, S. 121, 125.
813 Vgl. *Dürig*, FamRZ 1954, S. 2.
814 Vgl. *Dürig*, FamRZ 1954, S. 3.
815 Vgl. *Schätzel*, RdA 1950, S. 248, 251 unter ausführlicher Bezugnahme auf die Gesetzesmaterialien.
816 Vgl. *Nipperdey*, Gleicher Lohn der Frau, 5, S. 20f.
817 Vgl. *Nipperdey*, Gleicher Lohn der Frau, 5, S. 20f; auch im Protokoll der 42. Sitzung des Hauptausschusses vom 18. Januar 1949, in Verhandlungen des HA, S. 538, 543; insoweit zustimmend *von Mangoldt*, GG, 1. Aufl., S. 53; *Galperin*, JZ 1956, S. 105; *Hueck*, Die Bedeutung des Art. 3 GG, 1951, S. 16f., der jedoch aus-

Zwar wählte *Nipperdey* eine relativ vorsichtige Formulierung mit der Aussage, dass wenn „sogar die Staatsgewalt gebunden [ist], so *können* erst recht Private gebunden sein, es sei denn, dass offensichtlich die Privaten in der betreffenden Frage freie Hand haben sollten."[818] Dieses Ergebnis müsse aber gerade deshalb gelten, weil nicht nur der Staat, sondern auch „soziale Gewalten" und Private dem einzelnen Rechtsgenossen gefährlich werden könnten.

In der Auseinandersetzung mit der Frage der unmittelbaren Wirkung des Lohngleichheitssatzes und den Argumenten *Nipperdeys* kam *Alfred Hueck* zu dem Ergebnis, dass der Lohngleichheitsgrundsatz grundsätzlich keine unmittelbare Wirkung zwischen Privatrechtssubjekten entfalte, sondern nur dann, wenn es sich um eine Maßnahme des Staates handele.[819] *Hueck* beschränkte sich im Wesentlichen darauf, die Argumente *Nipperdeys* zu negieren, ging dabei jedoch kaum über die Argumente *W. Jellineks* und *Schätzels* hinaus.[820] *Hueck* lehnte beispielsweise den Erst-recht-Schluss *Nipperdeys* mit der Begründung ab, die Bindung Privater an die Grundrechte sei nicht ein Weniger als die Bindung des Staates, sondern etwas grundsätzlich Anderes.[821] *Hueck* erkannte allerdings an, dass es Grundrechte gebe, die auch die privaten Beziehungen der Einzelpersonen zueinander regeln können. Im Ergebnis schloss sich aber auch *Hueck* nicht der Lehre *Nipperdeys* von der absoluten Wirkung der Grundrechte insbesondere des Lohngleichheitsgrundsatzes des Art. 3 Abs. 2 und 3 GG an. Mit einem praktischen Argument warf *Hueck* zudem die Frage nach dem Sinn einer unbedingten Umsetzung des Lohngleichheitsgrundsatzes auf. Der Schluss, der Lohngleichheitsgrundsatz führe zur automatischen Anpassung der Frauenlöhne an die der Männer, ergebe sich keineswegs zwingend, denn auch die Anpassung in umgekehrter Richtung würde eine etwaige Ungleichbehandlung beseitigen.[822] Ob dies allerdings das Ziel der Vertreter der unmittelbaren Geltung des Lohngleichheitsgrundsatzes sei, dürfe bezweifelt werden. Zur uneingeschränkten und unmittelbaren Geltung des Gleichheitssatzes des Art. 3 GG im Privatrecht führte *Hueck* eine Reihe von Beispielen auf, anhand derer er die offensichtliche Absurdität einer solchen Handhabung des Grundrechts aufzeigen wollte.[823] Danach könne gar kein Zweifel an der Wirksamkeit folgender Beispiele bestehen: ein Stipendi-

---

drücklich darauf hinweist, dass sich die Feststellung des Vorsitzenden des Hauptausschusses lediglich nicht die Frage betraf, an welchen Adressaten sich die Vorschrift richte.

818 *Nipperdey*, RdA 1950, S. 121, 125 (Hervorhebung nicht im Original).

819 *Hueck*, Die Bedeutung des Art. 3 GG, 1951, S. 36, 39.

820 *Hueck*, Die Bedeutung des Art. 3 GG, 1951, S. 10.

821 *Hueck*, Die Bedeutung des Art. 3 GG, 1951, S. 14.

822 *Hueck*, Die Bedeutung des Art. 3 GG, 1951, S. 22f.

823 *Hueck*, Die Bedeutung des Art. 3 GG, 1951, S. 24f.

um ausschließlich zugunsten von Frauen; eine Schenkung mit der Auflage, allein bestimmte weibliche Nachkommen zu begünstigen; Nachfolgeregelungen in Gesellschaftsverträgen zugunsten bestimmter weiblicher oder männlicher Nachkommen; Erbverträge zugunsten bestimmter weiblicher oder männlicher Nachkommen; Mitgliedschaften in Vereinen, die ein bestimmtes Geschlecht voraussetzen; Anforderungen hinsichtlich der Religionszugehörigkeit an Angestellte in Tendenzbetrieben. Im Ergebnis würde – so folgerte *Hueck* – die generelle Ausdehnung des Gleichheitssatzes auf private Beziehungen zu einer untragbaren Beschränkung der individuellen Freiheit führen.[824]

Hiervon unbeeindruckt folgerte *Nipperdey* aus der Bindung der Rechtsprechung an die Grundrechte gemäß Art. 1 Abs. 3 GG, dies lege nahe, die Rechtsprechung sei verpflichtet, keine Verträge, keine einseitigen Rechtsgeschäfte, keine Handlungen und Unterlassungen als rechtmäßig anzuerkennen, die den Grundrechten der Verfassung widerstreiten. Die Rechtsprechung würde selbst Grundrechte verletzen, wenn sie Grundrechtsverletzungen Privater anerkennen würde. Dann aber seien diese Rechtshandlungen – insbesondere Tarifverträge, die eine zu einer Ungleichbehandlung führen von vornherein rechtswidrig,[825] also nichtig.[826] In diesem Zusammenhang wies *Hans Galperin* darauf hin, dass der Gleichbehandlungsgrundsatz zwar auch die Rechtsprechung binde. Dies bedeute allerdings nur, dass die Gerichte ihrerseits niemanden seines Geschlechts wegen bevorzugen oder benachteiligen dürften. Dies wiederum bedeute nicht, dass der Richter gültigen Einzelverträgen deshalb die Anerkennung versagen dürfe, weil die privaten Vertragsparteien in ihnen Abreden getroffen haben, die auf einer unterschiedlichen Behandlung der Geschlechter beruhen.[827]

Weiterhin bedeutete für *Nipperdey* das Bekenntnis des deutschen Volkes – nicht nur des deutschen Staates – in Art. 1 Abs. 2 GG zu unverletzlichen und unveräußerlichen Menschenrechten als Grundlage jeder menschlichen Gemeinschaft, des Friedens und der Gerechtigkeit in der Welt, dass jeder Einzelne die Grundrechte seiner Rechtsgenossen respektieren müsse.[828] Dies habe zur Folge, dass der Arbeitgeber den Anspruch der Frau auf gleichen Lohn bei gleicher Leistung zu respektieren habe.

---

824 *Hueck*, Die Bedeutung des Art. 3 GG, 1951, S. 26.
825 Vgl. *Hueck*, Die Bedeutung des Art. 3 GG, 1951, S. 26.
826 Dagegen vgl. *Galperin*, JZ 1956, S. 105, 107; *W. Jellinek*, BB 1950, S. 426; *Hueck*, Die Bedeutung des Art. 3 GG, 1951, S. 21.
827 Vgl. *Galperin*, JZ 1956, S. 105, 107.
828 Vgl. *Nipperdey*, RdA 1950, S. 121, 125.

Bötticher stellte darauf ab, dass das Gesetz selbst auch im Privatrecht dem Staat in Form der Verwaltung bestimmte Verteilerfunktionen zuweise, ohne jedoch den Willen der Privatpersonen vollkommen zu übergehen.[829] So respektiere das Erbrecht den Willen des Erblassers insoweit, als es den Erben grundsätzlich nur den Pflichtteilsanspruch zuspricht. Der testamentarisch dokumentierte Wille gelte im Übrigen auch dann als Gesetz, wenn er einzelne Nachkommen ungerecht (ungleich) behandelt oder sogar diskriminiert. Im Privatrecht gelte das Primat der Privatautonomie, weshalb es auch keine Kontrolle ausgehandelter Verträge kenne, beispielsweise auf die Ausgewogenheit des Preis-Leistungsverhältnisses. Auch die Ausübung von Gestaltungsrechten könne nicht nachgeprüft werden, auch nicht unter dem Gesichtspunkt der Gleichbehandlung, weil sie dem freien Belieben des Berechtigten unterliege.[830] Hat sich der Arbeitgeber dagegen gegenüber seinen Arbeitnehmern gebunden, müsse er sich daran festhalten lassen, dann auch im Hinblick auf eine insoweit gebotene Gleichbehandlung.[831] Dieser Argumentation, Art. 2 Abs. 1 GG[832] garantiere die Vertragsfreiheit und sei als konkurrierendes Grundrecht bei der Auslegung des Art. 3 GG zu berücksichtigen, hielt *Nipperdey* entgegen, dass der wegen der Regelung des Art. 1 Abs. 3 GG unmittelbar geltende, grundrechtlich garantierte Grundsatz der Lohngleichheit der Frauen auf das gesetzliche Prinzip der Vertragsfreiheit als Bestandteil des materiellen Rechts treffe.[833] Im Ergebnis folge daraus, dass dem Grundsatz der Lohngleichheit der Frauen die Funktion innewohne, die Vertragsfreiheit direkt zu begrenzen und zu modifizieren, da er sich sinnvoller Weise nicht auf eine Freiheitsgarantie vor Gesetzen, die eine Ungleichheit beim Lohn anordnen bzw. zulassen, beschränken könne.[834] Aus dieser Argumentation ergibt sich, dass *Nipperdey* entweder davon ausging, die Vertragsfreiheit ergebe sich als Grundsatz originär aus dem Zivilrecht und müsse daher dem höheren, aus dem Verfassungsrecht entspringenden Grundsatz weichen, oder aber der aus Art. 3 GG abgeleiteten Lohngleichheitsgrundsatz beschränke den Art. 2 Abs. 1 GG entspringenden Grundsatz der Vertragsfreiheit im Sinne einer verfassungsimmanenten Grundrechtsschranke. Diese Grundrechtskollision wäre dann im Wege der praktischen Konkordanz zu lösen.

Auch in Bezug auf die Gleichbehandlung von Männern und Frauen in Fragen der Entlohnung machte *Nipperdey* seine Argumentation zu den Grundrechten

829 Vgl. *Bötticher*, RdA 1953, S. 161, 166.
830 Vgl. *Bötticher*, RdA 1953, S. 161, 168.
831 H.M. vgl. stellvertretend *Bötticher* ebd.
832 Grundlegend zur Herleitung der Vertragsfreiheit aus dem Grundgesetz *Laufke*, Vertragsfreiheit und Grundgesetz, in FS für *Lehmann* zum 80. Geb., Bd. 1, S. 145, 162.
833 So auch *Kunze*, Die *„Zölibatsklausel"* im Einzelvertrag, AuR 1953, S. 76.
834 Vgl. *Nipperdey*, Gleicher Lohn der Frau, S. 7, 9.

als integrierende Bestandteile der menschlichen Würde,[835] die zu schützen die staatliche Gewalt gem. Art. 1 Abs. 1 GG verpflichtet ist, fruchtbar. Einerseits müsse der Staat Beeinträchtigungen dieser, mit der Würde des Menschen verbundenen Rechte als rechtswidrig behandeln. Andererseits dürften Verträge, die gegen den Grundsatz „gleicher Lohn für gleiche Leistung" verstoßen, keine Anerkennung finden.

Sein Ergebnis sah *Nipperdey* schließlich auch durch die Landesverfassungen der Länder in der amerikanischen[836] und französischen[837] Besatzungszone bestätigt. Diese enthielten den Grundsatz „Gleicher Lohn für gleiche Leistung" zum Teil ausdrücklich.[838] *Nipperdey* hielt diese Bestimmungen zum einen – in Übereinstimmung mit der Auffassung zu Art. 3 GG – für unmittelbar geltendes Recht. Zum anderen erkannte er in ihnen einen Ausdruck des richtigen Auslegungsergebnisses von Art. 3 GG.

3. Gewissensfreiheit

Bosch/Habscheid begründeten in einer zwischen 1954 und 1956 geführten Diskussion die sogenannte Einrede der entgegenstehenden Gewissenspflicht. Dabei ließen sie zwar grundsätzlich eine gewisse Wirkung der Gewissensfreiheit nach Art. 4 Abs. 1 GG zu, eine unmittelbare Beeinflussung privatrechtlicher Vereinbarungen durch das Grundrecht lehnten sie jedoch kategorisch ab. Unter Berufung auf die historische Entwicklung und den Wortlaut des Art. 4 Abs. 1 GG kamen sie zu dem Ergebnis, dass Fälle, in denen eine Vertragspartei durch die Erfüllung seiner Vertragspflicht in einen Gewissenskonflikt geraten würde, ausschließlich nach dem bürgerlichen Recht zu lösen seien.[839] *Blomeyer* knüpfte an den Beitrag von *Bosch/Habscheid* an und stellte präzisierend fest, dass das Grundrecht auf Gewissensfreiheit aus Art. 4 Abs. 1 GG das Privatrecht über § 242 BGB mittelbar beeinflusse.[840] Die Notwendigkeit einer Einflusserweiterung der Gewissensfreiheit in das Privatrecht hinein glaubten verschiedene Autoren seinerzeit darin zu erkennen, dass die Freiheit des Gewissens Grundlage von Menschenwürde und freier Persönlichkeit sei.[841] *Kaufmann* führte diesen Ansatz weiter und ergänzte die Theorie um die Feststellung, dass die Begrenzung der Einrede bloß auf Vertragspflichten zu

---

835 Vgl. *Nipperdey*, RdA 1950, S. 121, 125.
836 Hessen, Württemberg-Baden, Bayern, Bremen.
837 Rheinland-Pfalz, Baden, Württemberg–Hohenzollern.
838 Z.B. Art. 33 S. 2 Hessische Verfassung, Art. 168 Abs. 1 S. 2 Bayerische Verfassung.
839 Vgl. *Bosch/Habscheid*, JZ 1954, S. 214; so auch *Wieacker*, JZ 1954, S. 466.
840 Vgl. *Blomeyer*, JZ 1954, S. 309.
841 Vgl. *Kaufmann*, AcP 161 (1962), S. 289, 291 m.w.N. in Fn. 19.

eng sei und daher auch nichtvertragliche Schuldverhältnisse zu erfassen seien.[842] Er begründete dies insbesondere mit einer Parallele zu der von *Staub* um die Jahrhundertwende begründeten Lehre von der positiven Vertragsverletzung, bei der sich später deren zu enge Fassung herausgestellt habe, weshalb der Begriff in positive Forderungsverletzung geändert worden sei.[843] Die rechtliche Grundlage eines Leistungsverweigerungsrechts, das unter Berufung auf eine innere Gewissensnot erfolgt, sah *Kaufmann* dagegen nicht in Art. 4 Abs. 1 GG gegeben, sondern vielmehr in Art. 2 Abs. 1 GG, zu dessen Schutzbereichsumfang er die Gewissensbetätigungsfreiheit als Unterfall der allgemeinen Handlungsfreiheit zählte.[844] Dieses Leistungsverweigerungsrecht wegen entgegenstehender Gewissenspflicht stehe systematisch unmittelbar neben § 242 BGB, aus dem sich beispielsweise auch ein Leistungsverweigerungsrecht wegen wirtschaftlicher Unzumutbarkeit ergibt.[845] Der besondere, so auch privatrechtlich gewährleistete Schutz des Gewissens ergebe sich zudem aus dem im Zivilrecht allgemein anerkannten allgemeinen Persönlichkeitsrecht, denn im Gewissen werde die Persönlichkeit selbst geschützt. Das Gewissen sei nicht minder ein die Persönlichkeit integrierender Bestandteil als etwa die Geheimsphäre oder die Ehre.[846] Dem gegenüber wollte *Söllner* der Gewissensfreiheit des Arbeitnehmers nicht als von diesem geltend zu machende Einrede behandeln, vielmehr bestehe die Pflicht des Arbeitgebers, die Freiheit des Gewissens des Arbeitnehmers im Rahmen der Ausübung des leistungsbestimmenden Gestaltungsrechts (§ 315 Abs. 3 S. 1 BGB) zu berücksichtigen.[847]

---

842 Vgl. *Kaufmann*, AcP 161 (1962), S. 292f.

843 Vgl. *Kaufmann*, AcP 161 (1962), S. 293; vgl. zur Begrifflichkeit der p.F.V. seinerzeit *Enneccerus/Lehmann*, Lehrbuch des Bürgerlichen Rechts, Bd. 2, § 55 I, S. 236f.

844 *Kaufmann*, AcP 161 (1962), S. 289, 300; die Frage, ob der Schutz des Art. 4 Abs. 1 GG auch das gewissensgeleitete Verhalten (forum externum) umfasst, ist auch heute noch nicht abschließend geklärt; vgl. *Sachs*, Verfassungsrecht II, B4, 274, Rn. 52; ferner *Rupp*, NJW 1991, S. 1033; Die Rechtsprechung hat den Schutzbereich der Gewissensfreiheit auch auf das forum externum erstreckt; vgl. etwa BVerfGE 78, S. 391; weiterführend auch die Nachweise bei *Bergmann*, in *Hömig* (Hrsg.) GG, Art. 4, 84, Rn. 7ff.

845 Ein solches Leistungsverweigerungsrecht in Form einer Einrede hielt dagegen *Söllner* für überflüssig. Vielmehr ergäbe sich die Pflicht des Arbeitgebers auf das Gewissen des Arbeitnehmers Rücksicht zu nehmen aus § 315 Abs. 3 S. 1 BGB der durch Art. 4 Abs. 1 GG insoweit ausgeformt werde. *Söllner*, Einseitige Leistungsbestimmung im Arbeitsverhältnis, S. 134.

846 Vgl. *Kaufmann*, AcP 161 (1962), S. 289, 314.

847 Vgl. *Söllner*, Einseitige Leistungsbestimmung im Arbeitsvertrag, S. 134.

4. Meinungsäußerungsfreiheit

Im Anschluss an das Lüth-Urteil des BVerfG setzte sich *Nipperdey* mit diesem, den vorrangegangenen Veröffentlichungen *Dürigs* zur Wirkung der Grundrechte sowie mit dem Verhältnis des Art. 5 GG mit dem Privatrecht, insbesondere § 826 BGB auseinander.[848] Allgemein zu den Grundrechten resümierte *Nipperdey*, zweifele niemand daran, dass die Grundrechte nicht (mehr) als ausschließlich staatsbezogen zu verstehen seien. Auch habe sich die Erkenntnis durchgesetzt, dass einzelne Grundrechte, zu denen auch Art. 5 GG zu zählen sei, im Hinblick auf das Privatrecht Drittwirkung entfalten.[849] *Nipperdey* hielt der Argumentation *Dürigs* entgegen, es bedürfe zur Geltung der Grundrechte als objektiver Normen für das Privatrecht keines Mediums respektive keiner Einbruchstellen. Die Rechtswirkung der Grundrechte sei vielmehr eine unmittelbar normative, die bestehende Privatrechtsnormen, gleichgültig ob zwingenden oder dispositiven Rechts, ob Generalklausel oder bestimmte Rechtsnormen modifiziere oder neu schaffe, dies zudem unabhängig davon, ob es sich um Verbote, Gebote, subjektive Rechte, Schutzrechte oder Rechtfertigungsgründe handele.[850] Die Anwendung der Verfassungsnormen im Privatrecht könne und werde die Freiheit auch nur dort und insoweit einschränken, als es im Interesse des gesunden sozialen Lebens dringend erforderlich sei.[851] Im Hinblick auf Art. 5 GG kam *Nipperdey* zu demselben Ergebnis. Neben dem Hinweis darauf, dass der gegenüber dem Art. 118 WRV abweichenden Wortlaut des Art. 5 Abs. 1 GG keine Auswirkungen auf den Umfang der Gewährleistungen des Grundrechts haben solle, folgerte Nipperdey aus dem Lüth-Urteil, dass das BVerfG inzident davon ausgehe, dass die Grundrechtsnormen allgemein, mithin auch das betroffene Grundrecht des Art. 5 Abs. 1 GG, auf das Privatrecht einwirken würden, und zwar keineswegs über Generalklauseln.[852]

IV. Absolute Wirkung der Grundrechte und Tarifverträge

Tarifverträge sind Vereinbarungen zwischen Gewerkschaften und einzelnen Arbeitgebern bzw. Arbeitgeberverbänden, an denen staatliche Einrichtungen grundsätzlich nicht beteiligt sind.[853] Sie sind also grundsätzlich privatrechtli-

---

848 Vgl. *Nipperdey*, DVBl. 1958, S. 445.

849 Vgl. *Nipperdey*, DVBl. 1958, S. 446; a.A. nicht nur in Bezug auf Art. 5 GG sondern ganz generell gegen eine Drittwirkung der Grundrechte auch *Forsthoff*, DÖV 1957, S. 97.

850 Vgl. *Nipperdey*, DVBl. 1958, S. 445, 447.

851 Vgl. *Nipperdey*, DVBl. 1958, S. 445, 447.

852 Vgl. *Nipperdey*, DVBl. 1958, S. 445, 448.

853 Vgl. hierzu oben A.V.5.b).

cher Natur. Eine – wie auch immer geartete – Beeinflussung tarifvertraglicher Bestimmungen durch Grundrechte hängt damit maßgeblich von der Wirkung der Grundrechte im Privatrechtsverkehr ab.

1. Tarifparteien als Teil der Gesetzgebung

Auch im Hinblick auf kollektivarbeitsrechtliche Vereinbarungen, insbesondere Tarifverträge und Betriebsvereinbarungen ging *Nipperdey* von einer unmittelbaren Geltung des von ihm aus Art. 3 GG hergeleiteten Lohngleichheitssatzes aus.[854] Er begründete dieses Ergebnis damit, dass sich bereits unmittelbar aus dem Wortlaut des Art. 1 Abs. 3 GG ergebe, dass Tarifverträge und auch Betriebsvereinbarungen als Gesetze[855] in diesem Sinne und damit deren Verfasser als Teil der Gesetzgebung anzusehen seien. Obgleich er erkannte, dass der Gesetzgeber den Begriff „Rechtsnorm" im Grundgesetz nicht einheitlich verwendet hatte,[856] war *Nipperdey* davon überzeugt, dass Tarifverträge einer unmittelbaren Bindung an das Lohngleichheitsprinzip unterliegen und hielt zunächst an seinem Wortlautargument fest.[857] Dies insbesondere deshalb, weil § 1 TVG bestimme, dass Tarifverträge „Rechtsnormen" enthalten und Art. 2 EGBGB bestimme, dass „Gesetz" jede „Rechtsnorm" sei.[858] Der Begriff des *Gesetzes* sei also im materiellen Sinne zu verstehen.[859] Dieses Ergebnis sei im Wege der Analogie auf die gesamte deutsche Rechtsordnung anzuwenden, es sei denn, der Gesetzesbegriff fordere formelle Gesetze oder nur staatlich gesetztes Recht.[860] Auch die soziologisch-soziale wie juristische Bedeutung der Tarifverträge spreche dafür, diese als Rechtsnormen anzuerkennen.[861] Die Einordnung der Tarifverträge als bloße privatrechtliche *Verträge*[862] bedeute dagegen einen Rückfall in die Begriffsjurisprudenz.[863] Wenn in einem Wirtschaftssystem die Lohngestaltung weitgehend den Tarifparteien überlassen

---

854 Ebenso *Brecher*, Grundrechte im Betrieb, in FS *Nipperdey* zum 70. Geb. Bd. 2, S. 29, 46.

855 Gemäß § 1 Abs. 1 TVG enthält der Tarifvertrag *„Rechtsnormen"*.

856 Vgl. *Nipperdey*, RdA 1950, S. 121, 123.

857 Vgl. *Nipperdey*, Gleicher Lohn der Frau, S. 11, dort auch der Hinweis darauf, dass dies im Gegensatz zu seiner früher vertretenen Auffassung (RdA 1950, S. 121ff.) stehe.

858 So auch BAGE 1, S. 285, NJW 1955, S. 684; a.A. z.B. *Beitzke* RdA 1951, S. 39f. der mit anderer Begründung (Tarifverträge unterstehen selbstverständlich einem allgemeinen Verfassungsgrundsatz wie dem der Lohngleichheit) zum gleichen Ergebnis wie *Nipperdey* gelangt.

859 Vorsichtiger formuliert *Knolle*, BB 1949, S. 451f., wenn er schreibt, *„Der Tarifvertrag nähert sich also dem Gesetz im materiellen Sinn."*

860 Vgl. *Nipperdey*, Gleicher Lohn der Frau, S. 11ff.

861 Vgl. *Nipperdey*, Gleicher Lohn der Frau, S. 13.

862 Vgl. so aber *Schätzel*, RdA 1950, S. 248, 252; *W. Jellinek*, BB 1950, S. 425, 426.

863 Vgl. *Nipperdey*, Gleicher Lohn der Frau, S. 13; ebenso *Beitzke*, RdA 1953, S. 281.

sei, richte sich der Lohngleichheitssatz notwendig mit an diese, weil sie Normen setzen. Demgegenüber trete die Vertragsnatur des Tarifvertrages als bloße Form des Normsetzungsverfahrens völlig zurück.[864] Tarifverträge, die Einzelarbeitsverträge *wie Gesetze* bestimmen und beherrschen können, stellten damit autonome Rechtsquellen dar.[865] Dem folgte im Grundsatz auch das BAG und formulierte, Tarifverträge können als „Gesetz im materiellen Sinne" behandelt werden.[866] Trotz des gleichen Verständnisses um die Wirkung der Tarifverträge als materielle Gesetze[867] stimmten weder BAG noch Schrifttum mit *Nipperdey* überein, Tarifverträge auch als Teil der „Gesetzgebung" im Sinne des Art. 1 Abs. 3 GG zu behandeln. Infolge dessen gab *Nipperdey* diesen Ansatz 1959 ausdrücklich auf.[868]

2. Tarifparteien als „soziale Gewalten"

Darüber hinaus versuchte *Nipperdey* die unmittelbare Wirkung der Grundrechte auf Tarifverträge mit dem Argument zu begründen, bei den Tarifpartnern, nicht nur der Arbeitgeberseite, handele es sich um „soziale Gewalten",[869] denen gegenüber es den Einzelnen zu schützen gelte. Es sei gerade die Aufgabe und der Sinn moderner Grundrechte, den Einzelnen nicht nur gegen den Staat, sondern auch gegen die mit Rechtssetzungsgewalt ausgestatteten Kollektive zu schützen,[870] wenn diese gegen den Grundsatz der Lohngleichheit der Frauen bei gleicher Leistung verstießen.[871] *Nipperdey* sah sich insoweit durch *Hans Nawiasky*[872] bestätigt, der davon ausging, dass eine in jeder Beziehung der neuesten Entwicklung Rechnung tragende Verfassung sich darüber klar sein müsse, dass die Individualperson nicht nur der im Staat verkörperten Macht der Gemeinschaft, sondern auch der wirtschaftlichen Macht

864 Vgl. *Beitzke*, RdA 1953, S. 281, 284.

865 Vgl. *Galperin*, JZ 1956, S. 105; vgl. zur Rechtssetzung durch Tarifparteien auch *Krüger*, RdA 1957, S. 201.

866 BAGE 1, S. 258.

867 Vgl. *Leisner*, Grundrechte und Privatrecht, S. 292, 339, mit ausführlicher Übersicht zum zustimmenden Schrifttum.

868 Vgl. *Enneccerus/Nipperdey*, LB des Bürgerlichen Rechts, Bd. I, AT, 15. Aufl., S. 97.

869 Vgl. *Enneccerus/Nipperdey*, LB des Bürgerlichen Rechts, Bd. I, AT, 15. Aufl., S. 97, ebenso *Gamillscheg*, AcP 164 (1964), S. 385, 400; zum Begriff vgl. Sinzheimer R.G.Prax. Bd. 4, 2ff.; ferner hält *Leisner*, Grundrechte und Privatrecht, S. 380, diesen Begriff für unklar und wünscht vielmehr die Entwicklung eines allgemeinen Begriffs der *„privaten Gewalt"*.

870 Vgl. *Bischoff*, *„Der Frauenlohn"*, BB 1950, S. 427f., 428 *„gegen jedes Kollektiv"*.

871 Vgl. *Nipperdey*, Gleicher Lohn der Frau, S. 15.

872 Vgl. *Nawiasky* bringt allerdings auch zum Ausdruck, dass es sich bei dem Lohngleichheitsgrundsatz *„nur"* um einen Programmsatz handele, vgl. *Nawiasky/Leusser*, Die Verfassung des Freistaates Bayern, Art. 168, S. 248.

Einzelner oder gesellschaftlicher Gebilde mannigfaltiger Art gegenüberstehe und dass es daher ein ernstes Anliegen an das Grundgesetz sei, auch gegen Missbrauch von dieser Seite Schutz zu gewähren.[873] Auch *Küchenhoff* griff dieses Argument auf und hielt fest, dass die durch Verfassung und Gesetz des Staates mit öffentlichen Aufgaben betrauten innerstaatlichen Verbände denselben Ausstrahlungen von Grundrechtspositionen des Einzelmenschen unterworfen seien wie der Staat selbst.[874] Dieser könne den Verbänden auch durch Gesetz nicht mehr Rechte übertragen als er selbst habe.[875] Im Ergebnis konnte sich *Nipperdey* gegen den Widerstand auch aus dem arbeitsrechtlichen Schrifttum[876] nicht durchsetzen. Insbesondere dem letzten hier genannten Argument *Nipperdeys* hielt etwa *Hueck* entgegen, *Nawiasky* halte die Lohngleichheit lediglich für einen Programmsatz, der erst seine Ausführung durch Gesetzgebung oder Tarifvertrag zu erfahren habe.[877] Zu dem Ergebnis, dass die Tarifverträge an den Grundrechten zu messen seien, gelangte aber auch *Krüger*, wenn sie beispielsweise im Rahmen der Prüfung der Zulässigkeit und Begründetheit einer möglichen Verfassungsbeschwerde gegen die Frauenlohnurteile[878] des BAG feststellte, dass den Arbeitsgerichten, insbesondere dem BAG die Verwerfungskompetenz hinsichtlich der seinerzeit betroffenen Tarifverträge zuzusprechen sei, wenn letztere gegen Grundrechte verstoßen würden.[879] Dieser Feststellung lag die Annahme zugrunde, dass Tarifverträge einen Teil der Gesetzgebung darstellen, weil Gesetzgebung in der Bundesrepublik im Sinne der Art. 1 Abs. 3, 20 Abs. 3, 70 Abs. 1, 79 Abs. 3 GG die Funktion der gesetzgebenden Gewalt bedeute, welche nicht nur von Bund und Ländern, sondern auch von autonomen Gebietskörperschaften und den Sozialpartnern, die in ihren Tarifverträgen Rechtsnormen setzen, ausgeübt werde.[880] Lehnt man hingegen mit *Schätzel* eine Drittwirkung der Grundrechte, insbesondere eine Fernwirkung des Gleichheitssatzes aus Art. 3 GG in das Privatrecht hinein, ab, ergibt die konsequente Fortsetzung dieses Gedankens die Ablehnung der Lehre auch gegenüber Tarifverträgen.[881] Die Argumentation *Schätzels* überzeugt durch ihre Stringenz. Tarifverträge sind privatrechtli-

873 Vgl. *Nawiasky/Leusser*, Die Verfassung des Freistaates Bayern, Vorb. vor Art. 98, S. 176, 178.

874 Vgl. *Küchenhoff*, Einwirkungen des Verfassungsrechts auf das Arbeitsrecht, in FS *Nipperdey* zum 70. Geb. Bd. 1, S. 317, 340f.

875 Ebd., 341; so auch *Gamillscheg*, AcP 164 (1964), S. 385, 399.

876 Vgl. *Hueck*, Die Bedeutung des Art. 3 GG, 1951, S. 26ff.

877 Vgl. *Hueck*, Die Bedeutung des Art. 3 GG, 1951, S. 30.

878 BAGE 1, S. 258, 348; sowie BAG NJW 1955, S. 688.

879 Vgl. *Krüger*, RdA 1955, S. 205, 208.

880 Vgl. *Krüger*, RdA 1955, S. 205, 209.

881 Vgl. so jedenfalls *Schätzel*, RdA 1950, S. 248, 252f.

che Vereinbarungen,[882] denn die Tarifparteien sind einander gleichberechtigt gegenüberstehende Verhandlungspartner und eine übergeordnete Herrschaftsgewalt ist auf den ersten Blick tatsächlich nicht erkennbar.[883] Tarifvereinbarungen sind daher – auch wenn diese Art. 3 GG widersprechen – so lange zulässig, wie der Gesetzgeber selbst keine die Tarifverträge bindenden Normen erlässt.[884] Nichts anderes ergebe sich auch bei für allgemeinverbindlich erklärten Tarifverträgen,[885] deren Bedeutung allein darin liege, dass ein Verwaltungsakt den Kreis der an die Regelungen des Tarifvertrages Gebundenen erweitert.[886] Soweit die den Verwaltungsakt erlassende Behörde – selbst Teil der an die Grundrechte gebundenen Verwaltung – mit der Allgemeinverbindlich-Erklärung eines Art. 3 GG widersprechenden Tarifvertrages selbst gegen Grundrechte verstoße, liege allenfalls ein fehlerhafter Staatsakt vor, der entsprechend den hierzu entwickelten Grundsätzen zu behandeln sei.[887] Denjenigen, die die Bindung der Tarifverträge an die Grundrechte, insbesondere an Art. 3 GG bejahen,[888] die Auswirkung des Lohngleichheitsgrundsatzes auf Einzelarbeitsverträge dagegen verneinen, hielt *Bötticher*[889] Inkonsequenz vor. Zum einen gelte für Tarifverträge nichts anderes als für Individualarbeitsverträge, für die die Vertragsfreiheit gelte. Zum anderen sei Grundlage des Lohnanspruches der Arbeitsvertrag, also die Individualvereinbarung. Konsequent wäre danach von einem Grundsatz „gleicher Lohn bei gleicher Leistung“ auszugehen, der dann auch für männliche Arbeitnehmer gelten müsse. Diesen Grundsatz stelle das Grundgesetz jedoch nicht auf. Solange aber der Gesetzgeber dies nicht ausdrücklich regele, müsse die Geltung des Lohngleichheitsgrundsatzes sowohl für Einzelarbeitsverträge als auch für Tarifverträge verneint werden. *Bötticher* lehnte daher nicht nur die Geltung des Gleichheitssatzes allgemein ab, sondern wendete sich insbesondere gegen die Messung der Tarifverträge an Art. 3 Abs. 2 GG. Es widerstrebe ihm, das, was die Gewerkschaften unter Abwägung aller Interessen gebilligt hätten oder was mit nicht geringerem Verantwortungsbewusstsein eine staatliche Verordnung

---

882 Vgl. so auch *Creifelds*, JR 1950, S. 449, 456, der zudem betont, dass die Kollektivvereinbarungen jederzeit der Regelung durch die Tarifvertragsparteien unterliegen.

883 Vgl. *Knolle*, BB 1949, S. 451f.; *Schätzel*, RdA 1950, S. 248, 252.

884 So auch *W. Jellinek*, BB 1950, S. 425, 426, der als Grenze die guten Sitten gem. § 138 BGB zieht.

885 A.A. vgl. *Creifelds*, JR 1950, S. 449, 456; *Knolle*, BB 1949, S. 451.

886 Allg. Ansicht, statt vieler *Vielhaber*, DB 1950, S. 205.

887 Vgl. *Schätzel*, RdA 1950, 248, S. 253; In der Konsequenz bedeutet dies, dass der Tarifvertrag so lange allgemeingültig bleibt bis die den Verwaltungsakt erlassende Behörde diesen aufhebt. Das bedeutet auch, dass vor allem Gerichte bis zu deren Aufhebung an die Allgemeinverbindlich-Erklärung gebunden bleiben.

888 Vgl. z.B. *Schwerdtner*, AP Nr. 40 zu § 242 BGB, der die Tarifparteien für *„selbstverständlich“* auch an den Gleichheitssatz des Art. 3 Abs. 1 GG gebunden hält.

889 Vgl. *Bötticher*, RdA 1953, S. 161, 167f.

nach Anhörung der beteiligten Fachgruppen über Frauenlöhne bestimmt habe, als willkürliche Verletzung des Gleichheitssatzes anzusehen. Vielmehr sei die umgekehrte Vermutung richtig und der Arbeitnehmer habe den Nachweis der Willkür zu erbringen.[890]

V. Zusammenfassung

Zum Ende der Untersuchung lassen sich folgende Feststellungen treffen: Die historische Argumentation, die Wirkung der Grundrechte im Privatrechtsverkehr aus dem Zweck der *Virginia bill of rights* oder der *Déclaration des droits de l'homme et du citoyen* herzuleiten, war für die Begründung der Lehre *Nipperdeys* nicht ausschlaggebend.[891] Von gewisser Bedeutung waren lediglich die Abwehrtendenz jener Grundrechte und die daraus gezogenen Erkenntnisse für die Grundrechte des Bonner Grundgesetzes. Der eigentliche Ursprung der Lehre *Nipperdeys* von der unmittelbaren Wirkung der Grundrechte im Privatrechtsverkehr liegt vielmehr in dem verfassungsrechtlichen Neuanfang, den die Verfassungsgeber mit dem Grundgesetz 1949 beschritten haben und in der Neubewertung der Grundrechte, die *Nipperdey* angesichts dessen durchführen zu können glaubte. Dies zum Anlass nehmend argumentierte *Nipperdey*, mit Blick auf die allseits präsenten Erfahrungen mit dem totalitären, menschenrechtsverachtenden NS-Staat, mit dem Bedürfnis nach einer Absicherung des Einzelnen gegenüber sozial mächtigeren Privatrechtssubjekten. Dieses Bedürfnis befriedigen zu sollen, glaubte *Nipperdey* in der Bestimmung der neu geschaffenen Grundrechte erkennen zu wollen. Die aus diesen – im Einzelnen wie im Gesamtverbund – hervortretende Ordnung des sozialen, kulturell gesellschaftlichen und wirtschaftlichen Lebens wollte *Nipperdey* – insoweit wohl auch in Übereinstimmung mit der Intention der Verfassungsgeber – auf die gesamte Gesellschaft in Deutschland erstrecken. Ausgehend davon, dass das Arbeitsrecht in seinen Augen für eine möglicherweise einseitig benachteiligende Verschiebung der Vertragsparität – jedenfalls im Individualarbeitsvertragsrecht – besonders anfällig schien, suchte *Nipperdey* nach Korrekturmechanismen, die er in den in den Grundrechten zum Ausdruck kommenden Wertungen identifizierte. Diesbezüglich fand *Nipperdeys* These überwiegend Zuspruch. Nach verhältnismäßig kurzer Zeit bestand in der gesamten juristischen Fachöffentlichkeit Einigkeit darüber, dass die Grundrechte – im Gegensatz zu der diesbezüglich noch während der Weimarer Republik vertretenen Ansicht – die gesamte Rechtsordnung beeinflussen würden und damit auch im Privatrechtsverkehr Geltung beanspruch-

---

890 Vgl. *Bötticher*, RdA 1953, S. 161, 167.

891 Vgl. so auch *Brecher*, Grundrechte im Betrieb, in FS *Nipperdey* zum 70. Geb. Bd. 2, S. 29, 35.

ten. Streit bestand allein in den Detailfragen. Wie genau sollte diese Wirkung aussehen? Wie weit sollte sie reichen? Wer hatte darüber zu entscheiden? Nach einer Phase der offenen Diskussion schälten sich – von einzelnen Modifikationen abgesehen – die zwei gegenüberliegenden Ansätze *Nipperdeys* und *Dürigs* als Hauptströmungen heraus. Wie so oft gelangen beide Auffassungen, jedenfalls in der Mehrzahl der Fälle, zu denselben Ergebnissen. Den dogmatischen Streit um den Titel der richtigeren Auffassung sollte jedoch keine der beiden Seiten vorschnell verloren geben. Auch durch die deutliche Positionierung des BVerfG im Jahre 1958 in dieser Frage ließen sich *Nipperdey* und die Anhänger seiner Lehre nicht überzeugen. Es folgte daher eine lange Phase des Austausches der Argumente, an dem sich insbesondere die Rechtsprechung rege beteiligte. In zahlreichen Entscheidungen folgte das BAG der Lehre *Nipperdeys* und manifestierte diese Ansicht zur ständigen Rechtsprechung. Unterdessen ließ die Kritik im Schrifttum nicht nach bis schließlich der Große Senat des BAG in einem Beschluss aus dem Jahre 1985 im Streit um die Drittwirkung der Grundrechte im Individualarbeitsvertragsrecht einlenkte. Die Entwicklung der Rechtsprechung des BAG nachzuzeichnen ist Aufgabe des nachfolgenden Teils der Arbeit.

C. Rechtsprechung des BAG zur unmittelbaren Wirkung der Grundrechte[892]

I. Ausgangslage

Obgleich das RAG einige vom BAG übernommenen arbeitsrechtlichen Grundsteine gelegt hatte, hinterließ es dem BAG aus grundrechtsdogmatischer Sicht keine Vorgaben. Dies lag zum einem daran, dass den Grundrechten der Weimarer Reichsverfassung in der damaligen Zeit nicht die Rolle zugeschrieben wurde, die heute den Grundrechten des Grundgesetzes zukommt. Zum anderen liegt dies auch darin begründet, dass die fünf Jahre Spruchpraxis des RAG unter der Weimarer Reichsverfassung vergleichsweise zu kurz waren, um eine differenzierte grundrechtsbezogene Rechtsprechung zu entwickeln.

Als das BAG am 10. Juli 1954 in Kassel seine Arbeit aufnahm, waren das Grundgesetz und damit auch die Grundrechte bereits fünf Jahre in Kraft. Während dieser Zeit sind eine Vielzahl wissenschaftlicher Abhandlungen sowie instanzengerichtlicher Entscheidungen entstanden, die sich mit der Wirkung der Grundrechte im Privatrechtsverkehr allgemein und speziell im Arbeitsrecht auseinander gesetzt und das Thema dogmatisch aufbereitet haben. Infolgedessen trat das BAG mit seiner ersten Entscheidung zur Wirkung der Grundrechte im Arbeitsrecht in eine bereits rege geführte Diskussion ein.

Den ersten Diskussionsbeitrag für die Rechtsprechung hatte das LAG Stuttgart mit einer Entscheidung vom 15. Dezember 1949 geleistet.[893] Der Entscheidung lag die Frage zugrunde, ob eine Betriebsvereinbarung wegen der Verletzung des Grundrechts aus Art. 2 Abs. 2 GG nichtig sein kann. Das LAG sprach sich gegen die Geltung des Grundrechts im Verhältnis Arbeitnehmer zum Arbeitgeber bzw. Betriebsrat aus. Zur Begründung verwies das Gericht insbesondere auf Art. 114 WRV, der seinerseits nur Schutz gegen „öffentliche Gewalt" gewährt habe. Dieser Zusatz sei zwar nicht in Art. 2

---

892 Eine zusammenfassende Darstellung von 30 Jahren Rechtsprechung des BAG zu den Grundrechten in der Zeit von 1954 bis 1984 findet sich bei *Heither*, JöR 1984, 315; dagegen enthält die Festschrift zum 25 jährigen Bestehen des BAG keinen und die Festschrift zum 50 jährigen Bestehen des BAG lediglich drei Beiträge zur Rechtsprechung des BAG zu einzelnen Grundrechten, vgl. ebd. *Wiedemann*, Gerechtigkeit und Gleichbehandlung, S. 265; *Boemke*, Bindung der Tarifvertragsparteien an die Grundrechte, S. 613 und schließlich *Wiese*, Zur Freiheit der Meinungsäußerung des Betriebsrats und seiner Mitglieder im Außenverhältnis, S. 1125.

893 LAG Stuttgart Urt. v.15. Dezember 1949 in RdA 1950, S. 274, 277.

Abs. 2 GG enthalten, aber auch entbehrlich, da dies selbstverständlich sei und Selbstverständlichkeiten nicht in das Gesetz hinein formuliert sein müssten. Die Selbstverständlichkeit ergebe sich aus der Entstehungsgeschichte der Grundrechte.[894] Überdies lasse sich aus Art. 19 Abs. 1 und 4 GG herleiten, dass die Grundrechte nicht im Bereich des Privatrechts gelten könnten. Das LAG Stuttgart folgerte aus Art. 19 Abs. 1 GG, dass wenn Art. 2 Abs. 2 GG auch für andere Eingriffe als solche der öffentlichen Gewalt, insbesondere im Bereich des Privatrechts gelten würde, alle Vorschriften des BGB über Eingriffe in die persönliche Freiheit, z.B. die Bestimmungen über die Notwehr und Selbsthilfe (§§ 227, 229, 859 BGB) ungültig wären, denn sie enthalten nicht den in Art. 19 Abs. 1 GG vorgeschriebenen Zusatz der Grundrechtseinschränkung.[895] Deutlicher noch komme die Zielrichtung der Grundrechte in Art. 19 Abs. 4 GG zum Ausdruck. Die Norm – so das LAG Stuttgart weiter –, die den Grundrechtsteil des Grundgesetzes beschließt, spreche deutlich davon, dass Verletzungen (nur) „durch die öffentliche Gewalt" erfolgen könnten. Demzufolge könne sich der von Art. 2 Abs. 2 GG vermittelte Schutz auch nur in diese Zielrichtung auswirken.[896] Die auf dem historischen Grundrechtsverständnis aufbauende Interpretation der Grundrechte durch das LAG Stuttgart blieb nicht unbestritten. Dies wird die nachfolgende Darstellung zeigen.

II. Rechtsprechung des BVerfG

Das BVerfG, das den Grundrechten zwar eine gewisse Bedeutung für die gesamte Rechtsordnung zuerkannte, lehnte jedoch eine unmittelbare Wirkung der Grundrechte im Privatrechtsverkehr ab und schloss sich im Wesentlichen der von *Dürig* entwickelten Lehre von der mittelbaren Wirkung der Grundrechte an.[897]

Über die Frage der Drittwirkung der Grundrechte im Privatrechtsverkehr hatte das BVerfG erstmals 1958, vier Jahre nach den ersten Urteilen von BAG[898] und BGH[899] zu entscheiden. Der Sachverhalt, der dem BVerfG zur Entscheidung vorlag, wies keinen speziell arbeitsrechtlichen Bezug auf, sondern war allgemein zivilrechtlicher Natur. Insoweit hatte das BVerfG die Gelegenheit,

894 LAG Stuttgart, RdA 1950, S. 274, 277.
895 LAG Stuttgart, RdA 1950, S. 274, 277.
896 LAG Stuttgart, RdA 1950, S. 274, 277; Das LAG Stuttgart bezog sich in seiner Entscheidung auf *W. Jellinek*, der diese Rechtsauffassung teilte; so auch *Schätzel*, RdA 1950, 248, S. 251.
897 BVerfGE 7, S. 198.
898 BAGE 1, S. 51; 185; vgl. auch *Bulla*, DB 1957, S. 332.
899 BGHZ 13, S. 334; siehe hierzu auch Anmerkung von *Coing*, JZ 1954, S. 700.

zu der vorgenannten Frage ganz allgemein Stellung zu nehmen. Das BVerfG nutzte die Gelegenheit, um auf die maßgeblichen Entscheidungen des BAG einzugehen. Es stellte ausführlich seine von der des BAG und auch des BGH abweichende Rechtsauffassung in dem Streit um die Wirkung der Grundrechte im Privatrechtsverkehr dar und schien gleichsam BAG und BGH die Korrektur ihrer Rechtsprechung nahelegen zu wollen. Die als Lüth-Urteil bekannt gewordene Entscheidung vom 15. Januar 1958[900] sollte den Grundstein für die bis heute geltende Rechtsprechung des BVerfG zur Drittwirkung der Grundrechte im Privatrechtsverkehr legen. Der Entscheidung lag folgender Sachverhalt zugrunde.

Der früheren Hamburger Senatsdirektor *Erich Lüth* hatte Verfassungsbeschwerde erhoben. *Lüth* sah sich in seinem Grundrecht auf freie Meinungsäußerung aus Art. 5 GG verletzt, weil ihm durch das Urteil des Hanseatischen Oberlandesgerichts untersagt wurde, zum Boykott gegen den Film „Unsterbliche Geliebte“ von Regisseur *Veith Harlan* aufzurufen. *Lüth* hatte in einem offenen Brief gegenüber der Presse erklärt, „Es ist [...] nicht nur das Recht anständiger Deutscher, sondern sogar ihre Pflicht, sich im Kampf gegen diesen unwürdigen Repräsentanten des deutschen Films über den Protest hinaus zum Boykott bereitzuhalten.“[901] Hintergrund des nicht nur vom Beschwerdeführer gehegten Unmutes gegen die Veröffentlichung des Films war die Tatsache, dass *Harlan* in der Zeit des „Dritten Reiches“ insbesondere bei der Herstellung des Films „Jud Süß“ Regie geführt hatte. Nicht nur – aber vor allem – dieser Film war es, weshalb sich Harlan im Rahmen der Entnazifizierungsprozesse zu verantworten hatte. Das zur Entscheidung berufene Schwurgericht hatte *Harlan* freigesprochen und zumindest hinsichtlich seiner Berufsausübung rehabilitiert. Gegen den offenen Aufruf zum Boykott des Films „Unsterbliche Geliebte“ hatten die den Film produzierenden und für das Bundesgebiet verleihenden Gesellschaften vor dem Landgericht Hamburg und anschließend vor dem Hanseatischen Oberlandesgericht Urteile erwirkt, die dem Beschwerdeführer den Boykottaufruf untersagten.

In seiner Entscheidung machte das BVerfG deutlich, dass es die vom BAG in dessen Urteil vom 10. Mai 1957[902] gezogenen Folgerungen aus den Entschei-

---

900 BVerfGE 7, 198; eine ausführliche historisierende und rechtliche Auseinandersetzung mit dem Urteil selbst, den geschichtlichen Hintergründen, die zu seiner Entstehung führten sowie den Auswirkungen auf die Grundrechtsjudikatur der Folgezeit findet sich bei *Henne/Riedlinger*, Das Lüth-Urteil aus (rechts-)historischer Sicht.

901 BVerfGE 7, 198, S. 200.

902 BAG NJW 1957, S. 1688 (Zölibatsentscheidung); das BAG hatte eine zum Zölibat verpflichtende Klausel, in einem Ausbildungsvertrag einer Schwesternschülerin,

dungen des BVerfG vom 17.[903] und 23. Januar 1957[904] für zu weitgehend hielt. Das BVerfG machte deutlich, dass es eine „unmittelbare privatrechtliche Wirkung der grundrechtlichen Bestimmungen“[905] ablehnte. Einer vollständigen Erörterung und Entscheidung der Frage enthielt sich das Gericht. Zunächst stellte das BVerfG den historisch überlieferten Grundsatz fest, dass die Grundrechte in erster Linie Abwehrrechte gegen den Staat seien.[906] Das Gericht verwies auf die geistesgeschichtliche Entwicklung der Grundrechtsidee und auf die geschichtlichen Umstände, die zur Aufnahme der Grundrechte in die Verfassungen der einzelnen Staaten geführt haben.[907] Im Übrigen habe der Gesetzgeber den besonderen Rechtsbehelf zur Wahrung der Grundrechte, die Verfassungsbeschwerde, nur gegen Akte der öffentlichen Gewalt gewährt.[908] Das BVerfG betonte aber auch, dass das Grundgesetz keine wertneutrale Ordnung sein wolle und verwies hierzu auf seine frühere Rechtsprechung.[909] Das Grundgesetz, das in seinem Grundrechtsabschnitt eine objektive Wertordnung aufstelle, bringe darin gerade eine prinzipielle Verstärkung der Geltungskraft der Grundrechte zum Ausdruck. Der Rechtsgehalt der Grundrechte als objektive Normen entfalte sich im Privatrecht (mittelbar) durch das Medium der dieses Rechtsgebiet unmittelbar beherrschenden Vor-

---

wegen Verstoßes gegen Art. 6 Abs. 1 und Art. 1, 2 GG für nichtig erklärt; *Maunz*, FamRZ 1956, S. 1; siehe hierzu auch unten C.V.1.e).

903 BVerfGE 6, S. 55; Im fünften Leitsatz der Entscheidung hat das BVerfG festgestellt, „Art. 6 Abs. 1 GG ist nicht nur ein „klassisches Grundrecht“ zum Schutze der spezifischen Privatsphäre von Ehe und Familie sowie Institutsgarantie, sondern darüber hinaus zugleich eine Grundsatznorm, das heißt eine verbindliche Wertentscheidung für den gesamten Bereich des Ehe und Familie betreffenden privaten und öffentlichen Rechts.“ Obgleich der Entscheidung des BVerfG ein steuerrechtlicher Sachverhalt zugrunde lag, hatte das BVerfG die vorgenannte Erkenntnis allgemeingültig für alle Rechtsbereiche formuliert, was dazu führte, dass das BAG die Feststellung auf das Arbeitsrecht übertrug und seine Rechtsprechung darin bestätigt sah.

904 BVerfGE 6, S. 84; Die Entscheidung betraf die in § 6 Abs. 4 des BundeswahlG v. 7. Mai 1956 enthaltene Sperrklausel, die für die Verteilung der Sitze auf die Landeslisten der Parteien ein Minimalquorum von 5 % forderte. Zur Bedeutung des allgemeinen Gleichheitssatzes führte das BVerfG in den Entscheidungsgründen aus, „Der Grundsatz der gleichen Wahl ist ein Anwendungsfall des allgemeinen Gleichheitssatzes (vgl. BVerfGE 1, S. 233, 242; 3, S. 391f.; 4, S. 39 = NJW 54, S. 1601), der als Grundrecht des einzelnen in Art. 3 Abs. 1 GG garantiert ist, aber darüber hinaus selbstverständlich ungeschriebener Verfassungsgrundsatz in allen Bereichen und für alle Personengemeinschaften gilt (vgl. BVerfGE 1, S. 233, 242; 3, S. 391 f.).“

905 BAG, NJW 1957, S. 1688, 1689.

906 BVerfGE 7, S. 198, 204.

907 Siehe hierzu oben A.I.5.

908 BVerfGE 7, S. 198, 205.

909 BVerfGE 2, S. 1, 12; BVerfGE 5, S. 85; 134, S. 197; BVerfGE 6, S. 32, 40f.

schriften.[910] Klarstellend statuierte das BVerfG daher, „bürgerliches Recht [werde ausgelegt und angewendet], wenn auch seine Auslegung dem öffentlichen Recht, der Verfassung zu folgen hat."[911]

In der Folgezeit hat das BVerfG in zahlreichen Entscheidungen diese maßgeblich an der Lehre der *mittelbaren* Wirkung der Grundrechte im Privatrechtsverkehr angelehnte Rechtsprechung bestätigt.[912] Dies nicht zuletzt deshalb, weil das BVerfG die Wirkung der Grundrechte im Privatrechtsverkehr dahingehend verstand, dass „die in den Grundrechtsnormen der Verfassung enthaltene objektive Wertordnung [...] auch auf das Privatrecht ein[-wirkt]; sie [...] als verfassungsrechtliche Grundentscheidung für alle Bereiche des Rechts [wirkt]. Die Beachtung dieser „Ausstrahlungswirkung" der Verfassung sicherzustellen, obliegt dem Bundesverfassungsgericht. Es prüft deshalb, ob die Entscheidung der Zivilgerichte auf einer grundsätzlich unrichtigen Auffassung von der Reichweite und Wirkkraft eines Grundrechts beruhen oder ob das Entscheidungsergebnis selbst Grundrechte eines Beteiligten verletzt."[913]

Als mögliche Ursachen für die Abfassung des Urteils in der vorliegenden Form nennt *Henne* im Wesentlichen fünf Gründe. Erstens den zeittypischen Antitotalitarismus, zweitens die Abwehr der sogenannten Naturrechtsrenaissance, drittens das Ziel des Lernens aus Weimar, viertens die Positionsbehauptung des BVerfG gegenüber anderen Obergerichten und Verfassungsorganen und fünftens eine kritische Rezeption der Integrationslehre *Rudolf Smends*.[914] Seit dem Elfes-Urteil[915] sei darüber hinaus eine Art „Zwiesprache" mit *Dürig* hinzugekommen. Die hier bisher getroffenen Feststellungen zur Entwicklung der Lehre *Nipperdeys* lassen sich durchaus als Bestätigung der Thesen eins und zwei heranziehen, wenn man das Lüth-Urteil als Reaktion auf *Nipperdeys* These von dem grundlegend gewandelten – freiheitsbetonenden und gleichzeitig naturrechtsgeprägten – Grundrechtsverständnis betrachtet. Die folgenden Ausführungen werden die vierte These bestätigen.

---

910 BVerfGE 7, S. 198, 205.

911 BVerfGE 7, S. 198, 205 f.

912 Vgl. insbesondere BVerfGE 18, S. 85; 30, S. 173; 32, S. 311; 34, S. 118; 34, S. 269; 42, S. 133; BVerfGE Beschl. v. 11. September 1979 – 1 BvR 92/79 – AP Nr. 182 zu § 242 BGB; 57, 220.

913 BVerfGE 34, S. 269, 280; vgl. auch Anmerkung hierzu von *Kübler*, JZ 1973, S. 667, der seinen thematischen Schwerpunkt allerdings stärker auf den Umfang der richterlichen Befugnisse im Rahmen der Rechtsfindung legt.

914 Vgl. *Henne*, von 0 auf Lüth in 6 ½ Jahren, in *Henne/Riedlinger*, Das Lüth-Urteil aus (rechts-) historischer Sicht, S. 197, 206.

915 BVerfGE 6, S. 32; zur Einordnung in den hiesigen Kontext *Henne*, von 0 auf Lüth in 6 ½ Jahren, in *Henne/Riedlinger*, Das Lüth-Urteil aus (rechts-)historischer Sicht, S. 197, 210ff.

III. Rechtsprechung des BGH[916]

Demgegenüber folgte der BGH zunächst der Lehre *Nipperdeys*[917] und sprach sich für eine unmittelbare Wirkung der Grundrechte im Privatrechtsverkehr aus.[918] Später kristallisierte sich eine differenzierende Rechtsprechung heraus, die danach unterschied, ob es sich um eine privatrechtliche Betätigung der öffentlichen Hand (und noch weiter einschränkend im Bereich der Daseinsvorsorge[919]) handelte oder um „echte" privatrechtliche Beziehungen.

In Fällen des erstgenannten Problemkomplexes hat der BGH fortwährend den – schon frühzeitig auch im Schrifttum allgemein anerkannten[920] – Grundsatz bestätigt,[921] wonach sich der Staat, der öffentliche Aufgaben wahrnimmt, nicht durch die Wahl privatrechtlicher Formen der gegenüber seinen Bürgern bestehenden Grundrechtbindung entziehen könne.[922] Diese Rechtsprechung

---

916 Zusammenfassende Literatur zur Rechtsprechung des BGH zu den Grundrechten ist schwerlich zu finden. Auch die Festschriften zum 25 bzw. 50 jährigen Bestehen des BGH sind wenig ergiebig. Erstere enthält lediglich versteckt im Beitrag von *Nüssgens* über die Entwicklungslinien in der Rechtsprechung des VI. Zivilsenats zum Haftungsrecht ein paar Hinweise auf die Rechtsprechung des BGH zum aus den Grundrechten abgeleiteten Allgemeinen Persönlichkeitsrecht. Diesem Thema hat *Ehmann* in der Festgabe 50 Jahre Bundesgerichtshof dann eine eigene Abhandlung gewidmet. Darüber hinaus bleiben die Grundrechte dort allerdings unbehandelt.

917 Grundlegend BGHZ 6, S. 361, allerdings ließ der BGH in dieser Entscheidung die Frage noch offen, ob sich sein Ergebnis aus einem spezifischen, absoluten Recht im Sinne von § 823 BGB oder aus einer absoluten Wirkung des Grundrechtes aus Art. 6 Abs. 1 GG ergebe. Grundlegend ebenso BGHZ 13, S. 334, in dem der BGH die Geltung eines Art. 1 und 2 GG hergeleiteten allgemeinen Persönlichkeitsrecht ausdrücklich anerkannte.

918 Die absolute Wirkung der Grundrechte ausdrücklich anerkennend siehe BGHZ 24, S. 72 (zum allgemeinen Persönlichkeitsrecht); hierzu auch *Neumann-Duesberg*, NJW 1957, S. 1277, der die Zuordnung des allgemeinen Persönlichkeitsrechts offen lassen will; BGHZ 29, S. 76 (zum Gleichbehandlungsgrundsatz).

919 Zur Anwendbarkeit von Grundrechten auf privatrechtliches Handeln der öffentlichen Hand siehe grundlegend BGHZ 36, S. 91 (Art. 12 Abs. 1 Satz 1 GG); vgl. auch die Anmerkung hierzu von *Stern*, JZ 1962, S. 181, der sich für die Geltung der Grundrechte auch in diesen Vertragsverhältnissen ausspricht; gegen eine unmittelbare Drittwirkung der Grundrechte *Koenigs*, JuS 1962, S. 342, 344; *Kracht*, NJW 1962, S. 187; ferner BGHZ 52, S. 325 (zur Geltung des Gleichheitssatzes aus Art. 3 GG).

920 *Dürig*, in *Maunz/Dürig/Herzog*, GG, Art. 3, XVI., S. 215, Rn. 475, 486, 495; *von Münch/Kunig*, 5. Aufl., GG, Band 1, Vor. Art 1 – 19 Rn. 35.

921 Vgl. insbesondere BGHZ 29, S. 71, 76; mit Anmerkung *Raiser*, JZ 1959, 407, m.w.N. auf die bereits seinerzeit herrschende Meinung; ferner bestätigt in BGHZ 52, S. 325; 65, S. 284, 287.

922 Vgl. hierzu bereits *Leibholz/Rinck*, GG, 1. u. 2. Aufl. (1966), Anm. 4 zu Vor Art. 1 – 19, 45.

ist in der Literatur weitgehend positiv aufgenommen worden.[923] Diesem Ergebnis kann ohne Bedenken zugestimmt werden, denn zu Recht formuliert der BGH in einer Entscheidung vom 26. November 1975 „... jedenfalls im Bereich der Daseinsvorsorge gelten die Grundrechte – das entspricht nunmehr gefestigter Ansicht in Rechtsprechung und Schrifttum – unmittelbar auch für das privatrechtliche Handeln des Staates bzw. der Gemeinden. Der Staat kann sich, wenn er sich im Bereich der Leistungsverwaltung zulässigerweise privatrechtlicher Mittel bedient, dadurch nicht der Grundrechtsbindung entziehen, der er bei Einsatz öffentlichrechtlicher Mittel [...] unterworfen wäre."[924]

Hinsichtlich der „echten" privatrechtlichen Beziehungen ist der BGH zunächst der Lehre *Nipperdeys* gefolgt und bildete gemeinsam mit dem BAG in der Mitte der 1950er Jahre die herrschende Meinung. Diese Rechtsprechung des BGH erreichte 1958 in der sogenannten Herrenreiter-Entscheidung[925] ihren Höhepunkt. Es folgten eine Reihe weiterer Judikate, in denen sich der BGH mehr und mehr der Position des BVerfG annäherte, um schließlich in ständiger Rechtssprechung,[926] der Lehre von der mittelbaren Wirkung der Grundrechte folgend, die Wertungen der Grundrechte über die zivilrechtlichen Generalklauseln im Privatrecht zur Anwendung kommen zu lassen.

Ausgangspunkt der Rechtsprechung des BGH zur Grundrechtswirkung im Privatrechtsverkehr war jedoch das sogenannte Leserbrief-Urteil vom 25. Mai 1954.[927] In der Entscheidung sprach sich der BGH ausdrücklich für ein „von jedermann zu achtendes", vom Grundgesetz anerkanntes allgemeines Persönlichkeitsrecht als verfassungsmäßig gewährleistetes Grundrecht aus. Damit erkannte der BGH grundsätzlich die Geltung der Grundrechte im Privatrechtsverkehr an. Gleichwohl vermied es der erkennende Erste Senat des BGH, sich in der grundlegenden dogmatischen Frage, ob die Grundrechte unmittelbar oder mittelbar gelten sollen, zu entscheiden. Diese Entscheidung musste das Gericht aber auch nicht treffen, denn es löste den Fall über einen Schadenersatzanspruch aus § 823 BGB, welcher schlicht an die Existenz des

---

923 Vgl. statt vieler *Maunz/Dürig/Herzog*, GG, Art. 3 Rn. 475ff., 486, 495.

924 BGHZ 65, S. 284, 287.

925 BGHZ 26, S. 349 (Herrenreiter).

926 BGHZ 33, S. 145; 38, S. 317; 38, S. 317; 39, S. 124; 50, S. 133; in der Anmerkung hierzu von *Neumann-Duesberg*, JZ 1968, S. 703, geht dieser intensiv auf die Abwägung des BGH hinsichtlich des Vorliegens eines Verstoßes gegen die Meinungsäußerungsfreiheit ein. Dagegen wird die Geltung von Art. 5 GG im Rechtsverhältnis der Privaten untereinander überhaupt nicht problematisiert, sondern scheinbar schlicht unterstellt; ferner BGHZ 59, S. 30; 70, S. 313; 80, S. 25; S. 311; S. 332; 81, S. 75; 82, S. 173; 84, S. 36; 89, S. 338; 92, S. 213; 97, S. 243; S. 304; S. 330; BGH NJW 1985, S. 1617; NJW 1996, S. 984.

927 BGH, JZ 1954, S. 698, mit Anmerkung von *Coing*; ebenso BGHZ 13, 334.

Persönlichkeitsrechts anknüpft. Der Schadenersatzanspruch ist unabhängig davon, ob die Schutzwirkung dieses Rechts unmittelbar aus der Abwehrfunktion des Grundrechts selbst folgt oder über die Generalklausel des § 823 Abs. 1 BGB als „sonstiges Recht" aus den Art. 1 und 2 GG hergeleitet wird. In der Folge hat der BGH diese Rechtsprechung mehrfach bestätigt,[928] mit dem Ergebnis, dass sich die Anerkennung des allgemeinen Persönlichkeitsrechts durchgesetzt hat.

Fast vier Jahre später, in einer Entscheidung vom 14. Februar 1958[929] hat der Erste Senat des BGH die vorstehende Rechtsprechung zunächst ausdrücklich bestätigt und sich sodann deutlich für eine unmittelbare Wirkung der Grundrechte aus Art. 1 und 2 GG im Privatrechtsverkehr ausgesprochen. „Die Art. 1 und 2 des Grundgesetzes schützen, und zwar mit bindender Wirkung auch für die Rechtsprechung, das, was man die menschliche Personhaftigkeit nennt; ja sie erkennen in ihr einen der übergesetzlichen Grundwerte der Rechtsordnung an. Sie schützen damit unmittelbar jenen inneren Persönlichkeitsbereich, der grundsätzlich nur der freien und eigenverantwortlichen Selbstbestimmung des Einzelnen untersteht und dessen Verletzung rechtlich dadurch gekennzeichnet ist, dass sie in erster Linie so genannte immaterielle Schäden, Schäden, die sich in einer Persönlichkeitsminderung ausdrücken, erzeugen. Diesen Bereich zu achten und nicht unbefugt in ihn einzudringen, ist ein rechtliches Gebot, das sich aus dem Grundgesetz selbst ergibt. Ebenso folgt aus dem Grundgesetz die Notwendigkeit, bei Verletzungen dieses Bereiches Schutz gegen die der Verletzung wesenseigentümlichen Schäden zu gewähren."[930] Diese Entscheidung lässt sich durchaus als Höhepunkt in der Rechtsprechung des BGH zur unmittelbaren Wirkung der Grundrechte im Privatrechtsverkehr bezeichnen. Zwar ergingen in der Folgezeit weitere Entscheidungen, in denen der BGH auf die vorgenannten Urteile Bezug nahm. In keiner dieser Entscheidungen ging der BGH jedoch über die in dem vorgenannten Urteil getroffenen Aussagen hinaus. Insbesondere leitete er keine weiteren Gewährleistungen ausdrücklich aus den Grundrechten her. Im Gegenteil, es ergingen in der Folgezeit eine Reihe von Entscheidungen,[931] in denen sich der BGH für eine mittelbare Wirkung der Grundrechte im Privatrechtsverkehr aussprach oder jedenfalls diesen methodischen Ansatz verwendete.

---

928 BGHZ 15, S. 249, 258; BGHZ 20, S. 345; BGHZ 24, S. 72, 76; NJW 1957, S. 1146; BGHZ 26, S. 349; BGHZ 27, S. 284.

929 BGHZ 26, S. 349 (Herrenreiter).

930 BGHZ 26, S. 349, 354.

931 BGHZ 33, S. 145; 38, S. 317; 50, S. 133; mit Anmerkung hierzu von Neumann-Duesberg, JZ 1968, S. 703; BGHZ 59, S. 30; 70, S. 313; 80, S. 25; S. 311; S. 332; 81, S. 75; 82, S. 173; 84, S. 36; 89, S. 338; 92, S. 213; 97, S. 243; S. 304.

In der so genannten Ginsengwurzel-Entscheidung vom 19. September 1961[932] hatte der Sechste Senat des BGH wie der Erste Senat in der vorgenannten Herrenreiter-Entscheidung über die Frage des Ersatzes eines immateriellen Schadens zu entscheiden. Obgleich auch der Sechste Senat keinen Zweifel aufkommen ließ und feststellte, dass die Rechtsprechung ein allgemeines Persönlichkeitsrecht des Menschen anerkannt und ihm den Schutz des § 823 Abs. 1 BGB zugebilligt habe, leitete dieser Senat die Grundlage des geltend gemachten Anspruchs mittelbar aus den Grundrechten der Art. 1 und 2 GG her. In der Entscheidung heißt es: „Die *unter dem Einfluss der Wertentscheidung des Grundgesetzes erfolgte Ausbildung des zivilrechtlichen Persönlichkeitsschutzes* wäre aber lückenhaft und unzureichend, wenn eine Verletzung des Persönlichkeitsrechts keine der ideellen Beeinträchtigung adäquate Sanktion auslösen würde. [...] Würde der Deliktsschutz des Persönlichkeitsrechts im geistigen Bereich hinter den Schutz der in Art. 2 Abs. 2 GG genannten besonderen Persönlichkeitsgüter völlig zurücktreten, die Ausfluss des Persönlichkeitsrechts sind, so hätte das Zivilrecht *die Wertentscheidungen des Grundgesetzes* unbeachtet gelassen."[933] Angesichts dessen, dass es sich bei der vom Gericht verwendeten Formulierung „Wertentscheidungen des Grundgesetzes" um die Terminologie der Lehre von der mittelbaren Wirkung der Grundrechte im Privatrechtsverkehr handelt, dürfte in dieser Entscheidung (bei vorsichtiger Betrachtung) der erste Schritt des BGH auf dem Weg hin zu dieser Lehre zu sehen sein.

Eine zentrale Entscheidung, aus der im Allgemeinen[934] die Hinwendung des BGH zur Lehre von der mittelbaren Wirkung der Grundrechte im Privatrechtsverkehr gefolgert wird, ist die so genannte Mephisto-Entscheidung vom 20. März 1968.[935] In der Tat verwendete der Erste Senat des BGH in dieser Entscheidung vornehmlich die Terminologie der Lehre von der mittelbaren Wirkung der Grundrechte im Privatrechtsverkehr. So folgerte das Gericht, das allgemeine Persönlichkeitsrecht, „das die höchstrichterliche Rechtsprechung als sonstiges Recht im Sinne des § 823 Abs. 1 BGB anerkannt hat, indem es diese Generalklausel des bürgerlichen Rechts gemäß der Wertentscheidung des Verfassungsgebers ausgefüllt hat"[936] werde zwar aus den Art. 1 und 2 GG hergeleitet, seine Inhaltsbestimmung könne sich gleichwohl nur mittelbar aus den Grundrechtsbestimmungen ergeben.[937]

932 BGHZ 35, S. 363; hieran anschließend auch *Rötelmann*, NJW 1962, S. 736.
933 BGHZ 35, S. 363, 367 (Hervorhebung nicht im Original).
934 Vgl. *Stern*, Staatsrecht, § 76 II 2., S. 1548, insbesondere Fn. 227.
935 BGHZ 50, S. 133.
936 BGHZ 50, S. 133, 138.
937 Vgl. die ähnlich lautende Begründung des Dritten Senats des BGH zur Geltung des Art. 3 GG im Zivilrecht in BGHZ 70, S. 313, 324: „Für das Verständnis dessen, was

Auch die Entwicklung der Rechtsprechung zu heimlich angefertigten Tonbandaufnahmen zeigt, dass sich der BGH im Ergebnis von der Lehre der unmittelbaren Wirkung der Grundrechte im Privatrechtsverkehr abgewendet hatte. In der Entscheidung „Tonbandaufnahme I" vom 20. Mai 1958[938] hatte der Sechste Senat des BGH noch hervorgehoben, „die Bestimmungen in Art. 1 und 2 GG, in denen die Unantastbarkeit der Menschenwürde und das Recht eines jeden auf die freie Entfaltung seiner Persönlichkeit als Grundwerte unserer Rechtsordnung anerkannt sind, binden nicht nur den Staat und seine Organe, sondern sind auch von jedermann im Privatrechtsverkehr zu achten."[939] In konsequenter Fortsetzung der in den 1960er Jahren vollzogenen Abkehr von der Lehre der unmittelbaren Wirkung der Grundrechte im Privatrechtsverkehr korrigierte der Sechste Senat des BGH in einer Entscheidung vom 24. November 1981[940] zum Verwertungsverbot heimlich angefertigter Tonbandaufnahmen im Zivilprozess die in der Entscheidung „Tonbandaufnahme I" begründete Rechtsprechung und entschied, dass das Recht am gesprochenen Wort – welches Ausdruck der verfassungsrechtlichen Gewährleistung der Persönlichkeit sei – seinen Niederschlag in der Strafvorschrift des § 201 StGB gefunden habe. Nach der Lehre von der unmittelbaren Wirkung wäre das Verwertungsverbot zwingende Folge der Verletzung des aus den Grundrechten aus Art. 1 und 2 GG folgenden Persönlichkeitsrechts.

Schließlich wird nicht zuletzt aufgrund der ausdrücklichen Bezugnahme auf die Lüth-Entscheidung des BVerfG aus einer Entscheidung des Sechsten Senats des BGH vom 5. Juni 1984 nur allzu deutlich, dass er nunmehr von der mittelbaren Wirkung der Grundrechte im Privatrechtsverkehr ausging. „Dieser Grundsatz enthält in Fällen der vorliegenden Art seinen spezifischen Inhalt aus der Wertentscheidung des Grundgesetzes für die freie Wahl des Arbeitsplatzes (Art. 12 Abs. 1 GG), die auch das Recht umfasst, den gewählten Arbeitsplatz aufzugeben und zu wechseln [vgl. BAG 13, 168, 177; 28, 159, 163]. Die im Grundrechtsabschnitt des Grundgesetzes getroffenen verfassungsrechtlichen Grundentscheidungen entfalten sich in bürgerlichrechtlichen Streitigkeiten durch die das Privatrecht unmittelbar beherrschenden Vorschriften, insbesondere die Generalklauseln [vgl. BVerfG 7, 198, 205; 42, 143, 148]."[941]

---

heute unter ‚guten Sitten' im Sinne von § 138 Abs. 1 BGB zu verstehen ist, hat allerdings die Wertordnung des Grundgesetzes, wie sie in den Grundrechten niedergelegt ist, wesentliche Bedeutung (vgl. BVerfGE 7, S. 198, 20 ...)".

938 BGHZ 27, S. 284.

939 BGHZ 27, S. 284, 285.

940 BGH, NJW 1982, S. 277.

941 BGH NJW 1985, S. 44.

IV. Rechtsprechung des BVerwG

Das BVerwG lehnte die Lehre von der unmittelbaren Wirkung der Grundrechte im Privatrechtsverkehr ab. In einer Entscheidung vom 5. Februar 1971[942] hatte das BVerwG die Gelegenheit, dies ausdrücklich festzustellen. Das BVerwG formulierte sein Ergebnis in den Gründen auch entsprechend knapp. „Nach Art. 1 Abs. 3 GG binden die Grundrechte Gesetzgebung, Verwaltung und Rechtsprechung als unmittelbar geltendes Recht. Daraus folgt, dass sich die Grundrechte des Staatsbürgers gegen den Staat als Hoheitsträger richten, während eine unmittelbare Wirkung der Grundrechte auf private Schuldverhältnisse generell nicht stattfindet."[943]

V. Entwicklung der Rechtsprechung des BAG

Das BAG hatte sich bereits in den ersten Jahren seines Bestehens[944] in zahlreichen Urteilen[945] mit der Problematik der Wirkung der Grundrechte im Privatrechtsverkehr, namentlich im Arbeitsrecht, auseinanderzusetzen. Es nutzte die Gelegenheit und sprach sich von Anfang an deutlich für die *unmittelbare* Wirkung der Grundrechte im Arbeitsrecht aus.[946]

1. Grundlegende Entscheidungen

a) Grundrechte als Ordnungsgrundsätze für das soziale Leben

Der Erste Senat des BAG sprach sich in einer Entscheidung vom 3. Dezember 1954, im Fall eines Kündigungsschutz suchenden ehemaligen Betriebsrates richtungweisend für eine absolute Wirkung der Grundrechte im Arbeitsrecht aus. Der Entscheidung lag folgender Sachverhalt zugrunde.

---

942 BVerwG, Beschluss vom 5. Februar 1971, Az. VII B 45/69.

943 BVerwG, Beschluss vom 5. Februar 1971, Az. VII B 45/69.

944 Das BAG wurde am 10. Mai 1954 in einem Festakt eröffnet.

945 Hierzu ausführlich sogleich, insbesondere seien bereits hier genannt BAGE 1, S. 51 (Hausarbeitsgesetz NRW); BAGE 1, S. 185 (Kündigungsschutz); BAGE 1, S. 285; BAGE 4, S. 274; BAG NJW 1954, S. 1301; BAG NJW 1957, S. 1688; vgl. auch BAGE 16, S. 95, das die *unmittelbare* Geltung der Verfassungssätze des Art. 3 Abs. 1 und Abs. 2 GG bestätigt; vgl. auch den Überblick zu 30 Jahren Rechtsprechung des BAG bei *Heither*, JöR 1984, S. 315.

946 BAGE 1, S. 185 (Kündigungsschutz) einzelne Passagen der Entscheidung des Ersten Senats (unter dem Vorsitz *Nipperdeys*) erinnern auffällig an einige Veröffentlichungen *Nipperdeys*.

Der als Arbeiter beschäftigte und dem Betriebsrat angehörende Kläger verteilte im Betrieb der Beklagten während der Arbeitszeit im August 1953 Wahlzettel der Kommunistischen Partei, indem er diese zwischen leere Lohntüten schob. Auf der Rückseite der als 10,00 DM-Scheine getarnten Wahlzettel stand: „Noch einmal 4 Jahre Adenauerpolitik und ein Zehn-Mark-Schein ist dann bald gar nichts mehr wert. Gebt den Regierungsparteien der CDU/CSU, der FDP und der DP, die Euch das Brot vom Tisch stehlen, die richtige Antwort: Wählt KPD.“ Noch am selben Tag entließ die Beklagte den Kläger unter Gewährung einer 4-wöchigen Auslauffrist. Die Kündigungsschutzklage blieb ohne Erfolg.

Der Erste Senat stellte in seiner Entscheidung fest, dass nach der herrschenden Lehre und Praxis des deutschen Verfassungsrechts[947] die grundrechtlichen Normen der Grenzziehung zwischen der Staatsgewalt und den Bürgern, nicht aber der Regelung der Rechtsbeziehungen der Bürger untereinander dienen. In einer Auseinandersetzung mit den Vertretern, die diese Auffassung auch auf die Regelungen des Grundgesetzes übertragen,[948] betont das BAG, dass aus der Änderung des Wortlautes in Art. 5 GG im Vergleich zu Art. 118 Abs. 1 WRV keine zu weit gehenden Schlüsse gezogen werden dürften. Zwar habe der Grundgesetzgeber den noch in Art. 118 Abs. 1 WRV enthaltenen Zusatz „An diesem Recht darf ihn kein Arbeits- oder Anstellungsverhältnis hindern, und niemand darf ihn benachteiligen, wenn er von diesem Recht Gebrauch macht“ nicht in Art. 5 GG übernommen. Einen besonderen Grund für diese Weglassung sei aus der Entstehungsgeschichte jedoch nicht ersichtlich. Sodann stellte der erkennende Senat entgegen der herrschenden Verfassungsrechtslehre und unter Bezugnahme auf die Argumentation *Nipperdeys* fest, dass nicht alle, aber doch eine Reihe bedeutsamer Grundrechte der Verfassung nicht nur Freiheitsrechte gegenüber der Staatsgewalt garantieren sollen, sondern sie vielmehr Ordnungsgrundsätze für das soziale Leben seien, die in einem aus dem Grundrecht näher zu entwickelnden Umfang unmittelbare Bedeutung auch für den Rechtsverkehr der Bürger untereinander haben.[949] Das BAG folgte damit unzweifelhaft der Lehre *Nipperdeys* und betonte ausdrücklich, dass solche Grundrechte nicht nur das Verhältnis des einzelnen Bürgers zum Staat berühren, „sondern auch das der Bürger dieses Staates als Rechts-

---

947 Das BAG zitiert zunächst Quellen, die sich mit den Grundrechten der WRV befassen: *Anschütz* Kommentar zur Reichsverfassung, 14. Aufl. (1933), S. 549, 556; *Giese*, Kommentar zur Reichsverfassung, Art. 118, S. 278, Anm. 3; *Poetzsch-Heffter*, Kommentar zur Reichsverfassung, 3. Aufl., S. 397; *Thoma* bei *Nipperdey*, Grundrechte Bd. 1, S. 1; *Schmitt*, HdB DStR Bd. II, (1932), S. 572.

948 Vgl. *W. Jellinek*, BB 1950, S. 425; *Schätzel*, RdA 1950, S. 248; *Hueck*, Die Bedeutung des Art. 3. und *Schmidt-Rimpler*, AöR Bd. 76, S. 165.

949 BAGE 1, 185, S. 193; zustimmend *Galperin*, JZ 1956, S. 105.

genossen untereinander. Auch das normative Bekenntnis des GG zum sozialen Rechtsstaat (Art. 20, 28 GG), das für die Auslegung des GG und anderer Gesetze von grundlegender Bedeutung ist, [...] spricht für die unmittelbare privatrechtliche Wirkung der Grundrechtsbestimmungen, die für den Verkehr der Rechtsgenossen untereinander in einer freiheitlichen und sozialen Gemeinschaft unentbehrlich sind.“[950] Die vom BAG zur Begründung seiner Auffassung verwendete Argumentation ist in erster Linie pragmatischer Natur. Das Gericht führte aus, die Bestimmung des Art. 118 WRV sei auch im Bereich des Art. 5 GG maßgebend, „denn das Grundrecht der freien Meinungsäußerung, das wesentlich ist für eine freiheitlich-soziale Gestaltung des Gemeinschaftslebens, würde auf weiten Gebieten des menschlichen Lebens wirkungslos gemacht werden, wenn zwar nicht der Staat, wohl aber wirtschaftliche und soziale Mächte und Einzelne im privaten Rechtsverkehr in der Lage wären, dieses Recht nach ihrem Gutdünken kraft ihrer Machtstellung einzuschränken, ohne sich dabei einer Verfassungsverletzung schuldig zu machen.“[951] Das BAG zog hieraus den Schluss, dass Gesetze aber auch Verträge und Maßnahmen, die eine Äußerung und Betätigung allein wegen ihrer geistigen Zielrichtung und der dadurch hervorgerufenen geistigen Wirkung verbieten oder beschränken, unzulässig seien. Die Grenze dieser Beschränkung der privatrechtlichen Freiheit liege in der von Art. 5 Abs. 2 GG aufgestellten Schranke, den allgemeinen Gesetzen, zu denen das BAG im Verhältnis der einzelnen Bürger zueinander auch die Grundregeln über die Arbeitsverhältnisse zählte. Diese umfassen nach Ansicht des BAG auch das „Pflichtengebot, sich so zu verhalten, dass der Betriebsfrieden nicht ernstlich und schwer gefährdet wird, und dass die Zusammenarbeit im Betrieb mit den übrigen Arbeitnehmern, aber auch mit dem Arbeitgeber, für diese zumutbar bleibt.“[952] Das BAG ging in diesem Fall nicht von einer Verletzung der klägerischen Grundrechte aus. Nach Auffassung des Gerichts bildete das Verbot parteipolitischer Betätigung im Betrieb im Interesse der Erhaltung des Betriebsfriedens und einer gedeihlichen Betriebsratsarbeit, als Ausfluss dieses Pflichtengebotes, die Schranke, die der Freiheit des Klägers entgegenstand.

---

950 BAGE 1, 185, S. 193f.; *Galperin*, JZ 1956, S. 105, 106, hebt hinsichtlich Art. 3 GG hervor, dass Wortlaut und Entstehungsgeschichte weder für eine klassische noch für eine erweiterte Auslegung sprechen.

951 BAGE 1, S. 185, 193f. unter Bezugnahme auf an *Enneccerus/Nipperdey*, AT, 14. Aufl., § 15 II 3; *Nipperdey*, Gleicher Lohn der Frau, 1951; *Nipperdey*, Art. 1 GG, in *Neumann/Nipperdey/Scheuner*, Grundrechte, Bd. 2, S. 18; *Coing* in Staudinger Bd. 1 Vor. 17ff. vor § 1; *von Mangoldt*, GG, S. 47, 62, 63.

952 BAGE 1, S. 185, 194.

b) Verfassungsmäßige Rechte der Arbeitsvertragsparteien

In dem Beschluss vom 28. Januar 1955[953] lag dem Großen Senat des BAG die Frage zur Entscheidung vor, ob dem einzelnen Arbeitnehmer ein verfassungsmäßiges Streikrecht aus Art. 9 GG oder eventuell aus Art. 2 Abs. 1 GG zusteht. Hinter diesem Problem stand die Frage, ob die vom Arbeitgeber – wegen der unangekündigten Teilnahme des Arbeitnehmers an einem von der Gewerkschaft ausgerufenen Streik – ausgesprochene Kündigung des Arbeitsvertrages wegen eines eventuellen verfassungsmäßigen Streikrechtes des Arbeitnehmers unwirksam ist. Im Ergebnis verneinte das BAG diese Frage mit der Begründung, dass die Entlassung, wenn sie nicht mehr durch die vertragswidrige Arbeitsverweigerung gerechtfertigt werde, sie aber wenigstens als Abwehrmaßnahme zulässig sein müsse. Der Arbeitgeber müsse in der Lage sein, den streikenden Arbeitnehmern das volle Risiko des Kampfes aufzuerlegen. Dieses Ergebnis brachte allerdings keine neuen dogmatischen Erkenntnisse hinsichtlich der Wirkung der Grundrechte im Arbeitsrecht.[954] Das Gericht vermied es, die grundlegende Frage eines eventuellen verfassungsmäßigen Streikrechtes zu entscheiden und löste das Problem vielmehr über das Wesen des gewerkschaftlichen Streikes als kollektive Kampfmaßnahme. Danach bestehe bereits aus der historischen Entwicklung seit 1869, „namentlich aus der wichtigen Regel des § 152 Abs. 1 GewO und der allgemeinen rechtlichen Überzeugung“[955] sowie aus § 49 Abs. 2 Satz 3 BetrVG grundsätzlich das Arbeitskampfrecht. Die Norm lasse Arbeitskämpfe tariffähiger Parteien nämlich unberührt. In der Begründung seiner Entscheidung, namentlich im Rahmen der Herleitung des beiderseitigen Arbeitskampfrechtes, verwies das BAG auf Art. 3 GG, dem die Grundsätze der Waffengleichheit und der Kampfparität entstammen. Ferner ergebe sich aus den Grundsätzen des freiheitlichen sozialen Rechtsstaates (Art. 18, 20, 21, 28 GG) der Grundsatz der Freiheit der Wahl der Kampfmittel.[956] Wenngleich das Gericht hinsichtlich der Dogmatik nicht deutlich herausarbeitete, welche Konsequenz es aus dem Heranziehen der Grundrechtsbestimmungen ziehen wollte, drängt sich dem Beobachter die Vermutung auf, das BAG gründe sein Verständnis zu den Grundlagen des Arbeitskampfrechtes auch auf die Bestimmungen des Grundgesetzes. Nach dem Verständnis des Großen Senats scheint klar, dass die Grundrechte die (privaten) Rechtsbeziehungen der Arbeitskampfparteien be-

953 BAGE 1, S. 291; hierzu kritisch *Nikisch*, JZ 1955, S. 440.

954 Vgl. *Nikisch*, JZ 1955, S. 440, 441.

955 BAGE 1, S. 291, 296, zu den Einzelheiten der Begründung siehe dort; sowie in der Auseinandersetzung mit den Urteilsgründen *Nikisch*, JZ 1955, S. 440.

956 BAGE 1, S. 291, 302.

einflussen[957]. Die Frage nach dem „Wie“ ließ das BAG in dieser Entscheidung jedoch offen.

c) Beschäftigungspflicht des Arbeitgebers[958]

In einer Entscheidung vom 10. November 1955[959] nahm der Zweite Senat des BAG zu der Frage Stellung, unter welchen Voraussetzungen der Arbeitgeber berechtigt sei, einen Arbeitnehmer von seiner Arbeitspflicht freizustellen. Hierzu stellte das Gericht zunächst grundsätzlich fest, dass das Arbeitsverhältnis ein personenrechtliches Gemeinschaftsverhältnis sei, „das nicht nur wie beim Dienstvertrag der selbstständig Tätigen oder sonstigen Schuldverhältnissen lediglich einzelne bestimmte Leistungen betrifft, sondern für seinen Geltungsbereich die ganze Person des Arbeitnehmers erfasst, deshalb wesentlich sein Leben gestaltet und seine Persönlichkeit bestimmt.“[960] Daraus resultiere die Pflicht des Arbeitgebers, mit Rücksicht auf die jedem aus Art. 1 und 2 GG obliegende Pflicht, alles zu unterlassen, was die Würde des Arbeitnehmers und die freie Entfaltung der Persönlichkeit beeinträchtigen könne.[961] Eine solche Beeinträchtigung stelle es aber dar, wenn der Arbeitgeber den Arbeitnehmer nicht nur vorübergehend von dessen Arbeitsverpflichtung freistelle. Ein womöglich jahrelang andauernder Zustand, in dem der Arbeitnehmer zum Nichtstun und lediglich Gehalt in Empfang nehmen verpflichtet wäre, würde diesen nicht mehr als vollwertiges Mitglied der Berufsgemeinschaft und der Gesellschaft erscheinen lassen und ihn so in seinem Persönlichkeitsrecht verletzen.[962] Deshalb könne der Arbeitgeber bei fehlendem Einverständnis des Arbeitnehmers diesen lediglich für vorübergehende Zeit, etwa während des Laufes einer Kündigungsfrist unter Fortzahlung des Lohnes von der Leistungspflicht freistellen. Obgleich die Ausführungen des Zweiten Senats zum allgemeinen Persönlichkeitsrecht nicht entscheidungserheblich waren, nutzte das Gericht die Gelegenheit zu einem obiter dictum. Dies vermutlich, um die Begründung einer ständigen Rechtsprechung hinsichtlich der *unmittelbaren* Wirkung der Grundrechte im Arbeitsrecht zu forcieren.

---

957 Diese Entscheidung zeigt deutlich, dass das Arbeitskampfrecht in hohem Maße von richterlicher Rechtsfortbildung geprägt ist.

958 Eine ausführliche Auseinandersetzung mit dem Schrifttum zum Thema Beschäftigungspflicht und Beschäftigungsanspruch folgt unten C.VI.3.b).

959 BAGE 2, S. 221.

960 BAGE 2, S. 221, 225.

961 Im Anschluss an die Entscheidung BAGE 2, S. 221 wies *Röhsler*, DB 1958, S. 1462, darauf hin, dass das BAG bereits vor dieser Entscheidung eine Beschäftigungspflicht für bestimmte (insbesondere kulturschaffende und akademische) Berufsgruppen im gewissen Umfang angenommen hatte.

962 BAGE 2, S. 221, 225f.

In einem Urteil vom 19. August 1976[963] hatte der Dritte Senat des BAG über die Frage der Beschäftigungspflicht des Arbeitgebers nach Ausspruch der Kündigung zu entscheiden. Im Anschluss an die Grundsatzentscheidung des Zweiten Senats des BAG vom 10. November 1955[964] betonte der Dritte Senat, dass aus der beispielhaften Aufzählung in jener Entscheidung nicht gefolgert werden könne, dass in den dort genannten Fällen, insbesondere während des Laufes der Kündigungsfrist, der Arbeitnehmer jederzeit suspendiert werden könne.[965] Vielmehr müsse der Arbeitnehmer mit seinem Anspruch auf Beschäftigung nur dann zurücktreten, wenn überwiegende und schutzwürdige Interessen des Arbeitgebers entgegenstünden.[966] Während der Kündigungsfrist könne der Arbeitnehmer grundsätzlich auch seine Beschäftigung verlangen. „Wünscht ein Arbeitnehmer [...], bis zum Ablauf des Arbeitsverhältnisses weiter zu arbeiten, so müssen die beiderseitigen Interessen gegeneinander abgewogen werden."[967] Dies folge aus der besonderen Bedeutung des aus Art. 1 und 2 GG entspringenden allgemeinen Persönlichkeitsrechts des Arbeitnehmers. Diese Rechtsprechung hat der Zweite Senat in einem Urteil vom 26. Mai 1977[968] erneut bestätigt. Allerdings hat der Senat in der Entscheidung auch darauf hingewiesen, dass sich eine uneingeschränkte Fortführung dieser Rechtsprechung zur Beschäftigungspflicht bzw. zum Beschäftigungsanspruch über das Ende der Kündigungsfrist hinaus mit dem geltenden Recht nicht vereinbaren lasse.[969]

d) Lohngleichheitsgrundsatz

Das Thema Lohngleichheit war und ist eine der zentral mit der Lehre *Nipperdeys* verbundenen Fragen. In der Rechtsprechung des BAG lassen sich bis heute zahlreiche Entscheidungen zum Lohngleichheitsgrundsatz nachweisen. Zu den grundlegenden zählen zwei Entscheidungen des Ersten Senats vom 3. Dezember 1954[970] und vom 15. Januar 1955.[971]

---

963 BAGE 28, S. 168.

964 BAGE 2, S. 221. vgl. hierzu oben C.V.1.c).

965 BAGE 28, S. 168, 172f.

966 BAGE 28, S. 168, 173.

967 BAGE 28, S. 168, 172.

968 BAGE 29, S. 195.

969 BAGE 29, S. 195, 207; mit Anmerkung *Etzel*, JA 1978, S. 78.

970 BAGE 1, S. 185; siehe oben C.V.1.a).

971 BAGE 1, S. 258; NJW 1955, S. 684; mit zustimmender Anmerkung *Krüger*, NJW 1955, S. 684; zustimmend zu dieser Entscheidung auch *Gaul*, RdA 1955, S. 362.

In einem Urteil vom 15. Januar 1955[972] setzte sich der Erste Senat des BAG mit dem Lohngleichheitsgrundsatz und mit der Frage der Wirkung der Grundrechte im Arbeitsrecht auseinander. Das BAG bestätigte seine in der Entscheidung vom 3. Dezember 1954[973] begründete Rechtsprechung. „Die Verfassungssätze, dass Männer und Frauen gleichberechtigt sind (Art. 3 Abs. 2 GG), und dass niemand wegen seines Geschlechts benachteiligt werden darf (Art. 3 Abs. 3 GG), sind geltende Rechtsnormen und keine bloßen Programmsätze. Der Gleichberechtigungsgrundsatz und das Benachteiligungsverbot umfassen auch den Grundsatz der Lohngleichheit. Der Lohngleichheitsgrundsatz bindet als Grundrecht nicht nur die staatliche Gewalt, sondern auch die Tarifvertragsparteien. Eine Tarifklausel, die generell und schematisch weiblichen Arbeitskräften bei gleicher Arbeit nur einen bestimmten Hundertsatz der tariflichen Löhne als Mindestlohn zubilligt, verstößt gegen den Lohngleichheitsgrundsatz und ist nichtig.“[974]

Sowohl in der Entscheidung vom 3. Dezember 1954 als auch in der vom 15. Januar 1955 betrachtete der Erste Senat mehrere Aspekte und folgte hierbei jeweils maßgeblich der Argumentation *Nipperdeys*. Im Urteil vom 15. Januar 1955 stellte das BAG insbesondere unter Berufung auf die verschiedenen Gutachten von *Hueck*, *Nipperdey*, *Herschel*, *Schmidt-Rimpler* etc. kurz fest, es sei „heute unbestritten“, dass der Gleichberechtigungsgrundsatz und das Benachteiligungsverbot auch den Grundsatz der Lohngleichheit von Mann und Frau bei gleicher Arbeit umfassen würden.[975] Sodann gab der Erste Senat fast wortgenau die Begründung *Nipperdeys*[976] hierzu wieder, der dieses Ergebnis aus den Gesetzesmaterialien hergeleitet hatte.[977] Obgleich es in der Entscheidung vom 15. Januar 1955 nicht auf diese Frage ankam, wiederholte der Erste Senat des BAG die von ihm in der Entscheidung vom 3. Dezember 1954 getroffene Feststellung, wonach eine Reihe bedeutsamer Grundrechte Bedeutung auch für den privaten Rechtsverkehr haben können.[978]

e) Unwirksamkeit von Zölibatsklauseln

Die Begründung der Rechtsprechung des BAG zur unmittelbaren Drittwirkung der Grundrechte im Arbeitsrecht haben insbesondere die von Art. 6 GG

---

972 BAGE 1, S. 258; NJW 1955, S. 684.
973 BAGE 1, S. 185.
974 BAGE 1, S. 258; NJW 1955, S. 684.
975 BAGE 1, S. 258, 265.
976 Vgl. *Nipperdey*, Gleicher Lohn der Frau, S. 5; *Enneccerus/Nipperdey*, 14. Aufl., AT § 55, S. 202f.
977 BAGE 1, S. 258, 263f.
978 BAGE 1, S. 258, 265.

geschützten Grundrechte und Institutsgarantien maßgeblich beeinflusst. Wegweisend war diesbezüglich die Entscheidung zu den Zölibatsklauseln.[979]

In seinem Urteil vom 10. Mai 1957[980] hatte sich der Erste Senat des BAG mit der Frage zu beschäftigen, ob eine Klausel in einem Ausbildungsvertrag für Lernpflegerinnen in einer Landesheilanstalt nichtig ist, wenn sich die Auszubildenden darin verpflichten müssen, für den Fall der Eheschließung – spätestens mit Ablauf des Monats, in dem die Ehe geschlossen wird – aus dem Ausbildungsverhältnis auszuscheiden (sog. Zölibatsklausel). Der erkennende Senat hielt die Klausel nicht wegen eines Verstoßes gegen die guten Sitten nach § 138 BGB für nichtig, denn er sah kein von der Vorschrift vorausgesetztes, persönliches sittenwidriges Verhalten des die Klausel verwendenden Vertragsschließenden. Das Gericht erklärte die Klausel allerdings nach § 134 BGB für nichtig, weil sie „gegen grundlegende Normen des deutschen Verfassungsrechts verstößt, nämlich gegen Art. 6 Abs. 1 und Art. 1, 2 GG."[981] Gegen die Anwendung des § 134 BGB bei einer Verletzung verfassungsrechtlicher Vorschriften hatte das BAG keine Bedenken. Nach § 134 BGB ist ein Rechtsgeschäft nichtig, das gegen ein gesetzliches Verbot verstößt. Gesetz im Sinne des BGB sei nach Art. 2 EGBGB jede Rechtsnorm, also auch eine Verfassungsnorm. Für den Bereich des bürgerlichen Rechts sei § 134 BGB die Vorschrift, die auch dann heranzuziehen sei, wenn sich das Verbot aus einer dem bürgerlichen Recht übergeordneten Norm ergebe.[982] Das BAG folgte damit der Argumentation *Nipperdeys* zum Gesetzesbegriff, den dieser zur Begründung der Anwendbarkeit der Grundrechtsbestimmungen auf Tarifverträge heranzog.[983] Auch dort verwendete *Nipperdey* zur Begriffsbestimmung die Definitionen des EGBGB.

Das BAG brachte in dieser Entscheidung sehr deutlich zum Ausdruck, dass die Grundrechte nach seiner Auffassung im Privatrechtsverkehr unmittelbar gelten. „Auch das normative Bekenntnis des Grundgesetzes zum sozialen Rechtsstaat (Art. 20, 28 GG), das für die Auslegung des Grundgesetzes und anderer Gesetze von grundlegender Bedeutung ist, spricht für die unmittelbare

979 BAGE 4, S. 274; NJW 1957, S. 1688; dagegen *Dürig*, DÖV 1958, S. 194, 196 Fn. 4, der Zölibatsklauseln nicht per se für nichtig hält, sondern erst dann, wenn die Vereinbarung nach Zeit, Ort und sonstigen Umständen jene Wertgrenze überschreite, was zu einer unbilligen Erschwerung der Ehebegründung führe.

980 BAGE 4, S. 274; NJW 1957, S. 1688.

981 BAG NJW, 1957, S. 1688, 1689; *Dürig*, DÖV 1958, S. 194, 196, hält es für verfehlt, die Lösung über den starren § 134 BGB zu suchen. Vielmehr sei der im betroffenen Grundrecht zum Ausdruck kommenden Wertentscheidung, in dem für den jeweiligen Einzelfall angemessenen Maß Geltung zu verschaffen.

982 BAGE 4, S. 274, 283.

983 Vgl. *Hueck/Nipperdey*, LB ArbR, Bd. 2, § 19 II, S. 373.

privatrechtliche Wirkung der grundrechtlichen Bestimmungen, die für den Verkehr der Rechtsgenossen untereinander in einer freiheitlichen und sozialen Gemeinschaft unentbehrlich sind."[984] Der Erste Senat bestätigte in dieser Entscheidung zudem ausdrücklich, dass er an seiner bisherigen Rechtsprechung festhalte. „Der Senat hat diese Grundsätze erneut in seiner Entscheidung vom 23. März 1957 angewendet und sieht keine Veranlassung von dieser Rechtsprechung abzuweichen." Dies insbesondere deshalb, weil sich der Erste Senat durch zwei Entscheidungen des BVerfG sogar bestätigt sah. „Auch das BVerfG vertritt in seinem Beschluss vom 17. Januar 1957[985] [...] den gleichen Standpunkt. [...] Der Senat sieht in dieser Rechtsprechung des BVerfG eine Bestätigung seiner eigenen Judikatur zur Frage der Wirkung der Grundrechte als Grundnormen auf die Rechtsbeziehungen der Bürger untereinander und schließt sich den zutreffenden Ausführungen des BVerfG über die Bedeutung des Art. 6 Abs. 1 GG an."[986]

Das Urteil des BVerfG vom 17. Januar 1957 bietet in der Tat einige Anhaltspunkte, aus denen sich eine gewisse Parallelität in den Begründungen beider Gerichte erkennen lässt. Dort formulierte das BVerfG „die rechtliche Wirkung des Art. 6 Abs. 1 GG erschöpft sich jedoch nicht in diesen Funktionen.[987] Wie eine ganze Reihe von Verfassungsnormen – insbesondere die das Verhältnis des Bürgers zum Staat bestimmen oder das Gemeinschaftsleben regeln – erfüllt Art. 6 Abs. 1 GG mehrere Funktionen, die miteinander verbunden sind und ineinander übergehen. [...] Eine Interpretation von Art. 6 Abs. 1 GG nach diesem Prinzip zeigt, dass er nicht nur ein Bekenntnis enthält und als Institutsgarantie wirkt, sondern darüber hinaus zugleich eine Grundsatznorm darstellt, das heißt eine verbindliche Wertentscheidung für den gesamten Bereich des Ehe und Familie betreffenden privaten und öffentlichen Rechts."[988] Gerade die letzte Passage dürfte den Ersten Senat des BAG zu seiner Schlussfolgerung veranlasst haben, das BVerfG teile die vom BAG vertretene Ansicht von der unmittelbaren Geltung der Grundrechte, insbesondere des Art. 6 Abs. 1 GG im Privat- respektive Arbeitsrechtsverkehr. Demgegenüber hat das BVerfG im Lüth-Urteil vom 15. Januar 1958 festgestellt, dass „die Folgerungen, die das Bundesarbeitsgericht in seinem Urteil [...] aus

984 BAG NJW, 1957, S. 1688, 1689.

985 BVerfGE 6, S. 55; NJW 1957, S. 417; siehe hierzu auch *Spitaler*, BB 1957, S. 268, der sich jedoch vornehmlich mit den steuerrechtlichen Aspekten und den Folgen der Entscheidung auseinandersetzt.

986 BAG, NJW 1957, S. 1688, 1689; zur Reaktion des BVerfG siehe oben C.II sowie BVerfGE 7, S. 198.

987 Gemeint ist hier die zuvor dargestellte Funktion als Instituts- oder Einrichtungsgarantie.

988 BVerfGE 6, S. 55, 72.

den Entscheidungen des Bundesverfassungsgerichts [...] in dieser Hinsicht zieht“, zu weit gingen.

Das BAG sah sich zudem durch die Rechtsprechung des BGH bestätigt.[989] Letzterer hatte im Anschluss an *Enneccerus-Nipperdey*[990] aus den Art. 1 und 2 GG das allgemeine Persönlichkeitsrecht gerade auch für den Privatrechtsverkehr entwickelt und in einer Entscheidung vom 2. April 1957 festgestellt, dass mit Recht davon auszugehen sei, „dass die Bestimmungen in Art. 1 und 2 GG, in denen die Unantastbarkeit der Menschenwürde ausgesprochen und das Recht eines jeden auf die freie Entfaltung seiner Persönlichkeit anerkannt ist, soweit er nicht die Rechte anderer verletzt und nicht gegen die verfassungsmäßige Ordnung oder das Sittengesetz verstößt, ein Grundrecht gewährleistet, das sich nicht nur gegen den Staat und seine Organe richtet, sondern auch im Privatrechtsverkehr gegenüber jedermann gilt [...]. Denn nicht anders kann es verstanden werden, dass es in Art. 1 Abs. 1 Satz 2 als Verpflichtung aller staatlichen Gewalt erklärt worden ist, die Würde des Menschen zu achten und zu schützen, und dass in Art. 1 Abs. 3 die in den nachfolgenden Bestimmungen niedergelegten Grundrechte, darunter in erster Linie das Recht auf die freie Entfaltung der Persönlichkeit, zu unmittelbar geltendem, Gesetzgebung, vollziehende Gewalt und Rspr. bindendem Recht erhoben worden sind.“[991] Wie gesehen[992] hielt der BGH nach dem Lüth-Urteil des BVerfG nicht lange an dieser Rechtsprechung fest, sondern sprach sich 1968 in der Mephisto-Entscheidung[993] sehr deutlich für eine bloß mittelbare Wirkung der Grundrechte im Privatrechtsverkehr aus.

Schließlich hob der Erste Senat des BAG in seiner Entscheidung vom 10. Mai 1957 hervor, die Ehe stehe unter dem besonderen Schutz des Grundgesetzes und dieser Schutz gelte für die gesamte Rechtsordnung. Deshalb dürfe es die Rechtsordnung nicht dulden, dass auch nur einem einzelnen Bürger durch mittelbaren Zwang die Eingehung der Ehe erschwert werde. Eine diese von Art. 6 Abs. 1 GG garantierte Freiheit behindernde Vertragsklausel sei daher nichtig. Dies insbesondere, weil es auch nicht darauf ankomme, ob eine Zölibatsklausel faktisch nur bestimmte Bevölkerungsschichten treffe, nämlich solche, bei denen die Mitarbeit der Frau wegen wirtschaftlicher Not notwendig sei. Vielmehr sei eine solche Klausel schon allein deshalb unwirksam, weil sie sich grundsätzlich ehefeindlich auswirke.[994] Rechtfertigung erlange

---

989 BAGE 4, S. 274, 276; NJW 1957, S. 1688, 1689.
990 Vgl. *Enneccerus/Nipperdey*, 14. Aufl., AT § 55, S. 202f.
991 BGH 13, S. 334; ebenso BGH, NJW 1957, S. 1146f.
992 Siehe oben C.III.
993 BGHZ 50, S. 133.
994 BAG, NJW 1957, S. 1688, 1689.

die Klausel auch nicht durch Bezugnahme auf die Vertragsfreiheit, da diese ihre Grenze jedenfalls in den Vorschriften der Verfassung finde, die höherwertige Rechtsgüter gewährleisten und sichern wollen.[995] Der Erste Senat stützte seine Entscheidung weiterhin auf das Argument, die Nichtigkeit der Klausel ergebe sich auch aus einem Verstoß gegen Art. 1 Abs. 1 und Art. 2 Abs. 1 GG.[996] Rechtsgeschäfte verstießen danach gegen Art. 1 Abs. 1 GG, wenn sie zu einer Handlung oder einer Unterlassung verpflichten sollen, die im Interesse der Würde des Menschen völlig frei sein müsse. Die Würde des Menschen erfordere es aber, dass er selbst darüber entscheiden könne, wie er sein Leben gestalte, insbesondere, ob er heirate.[997]

Trotz der entgegenstehenden Auffassung des BVerfG in der Frage der Drittwirkung der Grundrechte und obgleich auch der BGH seinen Standpunkt in dieser Frage änderte, hielt das BAG noch geraume Zeit an seiner Rechtsprechung fest. Damit hatte das BAG erstmals außerhalb des Geltungsbereiches des Lohngleichheitssatzes arbeitsvertragliche Rechtsverhältnisse unmittelbar durch Grundrechtsbestimmungen entscheidend gestalten lassen.

Bereits vor der Entscheidung des BAG ist die Unwirksamkeit der Zölibatsklauseln in der Literatur diskutiert worden. Vor dem Hintergrund, dass sich die bis dato ausgetauschten Argumente zum Thema Drittwirkung der Grundrechte in erster Linie auf Art. 3 GG und die damit verbundene Frage nach dem Lohngleichheitsgrundsatz bezogen, stand – abgesehen von den grundsätzlichen Andeutungen *Nipperdey*s – die endgültige Klärung der Frage, ob und wenn ja welche Grundrechte die Vertragsfreiheit und die allgemeine privatrechtliche Handlungsfreiheit einzuschränken berufen waren, allerdings noch aus. Unabhängig voneinander hatten *Kunze*[998] und *Schnorr*[999] die Vereinbarkeit der Zölibatsklauseln mit Blick auf Art. 3 GG geprüft und mit dem Argument vereint, mit Ausnahme der Lohngleichheit habe der Verfassungsgeber (und auch seitdem der Gesetzgeber) eine Gleichstellung der Geschlechter, die eine angemessene Berücksichtigung der „nun einmal gegebenen“[1000] Ungleichheit der Geschlechter unmöglich machen würde, nicht gewollt. Diese Ansicht hatte das BAG nunmehr widerlegt.

---

995 BAG, NJW 1957, S. 1688, 1689f.; vgl. auch *Enneccerus/Nipperdey*, LB des Bürgerlichen Rechts, Bd. I, AT, 14. Aufl., § 49, III, S. 186f.; *ders.*, LB des Bürgerlichen Rechts, Bd. I, AT, 15. Aufl., S. 303.

996 BAG, NJW 1957, S. 1688, 1690.

997 BAG, NJW 1957, S. 1688, 1690.

998 Vgl. *Kunze*, AuR 1953, S. 76.

999 Vgl. *Schnorr*, Sind Zölibatsklauseln für Arbeitnehmerinnen zulässig? in Kurzbrief Nr. 7 der Zeitschrift "Sozial- und Arbeitsrecht" vom 19.07.1952.

1000 *Kunze*, AuR 1953, S. 76.

2. Art. 3 GG – Gleichheitsgrundsatz

Wie gesehen hat *Nipperdey* seine Lehre von der absoluten Wirkung der Grundrechte zunächst am Gleichheitssatz des Art. 3 Abs. 1 GG entwickelt. Insbesondere die praktische Bedeutung des Grundrechts für die Frage der Lohngleichheit hat dazu geführt, dass das BAG seine Rechtsprechung zur *unmittelbaren* Wirkung der Grundrechte im Arbeitsrecht in erster Linie und im Laufe der Zeit sehr umfangreich anhand der Gleichheitsrechte der Art. 3 Abs. 1, Abs. 2 und 3 GG entwickelt hat.

a) Lohngleichheitsgrundsatz und Tarifverträge

In einer Entscheidung vom 15. Januar 1955 widmete sich der Erste Senat des BAG unter anderem der Frage, ob und wie die Grundrechte auf Tarifverträge einwirken. Dabei stellte das Gericht – im Anschluss an die Argumentation *Nipperdeys* – fest, dass Tarifverträge Teil der Gesetzgebung und damit Gesetze im materiellen Sinne seien, weil sie namentlich in ihren Arbeitsbedingungen objektives Recht für die Arbeitsverhältnisse der Beteiligten setzen würden.[1001] Dies ergebe sich zwingend aus dem Tarifvertragsgesetz, das für das gesamte Bundesgebiet gelte. Irrig sei daher die Ansicht „Gesetzgebung" in Art. 1 Abs. 3 GG meine nur staatliche Gesetzgebung. Vielmehr werde einerseits „Gesetz" im deutschen Sprachgebrauch allgemein als objektives Recht (Rechtsnorm) verstanden; andererseits sei nicht einzusehen, warum bei einem rein staatlichen Verständnis vom Begriff „Gesetzgebung" das von den Gebietskörperschaften gesetzte autonome Recht von den Bindungen an die Grundrechte frei sein solle.[1002] Etwas anderes ergebe sich auch nicht daraus, dass andere rechtliche Bestimmungen (Art. 76 ff. GG, Art. 100 Abs. 1 GG) den Gesetzesbegriff im Sinne formeller staatlicher Gesetze verstehen.[1003] Die hierzu insbesondere zu Art. 100 Abs. 1 GG ergangene Rechtsprechung des BVerfG sei für die Auslegung des Begriffes der Gesetzgebung in Art. 1 Abs. 3 GG in keiner Weise bedeutsam, weil beide Normen unterschiedliche Regelungsgehalte hätten.[1004] Die Bindung der Tarifvertragsparteien an den Lohngleichheitssatz ergebe sich aus dem praktischen Bedürfnis nach wirkungsvollen Grundrechtsgewährleistungen. Da der Tarifvertrag diejenige

1001 BAG NJW 1955, S. 684, 686; so auch BAGE 2, S. 26, 29.

1002 BAG NJW 1955, S. 684, 686f.

1003 In BVerfGE 1, S. 184 nahm das BVerfG zur Auslegung des Gesetzesbegriffs in Art. 100 Abs. 1 GG Stellung und kam zu dem Ergebnis, dass die Vorschrift nur formelle Gesetze erfasse.

1004 BAGE 1, S. 258, 265f.; mit Anmerkung *Krüger*, NJW 1955, S. 684; siehe auch *Galperin*, JZ 1956, S. 105, der dem BAG darin zustimmt, Tarifverträge als Gesetze im materiellen Sinne zu behandeln und zumindest insoweit den Begriff der Gesetzgebung des Art. 1 Abs. 3 GG ausdehnt.

Rechtsform sei, in der „heute die Arbeitsbedingungen geregelt werden“,[1005] würde der Wille des Verfassungsgebers weitgehend leer laufen, wenn nicht auch die Tarifparteien an den Art. 3 Abs. 2 und Abs. 3 GG entspringenden Grundsatz, gleicher Entlohnung von Männern und Frauen bei gleicher Leistung, gebunden wären. Schließlich betonte der Erste Senat des BAG, dass nach seiner Auffassung der Lohngleichheitssatz im Ergebnis die Vertragsfreiheit einschränke, welche ihrerseits ihre Grenze in der verfassungsmäßigen Ordnung[1006] finde. Der Lohngleichheitsgrundsatz wiederum sei als Bestandteil des Gleichheitssatzes des Art. 3 Abs. 1 GG Teil der verfassungsmäßigen Ordnung. Dies führe einerseits zur Bindung der Tarifparteien an den Lohngleichheitsgrundsatz, andererseits zur Nichtigkeit (§ 134 BGB) von Bestimmungen, die gegen den Grundsatz und damit die verfassungsmäßige Ordnung verstoßen[1007].

In einer Entscheidung vom 2. März 1955[1008] setzte der Erste Senat des BAG diese Linie fort, indem er feststellte, dass generelle und schematische Generalabschlagsklauseln für Frauen in Tarifverträgen gegen das Grundrecht der Lohngleichheit von Mann und Frau bei gleicher Arbeit verstoßen und daher nichtig seien.[1009] Zur Entscheidung stand der Tarifvertrag des Handels, in dem der Zeitlohn für Verkäuferinnen generell 10 % geringer angesetzt worden war als für Verkäufer. Das Gericht stellte fest, dass die Tätigkeit eines Verkäufers im Handel nicht generell als für Männer oder Frauen typisch angesehen werden könne und eine Differenzierung, die nicht an objektive, insbesondere Leistungskriterien anknüpfe, das Grundrecht aus Art. 3 GG verletze und damit (unmittelbar) nichtig sei.[1010] Das BAG traf (noch) keine Entscheidung dazu, wie mit – insbesondere tariflichen – Differenzierungen bei „typischer Frauenarbeit“ umzugehen sei.

In einer weiteren Entscheidung vom 6. April 1955[1011] zeigte der Erste Senat des BAG deutlich, dass er in den vorangegangenen Entscheidungen eine klare Linie verfolgt hatte. Mit seiner Rechtsprechung erstrebte der Senat scheinbar eine konsequente Stärkung der Arbeitnehmerrechte, insbesondere der Rechte der arbeitenden Frauen; damit einhergehend wollte er wohl auch eine gewisse Korrektur bestehender Missstände herbeiführen. In seiner Entscheidung bestä-

---

1005 BAGE 1, S. 258, 267.
1006 BAGE 1, S. 258, 268.
1007 So auch BAG Urt. v. 23. März 1957, NJW 1957, S. 1376, das die bisherige Spruchpraxis des BAG insoweit ausdrücklich bestätigte.
1008 BAG NJW 1955, S. 688.
1009 BAG NJW 1955, S. 689.
1010 BAG NJW 1955, S. 688.
1011 BAGE 1, S. 348; vgl. hierzu auch *Galperin*, JZ 1956, S. 105.

tigte der Senat die bisherige Rechtsprechung zur Geltung des Lohngleichheitssatzes auch für Tarifverträge. Der Senat begründete die Unwirksamkeit von Tarifvertragsklauseln, die generell und schematisch Frauen benachteiligen, sehr ausführlich. Nach Auffassung des Senats besage der Lohngleichheitsgrundsatz, dass die Frau bei gleicher Arbeit (bzw. Leistung) den gleichen Lohn wie der Mann beanspruchen könne.[1012] Dies ergebe sich nicht zuletzt daraus, dass der Begriff der „Leistung" nicht an dem wirtschaftlichen Wert des Arbeitsergebnisses gemessen werden dürfe, da dies den Lohngleichheitsgrundsatz aushöhle. Es fehle nämlich an einem überzeugenden Maßstab für einen Vergleich zwischen dem Geleisteten eines Mannes und dem einer Frau.[1013] Generelle Abschlagsklauseln zulasten der Frauen ließen sich schließlich auch nicht dadurch rechtfertigen, dass besondere Schutznormen zugunsten der Frauen existierten. Einerseits existierten nicht nur Frauen begünstigende Schutznormen, sondern auch Regelungen zugunsten anderer Gruppen, wie das Beispiel Schwerbehinderter zeige. Andererseits würden generelle Abschlagsklauseln alle Frauen benachteiligen, während nur bestimmte Frauen Vergünstigungen aus sozialen Schutznormen in Anspruch nähmen. So habe nicht jede Frau Anspruch auf einen Haushaltstag oder die Rechte aus dem MuSchG.[1014]

In drei Entscheidungen vom 23. März 1957[1015] hatte der Erste Senat des BAG erneut über Tarifverträge mit generellen und schematischen Lohnabschlagsklauseln zulasten weiblicher Arbeitnehmer zu entscheiden. Das BAG bestätigte in allen drei Entscheidungen erneut ausdrücklich seine bisherige Rechtsprechung, insbesondere dass der Lohngleichheitssatz auch die Tarifparteien bei der Gestaltung der Arbeitsverhältnisse durch Setzung tariflicher Normen binde und eben solche generellen und schematischen Lohnabschlagsklauseln mit dem in Art. 3 Abs. 2 GG enthaltenen Lohngleichheitssatz unvereinbar und deshalb nichtig seien.[1016] Mit einem Urteil vom 2. Juni 1961[1017] setzte der Erste Senat des BAG seine Rechtsprechung[1018] zur Unwirksamkeit von Tarifvertragsklauseln, die gegen Art. 3 GG verstoßen, fort und bestätigte erneut die unmittelbare Anwendbarkeit des Lohngleichheitsgrundsatzes des Art. 3 Abs. 1 GG auf Tarifverträge.[1019] In zwei weiteren Entscheidungen vom 18. Okto-

1012 BAGE 1, S. 350.
1013 BAGE 1, S. 350, 351.
1014 BAGE 1, S. 352f.
1015 BAGE 4, S. 125, 133, 240.
1016 BAGE 4, S. 125, 128; BAGE 4, S. 133, 140.
1017 BAGE 11, S. 135.
1018 BAGE 1, S. 258; BAGE 1, S. 348; BAGE 4, S. 125; BAGE 4, S. 133.
1019 BAGE 11, S. 135, 138; ebenso BAGE 11, S. 329, 332.

ber 1961[1020] und vom 1. Dezember 1961[1021] hat sich der erste Senat des BAG erneut mit den Auswirkungen des Gleichheitssatzes des Art. 3 Abs. 1 GG auf kollektivrechtliche Regelungen befasst. In der Entscheidung vom 1. Dezember 1961 erklärte der Erste Senat des BAG schematische Lohnabschlagsklauseln für Frauen unter Bezugnahme auf seine ständige Rechtsprechung für nichtig.[1022] In der Entscheidung vom 18. Oktober 1961 stellte derselbe Senat fest, dass der Lohngleichheitsgrundsatz auch für allgemeine betriebliche Arbeitsbedingungen, im konkreten Fall für eine allgemeine Gratifikationsordnung gelte.[1023]

In einem Urteil vom 16. Februar 1978[1024] hat der Dritte Senat des BAG eine tarifvertraglich vereinbarte Bestimmung wegen Verstoßes gegen Art. 3 Abs. 1 GG für unwirksam erklärt, ohne die Frage der unmittelbaren Wirkung der Grundrechte im Arbeitsrecht überhaupt zu thematisieren. In einer Entscheidung vom 14. Dezember 1982[1025] hatte ebenfalls der Dritte Senat des BAG über die Wirksamkeit eines Versorgungstarifvertrages zu entscheiden und erklärte diesen jedenfalls hinsichtlich einzelner Teilregelungen wegen Verstoßes gegen Art. 3 Abs. 1 GG für unwirksam. Der Dritte Senat setzte die bisherige Rechtsprechung des BAG fort, indem er ausdrücklich feststellte, dass Tarifverträge von den Gerichten darauf zu überprüfen seien, ob sie gegen das Grundgesetz, insbesondere den allgemeinen Gleichheitssatz des Art. 3 Abs. 1 GG verstoßen.[1026] Mit der dogmatischen Frage, ob und wie die Grundrechte zwischen den Tarifvertragsparteien überhaupt anwendbar sind, setzte sich das BAG auch in dieser Entscheidung nicht (mehr) auseinander. Aus der Vielzahl der Urteile zum Lohngleichheitssatz, in denen das BAG immer wieder die Bedeutung des Art. 3 Abs. 1 und 2 GG hinsichtlich der inhaltlichen Ausgestaltung des vorgenannten Grundsatzes hervorgehoben hat, lässt sich zum einen auf den hohen Stellenwert des Gleichheitsgedanken in der Rechtsprechung des BAG schließen. Andererseits machen Lohnansprüche einen gewichtigen Anteil der arbeitsgerichtlichen Streitigkeiten aus. Anhand der Entwicklung in den hier betrachteten 30 Jahren Rechtsprechung des BAG zum Lohngleichheitssatz lässt sich erkennen, dass es sich das Gericht einerseits in der Begründung seiner Rechtsprechung mit deren zunehmendem Alter zunehmend einfacher gemacht hat, indem es jeweils auf die ständige Rechtsprechung und die in den aufgezählten früheren Urteilen gegebenen Begrün-

---

1020 BAGE 11, S. 338.
1021 BAG, DB 1962, S. 171.
1022 BAG, DB 1962, S. 171.
1023 BAGE 11, S. 338, 341, 343.
1024 BAG, BB 1978, S. 916.
1025 BAGE 41, S. 163.
1026 BAGE 41, S. 163, 168f.

dungen verwiesen hat. Andererseits wird eine schwache Argumentation nicht dadurch stärker, indem auf sie vielfach Bezug genommen wird. Letztlich darf die Rechtsprechung des BAG in dieser Frage jedenfalls als konsequent bezeichnet werden. Selbst in dem zuletzt genannten Urteil vom 14. Dezember 1982 hat das Gericht den Anspruch unmittelbar aus Art. 3 Abs. 1 hergeleitet.

b) Gleichheitsgrundsatz und Hausarbeitstagsgesetz NRW

In seinem Urteil vom 14. Juli 1954 sah sich der Erste Senat des BAG mit der Frage konfrontiert, ob die Bestimmungen des nordrhein-westfälischen Hausarbeitstagsgesetzes mit dem Gleichheitsgrundsatz des Art. 3 GG vereinbar sind.[1027] Im Hinblick auf das Thema der vorliegenden Untersuchung besteht die Besonderheit dieser Entscheidung darin, dass sich diese nicht mit der Frage der unmittelbaren Wirkung des Grundrechts aus Art. 3 GG zwischen Privatpersonen auseinandersetzt, weil hier der Gesetzgeber selbst, nicht aber ein Arbeitgeber oder die Tarifvertragsparteien, die geschlechtsspezifische Differenzierung vorgenommen hat.

Gleichwohl lässt diese Entscheidung – im Kontext der anderen hier zu besprechenden Entscheidungen – einige Rückschlüsse auf die grundsätzliche Einstellung des BAG in der seinerzeitigen Besetzung zu der hier gegenständlichen Drittwirkungsproblematik zu. § 1 Hausarbeitstagsgesetz NRW begründete für den Arbeitgeber die Pflicht, weibliche Arbeitnehmer bei voller Lohnfortzahlung einen Tag im Monat freizustellen, um diesen Gelegenheit zu geben, die zusätzlichen Belastungen der allein zu erledigenden Hausarbeit zu bewältigen. Die Vorschrift lautete wörtlich: „In Betrieben und Verwaltungen aller Art haben Frauen mit eigenem Hausstand, die im Durchschnitt wöchentlich mindestens 40 Stunden arbeiten, Anspruch auf einen arbeitsfreien Wochentag (Hausarbeitstag) in jedem Monat.“[1028] Das BAG sah in dem Hausarbeitstagsgesetz NRW einen Ausfluss des Sozialstaatsgrundsatzes des Art. 20 GG.[1029] Dem Ersten Senat stellte sich in dieser Entscheidung die Frage, ob ein sachlicher Grund für die durch das Hausarbeitstagsgesetz NRW statuierte Ungleichbehandlung von Männern und Frauen gegeben war. Einen solchen sachlichen Grund glaubte das BAG in der „Rolle der Frau“, die ihr mit dem Haushalt typischerweise zufalle, zu erkennen. Diese Rolle rechtfertige eine gesetzliche Ungleichbehandlung gegenüber Männern, was auch dann

---

1027 BAGE 1, S. 51; gleich lautend BAG NJW 1954, S. 1301; vgl. hierzu auch *Bulla*, DB 1957, S. 332; *Tönshoff*, DB 1955, S. 242, ging der Frage nach einer Abgeltung des Hausarbeitstages nach, was er nur unter bestimmten Voraussetzungen bejahte; *Hilger*, BB 1954, S. 774.

1028 § 1 des Gesetzes des Landes Nordrhein-Westfalen über Freizeitgewährung für Frauen mit eigenem Hausstand vom 27. Juli 1948 (GVBl. 1949, 6).

1029 BAGE 1, S. 51, 56; BAG NJW 1954, S. 1301.

gelte, wenn es sich um alleinstehende Frauen handele. Es ergäbe sich keine Besserstellung weiblicher Arbeitnehmerinnen gegenüber ihren männlichen Kollegen, da sich diese typischerweise nicht mit der Hausarbeit befassen und sich selbst als Alleinstehende fremder Hilfe bedienen würden. Im Gegensatz dazu sei die alleinstehende Frau gerade einer doppelten Belastung ausgesetzt, wenn sie ohne fremde Hilfe die Hausarbeit zu erbringen habe und parallel dazu einer Erwerbstätigkeit nachgehe. Diese Unterschiedlichkeit der Lebensumstände erlaube es dem Gesetzgeber dem durch geeignete Maßnahmen Rechnung zu tragen.[1030]

In einem Urteil vom 16. März 1962[1031] hatte der Große Senat des BAG über die Verfassungsmäßigkeit des Hausarbeitstagsgesetzes NRW zu entscheiden. Wegen ihrer grundsätzlichen Bedeutung hatte der Erste Senat dem Großen Senat unter anderem die Fragen vorgelegt, (1.) ob der Anspruch auf Gewährung von Hausarbeitstagen nach dem Hausarbeitstagsgesetz NRW dadurch berührt werde, dass die Frau an einem, zwei oder mehr Samstagen im Monat nicht im Betrieb tätig sein müsse und (2.) ob die Entstehung dieses Anspruches davon abhängig sei, dass es sich bei der alleinstehenden Frau um eine ledige, verwitwete, geschiedene, von ihrem Mann getrennt lebende oder die Frau eines Verschollenen handelt. Der Große Senat bestätigte grundsätzlich, dass ein Anspruch nach § 1 Hausarbeitstagsgesetz NRW dann gegeben sei, wenn die Frau in einer 11 Tage-Doppelwoche arbeite. Eine Restriktion der Anwendung des Hausarbeitstagsgesetzes NRW sei aber dann geboten, wenn die Frau (nur) in einer 5 Tage-Woche arbeite. Aufgrund der seit Erlass des Gesetzes (1949) erheblich veränderten Lebensumstände und den damit verbundenen Erleichterungen gegenüber der seinerzeitigen allgemeinen Notlage gebiete der Gesetzeszweck und der mutmaßliche Wille des Gesetzgebers, dass den Frauen, denen bei einer 5 Tage-Woche ohnehin vier freie Werktage[1032] zur Verfügung stehen, keine weitere Freistellung zu gewähren sei[1033]. Im Hinblick auf die Frage, ob der Anwendungsbereich des § 1 Hausarbeitstagsgesetz NRW auch auf alleinstehende Frauen erfasse, hat der Große Senat des BAG die Rechtsprechung des Ersten Senats, die dieser 1954[1034] begründet und seitdem mehrfach[1035] wiederholt hatte, mit einer ausführlichen Begründung bestätigt. Dies liege an dem Begriff „eigener Hausstand", der auch dann bejaht werden könne, wenn dem Hausstand nur eine einzige Person angehört. Einen Verstoß gegen den Gleichheitsgrundsatz sah

1030 BAGE 1, S. 51, 57.
1031 BAGE 13, S. 1.
1032 Der Samstag ist damals wie heute ein Werktag.
1033 BAGE 13, S. 1, 9ff.
1034 BAGE 1, S. 51.
1035 BAGE 2, S. 40; BAGE 5, S. 187.

der Große Senat nicht als gegeben an, weil eine Verletzung des Art. 3 Abs. 1 GG nicht vorliege, „wenn eine andere Regelung als die getroffene zweckmäßiger oder gerechter wäre oder den Bedürfnissen nach Gleichheit besser entspräche [...]. Die Fürsorge- und Schutzpflicht des Arbeitgebers und das in Art. 20 Abs. 1 GG und Art. 28 Abs. 1 GG festgelegte Prinzip der Sozialstaatlichkeit sind hier die sachlichen Gesichtspunkte, die es rechtfertigen, dem Arbeitgeber auch die Bezahlung des HAT[1036] aufzuerlegen [...] und der berufstätigen Frau dadurch einen besonderen Arbeitsschutz zu gewähren."[1037] Die Grenze für diesen „besonderen Arbeitsschutz" sah das BAG in der Verfassung, namentlich in den Bestimmungen des Art. 3 Abs. 2 und Abs. 3 GG und damit im Wesentlichen in dem darin liegenden Willkürverbot.[1038] Der Große Senat betonte zudem die Sachbezogenheit des Begriffs „eigener Hausstand", bei dem die Versorgung der eigenen Wohnung und Hauswirtschaft, nicht aber der familienrechtliche Status von Bedeutung sei[1039].

In einem Urteil vom 26. Oktober 1978[1040] hatte der Dritte Senat des BAG über die Vereinbarkeit der Regelungen des Hausarbeitstagsgesetzes NRW mit Art. 3 Abs. 2 und 3 GG zu entscheiden. Das Gericht hielt an der vorgenannten Rechtsprechung[1041] fest und bestätigte die nach wie vor bestehende Verfassungskonformität der Regelung. Das BAG verwies darauf, dass das Gesetz keine unzulässige und verfassungswidrige Begünstigung der Frauen gegenüber Männern darstelle, weil es die zusätzlichen Belastungen berufstätiger Frauen auffange.

Mit Beschluss vom 13. November 1979[1042] erklärte das BVerfG § 1 Hausarbeitstagsgesetz NRW wegen Verletzung des Art. 3 Abs. 2 GG für verfassungswidrig, soweit der Hausarbeitstag nur weiblichen, nicht aber männlichen alleinstehenden Arbeitnehmern gewährt wurde. Gegenüber der bisherigen Argumentation des BAG wies das BVerfG darauf hin, dass es „nicht zu den geschlechtsbedingten Eigenheiten von Frauen [gehöre], Hausarbeit zu verrichten. Wenn in diesem Bereich gleichwohl in erster Linie die Tätigkeit von Frauen erwartet wird, beruht dies allein auf der herkömmlichen Vorstellung, dass es der Frau zufällt, den Haushalt ganz oder mindestens überwiegend zu besorgen."[1043] Das BVerfG fand keine funktionalen (arbeitsbezoge-

---

1036 Das BAG verwendet in dieser Entscheidung die Abkürzung *„HAT"* für den *„Hausarbeitstag"*.
1037 BAGE 13, S. 1, 6f.
1038 BAGE 13, S. 1, 7.
1039 BAGE 13, S. 1, 18.
1040 BAGE 31, S. 105.
1041 BAGE 1, S. 51, 58.
1042 BVerfGE 52, S. 369.
1043 BVerfGE 52, S. 375.

nen) Unterschiede, welche die Ungleichbehandlung der Geschlechter rechtfertigen könnte. Da männliche alleinstehende Arbeitnehmer ebenso wie ihre weiblichen alleinstehenden Kolleginnen die Lasten der Hausarbeit zu tragen hätten, verstoße es gegen den Gleichberechtigungsgrundsatz, wenn den privaten Interessen der weiblichen Arbeitnehmer an einer bestimmten außerbetrieblichen Tätigkeit durch eine Ungleichbehandlung Rechnung getragen werde.

Mit Urteil von 14. November 1984[1044] erklärte der Fünfte Senat des BAG, das Hausarbeitstagsgesetz NRW bleibe weiterhin anwendbar, jedenfalls soweit es verheiratete Frauen betreffe, die die Voraussetzungen für die Gewährung von Hausarbeitstagen erfüllten. In der Entscheidung sah sich der erkennende Senat „nicht gehalten, die verfassungsrechtliche Vereinbarkeit des § 1 HausarbTagsG NRW mit Art. 3 Abs. 2 GG im Hinblick auf eine ungerechtfertigte Bevorzugung verheirateter Arbeitnehmerinnen zu prüfen und diese Rechtsfrage gegebenenfalls dem Bundesverfassungsgericht nach Art. 100 Abs. 1 GG, § 80 Abs. 2 Satz 1 BVerfGG zur Entscheidung vorzulegen."[1045] Die gegen die Regelung bestehenden verfassungsrechtlichen Bedenken würden nicht dazu führen, die Norm für nichtig und damit unanwendbar anzusehen. „Mit Rücksicht auf die gesetzgeberische Gestaltungsbefugnis müsste sich das Bundesverfassungsgericht auch in diesem Fall darauf beschränken, die Vorschrift als unvereinbar mit dem Grundgesetz zu erklären; die Beseitigung des Gleichheitsverstoßes müsste es dem Gesetzgeber überlassen."[1046] Solange aber die gesetzliche Regelung noch bestehe und über ihre Unvereinbarkeit mit dem Grundgesetz nicht entschieden sei, müsse die Vorschrift von den Gerichten angewendet werden.

Mit 14-jähriger Rückwirkung hat schließlich der Bundesgesetzgeber den vom BAG herausgearbeiteten Gleichheitsverstoß mit Art. 19 des am 1. Juli 1994 in Kraft getretenen Arbeitszeitrechtsgesetzes[1047] beseitigt und das Hausarbeitstagsgesetz NRW zum 29. Januar 1980[1048] aufgehoben und jeder weiteren Diskussion den Boden entzogen.[1049]

1044 BAGE 47, S. 187; zustimmende hierzu *Schmalz*, PerR 1985, S. 78.

1045 BAGE 47, S. 187, 191.

1046 BAGE 47, S. 187, 192.

1047 BGBl. I (1994), 1170, 1181, 1182.

1048 Am 29. Januar 1980 ist die Entscheidung des BVerfG vom 13. November 1979 (BVerfGE 52, S. 369) durch Veröffentlichung allgemein bekannt gemacht worden.

1049 Der Gesetzgeber gewährte den Arbeitnehmern insoweit Vertrauensschutz, als dass diejenigen Arbeitnehmer, die einen oder mehrere Hausarbeitstage erhalten haben, das dafür gezahlte Entgelt nicht zurückzuerstatten hatten und sich diese Tage auch nicht auf andere Freistellungen anrechnen zu lassen brauchten.

c) Wiedereinstellungspflicht des Arbeitgebers und Gleichheitssatz

In einem Beschluss vom 28. Januar 1955[1050] hat der Große Senat des BAG neben der Frage, ob dem einzelnen Arbeitnehmer ein verfassungsmäßiges Streikrecht aus Art. 9 GG oder eventuell aus Art. 2 Abs. 1 GG zusteht, auch zu der Frage Stellung genommen, ob der Arbeitgeber nach Beendigung eines Streiks zur Wiedereinstellung aller während des Arbeitskampfes entlassenen Arbeitnehmer verpflichtet ist. Der Große Senat kam zu dem Ergebnis, dass der Arbeitgeber keiner Wiedereinstellungspflicht unterliege, was das Gericht insbesondere aus dem arbeitsrechtlichen Gleichbehandlungsgrundsatz herleitete.[1051] Einer Wiedereinstellungspflicht stehe bereits der Grundsatz der Vertragsfreiheit (in diesem Fall der Abschlussfreiheit) entgegen. Hinzukomme, dass andernfalls die Kampfparität und das Kampfrisiko einseitig zuungunsten des Arbeitgebers verschoben würden. Dies widerspreche indes dem Gleichbehandlungsgrundsatz.[1052] Die arbeitgeberische Abschlussfreiheit finde ihre Grenze allein im Ermessensmissbrauch bei der Auswahl der wieder einzustellenden Arbeitnehmer.[1053]

In einem Urteil vom 19. Oktober 1960[1054] hat der Erste Senat des BAG diese Grundsätze im Hinblick auf den Schutz weiblicher Arbeitnehmer, die unter den Anwendungsbereich des MuSchG fallen, erweitert.[1055] Der Senat hatte über die Frage zu entscheiden, ob die Regelungen des MuSchG Auswirkungen auf das Ergebnis einer rechtmäßigen, lösenden Aussperrung haben könnten und verneinte dies im Ergebnis. Zum einen sei der Anwendungsbereich des MuSchG schon nicht eröffnet, da § 9 MuSchG eine Kündigung voraussetze und die Folge der Aussperrung gerade die Auflösung des Arbeitsverhältnisses ohne Kündigung sei. Etwas Anderes ergebe sich auch nicht unter Berücksichtigung des Schutzzweckes des Art. 6 Abs. 4 GG. Das Gericht stellte fest, dass „zwischen Art. 6 Abs. 4 GG, der eine Schutz und Fürsorgeverpflichtung des Staates für die Mutter enthält, und Art. 9 GG, aus dem sich das

---

1050 BAGE 1, S. 291; siehe hierzu bereits oben C.V.1.b).

1051 BAGE 1, S. 291, 304; hierzu grundlegend *Brox*, Zur Wirkung der rechtmäßigen Aussperrung auf den Arbeitsvertrag, in FS *Nipperdey* zu, 70. Geb., Bd. 2, S. 55.

1052 BAGE 1, S. 291, 305.

1053 A.A. *Brox*, Zur Wirkung der rechtmäßigen Aussperrung auf den Arbeitsvertrag, in FS *Nipperdey* zu, 70. Geb., Bd. 2, S. 55, 73, der sich für eine suspendierende Wirkung der Aussperrung ausspricht.

1054 BAGE 10, S. 111.

1055 Zur Bedeutung mutterschutzrechtlicher Bestimmungen im Hinblick auf Aussperrungen ausführlich *Galperin*, RdA 1959, S. 41; grundlegend hierzu *ders.*, Sozialadäquanz und Arbeitskampfordnung, in FS *Nipperdey* zum 70. Geb. Bd. 1, S. 197.

Grundrecht auf Freiheit des Arbeitskampfes ergibt",[1056] kein Widerspruch bestehe. Der Gesetzgeber habe für das Arbeitsrecht mit der Schaffung des MuSchG den Verfassungssatz des Art. 6 Abs. 4 GG – der sich an die Gemeinschaft wende – dahingehend konkretisiert, dass er verbietet, die werdende Mutter und die Wöchnerin wegen ihrer Schwangerschaft oder kurz zuvor erfolgten Geburt eines Kindes im Arbeitsleben in bestimmter Weise, so vor allem durch die Kündigung, zu beeinträchtigen. Das schließe „aber nicht aus, dass auch die geschützte Mutter ebenso wie der schwerbeschädigte Arbeitnehmer gewisse Belastungen hinnehmen" müsse. Eine solche hinzunehmende Beeinträchtigung liege insbesondere in dem Risiko, „beim Streik durch die Gegenmaßnahme der Aussperrung betroffen zu werden, ein Risiko, dass keinem Arbeitnehmer abgenommen werden soll und kann und das sich aus der Freiheit des Arbeitskampfes und der Kampfparität notwendigerweise ergeben muss."[1057] Der Senat betonte allerdings auch, dass er gleichwohl nicht verkenne, dass die Mutter vor und nach der Geburt eines Kindes besonderes schutzwürdig sei. Im Ergebnis gelangte das Gericht dann doch zu einer Wiedereinstellungspflicht des Arbeitgebers, die es mit eben diesem Bedürfnis für einen besonderen Schutz der (werdenden) Mütter begründete. Das arbeitgeberische Ermessen sei bei der Auswahl der wieder einzustellenden Arbeitnehmer durch die in Art. 6 Abs. 4 GG und im MuSchG zum Ausdruck gekommenen Grundsätze an eine im Regelfalle bestehende „besondere sittliche und auch rechtliche Pflicht" zu binden, werdende Mütter und Wöchnerinnen bevorzugt wieder einzustellen.[1058] In einem Urteil vom 25. Januar 1963[1059] entwickelte der Erste Senat des BAG diesen Gedanken weiter und stellte fest, dass diese Grundsätze insbesondere dann gelten müssten, wenn sich die dem besonderen Schutz der Regelungen des MuSchG unterfallenden Arbeitnehmerinnen an dem Streik, der mit einer Abwehraussperrung bekämpft werde, nicht aktiv beteiligt haben.[1060]

In einem Beschluss vom 21. April 1971[1061] hat der Große Senat des BAG diese frühere Rechtsprechung[1062] zu den Rechtswirkungen einer arbeitgeberseitigen Aussperrung offen in Frage gestellt, abgeändert und weiterentwickelt.[1063] Der Große Senat hielt zwar weiterhin an den Grundgedanken über den kollek-

1056 BAGE 10, 111, S. 115.

1057 BAGE 10, S. 111, 115.

1058 BAGE 10, S. 111, 116.

1059 BAGE 14, S. 52; vgl. hierzu die kritischen Anmerkungen von *Nikisch*, JZ 1964, S. 261 und *Hessel*, BB 1963, S. 770.

1060 BAGE 14, S. 52, 59f.

1061 BAGE 23, S. 292.

1062 BAGE 1, S. 291; vgl. hierzu oben C.V.2.c).

1063 Vgl. zur Fortentwicklung des Arbeitskampfrechts ausführlich *Scheuner*, RdA 1971, S. 327.

tiven Charakter des Streiks fest, betonte aber auch, es sei sachdienlich, die gesamte Problematik des Arbeitskampfrechts – nach Ablauf von 16 Jahren seit dem früheren Beschluss – neu zu überdenken.[1064] Nachdem der Große Senat des BAG in seiner früheren Entscheidung vom 28. Januar 1955 noch von dem Grundsatz ausgegangen war, der Arbeitgeber sei nach einer lösenden Aussperrung – als Reaktion auf einen Streik – grundsätzlich nicht verpflichtet, die ausgesperrten Arbeitnehmer wieder einzustellen, vielmehr bestehe nur im Ausnahmefall ein Anspruch der ausgesperrten Arbeitnehmer auf Wiedereinstellung, kehrte das Gericht diese Argumentation nun nahezu in das Gegenteil um.[1065] Die Wiedereinstellung könne nicht allein im Belieben des Arbeitgebers stehen. Vielmehr müsse nach dem Ende des Arbeitskampfes wieder eingestellt werden, soweit die Arbeitsplätze noch vorhanden seien. Dies folge aus dem Begriff des Arbeitskampfes, insbesondere der Aussperrung.[1066] Die Wiedereinstellung der Arbeitnehmer stehe nicht im freien, sondern nur im billigen Ermessen des Arbeitgebers, wobei der Arbeitgeber die Art und Härte des vorausgegangenen Arbeitskampfes – also insbesondere die Frage, ob sich die Arbeitnehmer rechtmäßiger oder rechtswidriger Arbeitskampfmittel bedient haben – berücksichtigen dürfe.[1067] Der Große Senat hielt darüber hinaus fest, dass die Ermessensentscheidung des Arbeitgebers vollständig durch die Gerichte nachprüfbar sei.[1068]

Der Große Senat hat in dieser Entscheidung nicht nur seine frühere Rechtsprechung hinsichtlich des Ergebnisses geändert, sondern insbesondere die Begründung für die Wiedereinstellungsverpflichtung des Arbeitgebers. In der Entscheidung von 1955 trat der Einfluss der Diskussion um die Wirkung der Grundrechte sehr deutlich hervor. Seinerzeit bemühte sich das BAG, sein Ergebnis anhand des arbeitsrechtlichen Gleichbehandlungsgrundsatzes zu begründen, den es nach damaligem Verständnis inhaltlich an dem Ergebnis seiner Auslegung des Art. 3 GG entspringenden Gleichheitsgrundsatzes orientiert hatte. Dieser Ansatz findet sich in dem Beschluss vom 21. April 1971 nicht mehr wieder. Der Große Senat des BAG suchte in dieser neuen Entscheidung seine Begründung vielmehr in der Wortlautauslegung sowie in grundsätzlichen Erwägungen zum Arbeitskampfrecht und hob damit zentral auf den Geltungsbereich des Art. 9 Abs. 3 GG ab.[1069] Eine etwaige unmittelbare Drittwirkung der Grundrechte thematisierte der Große Senat überhaupt

1064 BAGE 23, S. 292, 299; Siehe hierzu auch die kritischen Auseinandersetzungen mit dem Urteil von *Scheuner*, RdA 1971, S. 327 und *Richardi*, RdA 1971, S. 334.
1065 BAGE 23, S. 292, 316.
1066 BAGE 23, S. 292, 316.
1067 BAGE 23, S. 292, 317.
1068 BAGE 23, S. 292, 318f.
1069 Zustimmend hierzu *Scheuner*, RdA 1971, S. 327, 333.

nicht mehr. Damit war jedoch die grundsätzliche Frage um die Wirkung der Grundrechte im Arbeitsrecht für das BAG noch nicht erledigt. Die Frage hatte lediglich in einem Teilbereich an Bedeutung verloren.

d) Kinder- und Haushaltszulage

In einer Entscheidung vom 25. Januar 1963[1070] hat der Erste Senat des BAG eine kollektivrechtliche Arbeitsbedingung, die Bestandteil des Arbeitsvertrages geworden war, wegen Verstoßes gegen ein gesetzliches Verbot,[1071] nämlich den allgemeinen Gleichheitssatz des Art. 3 Abs. 1 GG, für nichtig erklärt. Die Regelung hatte Mütter ehelicher Kinder anders und zwar besser behandelt, als Mütter unehelicher Kinder. Zwar betonte das Gericht, dass dem Arbeitgeber bei gesamteinheitlichen Regelungen der Arbeitsverhältnisse ein erheblicher Ermessensspielraum zuzubilligen sei, jedoch dürfe eine Differenzierung nicht unsachlich oder willkürlich sein, da sie sonst angesichts des Art. 3 Abs. 1 GG keinen Bestand haben könne.[1072] Eine Differenzierung zwischen ehelichen und nicht ehelichen Kindern hielt das Gericht für „evident unsachlich", weil es vom Standpunkt des Arbeitgebers keinen Unterschied mache, ob die bei ihm beschäftigte Mutter ein eheliches oder ein uneheliches Kind zu versorgen hat. Dadurch werde die Arbeitsleistung der Frau und die Bewertung dieser Arbeitsleistung in keiner Weise berührt.[1073] Gegen diese Ansicht spreche auch nicht, dass uneheliche Kinder 1963 – entgegen der Forderung des Art. 6 Abs. 5 GG – den ehelichen Kindern noch nicht auf allen Gebieten gleichgestellt gewesen sind. Verletze jedoch eine nach Inkrafttreten des Grundgesetzes erlassene Regelung die „Grundidee des Art. 6 Abs. 5 GG, so ist eine solche Regelung (hier des Kinderzuschlages) durch keine vernünftigen sachlichen Gründe gerechtfertigt und verstößt gegen Art. 3 Abs. 1 GG."[1074]

Diesen Gedanken aufgreifend erklärte der Vierte Senat des BAG in einer Entscheidung vom 15. Januar 1964[1075] eine Tarifnorm, die den Anspruch weiblicher Arbeitnehmer auf Kinderzulage von der Stellung eines besonderen Antrages abhängig machte, während männlichen Arbeitnehmern die Kinderzulage ohne eine solche Antragstellung gewährt wurde, wegen Verstoßes gegen den Gleichberechtigungsgrundsatz des Art. 3 Abs. 2, 3 GG gemäß § 134 BGB für nichtig. Damit schloss sich auch der Vierte Senat der maßgeblich vom

---

1070 BAGE 14, S. 61.
1071 BAGE 14, S. 61, 64f.
1072 BAGE 14, S. 61, 63f.
1073 BAGE 14, S. 61, 64.
1074 BAGE 14, S. 64.
1075 BAGE 15, S. 228, 234.

Ersten Senat geprägten Rechtsprechung von der unmittelbaren Wirkung der Grundrechte im Arbeitsrecht – hier in der Ausstrahlungswirkung über die Tarifnormen – an. In dem dieser Entscheidung zugrunde liegenden Fall hatte die klagende Arbeitnehmerin ihren Anspruch auf die Argumentation gestützt, dass eine Leistungen gewährende Tarifbestimmung verfassungstreu und daher ohne unsachliche Differenzierung zwischen Männern und Frauen anzuwenden sei, der das BAG – wie gesehen – bedenkenlos folgte.

Erneute Bestätigung und Fortsetzung fand diese Rechtsprechung in einer Entscheidung des Vierten Senat des BAG vom 20. April 1977,[1076] in welcher dieser den Verstoß einer Tarifbestimmung gegen den Gleichheitssatz aus Art. 3 Abs. 2 GG beanstandete. Aufgrund der Tarifbestimmung gewährte der Arbeitgeber eine Haushaltszulage, die er für verheiratete weibliche Arbeitnehmer jedoch von einer besonderen Antrags- und Nachweispflicht abhängig machte, welche für verheiratete männliche Arbeitnehmer nicht bestand. Der Senat stellte fest, dass die Tarifbestimmung gegen das Grundrecht auf Gleichbehandlung von Mann und Frau nach Art. 3 Abs. 2 GG verstoße. Ein Verstoß sei nämlich auch dann gegeben, wenn die Voraussetzungen an den Bezug von Zulagen, wie hier der Haushaltszulage für Arbeitnehmerinnen, anders und ungünstiger geregelt sind als für Arbeitnehmer.[1077] Als Konsequenz aus dem Verstoß der Regelung gegen Art. 3 Abs. 2 GG statuierte das Gericht auch in diesem Fall die Pflicht des Arbeitgebers, die Tarifbestimmung gleichmäßig auf die begünstigten männlichen und weiblichen Arbeitnehmer anzuwenden. Darüber hinaus dürfe der Arbeitgeber nicht verlangen, dass zusätzlich besondere, einzelne Arbeitnehmer erschwerende Voraussetzungen vorliegen.

e) Lohnzulage

In einem Urteil vom 11. September 1974[1078] hat der Fünfte Senat des BAG den Anspruch einer Arbeitnehmerin auf Zahlung einer Lohnzulage ausdrücklich aus dem Gleichberechtigungsgrundsatz gemäß Art. 3 Abs. 2 GG hergeleitet. Dieser verbiete dem Arbeitgeber eine Benachteiligung einzelner oder Gruppen von Arbeitnehmern, die sachlich nicht gerechtfertigt sei oder gegen zwingende gesetzliche Bestimmungen oder Verfassungsgrundsätze verstoße. Das Gericht setzte in dieser Entscheidung seine Rechtsprechung zur unmittelbaren Wirkung des Gleichberechtigungsgrundsatzes aus Art. 3 GG im Arbeitsrecht fort. „Ebenso wie die im Rahmen des Art. 3 Abs. 1 GG bestehende Gestaltungsfreiheit des Gesetzgebers ihre Grenze an den Konkretisierungen

---

1076 BAGE 29, S. 122.
1077 BAGE 29, S. 122, 126.
1078 BAG, DB 1975, S. 551.

des Gleichheitssatzes durch die Verfassung selbst findet, ist auch der Arbeitgeber, der betriebseinheitlich die Voraussetzungen für betriebliche Leistungen regelt, durch das Gleichberechtigungsgebot der Verfassung gebunden."[1079] Noch deutlicher kommt die unmittelbare Geltung des Grundrechts darin zum Tragen, dass der Senat – im Falle einer vorliegenden Ungleichbehandlung durch den Arbeitgeber – zugunsten des Arbeitnehmers einen unmittelbaren Rechtsanspruch auf Leistung gegenüber dem Arbeitgeber aus dem Grundrecht ableitete. „Der übergangene Arbeitnehmer kann, wenn die vom Arbeitgeber aufgestellte Regel gegen Art. 3 Abs. 2 und 3 GG [...] verstößt [...] Ansprüche aus Gleichbehandlung geltend machen."[1080]

f) Rückwirkende Lohnerhöhungen

In einem Urteil vom 4. Februar 1976[1081] hat sich der Fünfte Senat der Rechtsprechung des Ersten und Vierten Senats zur grundsätzlichen Anwendbarkeit des arbeitsrechtlichen Gleichbehandlungsgrundsatzes auf die Entlohnung angeschlossen[1082] und eine Klausel, mit der Arbeitnehmer, die aus dem Betrieb ausgeschieden waren, von einer rückwirkenden Lohnerhöhung ausgeschlossen werden sollten, für mit dem Gleichbehandlungsgrundsatz unvereinbar erklärt.[1083] Der Ausschluss inzwischen ausgeschiedener Arbeitnehmer von einer allgemeinen rückwirkenden Lohnanhebung, die unterschiedslos an die erbrachte Arbeitsleistung anknüpft, lasse sich „unter keinem vernünftigen Gesichtspunkt sachlich rechtfertigen"[1084] und sei daher wegen Verstoßes gegen den arbeitsrechtlichen Gleichbehandlungsgrundsatz rechtswidrig und unwirksam[1085].

In einem Urteil vom 10. März 1982[1086] hat sich der Vierte Senat des BAG mit einer Modifikation dieser Fragestellung beschäftigt, und zwar dahingehend, ob eine Regelung in einem Tarifvertrag, die ausgeschiedene Arbeitnehmer von allgemeinen rückwirkenden Lohnerhöhungen ausnimmt, gegen den Gleichheitsgrundsatz des Art. 3 GG verstößt. Der erkennende Senat zeigte auf, dass die einzelnen Senate des BAG, die in der Vergangenheit ebenfalls zu

---

1079 BAG, DB 1975, S. 551, 552.
1080 BAG, DB 1975, S. 552.
1081 BAGE 28, S. 14.
1082 Insoweit zustimmend *Schwerdtner*, AP Nr. 40 zu § 242 BGB.
1083 BAGE 28, S. 14, 18; *Schwerdtner*, AP Nr. 40 zu § 242 BGB; stimmt dem Ergebnis zu, weist jedoch darauf hin, dass der arbeitsrechtliche Gleichbehandlungsgrundsatz eine Billigkeitskontrolle nach § 315 BGB nicht ersetzen, vielmehr diese lediglich ergänzen könne.
1084 BAGE 28, S. 14, 19.
1085 BAGE 28, S. 14, 21.
1086 BAGE 38, S. 118.

dieser Frage Stellung genommen hatten,[1087] entgegen der früheren Rechtsprechung des erkennenden Senats[1088] den Ausschluss ausgeschiedener Arbeitnehmer von rückwirkenden Lohnerhöhungen bzw. –nachzahlungen wegen des darin liegenden Verstoßes gegen Art. 3 GG, in unmittelbarer Anwendung der verfassungsrechtlichen Vorschrift für unwirksam erklärt hatten. Dies insbesondere deshalb, weil die Lohnzahlung an die geleistete Arbeit anknüpfe und andere Differenzierungsmerkmale im Hinblick auf Lohnzahlungen unsachliche Kriterien darstellen würden.[1089] Im Hinblick auf die ständige Rechtsprechung des BAG zu freiwilligen Leistungen des Arbeitgebers hob der Vierte Senat hervor, dass es der Arbeitgeber in der Hand habe, die rechtliche Form der von ihm den Arbeitnehmern zugewendeten freiwilligen Leistung und damit die Anknüpfungspunkte für die Auswahl der Zuwendungsempfänger zu bestimmen. Wolle der Arbeitgeber die Betriebstreue belohnen, könne er Gratifikationen verteilen. Im Fall von (auch rückwirkenden) Lohnerhöhungen gebe der Arbeitgeber jedoch zu erkennen, dass Anknüpfungspunkt seiner Leistung (Belohnung) die von den Arbeitnehmern geleistete Arbeit ist. Der Ausschluss eines Arbeitnehmers, der Leistungen erbracht hat, die in den Anwendungsbereich der Lohnerhöhung fallen, allein weil er nach Leistungserbringung aber noch vor Ausspruch der Lohnerhöhung aus dem Betrieb ausgeschieden ist, sei jedoch grundsätzlich unsachlich und unzulässig. Der Vierte Senat gab daraufhin seine frühere Rechtsprechung auf, schloss sich der von den anderen Senaten vertretenen Ansicht an und erklärte die Regelung wegen Verstoßes gegen Art. 3 GG für nichtig.[1090] Anders sei die Rechtslage allerdings dann, wenn der Ausschluss Bestandteil einer Regelung eines Tarifvertrages sei, weil die Tarifautonomie den Tarifvertragsparteien einen insoweit größeren Beurteilungsspielraum eröffne und einzelne möglicherweise auch für bestimmte Arbeitnehmergruppen nachteilige Regelungen in Kauf zu nehmen seien, wenn hierfür an anderer Stelle Vorteile errungen werden können[1091].

1087 vgl. Zweiter Senat BAG AP Nr. 3 zu § 242 BGB; Fünfter Senat BAGE 28, 14, 18; Erster Senat BAG AP Nr. 28 zu Art. 12 GG.

1088 BAG AP Nr. 2 zu § 1 TVG – Der Vierte Senat hatte zwar früher schon die grundsätzliche Anwendbarkeit des Gleichheitsgrundsatzes auf die Entlohnung für zulässig erachtet, daraus hat er jedoch nicht gefolgert, dass dies zur Unwirksamkeit von Ausschlussklauseln im Zusammenhang mit rückwirkenden Lohnerhöhungen führt.

1089 Vgl. insbesondere Erster Senat BAG AP Nr. 28 zu Art. 12 GG.

1090 *Wiedemann*, AP Nr. 47 zu § 242 BGB, stimmt dieser Entscheidung in vollem Umfang zu.

1091 BAG 38, S. 118, 140; wobei der Vierte Senat von einer Gesamtbetrachtung ausgeht und die Gesamtheit der vom jeweiligen Tarifvertrag betroffenen Arbeitnehmerschaft in die Erwägungen einbezieht.

g) Gratifikationszahlungen unter Rückzahlungsvorbehalt

In einem Urteil vom 31. Mai 1960 hat der Fünfte Senat des BAG[1092] zu der Frage Stellung genommen, inwieweit der Arbeitgeber berechtigt ist, Gratifikationszahlungen unter einen Rückzahlungsvorbehalt zu stellen, ohne dabei die Rechte des Arbeitnehmers aus dem Gleichheitsgrundsatz des Art. 3 Abs. 1 GG zu verletzen. Dabei hat der erkennende Senat einerseits festgestellt, dass auch die vom Arbeitgeber freiwillig gewährten Gratifikationszahlungen dem inhaltlich von Art. 3 Abs. 1 GG geprägten arbeitsrechtlichen Gleichbehandlungsgrundsatz unterliegen, an den der Arbeitgeber unmittelbar gebunden ist. Andererseits hat das Gericht deutlich hervorgehoben, dass es dem Arbeitgeber freistehe, selbst darüber zu entscheiden, ob er überhaupt eine Gratifikation zahle. Gerades deshalb stehe es ihm dann aber auch nach dem Grundsatz der Vertragsfreiheit und damit in den Grenzen der §§ 134 und 138 BGB frei, einen entsprechenden Rückzahlungsvorbehalt zu vereinbaren.[1093] Mit Urteil vom 10. Mai 1962 hat der Fünfte Senat diese Rechtsprechung ausdrücklich bestätigt.[1094]

In einem Urteil vom 5. März 1980 hat der Fünfte Senat des BAG die von ihm zuvor in einer Entscheidung vom 31. Januar 1979[1095] entwickelten Grundsätze bestätigt, wonach der Arbeitgeber bei der freiwilligen Gewährung von Leistungen grundsätzlich berechtigt sei, zwischen verschiedenen Gruppen von Arbeitnehmern zu unterscheiden, jedoch nur soweit für die Differenzierung ein sachlicher Grund gegeben sei.[1096] Dogmatisch leitete das Gericht sein Ergebnis aus dem arbeitsrechtlichen Gleichbehandlungsgrundsatz her. Demgegenüber hat sich der erkennende Senat ausdrücklich nicht mehr mit Art. 3 GG auseinandergesetzt, für den – angesichts des spezielleren arbeitsrechtlichen Gleichbehandlungsgrundsatzes – kein Raum sei.[1097] Vielmehr entwickelte der Senat seine Argumentation anhand der zivilrechtlichen Generalklauseln, insbesondere anhand von §§ 242 und 315 BGB. In dieser Abkehr des Fünften Senats von der ursprünglichen Argumentationskette, in der der arbeitsrechtliche Gleichbehandlungsgrundsatz inhaltlich anhand des Gleichheitsgrundsatzes des Art. 3 Abs. 1 GG ausgestaltet worden war, mit der gleichzeitigen Hinwendung zu der zivilrechtlichen Begründung, dürfte die Abwendung des

---

1092 BAGE 9, S. 250; mit Anmerkung *Marienhagen*, BB 1962, S. 49.
1093 BAGE 9, S. 250, 256.
1094 BAGE 13, S. 129, 132.
1095 BAGE 31, S. 266.
1096 BAGE 33, S. 57; *Reuter*, JuS 1981, S. 155; *Friedrich*, JA 1981, S. 248.
1097 Vgl. auch die grundsätzliche Kritik an dieser Ansicht von *Gamillscheg*, Die Grundrechte im Arbeitsrecht, 1989, S. 49ff., insb. 53.

Fünften Senats von der Lehre der unmittelbaren Drittwirkung der Grundrechte im Arbeitsrecht, jedenfalls im Hinblick auf diesen Teilaspekt zu sehen sein.

h) Ruhegehalt

In einem Urteil vom 31. August 1978[1098] hatte der Dritte Senat des BAG über die Wirksamkeit einer generellen betrieblichen Versorgungsregelung zu entscheiden. Der Senat hielt unter dem Hinweis auf die ständige Rechtsprechung des BAG fest, dass generelle Versorgungsregelung die Grundrechte der Verfassung wahren müssten, unabhängig davon, ob es sich um tarif- oder einzelarbeitsvertragliche Regelungen oder Betriebsvereinbarungen handele.[1099] Der erkennende Senat wies in seiner Begründung darauf hin, dass das BAG „von der sogenannten „Drittwirkung" der Grundrechte" ausgehe, stellt aber gleichzeitig fest, dass „nach überwiegender Ansicht Grundrechte nicht unmittelbar auf vertragliche Rechtsbeziehungen einwirken, sondern nur mittelbar zur Geltung gelangen, indem sie die wertausfüllungsbedürftigen Generalklauseln und Auslegungsregeln des Zivilrechts konkretisieren."[1100] Trotz dieser Feststellung und der sich daraus im Umkehrschluss ergebenden Erkenntnis, dass die vom BAG in ständiger Rechtsprechung vertretene Lehre von der unmittelbaren Drittwirkung der Grundrechte im Privatrechtsverkehr inzwischen zur Mindermeinung geworden war, enthielt sich der Senat einer Entscheidung in dem Streit. Das Gericht entging der Notwendigkeit einer Stellungnahme, weil es keiner Entscheidung bedurfte. Beide Begründungen führten zum gleichen Ergebnis. Obgleich es an einer Auseinandersetzung mit dem Streit im Urteil selbst fehlt, hat sich der Dritte Senat des BAG in der Vorbereitung des Urteils – im Gegensatz zu früheren Entscheidungen – offenbar intensiv mit dem Theorienstreit auseinandergesetzt und dabei das unübersehbare in den Entscheidungsgründen festgehalten, nämlich dass die überwiegende Meinung in Literatur und Rechtsprechung eine andere Ansicht als das hier zur Entscheidung berufene BAG vertrat. Unter Berücksichtigung der späteren Entwicklung der Rechtsprechung des BAG zur Frage der Drittwirkung der Grundrechte im Privatrechtsverkehr[1101] lassen die Ausführungen des Dritten Senats in der Begründung dieser Entscheidung vermuten, dass hier die Absicht bestand, allmählich die bislang insoweit starre Ausrichtung des BAG in dieser Hinsicht aufzubrechen und einen eventuellen späteren Kurswechsel zu ermöglichen, jedenfalls aber das Argumentationsspektrum des BAG zu öffnen.

1098 BAGE 31, S. 67.

1099 BAGE 31, S. 67, 71; im Ergebnis insoweit zustimmend *Pestalozza*, SAE 1979, S. 256, bei dem zumindest unterschwellig die Tendenz anklingt, die Geltung der Grundrechte im Privatrechtsverkehr anzuerkennen.

1100 BAGE 31, S. 67, 71.

1101 Zur Aufgabe der Rechtsprechung zur unmittelbaren Drittwirkung sogleich C.VI.

i) Abfindung für leitende Angestellte

In einem Urteil vom 31. Januar 1979[1102] stellte der Fünfte Senat des BAG fest, dass der Arbeitgeber nach dem Gleichheitsgrundsatz des Art. 3 Abs. 1 GG verpflichtet sein könne, im Fall des Bestehens eines Sozialplans, Regelungen, die originär nur Arbeitnehmer begünstigen (hier Abfindungen für den Verlust des Arbeitsplatzes), auch auf leitende Angestellte anzuwenden.[1103] Das Gericht war der Ansicht, der Arbeitgeber, der gegenüber seinen Arbeitnehmern Einheitsregelungen treffe, dürfe einzelne Gruppen davon nicht ohne sachlichen Grund ausnehmen.[1104] Außer der Berufung auf den Gleichheitsgrundsatz und die bisherige Rechtsprechung blieb der erkennende Senat eine dogmatisch tragfähige Begründung für sein Ergebnis schuldig.

Diese Rechtsprechung des Fünften Senats war jedoch nur von kurzer Dauer, denn mit Urteil vom 16. Juli 1985[1105] erklärte der Erste Senat des BAG die Aufgabe dieser Rechtsprechung.[1106] Zwar sei richtig, dass der Gleichheitssatz gebiete, leitende Angestellte könnten von bestimmten freiwilligen Leistungen des Arbeitgebers nicht allein deswegen ausgenommen werden, weil sie leitende Angestellte seien. Jedoch stelle die Leistung des Arbeitgebers aufgrund eines Sozialplanes gerade keine freiwillige Leistung dar, sondern sei auf ein gesetzliches Gebot zurückzuführen.[1107]

j) Gehaltfortzahlung im Fall der Pflege naher Angehöriger

In einem Urteil vom 20. Juni 1979[1108] hat sich der Fünfte Senat des BAG mit der Frage auseinander gesetzt, ob der Arbeitgeber verpflichtet ist, dem Arbeitnehmer das Gehalt für den Fall fortzuzahlen, dass dieser aufgrund einer Erkrankung eines nahen Angehörigen (hier des Kindes) an der Erbringung seiner Arbeitsleistung gehindert ist. Das Gericht stützte einen dahingehenden Anspruch des Arbeitnehmers auf das Ergebnis seiner verfassungskonformen Auslegung des § 616 Abs. 1 BGB. Es sei auch für die „Fälle der unverschuldeten Arbeitsverhinderung, wie der Pflege von erkrankten nahen Angehöri-

---

1102 BAGE 31, S. 266.

1103 Erhebliche Bedenken gegen dieses Ergebnis äußern *Löwisch/Hetzel*, SAE 1980, S. 55, diese verweisen auf die vom BVerfG vertretene Auffassung, wonach es dem Gesetzgeber vorbehalten sei, im Fall der Feststellung eines Verstoßes gegen Art. 3 Abs. 1 GG eine den Gleichheitssatz beachtende Regelung zu treffen.

1104 BAGE 31, S. 266, 278.

1105 BAGE 49, S. 199.

1106 Der Fünfte Senat hat in diesem Verfahren durch Beschluss mitgeteilt, dass er an seiner Entscheidung vom 31. Januar 1979 nicht festhalte.

1107 BAGE 49, S. 199, 212; siehe auch die zustimmende Anmerkung von *Spinti*, DB 1986, S. 1573.

1108 BAGE 32, S. 32.

gen, insbesondere von Kindern, [...] von einer dem Gleichheitssatz des Art. 3 Abs. 1 GG genügenden einheitlichen Regelung für alle Arbeitnehmer auszugehen.“[1109] Solche Regelungen enthielten insbesondere Lohn- und Entgeltfortzahlungsgesetz. Eine Anwendung der § 63 HGB und § 133 c GewO führe dagegen zu einer Ungleichbehandlung zwischen den dort genannten Angestelltengruppen und den übrigen Angestellten sowie Arbeitern.[1110] Im Gegensatz zu der vorgenannten Entscheidung zum Abfindungsanspruch leitender Angestellter stützt der Fünfte Senat das Ergebnis seiner Entscheidung in diesem Fall nicht auf Art. 3 GG.[1111] Vielmehr erklärt das Gericht § 616 BGB als die allgemeine Vorschrift gegenüber den spezielleren Vorschriften der § 63 HGB und § 133 c GewO für grundsätzlich abdingbar. Wegen des Sondercharakters dieser Normen träfe eine undifferenzierte Anwendung des Art. 3 GG in dieser Konstellation gerade diejenigen Arbeitnehmer, zu deren eigentlichem Schutz die Norm angewendet werden soll. Im Hinblick auf die Entwicklung, die die Rechtsprechung des BAG seit der Entscheidung des Dritten Senats vom 31. August 1978[1112] zur grundsätzlichen Anwendbarkeit der Grundrechte im Fall von Versorgungsregelungen genommen hat, lässt sich hier durchaus eine gewisse Linie erkennen. Diese Linie bewegt sich weg von der stringenten Anwendung der Lehre von der unmittelbaren Drittwirkung der Grundrechte im Arbeitsrecht, hin zu einer dogmatisch geöffneten, scheinbar bedarfsorientierten einzelfallbezogenen Rechtsprechung.

k) Gleichberechtigungsgrundsatz und Benachteiligungsverbot

In einem Urteil vom 9. September 1981[1113] hat der Fünfte Senat des BAG erneut hervorgehoben, dass der arbeitsrechtliche Gleichbehandlungsgrundsatz inhaltlich von Art. 3 Abs. 2 GG und dem darin enthaltenen Gleichberechtigungsgrundsatz sowie von dem in Art. 3 Abs. 3 GG enthaltenen Benachteiligungsverbot geprägt werde. Damit hat der Senat die ständige Rechtsprechung des BAG zum Lohngleichheitsgrundsatz bestätigt.[1114] Gegenstand des zu entscheidenden Falles war eine außertarifliche Zulage, die nur bestimmte Gruppen von Arbeitnehmern erhielten. Das Gericht bestätigte seine Rechtsprechung zu den Folgen eines erkannten Verstoßes einer allgemeinen arbeitsrechtlichen Regelung gegen den Lohngleichheitsgrundsatz. In diesen Fäl-

1109 BAGE 32, S. 32, 35.
1110 BAGE 32, S. 32, 35.
1111 Zustimmend hierzu *Beitzke*, SAE 1980, S. 4.
1112 BAGE 31, S. 67, vgl. auch *Pestalozza*, SAE 1979, S. 256.
1113 BAGE 36, S. 187; vgl. auch Anmerkung *Bäumer*, JA 1983, S. 146.
1114 Nochmals bestätigt in BAGE 39, S. 336.

len erfolge eine Korrektur der arbeitsvertraglichen Regelung zugunsten der nicht von der Regelung begünstigten Gruppe.[1115]

In einer Entscheidung vom 6. April 1982[1116] hat sich der Dritte Senat mit Regelungen einer Versorgungsordnung beschäftigt, die zwar objektiv nicht nach Geschlechtern differenzierten, bei denen jedoch nicht ausgeschlossen werden konnte, dass es durch die Regelungen tatsächlich zu einer verdeckten Diskriminierung weiblicher Mitarbeiter hätte kommen können. Die konkrete Regelung differenzierte zwischen Teilzeit- und Vollzeitbeschäftigung als Kriterium für den Erwerb eines Versorgungsanspruches. Angesichts dessen, dass die Quote der in Teilzeit beschäftigten weiblichen Arbeitnehmer 90,5 % betrug, stellte der erkennende Senat allgemein fest, dass eine solche Regelung gegen Art. 3 Abs. 2 GG verstoße, wenn keine betriebliche Notwendigkeit für die Differenzierung nach der Teilzeitbeschäftigung gegeben sei.[1117] Ohne allerdings auch nur ein Wort zu der Frage zu verlieren, auf welche Weise der Gleichberechtigungsgrundsatz auf das Arbeitsrechtsverhältnis einwirkt, stellte der erkennende Senat schlicht fest, dass eine Regelung, die gegen Art. 3 Abs. 2 GG verstoße, keinen Bestand haben könne.

Es erstaunt, dass der Dritte Senat in einer derart „späten" Entscheidung in die ältere Terminologie der Lehre von der unmittelbaren Drittwirkung der Grundrechte im Privatrechtsverkehr zurückfiel. Obgleich der Senat kein ausdrückliches Votum für oder gegen die eine oder andere Lehre aussprach, lässt die Feststellung, die streitgegenständliche Regelung verstoße gegen Art. 3 Abs. 2 GG darauf schließen, das Gericht gehe von dessen unmittelbarer Geltung aus. Die Entscheidung dürfte angesichts seiner Unklarheit seinerzeit wenig zur Klärung des Streits beigetragen haben. In der Literatur fand das Urteil denn auch ein geringes Echo.[1118] Hierzu wird insbesondere die 1982 in der Literatur bestehende Klarheit hinsichtlich der herrschenden Lehre beigetragen haben, die die Alleinstellung der grundrechtlichen Argumentation des BAG weitgehend vernachlässigte.

l) Unzulässige Differenzierung nach Gruppenzugehörigkeit

In einem Urteil vom 25. Januar 1984[1119] hat der Fünfte Senat des BAG im Anschluss an das BVerfG entschieden, dass bei einer freiwilligen Leistung des Arbeitgebers (hier Zahlung einer Weihnachtsgratifikation) eine Ungleich-

---

1115 BAGE 36, S. 187, 193f.

1116 BAGE 38, S. 232; mit Anmerkung *Usslar*, BB 1983, S. 382.

1117 BAGE 38, S. 232, 243f.

1118 *Usslar*, BB 1983, S. 382, der die Entscheidung kommentierte, ging auf die grundrechtliche Fragestellung überhaupt nicht ein.

1119 BAGE 45, S. 86.

behandlung zwischen der Gruppe der Angestellten und der Gruppe der Arbeiter nicht von vornherein allein deshalb als sachgerecht angesehen werden könne, weil die Gruppenzugehörigkeit als solche die Differenzierung rechtfertige.[1120] Die Differenzierung nach Gruppen allein stelle kein sachliches Kriterium dar. Der vom Gericht zur Begründung herangezogene arbeitsrechtliche Gleichbehandlungsgrundsatz gebiete in Anlehnung an Art. 3 Abs. 1 GG vielmehr, dass eine Ungleichbehandlung nur dann rechtmäßig sei, wenn der mit der Leistung verfolgte Zweck die unterschiedliche Behandlung sachlich rechtfertige.[1121]

m) Zusammenfassung

Die vorstehend nachgezeichnete Entwicklung der Rechtsprechung des BAG hinsichtlich des arbeitsrechtlichen Gleichbehandlungsgrundsatzes und dessen Verhältnis zum Gleichheitssatz des Art. 3 GG hat gezeigt, dass sich die Argumentation in 30 Jahren stark gewandelt hat. Während das BAG zu Beginn seiner Rechtsprechung den Gleichheitssatz des Art. 3 Abs. 1 GG sowie den Gleichberechtigungsgrundsatz des Art. 3 Abs. 2 GG unmittelbar angewendet und die sich daraus ergebenden Konsequenzen insbesondere über § 134 BGB gezogen hat, ist es im Verlauf der Zeit hiervon zunehmend abgerückt. Der erste Schritt bestand darin, den arbeitsrechtlichen Gleichbehandlungsgrundsatz inhaltlich über den Gleichheitssatz des Art. 3 Abs. 1 GG sowie den Gleichberechtigungsgrundsatz des Art. 3 Abs. 2 GG auszugestalten. Durch die immer stärker ausgefeilte Zivilrechtsdogmatik bedurfte es spätestens seit Mitte der siebziger Jahre der Hilfsmittel des Grundgesetzes mehr, so dass das BAG dazu überging, nach und nach die bisherige Argumentation über die Lehre von der unmittelbaren Drittwirkung der Grundrechte im Arbeitsrecht aufzubrechen, andere Lösungsansätze zu übernehmen und schließlich den Weg zur Aufgabe der bisherigen Rechtsprechung vorzubereiten, jedenfalls in seiner praktischen Anwendung aufzugeben. Diese Tendenz kommt insbesondere in den Entscheidungen vom 11. September 1974,[1122] vom 31. August 1978[1123] sowie vom 9. September 1981 und vom 25. August 1982[1124] zum Ausdruck.[1125] Die Mehrzahl der späteren Urteilsbegründungen suchte seine Grundlagen weniger im grundrechtsdogmatischen als vielmehr im arbeitsrechtlichen Normspektrum. Wenngleich das BAG letzteres noch immer durch

1120 BAGE 45, S. 86, 89.

1121 ebd.; zustimmende Anmerkung hierzu von *Misera*, SAE 1985, S. 208.

1122 BAG, DB 1975, S. 551; siehe hierzu C.V.2.e); vgl. auch die zustimmende Anmerkung von *Frey*, AuR 1975, S. 192.

1123 BAGE 31, S. 67; siehe hierzu C.V.2.h).

1124 BAGE 36, S. 187 und BAGE 39, S. 336; siehe hierzu C.V.2.k).

1125 Vgl. so auch *Heither*, JöR 1984, S. 315, 329.

die grundrechtlichen Bestimmungen beeinflusst sah, so leitete es die relevanten Ansprüche zunehmend aus spezifisch arbeitsrechtlichen, mithin privatrechtlichen Vorschriften her.

3. Art. 4 und 5 GG – Glaubens-, Gewissens- und Meinungsfreiheit

Das Arbeitsverhältnis und die aus diesem resultierenden Beziehungen der Arbeitsvertragsparteien ergeben eine Vielzahl von Berührungspunkten, die den Anwendungsbereich der Grundrechte aus Art. 4 und Art. 5 GG eröffnen können. Infolgedessen spielen auch diese Grundrechte in der Rechtsprechung des BAG eine nicht zu unterschätzende Rolle. Einige grundlegende Entscheidungen prägen das Arbeitsrecht bis heute.[1126]

a) Meinungsäußerungsfreiheit der Angestellten im Öffentlichen Dienst

In einem Urteil vom 23. Februar 1959[1127] hatte der Dritte Senat des BAG über die Frage zu entscheiden, inwieweit das von Art. 5 GG gewährleistete Grundrecht auf freie Meinungsäußerung das Arbeitsverhältnis eines im öffentlichen Dienst beschäftigten Lehrers beeinflussen kann. Obgleich es sich in diesem Fall um einen öffentlich-rechtlichen Dienstherrn handelte, so ist doch die Arbeitsgerichtsbarkeit für Streitigkeiten in dem Dienstverhältnis zuständig. Dies ist immer dann der Fall, wenn sich der öffentlich-rechtliche Arbeitgeber zur Regelung seiner Angelegenheiten des Privatrechtes, insbesondere – wie hier – des privatrechtlichen Arbeitsrechtes bedient. Zunächst bestätigte das Gericht die Rechtsprechung des Ersten Senats[1128] zur grundsätzlichen Geltung der Grundrechte im Privatrechtsverkehr, ohne jedoch herauszustellen, ob es von einer unmittelbaren Geltung der Grundrechte im Privatrechtsverkehr ausgeht.[1129] Der Dritte Senat sprach in dieser Entscheidung davon, dass das Grundrecht, „zum mindesten in gewissem Umfang, auch das bürgerliche Recht“[1130] gestalte. Das Gericht zitiert sodann aus dem Lüth-Urteil des BVerfG „keine bürgerlich rechtliche Vorschrift darf in Widerspruch zu ihm[1131] stehen, jede muss in seinem Geiste ausgelegt werden.“[1132] Die vorsichtige Formulierung des Dritten Senats dürfte zu weit gefasst sein, um ernsthaft von einer Fortsetzung der Rechtsprechung des Ersten Senats zur unmittelbaren Wirkung der Grundrechte im Privatrechtsverkehr in Erwide-

1126 Vgl. beispielsweise die Entscheidung vom 20. Dezember 1984 (BAGE 47, S. 363) zur Gewissensfreiheit des Arbeitnehmers.
1127 BAGE 7, S. 256.
1128 BAGE 1, S. 185; BAGE 4, S. 274.
1129 BAGE 7, S. 256, 260.
1130 BAGE 7, S. 256, 260.
1131 Gemeint ist hier das Grundgesetz.
1132 BVerfGE 7, S. 199, 205.

rung auf das Lüth-Urteil des BVerfG zu sprechen. Das Zitat aus dem Lüth-Urteil im Zusammenspiel mit der Formulierung „in gewissem Umfang" lässt sogar eher durchaus darauf schließen, der Dritte Senat vertrete die Auffassung, die Grundrechte würden bloß mittelbare Wirkung im Privatrechtsverkehr entfalten. Allerdings enthält die Entscheidung zu wenig Material, um hier gesicherte Erkenntnisse darüber zu gewinnen, in welche Richtung der Senat in dieser Frage tendierte.

b) Grenzen der Meinungsäußerungsfreiheit

In einem Urteil vom 28. September 1972[1133] hatte der Zweite Senat über die Wirksamkeit einer Kündigung zu entscheiden, deren Unwirksamkeit der Kläger mit einem Verstoß gegen das Diskriminierungsverbot wegen politischer Anschauung (Art. 3 Abs. 3 GG) sowie gegen das Recht der freien Meinungsäußerung (Art. 5 Abs. 1 GG) begründete. Das BAG erkannte zwar nicht im Sinne der Klage, betonte jedoch ausdrücklich, dass die vorgenannten Grundrechte als gesetzliche Verbote anzusehen seien, deren Verletzung gemäß § 134 BGB zur Nichtigkeit des betreffenden Rechtsgeschäfts führen könne.[1134] Der Zweite Senat stellte dabei heraus, dass er insoweit der ständigen Rechtsprechung des BAG zur unmittelbaren Drittwirkung der Grundrechte im Privatrechtsverkehr folge, betonte aber auch, dass diese Frage noch immer umstritten sei und der Senat nicht beabsichtige, abschließend Stellung zu nehmen.[1135] Der erkennende Senat stellte in dieser Entscheidung ebenfalls fest, dass ein Verstoß gegen Art. 3 Abs. 3 GG zur Unwirksamkeit der jeweiligen Maßnahme führen könne, jedoch nur dann, wenn dadurch die verfassungsmäßig garantierten Rechte der übrigen Rechtsgenossen nicht ungebührlich eingeschränkt werden. Die Verfassungssätze seien bei ihrer Anwendung auch im Privatrechtsverkehr gegeneinander abzuwägen.[1136] Aus dieser Feststellung lässt sich entnehmen, dass jedenfalls der Zweite Senat des BAG in den Grundrechten nicht ausschließlich Schutzrechte des Arbeitnehmers gegenüber dem Arbeitgeber – der ihm als „sozial mächtigerer" Vertragspartner gegenüberstehe – sah. Danach ist es vielmehr auch denkbar, dass diejenigen Grundrechte, die die Interessen des Arbeitgebers schützen, auch die Freiheitssphäre des Arbeitnehmers einschränken können. Dass die Grundrechte in der Regel eher zur Begründung Arbeitnehmer schützender Positionen herangezo-

---

1133 BAGE 24, S. 438; mit ausführlicher und sehr scharfer Kritik hierzu *Schwerdtner*, JZ 1973, S. 377.

1134 BAGE 24, S. 438, 441.

1135 BAGE 24, S. 438, 441.

1136 BAGE 24, S. 438, 441; ablehnend demgegenüber *Schwerdtner*, JZ 1973, S. 377, 378f., der unter Bezugnahme auf das staatsrechtliche Schrifttum zu Art. 118 WRV, die Argumentation des BAG zu widerlegen suchte.

gen werden, ist daher also eher eine Folge, nicht die Ursache der Anwendung der Grundrechte im Privatrechtsverkehr. Die Frage, ob Art. 5 Abs. 1 GG ebenfalls als Verbotsgesetz im Sinne des § 134 BGB anzusehen sei, ließ der Senat in diesem Fall allerdings offen, weil hier die Schranke des allgemeinen Gesetzes gemäß Art. 5 Abs. 2 GG eingreife.[1137] Zu allgemeinen Gesetzen im Sinne von Art. 5 Abs. 2 GG zählte der Zweite Senat im Bereich des Arbeitsrechts auch die Grundregeln über das Arbeitsverhältnis.[1138]

In zwei Urteilen vom 26. Mai 1977[1139] und 13. Oktober 1977[1140] bestätigte der Zweite Senat diese Rechtsprechung zu den Schranken der Meinungsäußerungsfreiheit. In der Entscheidung vom 26. Mai 1977 ließ der Senat die seiner Feststellung vorausgehende Annahme, das Grundrecht des Arbeitnehmers auf die Freiheit der Meinungsäußerung aus Art. 5 Abs. 1 GG gelte auch gegenüber dem Arbeitgeber und damit unmittelbar in dem privatrechtlichen Verhältnis der Arbeitsvertragsparteien, noch unausgesprochen. Auch eine Auseinandersetzung des erkennenden Senats mit der Lehre *Nipperdeys* enthält diese Entscheidung nicht. In dem Urteil vom 13. Oktober 1977 stellte der Senat dagegen bereits in den Leitsätzen fest, „das Grundrecht der Meinungsfreiheit (Art. 5 Abs. 1 GG) prägt auch die Beziehungen der Arbeitsvertragsparteien." In dieser Feststellung sah das Gericht die Bestätigung seiner ständigen Rechtsprechung. In einem Urteil vom 15. Dezember 1977 schloss sich der Dritte Senat des BAG dieser Rechtsprechung an, ohne sich jedoch mit der Dogmatik der Drittwirkungslehre auseinanderzusetzen. In der bis dato nach wie vor umstrittenen Frage, ob die Grundrechte unmittelbare oder mittelbare Wirkung im Arbeitsrecht entfalten, brachten auch diese beiden Urteile keinen Fortschritt, nur eine Befestigung der Stellung des BAG.

c) Arbeitsrechtlicher Bestandsschutz und Rundfunkfreiheit

In einem Urteil vom 15. März 1978[1141] hatte der Fünfte Senat des BAG über die Klage einer Journalistin und Regisseurin zu entscheiden, mit der diese die Feststellung des Bestehens eines unbefristeten Arbeitsverhältnisses begehrte. In den Entscheidungsgründen setzte sich das Gericht mit der Frage auseinander, ob die der Statusklage stattgebende Entscheidung den Arbeitgeber (eine Rundfunkanstalt) in dessen Rundfunkfreiheit aus Art. 5 Abs. 1 S. 2 GG ver-

---

1137 BAGE 24, S. 438, 443.

1138 BAGE 24, S. 438, 444; BAGE 1, S. 185, 194; BAGE 7, S. 256, 261.

1139 BAGE 29, S. 195, 200; mit im Grundsatz zustimmender Anmerkung von *Weber*, AP Nr. 5 zu § 611 BGB, der sich jedoch kritisch mit der Urteilsbegründung im Hinblick auf die dortigen Ausführungen zum allgemeinen Beschäftigungsanspruch auseinandersetzt.

1140 BAG, DB 1978, S. 641; bestätigt von BAG, DB 1978, S. 1038f.

1141 BAGE 30, S. 163; mit zustimmender Anmerkung *Etzel*, JA 1978, S. 513.

letzen würde. Im Ergebnis verneinte der Senat die Frage mit der Begründung, das Grundrecht der Rundfunkfreiheit bedeute zwar für den Rundfunk, dass dieser frei über den Inhalt des Programms entscheiden könne. Gleichwohl hätten arbeitsrechtliche Bestimmungen der Rundfunkfreiheit nicht schlechthin zu weichen.[1142] Die Rundfunkanstalt müsse die interne Pluralität und Meinungsvielfalt selbst gewährleisten und könne sich – unter Berücksichtigung arbeits- und sozialrechtlicher Schutzbestimmungen – nicht darauf berufen, Meinungsfreiheit sei nur in der Rechtsform eines freien Mitarbeiters gewährleistet. Eine etwaige Gefahr der persönlichen Abhängigkeit durch die Einbindung in den Apparat könne nicht dazu führen, dass das soziale Arbeitsrecht als Ausfluss des Sozialstaatsprinzips vollständig gegenüber der Rundfunkfreiheit zurückzustehen habe. Vielmehr sei ein Ausgleich beider Verfassungssätze zu finden.[1143] Der erkennende Senat problematisierte in dieser Entscheidung nicht die Frage, ob das Grundrecht auf Rundfunkfreiheit aus Art. 5 Abs. 1 S. 2 GG überhaupt zwischen den Parteien des Arbeitsverhältnisses zur Anwendung kommen könne. Der Senat ging auch nicht auf die Lehre *Nipperdeys* ein. Gleichwohl lässt sich dem Umstand, dass der Fünfte Senat eine Beeinflussung des Rechtsverhältnisses der streitenden Parteien durch Art. 5 Abs. 1 S. 2 GG festgestellt hat, entnehmen, dass der Senat von einer Wirkung der Grundrechte, insbesondere des Grundrechts aus Art. 5 Abs. 1 S. 2 GG, im Arbeitsrecht ausging. Welche Wirkung das konkret sein sollte, ließ das Gericht offen.

In einer weiteren zu Art. 5 Abs. 1 und 2 GG ergangenen Entscheidung vom 13. Januar 1983[1144] hatte sich der Fünfte Senat des BAG mit den Schranken des Grundrechts der Rundfunkanstalten aus Art. 5 Abs. 1 GG zu befassen.[1145] Das Gericht stellte zunächst vorab fest, dass eben diese Schranken in den Vorschriften der allgemeinen Gesetze (Art. 5 Abs. 2 GG), also auch in den arbeitsrechtlichen Bestimmungen zu suchen seien, die ihrerseits wiederum im Lichte des Grundrechts auf Rundfunkfreiheit auszulegen seien.[1146] Obgleich der Senat insoweit und auch in der anschließenden Auseinandersetzung den Vorgaben des BVerfG – das die vorangegangene Entscheidung des Senats in diesem Fall aufgehoben und die Sache zurückverwiesen hatte – folgte, blieb die der Entscheidung vorausgehende dogmatische Frage zur unmittelbaren oder mittelbaren Wirkung der Grundrechte zwischen den Arbeitsvertragspar-

---

1142 BAGE 30, S. 163, 175.
1143 BAGE 30, S. 163, 175f.
1144 BAGE 41, S. 247.
1145 Anmerkung hierzu von *Herschel*, AP Nr. 43 zu § 611 BGB.
1146 BAGE 41, S. 247, 256.

teien unentschieden. Das Gericht hat die Frage in den Entscheidungsgründen nicht einmal erörtert.[1147]

d) Freiheit der Meinungsäußerung

In einem Urteil vom 2. März 1982[1148] hatte sich der Erste Senat des BAG mit der Frage auseinanderzusetzen, ob das einem Lehrer gegenüber ausgesprochene Verbot eine Anti-Atomkraft-Plakette zu tragen, dessen Grundrecht auf freie Meinungsäußerung aus Art. 5 Abs. 1 S. 1 GG verletzt. Der Senat verneinte die Frage mit dem Hinweis, das Grundrecht sei nicht schrankenlos gewährleistet und finde daher seine Grenze an dem durch eine Tarifvorschrift statuierten Zurückhaltungsgebot.[1149] Die Tatsache, dass der Erste Senat die Schranke der allgemeinen Gesetze zur Begrenzung des Schutzbereiches des Grundrechts heranzog, deutet darauf hin, dass der Erste Senat noch immer von der unmittelbaren Wirkung der Grundrechte im Arbeitsrecht ausging. Andernfalls hätte es entweder schon keiner Prüfung des Schutzbereichs bedurft[1150] oder es hätte – unter Zugrundelegung der Lehre von der *mittelbaren* Wirkung der Grundrechte im Arbeitsrecht – die Möglichkeit bestanden, den Anwendungsbereich des Grundrechts anhand der zivilrechtlichen Generalklausel, über die das Grundrecht in das Privatrecht einwirkt, zu begrenzen.

In einem Urteil vom 11. August 1982[1151] wies der Fünfte Senat des BAG die Revision eines Redakteurs mit ähnlich lautender Begründung zurück und damit dessen Klage ab. Das Grundrecht auf freie Meinungsäußerung aus Art. 5 Abs. 1 S. 1 GG könne durch die allgemeinen Gesetze eingeschränkt werden. In der Entscheidung stellte der Senat fest, dass das Recht der freien Meinungsäußerung die rechtlichen Beziehungen der Parteien eines Arbeitsvertrages präge.[1152] Zur Frage, ob diese Prägung mittelbar oder unmittelbar erfolgt, äußerte sich das Gericht allerdings nicht.

In einem Urteil vom 9. Dezember 1982[1153] hatte der Zweite Senat darüber zu entscheiden, ob sich ein Arbeitnehmer gegenüber seinem Arbeitgeber auf das Grundrecht auf freie Meinungsäußerung aus Art. 5 Abs. 1 S. 1 GG berufen

1147 Kritisch zu den Urteilsgründen auch *Herschel*, AP Nr. 43 zu § 611 BGB, der die Ansicht äußert, nicht nur das BAG, sondern die gesamte arbeitsrechtliche Judikatur habe im Hinblick auf die Schranke der *„allgemeinen Gesetze“* argumentativ den Anschluss an die Rechtsentwicklung noch nicht gefunden.

1148 BAGE 38, S. 85.

1149 BAGE 38, S. 85, 95f.

1150 Zur Geltung des Grundrechtes aus Art. 5 GG im Betrieb vgl. auch BVerfGE 42, S. 133, 139.

1151 BAGE 39, S. 289.

1152 BAGE 39, S. 289, 294.

1153 BAGE 41, S. 150.

kann.[1154] Der Arbeitnehmer hatte im Betrieb während der Arbeitszeit eine 12 bis 15 cm große Plakette an seinem Arbeitsanzug getragen. Auf der Plakette war eine Karikatur des damaligen Bayerischen Ministerpräsidenten und Kanzlerkandidaten der CDU/CSU *Franz Josef Strauß* abgebildet, die mit zwei Querstrichen durchkreuzt und mit einer zusätzlichen Aufschrift „Strauß – nein danke“ versehen war. Das Gericht stellte zunächst fest, dass „angesichts der Bedeutung der Meinungsfreiheit nach Art. 5 GG und der Betriebsgemeinschaft für die soziale Kommunikation der Betriebsangehörigen [...] auch eine parteipolitische Diskussion im Betrieb nicht schlechthin unzulässig“[1155] sei. Die Meinungsfreiheit des Arbeitnehmers werde jedoch durch die Grundregeln des Arbeitsverhältnisses begrenzt, zu denen auch die Verpflichtung gehöre, „im Betrieb eine provozierende parteipolitische Betätigung zu unterlassen, durch die sich andere Belegschaftsangehörige belästigt fühlen, durch die der Betriebsfriede oder der Betriebsablauf in sonstiger Weise konkret gestört wird, oder die Erfüllung der Arbeitspflicht beeinträchtigt wird.“[1156] Auch in diesem Urteil hat sich das Gericht nicht mit der Frage befasst, ob das Grundrecht überhaupt zwischen den Parteien des Arbeitsverhältnisses zur Anwendung kommt. Gleichwohl lässt auch diese Entscheidung darauf schließen, dass der Zweite Senat hier von einer unmittelbaren Geltung der Grundrechte im Arbeitsrecht ausging. Die erneute Auseinandersetzung mit den Schranken des Grundrechts, im Rahmen des Versuchs ein interessengerechtes Ergebnis zu erzielen, deutet darauf hin, dass der erkennende Senat konzeptionell von der originären Geltung des Grundrechts im Arbeitsrecht ausging. Dem gegenüber hätte das Gericht bei Annahme bloß mittelbarer Wirkung der Grundrechte die Argumentation dadurch erheblich verkürzen können, dass es, angesichts der arbeitsrechtlichen Ausprägung der betreffenden Generalklausel, die dem Grundrecht Einlass in das Arbeitsrecht gewährt, den Schutzbereich des Grundrechts als gar nicht erst eröffnet hätte ansehen können.

e) Freiheit von Wissenschaft, Forschung und Lehre

In einem Urteil vom 6. Mai 1982[1157] hatte sich der Zweite Senat des BAG mit der Wirksamkeit der mehrfachen Befristung eines Arbeitsvertrages zwischen einer Hochschule und einer ausländischen Wissenschaftlerin zu befassen.[1158] Unter anderem prüfte das Gericht die sachliche Rechtfertigung und damit die Wirksamkeit der Befristung unter dem Gesichtspunkt der Wissenschaftsfrei-

---

1154 Zustimmend im Ergebnis und im Wesentlichen auch in der Begründung *Roemheld*, SAE 1984, S. 162.

1155 BAGE 41, S. 150, 158.

1156 BAGE 41, S. 150, 159.

1157 BAGE 38, S. 372.

1158 Vgl. kritische Anmerkung hierzu von *Stebut*, SAE 1983, S. 164.

heit aus Art. 5 Abs. 3 GG,[1159] auf die sich das Land als Trägerin der Hochschule und Arbeitgeberin berief. Im Ergebnis erteilte das Gericht dieser Argumentation jedoch eine Absage. Dies mit dem Hinweis darauf, das Grundrecht aus Art. 5 Abs. 3 GG sei nicht schrankenlos gewährleistet und unterliege daher den Einschränkungen durch allgemeine arbeitsrechtliche Vorschriften.[1160] Der erkennende Senat deutete in seiner Entscheidung an, er erkenne durchaus, dass sich das Land nicht selbst auf die Wissenschaftsfreiheit berufen könne, sondern das Grundrecht allenfalls für die bei ihm tätigen Wissenschaftler geltend machen könne.[1161] Die Tatsache allerdings, dass das Gericht das Grundrecht als eine das Recht der klagenden Wissenschaftlerin einschränkende Größe geprüft hat, spricht dafür, dass der Zweite Senat des BAG noch immer von der unmittelbaren Wirkung der Grundrechte im Privatrechtsverkehr, insbesondere im Arbeitsrecht ausging. Die Entscheidung zeigt im Übrigen erneut, das BAG betrachtete die Grundrechte keineswegs einseitig und nur gegen den Arbeitgeber gerichtet. Es hielt in der Tat Anwendungsbereiche für Arbeitgeber schützende Grundrechte für möglich und bezog diese Überlegungen durchaus im Rahmen der jeweiligen Prüfung in seine Erwägung ein.

4. Art. 6 GG – Grundrechtlicher Schutz von Ehe und Familie

a) Mutterschutz

In einer Entscheidung vom 28. November 1958[1162] zur Frage der Wirksamkeit einer Vertragsklausel, die das Arbeitsverhältnis unter die auflösende Bedingung der Schwangerschaft der Arbeitnehmerin stellte, traf der Erste Senat des BAG zwei wesentliche Aussagen. Einerseits stellte er klar, dass der Arbeitgeber der Unwirksamkeit jener Klausel nicht die durch Art. 2 Abs. 1 GG garantierte Vertragsfreiheit entgegenhalten könne, weil diese ihre Grenzen in der verfassungsmäßigen Ordnung finde, zu der auch die „im dringenden sozialen Interesse erlassenen Arbeitsschutzgesetze gehören."[1163] Andererseits bestätigte der Senat seine Rechtsprechung zur Unwirksamkeit von Zölibatsklauseln

1159 BAGE 38, S. 372, 382f.

1160 *Stebut*, SAE 1983, S. 164, 166, hält die Begründung des Gerichts für nicht voll überzeugend und wirft daher zum einen die Frage nach der Vereinbarkeit der Rechtsprechung mit Art. 5 Abs. 3 GG auf, die er im Ergebnis offen lässt. Andererseits hebt *Stebut* die Problematik der Differenzierung zwischen verbeamteten und nicht verbeamteten Wissenschaftlern im Hinblick auf Art. 3 Abs. 1 GG hervor. Auch diese Frage lässt er unbeantwortet.

1161 BAGE 38, S. 372, 382f.; ebenso BAG, DB 1982, S. 2708f.; erneut bestätigt durch BAGE 40, S. 196.

1162 BAG, DB 1959, S. 174f.

1163 BAG, DB 1959, S. 174, 175.

mit der Feststellung, „höchstpersönliche Entscheidungen, wie Eheschließung und Kindererzeugung, müssen von jedem auch nur mittelbaren Zwang frei sein. Es geht nicht an, die Kindererzeugung dadurch zu behindern, dass mit ihr automatisch der Verlust des Arbeitsplatzes verbunden ist. Das zu verhindern ist das Anliegen des Art. 6 Abs. 4 GG und des dieser Verfassungsbestimmung entsprechenden Mutterschutzgesetzes."[1164] Aufgrund der Nichtigkeit der Klausel wegen Verstoßes gegen das MuSchG bedurfte es in dieser Entscheidung nicht der Lehre von der unmittelbaren Drittwirkung der Grundrechte. Gleichwohl ließ es sich der Senat nicht nehmen, in seine Begründung den Hinweis auf die besondere Bedeutung der Grundrechte und deren Wirkung auch im Arbeitsrecht aufzunehmen. Dies erscheint im Hinblick auf das im selben Jahr ergangene Lüth-Urteil des BVerfG von besonderer Bedeutung, da der Senat die Gelegenheit zur Positionierung durch ein obiter dictum nutzte.

In einem Urteil vom 9. September 1971[1165] hatte der Dritte Senat des BAG über die Rechtmäßigkeit eines von einer schwangeren Arbeitnehmerin geltend gemachten Lohnfortzahlungsanspruches zu entscheiden. Der Senat hielt den geltend gemachten Anspruch gemäß § 11 MuSchG für begründet. Gleichzeitig äußerte das Gericht Bedenken gegen die Vereinbarkeit des § 11 MuSchG mit den Regelungen aus Art. 6 Abs. 4 GG und Art. 3 Abs. 1 GG. Gemäß Art. 6 Abs. 4 GG haben Mütter Anspruch „auf den Schutz und die Fürsorge durch die Gemeinschaft." Tatsächlich würden diese Lasten jedoch für erwerbstätige Mütter im Rahmen des § 11 MuSchG allein deren Arbeitgeber auferlegt.[1166] Hinzu komme, dass die Auswirkungen des § 11 MuSchG die einzelnen Arbeitgeber je nach der Alters- und Personalstruktur des jeweiligen Betriebes unterschiedlich hart treffen könnten, was erhebliche Ungleichbehandlungen mit sich bringen könne.[1167] Das Gericht entschied sich jedoch trotz dieser erheblichen Bedenken aus offenkundig rechtspolitischen Gründen, namentlich „aus sozialer Verantwortung"[1168] gegen eine Vorlage des § 11 MuSchG zur Entscheidung durch das BVerfG und für den vom Grundgesetz gewollten Mutterschutz. Interessant an dieser Entscheidung ist, dass es sehr deutlich macht, wie das BAG seine Entscheidungen rechtspolitischen Erwägungen unterstellt. In diesem Fall hat es den Mutterschutz über das möglicherweise juristisch korrekte Bedürfnis der Rechtsklarheit gestellt. Diese Ergebnisrechtsprechung findet sich mehrfach in der Argumentation des BAG zur unmittelbaren Wirkung der Grundrechte im Arbeitsrecht. Immer dort, wo

1164 BAG, DB 1959, S. 174, 175.
1165 BAGE 23, S. 416.
1166 BAGE 23, S. 416, 422.
1167 BAGE 23, S. 416, 423.
1168 BAGE 23, S. 416, 424.

dem BAG eine Korrektur des juristisch gefundenen Ergebnisses rechtspolitisch opportun zu sein schien, hat das Gericht gern zu diesem Mittel gegriffen.

b) Wirksamkeit von Spätehenklauseln

In einer Entscheidung vom 18. Juli 1972[1169] hatte der Dritte Senat über die Vereinbarkeit einer Witwengeld ausschließenden Klausel in einer Leistungsordnung mit dem Grundrecht aus Art. 6 Abs. 1 GG zu befinden. Der Senat ging in seiner Entscheidung davon aus, dass den Grundrechten im Hinblick auf rechtliche Beurteilung der Bestimmungen der Leistungsordnung unmittelbare Geltung zukomme,[1170] sah jedoch konkret keinen Verstoß gegen grundrechtliche Bestimmungen. Den Bestimmungen der Leistungsverordnung könne nur dann die Anerkennung versagt werden, wenn sie eine Schädigung oder Beeinträchtigung der Ehe mit sich bringen und beispielsweise die Eheschließung erschweren würden.[1171] Die streitgegenständliche Regelung – eine sogenannte „Spätehenklausel“[1172] – habe jedoch keine dahingehend benachteiligenden Bestandteile enthalten. Es reiche nicht aus, dass die betroffene Ehefrau einen von der Eheschließung erhofften materiellen Vorteil nicht erhalte. Unzulässiger Zwang setzte vielmehr voraus, dass die Beteiligten infolge der Eheschließung Nachteile erleiden würden.[1173] Trotz der Versagung des Grundrechtsschutzes durch den erkennenden Senat zeigt die Entscheidung, dass der Dritte Senat des BAG die Lehre von der unmittelbaren Drittwirkung der Grundrechte im Arbeitsrecht jedenfalls im Hinblick auf Art. 6 GG nach wie vor uneingeschränkt vertrat.

In einer Entscheidung vom 6. September 1979[1174] hatte der Dritte Senat des BAG einen ähnlichen Fall zu entscheiden. Die jenem Rechtsstreit zugrunde liegende Ruhegeldordnung enthielt eine sogenannte „Getrenntlebendklausel“, die – wie der Senat feststellte – in der Praxis nicht unüblich und mit den sogenannten „Spätehenklauseln“ eng verwandt sei. Im Anschluss an die vorgenannte Entscheidung betonte der Senat, „dass betriebliche Versorgungsanordnungen nicht gegen die Wertentscheidungen des Grundgesetzes verstoßen

1169 BAGE 24, S. 370.

1170 BAGE 24, S. 370, 373.

1171 BAGE 24, S. 370, 374.

1172 Die Regelung lautete im konkreten Fall wie folgt, „War der Oberbeamte bei der Eheschließung 60 oder mehr Jahre alt oder mehr als 25 Jahre älter als seine Ehefrau oder war die Ehe nur geschlossen worden, um den Hinterbliebenen die Leistungen zuzuwenden, wird weder Witwen- noch Waisengeld gewährt.“

1173 BAGE 24, S. 370, 374.; vgl. Zur Wirksamkeit der *„Spätehenklauseln“* auch BVerfGE Beschl. v. 11. September 1979- 1 BvR 92/79 – AP Nr. 182 zu § 242 BGB.

1174 BAG, DB 1980, S. 112.

dürfen und auch den verfassungsrechtlichen Schutz von Ehe und Familie beachten müssen."[1175] Weiterhin hielt das Gericht fest, „dass Art. 6 Abs. 1 GG nicht nur den ungehinderten Eheschluss, sondern auch die freie Ausgestaltung des Ehelebens schützt."[1176] Auch in dieser Entscheidung wird deutlich, dass der Dritte Senat weiterhin von der unmittelbaren Drittwirkung der Grundrechte im Arbeitsrecht ausging. In diesem Urteil führte das BAG aus, dass der Verstoß einer Regelung gegen Art. 6 Abs. 1 GG zu deren Nichtigkeit führe. Diese Ansicht setzt jedoch die Geltung des Grundrechts im Verhältnis zwischen den Arbeitsvertragsparteien voraus.

c) Ehe- und Familienschutz

Mit einem Urteil vom 2. Juni 1961[1177] stellte der Erste Senat des BAG fest, dass Tarifvertragsbestimmungen, nach denen weibliche verheiratete Angestellte von bestimmten durch den Arbeitgeber gewährten Leistungen ausgeschlossen sein sollen, wegen Verstoßes gegen Art. 6 GG nichtig seien.[1178] Eine solche Bestimmung verstoße gegen den Grundsatz des Art. 6 Abs. 1 GG, nach dem die Ehe unter dem besonderen Schutz der staatlichen Ordnung stehe und sei daher nach § 134 BGB nichtig.[1179]

In einem Urteil vom 25. April 1978[1180] hatte der Erste Senat des BAG über die Kündigungsschutzklage einer katholischen Leiterin eines katholischen Pfarrkindergartens zu entscheiden. Der Arbeitgeber hatte das Arbeitsverhältnis gekündigt, nachdem die Arbeitnehmerin einen weltlich geschiedenen Mann weltlich geheiratet hatte. Nach Auffassung des erkennenden Senats berechtigte der darin liegende schwere Verstoß gegen das Kirchenrecht den Arbeitgeber zur Kündigung, ohne das Grundrecht der Arbeitnehmerin auf Freiheit der Gewissensentscheidung aus Art. 4 Abs. 1 GG oder die von Art. 6 Abs. 1 GG geschützte Ehe zu verletzen. Zunächst stellte der Senat im Anschluss an die Entscheidung des Zweiten Senats vom 14. Februar 1978[1181] fest, dass auch die Kirchen nicht außerhalb der Verfassung und Rechtsordnung stünden, sondern das Grundgesetz und die für alle geltenden Gesetze zu beachten hätten, wenn sie sich zur Regelung ihrer Angelegenheiten in weltli-

---

1175 BAG, DB 1980, S. 112, 113.

1176 BAG, DB 1980, S. 112, 113.

1177 BAGE 11, S. 135.

1178 BAGE 11, S. 135, 138.

1179 Siehe oben C.V.1.e).

1180 BAGE 30, S. 247; mit Anmerkung *Keßler*, JA 1979, S. 679.

1181 BAGE 30, S. 122, 134; vgl. hierzu auch *Richardi*, DB 1978, S. 1736, der dort grundlegend die Fragestellung nach einem allgemeinen, insbesondere auf Art. 9 Abs. 3 GG gestützten Zutrittsrecht der Gewerkschaften zum Betrieb analysiert; vgl. hierzu auch *Jürging/Kass*, DB 1967, S. 815, 817.

cher Weise weltlicher Mittel bedienten.[1182] Ohne näher auf die Drittwirkungsproblematik einzugehen, setzte sich das Gericht sodann mit einer möglichen Verletzung der Grundrechte der Arbeitnehmerin aus Art. 4 Abs. 1 GG und Art. 6 Abs. 1 GG auseinander. Der Senat kam jedoch zu dem Ergebnis, dass kein Verstoß gegen die Grundrechte vorliege. Ein Schutz der persönlichen Gewissensfreiheit innerhalb der Kirche komme deshalb nicht in Betracht, weil sich die Kirche nicht selbst aufgeben könne und müsse; auch könne das Gericht eine „innerkirchliche Glaubensfreiheit" nicht statuieren. Die persönliche Gewissensfreiheit schütze nicht vor Folgerungen, die Dritte wegen ihrer unaufgebbaren Belange aus dem Schritt des anderen sachlich angemessen ziehen.[1183] Auch ein Verstoß gegen Art. 6 Abs. 1 GG liege nicht vor, zumal das weltliche Institut der Ehe von der Kündigung überhaupt nicht berührt werde.[1184] Die von Art. 6 Abs. 1 GG geschützte staatliche Sicht der Ehe verdränge nicht die spezifisch religiös und kirchlich begründete Auffassung von der prinzipiell unauflöslichen Ehe. Das durch Art. 140 GG, Art. 137 Abs. 3 WRV garantierte Selbstordnungsrecht der Kirche schütze eben diese kirchliche Sichtweise und die damit verbundenen fundamentalen Sittlichkeitsgebote der Kirche.[1185]

In einem Urteil vom 4. März 1980[1186] hatte der Erste Senat des BAG erneut über die Wirksamkeit einer Kündigung in einem Tendenzbetrieb und die damit verbundene Frage einer möglichen Grundrechtsverletzung zu entscheiden. Der Sachverhalt war vergleichbar mit dem soeben geschilderten Fall.[1187] Im Ergebnis bestätigte das Gericht die dort begründete Rechtsprechung, wonach in Fällen, in denen der Arbeitnehmer die Ursache für die Konfliktlage gesetzt hat, die Entscheidung der Abwägung der widerstreitenden verfassungsrechtlich geschützten Rechtspositionen nicht zugunsten der nicht gefährdeten weltlichen Ehe ausfallen könne.[1188] Es überwiege das von Art. 140 GG, Art. 137 WRV geschützte Recht der Kirche, deren Glaubwürdigkeit andernfalls Gefahr liefe Schaden zu nehmen, was auf Dauer für die Kirche existenzgefährdend sein könne.

1182 BAGE 30, S. 247, 252.
1183 BAGE 30, S. 247, 261.
1184 BAGE 30, S. 247, 262.
1185 BAGE 30, S. 247, 262.
1186 BAGE 33, S. 14; *Friedrich*, JA 1981, S. 47.
1187 BAGE 30, S. 247.
1188 BAGE 33, S. 14, 25.

5. Art. 9 GG – Koalitionsfreiheit

Das Grundrecht der Koalitionsfreiheit aus Art. 9 GG nimmt auch im Rahmen der Betrachtung der Rechtsprechung des BAG eine Sonderstellung ein. Abgesehen vom Lohngleichheitssatz des Art. 3 GG ist es dieses Grundrecht, dass das kollektive Arbeitsrecht erheblich gestaltet. Hier liegt aus seinem Wesen heraus der primäre Anwendungsbereich der Vorschrift. Art. 9 Abs. 3 GG ist das einzige Grundrecht, dessen unmittelbare Geltung auch im Privatrechtsverkehr ausdrücklich in der Bestimmung selbst angeordnet ist und auch vom BVerfG und der herrschenden Meinung anerkannt wird.

a) Persönlichkeitsrecht und Koalitionsfreiheit

In einem Urteil vom 15. Februar 1957[1189] stellte der Erste Senat des BAG fest, eine erzwungene Anerkennung fremder Tarifbestimmungen durch den Arbeitnehmer könne zu einer Aushöhlung seiner Koalitionsfreiheit und zu einem Verstoß gegen die Koalitionsfreiheit seiner Organisation führen und eine auf die Weigerung der Anerkennung gestützte Kündigung unwirksam sein.[1190] Obgleich es weder für das Ergebnis noch aus anderen Gesichtspunkten im Rahmen der Entscheidungsbegründung von Bedeutung war, betonte das Gericht auch in dieser Entscheidung ausdrücklich, „der Schutz, den das Grundrecht des Art. 2 GG gewährleiste, [sei] auch dem einzelnen Rechtsgenossen gegenüber gegeben.“[1191] Dies zeigt sehr deutlich, dass der Erste Senat des BAG von der unmittelbaren Wirkung der Grundrechte im Privatrechtsverkehr zutiefst überzeugt und entschlossen war, dieses Grundrechtsverständnis insbesondere im Arbeitsrecht zur ständigen Rechtsprechung zu manifestieren.

b) Kein Tarifverhandlungs- und Abschlusszwang

In einer Entscheidung vom 2. August 1963[1192] nahm der Erste Senat des BAG zu den Gewährleistungen des Art. 9 Abs. 3 und Abs. 2 GG Stellung. Die klagende Gewerkschaft hatte beantragt, den beklagten Arbeitgeberverband zu verurteilen, Tarifvertragsverhandlungen mit ihr aufzunehmen und selbst Tarifverträge abzuschließen. Zuvor hatten die Parteien jeweils Vereinbarungen im Anschluss an die zwischen dem Arbeitgeberverband und anderen Gewerkschaften geschlossenen Tarifverträge abgeschlossen. Die klagende Gewerkschaft versuchte ihren Anspruch mit dem Hinweis auf Art. 9 Abs. 3 und Abs. 2 GG zu begründen. Dem hielt das Gericht entgegen, Art. 9 GG schütze zwar die Koalition als solche, begründe aber keinen Verhandlungszwang zu-

1189 BAGE 4, S. 22; mit Anmerkung *Hilger*, BB 1957, S. 546.

1190 BAGE 4, S. 22, 25; zustimmend insoweit *Hilger*, BB 1957, S. 546.

1191 BAGE 4, S. 22, 25; zustimmend insoweit *Hilger*, BB 1957, S. 546.

1192 BAGE 14, S. 282.

lasten der anderen Partei.[1193] Das Gegenteil würde gegen die Vertragsfreiheit des Art. 2 Abs. 1 GG – die auch die Freiheit der Wahl des Vertragspartners umfasse – verstoßen, zumal Art. 9 Abs. 3 GG und Art. 2 Abs. 1 GG auch die Arbeitgeberseite in ihrer Betätigungsfreiheit als Koalition schützen würden.[1194]

c) Umfang der Koalitionsfreiheit

In einem Urteil vom 14. Februar 1967[1195] nahm der Erste Senat des BAG ausführlich zum Umfang der Gewährleistungen des Art. 9 Abs. 3 GG Stellung. Zunächst stellte der Senat im Anschluss an das BVerfG[1196] fest, dass Art. 9 Abs. 3 GG als Spezialvorschrift den Art. 2 Abs. 1 und Art. 5 Abs. 1, Abs. 2 GG vorgehe.[1197] Sodann erklärte das Gericht, Art. 9 Abs. 3 GG schütze die Koalition als solche, ihren Bestand und den Kernbereich ihrer Betätigung, nicht jedoch die konkrete Einzeltätigkeit.[1198] Hiervon sei auch die Informations- und Werbetätigkeit umfasst. Schließlich begründete das BAG ausführlich, dass und warum dem die Rechte der Gewerkschaft schützende Grundrecht aus Art. 9 Abs. 3 GG gegenüber den die Interessen des Arbeitgebers schützenden Rechten aus Art. 13 GG und Art. 14 GG Vorrang einzuräumen sei.[1199] Es gelte das Prinzip der Sachnähe, weshalb Informations- und Werbetätigkeit der Gewerkschaft in den Räumen des Arbeitgebers zulässig sei.[1200] Dies allerdings nur solange der reibungslose Betriebsablauf weiterhin gewährleistet bleibe und die Informations- und Werbetätigkeit nicht in die Kernbereiche der Rechte Dritter (Arbeitgeber und anderer Arbeitnehmer) eingreife.[1201] Der erkennende Senat übernahm in seinem Urteil einzelne Erkenntnisse

1193 BAGE 14, S. 282, 287f.

1194 BAGE 14, S. 282, 288.

1195 BAGE 19, S. 217.

1196 BVerfGE 19, S. 303, 314; mit Anmerkung *Söllner*, JZ 1966, S. 404.

1197 BAGE 19, S. 217, 221.

1198 BAGE 19, S. 217, 222; zustimmend hierzu *Jürging/Kass*, DB 1967, S. 815, 817.

1199 BAGE 19, S. 217, 224f. In dem der Entscheidung zugrunde liegenden Sachverhalt hatte eine Gewerkschaft im Zusammenhang mit bevorstehenden Tarifverhandlungen durch die bei ihr organisierten Betriebsangehörigen Flugblätter im Betrieb des Arbeitgebers verteilen lassen. Als die Gewerkschaft nach dem ergebnislosen Verlauf der Tarifverhandlungen versuchte, erneut Flugblätter zu verteilen, verbot der Arbeitgeber die weitere Verteilungsaktion.

1200 Grundlegend hierzu *Richardi*, DB 1978, S. 1736, der dieses Recht der Gewerkschaften nur dann für von Art. 9 Abs. 3 GG gewährleistet sieht, wenn die Tätigkeit von betriebszugehörigen Gewerkschaftsmitgliedern ausgeführt wird. Art. 9 Abs. 3 GG öffne nicht dem betriebsfremden Gewerkschaftsmitglied die Tore, um dann z.B. Informationstätigkeit aufnehmen zu können; kritisch gegenüber dem Argument der *„Sachnähe“ Jürging/Kass*, DB 1967, S. 815, 818.

1201 A.A. *Jürging/Kass*, DB 1967, S. 815, 819; Diese sehen einen Eingriff in den von § 823 Abs. 1 BGB und Art. 14 GG geschützten eingerichteten und ausgeübten Gedes BVerfG[1202] aus dessen Entscheidung bezüglich der Rechte eines Personalrates im öffentlichen Dienst.[1203] Erstaunlich daran ist, dass das Gericht die Übertragung der Erkenntnisse in das Rechtsverhältnis der Arbeitsvertragsparteien aufwendig begründete, obgleich dies angesichts des insoweit eindeutigen Wortlautes des Art. 9 Abs. 3 S. 2 GG und der sich aus dessen Wortlaut ergebender unmittelbaren Geltung im Privatrechtsverkehr – im Vergleich zu anderen vom Gericht in der Entscheidung weniger ausführlich erörterten Fragestellungen – unproblematisch erscheint. Am Ende seiner zweiseitigen Ausführungen kommt der Senat dann auch – wenig überraschend – zu eben diesem Schluss.

In einem Urteil vom 29. November 1967[1204] hatte sich der Große Senat des BAG mit Fragen im Zusammenhang mit Tarifvertragsregelungen zu befassen. Zentral betraf die Entscheidung die Auslegung des Art. 9 Abs. 3 GG und die sich in diesem Zusammenhang ergebende Frage, ob die Tarifparteien berechtigt sind, Regelungen zugunsten und/oder zulasten nicht tarifgebundener sogenannter Außenseiter zu treffen. Unter anderem hat der Große Senat die Feststellung getroffen, dass Art. 9 Abs. 3 GG neben der positiven individuellen Koalitionsfreiheit auch die negative Koalitionsfreiheit gewährleiste.[1205] Die Frage, ob die Tarifparteien berechtigt sind, ohne staatliche Mitwirkung (Erklärung der Allgemeinverbindlichkeit) autonomes, auch nicht tarifgebundene Arbeitnehmer bindendes Recht zu schaffen, verneinte der Große Senat ausdrücklich.[1206] „Andernfalls würde das aus Art. 2 Abs. 1 GG sich ergebende Grundrecht der Entfaltung der Persönlichkeit ebenso verletzt wie in den Fällen, in denen Religionsgesellschaften kraft Gesetzes das Recht haben sollten, ihnen nicht angehörige Personen zur Kirchensteuer heranzuziehen."[1207] Ohne dies näher zu thematisieren zeigt der Große Senat an dieser Argumentation deutlich, dass auch er von der unmittelbaren Wirkung der Grundrechte im Privatrechtsverkehr ausging, denn das Grundrecht aus Art. 2 Abs. 1 GG kann

---

werbebetrieb des Arbeitgebers, wozu auch die betriebliche Ordnung und der Betriebsfrieden gehöre, gegeben. Hieraus resultiere ein Abwehr- bzw. Unterlassungsanspruch des Arbeitgebers.

1202 BVerfGE 19, S. 303.

1203 So bereits aus BVerfGE 19, S. 303 schlussfolgernd *Söllner*, JZ 1966, S. 404, 405.

1204 BAGE 20, S. 175.

1205 BAGE 20, S. 175, 210; a.A. *Weller*, AuR 1970, S. 161, 165, der die negative Koalitionsfreiheit aus Art. 2 Abs. 1 GG herleitete, im Hinblick auf die entscheidungsrelevante Frage der Wirksamkeit von Differenzierungs- und Spannenklauseln zu dem Ergebnis von deren Wirksamkeit gelangte. Andernfalls wäre der von Art. 9 Abs. 3 GG geschützte Kernbereich der Koalitionsfreiheit verletzt, weil sonst die Handlungsfreiheit der Gewerkschaften nicht mehr gewahrt sei.

1206 BAGE 20, S. 175, 197.

1207 BAGE 20, S. 175, 189.

von den Tarifparteien schließlich nur dann verletzt werden, wenn es auch in diesem Verhältnis, also unmittelbar zwischen Privaten zur Anwendung kommt.

d) Inhaltsbestimmung der Koalitionsfreiheit

In einem Urteil vom 8. Dezember 1978[1208] hat der Erste Senat des BAG in Bezug auf den Kernbereich des Grundrechts aus Art. 9 Abs. 3 GG festgestellt, dass aus diesem kein Recht der Gewerkschaft hervorgehe, Wahlen der gewerkschaftlichen Vertrauensleute im Betrieb des Arbeitgebers durchführen zu lassen.[1209] Der Akt der Wahl der gewerkschaftlichen Vertrauensleute sei ein innergewerkschaftlicher Organisationsakt, der nicht zu den auf die Wahrung und Förderung der Arbeits- und Wirtschaftsbedingungen gerichteten Tätigkeiten der Gewerkschaften gehöre, sondern hierfür erst die erforderlichen personellen Voraussetzungen schaffe und daher nicht vom Schutz des Art. 9 Abs. 3 GG umfasst sei.[1210] In einem Urteil vom 23. Februar 1979[1211] hatte sich der Erste Senat des BAG erneut mit dem Kernbereich des Koalitionsrechts des Art. 9 Abs. 3 GG auseinanderzusetzen. In Übereinstimmung mit der früheren Rechtsprechung des BAG[1212] betonte der Senat, dass der Schutzbereich des Art. 9 Abs. 3 GG insbesondere die Existenz und Funktionsfähigkeit der Koalitionen selbst umfasse. Hierzu zähle auch die Information und Werbung neuer Mitglieder.[1213] Im Anschluss an die Entscheidung vom 14. Februar 1978[1214] hob der Senat hervor, das Koalitionsrecht sei insoweit beschränkt, als seine Ausübung den betrieblichen Arbeitsablauf nicht stören dürfe. Daraus ergebe sich aber im Umkehrschluss, dass der Arbeitgeber die Ausübung der Koalitionsfreiheit durch die Arbeitnehmer in Gestalt von Koalitionen im Sinne des Art. 9 Abs. 3 GG zu dulden habe, solange sich die Arbeitnehmer in den vor-

---

1208 BAGE 31, S. 167.

1209 Zustimmend hierzu *Weitnauer*, SAE 1980, S. 26, der über die Urteilsgründe hinausgehend besonders hervorhebt, dass aus Art. 9 Abs. 3 GG nicht die Verpflichtung des Arbeitgebers abgeleitet werden könne, mit eigenen Mitteln den sozialen Gegenspieler unterstützen zu müssen.

1210 BAGE 31, S. 166, 173.

1211 BAGE 31, S. 318.

1212 BAGE 19, S. 217, 222.

1213 BAGE 31, S. 318, 325; *Mayer-Maly*, AP Nr. 30 zu Art. 9 GG, sah die Auseinandersetzung mit der negativen Koalitionsfreiheit in den Entscheidungsgründen des BAG, dass seine Begründung auf das Eigentumsrecht des Arbeitgebers an den Schutzhelmen und damit auf § 1004 BGB gestützt hatte, zu kurz gekommen.

1214 BAGE 30, S. 122; siehe oben C.V.4.c); vgl. hierzu auch *Frank*, AP Nr. 26 zu Art. 9 GG.

genannten Schranken hielten.[1215] Hierin kommt deutlich die unmittelbare Wirkung des Grundrechts aus Art. 9 Abs. 3 GG im Privatrechtsverkehr, nämlich zwischen den Arbeitsvertragsparteien zum Tragen, die die Norm ausdrücklich anordnet. Nachdem das BVerfG das Urteil des BAG vom 14. Februar 1978[1216] auf die Verfassungsbeschwerde des Arbeitgebers, einer konfessionellen Pflegeanstalt für Körperbehinderte, mit Beschluss vom 17. Februar 1981[1217] aufgehoben hatte, war der Erste Senat des BAG am 19. Januar 1982[1218] erneut dazu berufen, über diesen Fall zu entscheiden. In seiner Entscheidung vom Beschluss vom 17. Februar 1981[1219] hatte zuvor das BVerfG eine Verletzung der Art. 140 GG i.V.m. Art. 137 Abs. 3 WRV durch das BAG beanstandet.[1220] „Entgegen der Auffassung des Bundesarbeitsgerichts ist es nicht Ausdruck einer durch Art. 9 Abs. 3 GG verfassungsverbürgten Autonomie und kernbereichsgeschützter Betätigungsfreiheit der Koalitionen, dass sie in jedem Fall, losgelöst von den jeweiligen besonderen Gegebenheiten, müssten bestimmen können, ob sie ihre werbende Tätigkeit durch betriebsangehörige Gewerkschaftsmitglieder ausüben lassen oder betriebsfremden Beauftragten diese Tätigkeit übertragen und somit selbst ein Zutrittsrecht wahrnehmen.“[1221] Darüber hinaus ergebe sich ein solches Zutrittsrecht der Gewerkschaften auch nicht aus einfachem Recht. Es bestehe keine Anspruchsgrundlage für das von der Gewerkschaft geltend gemachte Recht, Informations- und Werbemaßnahmen in den Räumlichkeiten des Arbeitgebers durchzuführen, insbesondere Plakate, Flugblätter, Werbe- und Informationsschriften an den arbeitgeberischen Informationstafeln anzubringen.[1222] Der Erste Senat des BAG schloss sich in seiner Entscheidung vom 19. Januar 1982 der Ansicht des BVerfG an[1223] und hob besonders hervor, dass sich ein solches Recht auch nicht aus Art. 9 Abs. 3 GG und dem davon geschützten Kernbereich der Koalitionsfreiheit ergebe.[1224] Sowohl das BVerfG als auch der Erste Senat des BAG betonten, dass die Erhaltung und Sicherung der Koalition nicht gefährdet wäre, wenn die Gewerkschaft bereits durch ihre Mitglieder in dem betref-

1215 Kritisch hierzu *Frank*, AP Nr. 26 zu Art. 9 GG, der die Ausführungen des Gerichts zum Umfang der den Gewerkschaften aus der Koalitionsfreiheit nach Art. 9 Abs. 3 GG zustehenden Rechten für zu weit gehend hält.

1216 BAGE 30, S. 122; in staatskirchenrechtlicher Hinsicht hatte bereits *Frank*, AP Nr. 26 zu Art. 9 GG Bedenken gegen die Entscheidung geäußert.

1217 BVerfGE 57, S. 220.

1218 BAGE 37, S. 331.

1219 BVerfGE 57, S. 220.

1220 So bereits *Frank*, AP Nr. 26 zu Art. 9 GG.

1221 BVerfGE 57, S. 220, 247.

1222 So *Frank*, AP Nr. 26 zu Art. 9 GG, hinsichtlich des Zutrittsrechts für betriebsfremde, der kirchlichen Gemeinschaft evtl. fernstehender Gewerkschaftsbeauftragter.

1223 BAGE 37, S. 331.

1224 BVerfGE 57, S. 220, 246; BAGE 37, S. 331, 339.

fenden Betrieb vertreten[1225] sei. Die Entscheidung des Ersten Senats des BAG vom 19. Januar 1982 steht daher auch nicht im Widerspruch zu seinem Urteil vom 23. Februar 1979. Darin hatte sich der Erste Senat lediglich hinsichtlich der allgemeinen Bedeutung der Koalitionsfreiheit im Verhältnis der Arbeitsvertragsparteien geäußert. In einem Urteil vom 26. Januar 1982[1226] erweiterte der Erste Senat des BAG seine Art. 9 Abs. 3 GG einschränkende Rechtsprechung aus dem Urteil vom 19. Januar 1982 um die Feststellung, „die Verteilung gewerkschaftlicher Werbe- und Informationsschriften während der Arbeitszeit der Empfänger gehört nicht zum Kernbereich einer koalitionsmäßigen Betätigung. [...] Darauf, ob durch eine solche Werbetätigkeit Arbeitsabläufe gestört werden, kommt es nicht an."[1227] Die zentrale Aussage des Senats zu der von Art. 9 Abs. 3 GG geschützten koalitionsmäßigen Betätigung lautete, diese sei nur insoweit gewährleistet, als sie für die Erhaltung und Sicherung der Existenz der Koalition unerlässlich ist.[1228] Einen etwaigen, darüber hinaus gehenden Schutzbereich müsse der Gesetzgeber ausgestalten. Insbesondere komme es nicht den Gerichten zu, hier gesetzgeberische Gestaltungen vorzunehmen.

e) Koalitionsfreiheit und Arbeitskampfrecht

In einem Urteil vom 17. Dezember 1976 stellte der Erste Senat des BAG fest, dass die Teilnahme des einzelnen Arbeitnehmers an einem kurzen Warnstreik zur Unterstützung von Tarifverhandlungen nach Ablauf der Friedenspflicht gegenüber dem Arbeitgeber von der Koalitionsfreiheit des Art. 9 Abs. 3 GG gedeckt sei.[1229] Fast beiläufig erklärte der Senat, dass diese Maßnahme gegenüber der Öffentlichkeit, insbesondere gegenüber dem (einzelnen) Besucher der Eröffnungsfeier einer, von dem als Demonstration durchgeführten Streik betroffenen, Diamant- und Edelsteinbörse, durch Art. 8 ggf. i.V.m. Art. 5 Abs. 1 GG gerechtfertigt sei.[1230] Die Heranziehung der Art. 5 und 8 GG als Rechtfertigungsgrund gegenüber privaten Dritten durch das Gericht lässt allein den Schluss zu, dass der Senat auch hinsichtlich dieser Grundrechte von deren unmittelbarer Wirkung im Privatrechtsverkehr ausging.

1225 BVerfGE 57, S. 220, 235; BAGE 37, S. 331, 340.

1226 BAGE 41, S. 1.

1227 BAGE 41, S. 1, Leitsatz; kritisch zur Kernbereichslehre insgesamt sowie zum kommentarlosen Anschluss des Gerichts an die Rechtsprechung des BVerfG (BVerfGE 24, S. 297), *Herschel*, AuR 1982, S. 294.

1228 So auch BAG, BB 1984, S. 212.

1229 BAGE 28, S. 295; vgl. zu dieser Problematik ausführlich auch *Löwisch*, BB 1982, S. 1373.

1230 BAGE 28, S. 295, 300.

In einem Urteil vom 10. Juni 1980[1231] hat der Erste Senat des BAG zu der Frage Stellung genommen, inwieweit der Verhältnismäßigkeitsgrundsatz das Arbeitskampfrecht beeinflusst.[1232] Unter Bezugnahme auf den Beschluss des Großen Senats des BAG vom 21. April 1971,[1233] in dem dieser im Hinblick auf Arbeitskampfmaßnahmen die Anwendbarkeit des Verhältnismäßigkeitsgrundsatzes grundsätzlich bejaht hatte, führte der Erste Senat aus, „der Grundsatz der Verhältnismäßigkeit hat sich nicht nur im Arbeitskampfrecht durchgesetzt, sondern ist als übergeordnetes Rechtsprinzip des Privatrechts wie schon seit langem für das öffentliche Recht und damit letztlich für die gesamte Rechtsordnung aufgedeckt worden."[1234] Obgleich der Senat relativierend darauf hinwies, dass die vielfältigen Besonderheiten, die den einzelnen Arbeitskampf prägen, zu berücksichtigen seien, hielt er ausdrücklich an der grundsätzlichen Anwendbarkeit des Übermaßverbotes im Bereich des Arbeitskampfrechtes fest. In den Entscheidungsgründen hat es der Erste Senat allerdings auffällig vermieden, darauf hinzuweisen, dass der Verhältnismäßigkeitsgrundsatz aus dem Grundgesetz herzuleiten ist. Vielmehr sprach das Gericht von einem übergeordneten Prinzip des Zivilrechts. Hierin ist durchaus ein Zeichen dafür erkennbar, dass auch der Erste Senat des BAG inzwischen jedenfalls in Teilfragen von der Lehre der unmittelbaren Wirkung der Grundrechte im Privatrechtsverkehr innerlich abgerückt war. Das Gericht schien die gewünschte grund- und verfassungsrechtliche Beeinflussung der arbeitsrechtlichen Rechtsbeziehungen über zivilrechtliche Ansätze begründen und sich damit der herrschenden Meinung in Literatur und restlicher Rechtsprechung anzunähern zu wollen.[1235]

6. Art. 12 GG – Berufsfreiheit

Der Erste Senat des BAG stellte in einem Urteil vom 29. Juni 1962 fest, dass Art. 12 GG eines der bedeutendsten Grundrechte[1236] normiert. Entsprechend

---

1231 BAGE 33, S. 140.

1232 Vgl. hierzu *Mayer-Maly*, AP Nr. 66 zu Art. 9 GG, der – dies begrüßend – in der Entscheidung die Bereitschaft des Gerichts, dem Grundgesetz für die rechtliche Ordnung des Arbeitskampfes weniger zu entnehmen als bisher, zu erkennen glaubte.

1233 BAGE 23, S. 292; vgl. hierzu auch *Richardi*, NJW 1978, S. 2057, 2060, der sich mit dem BAG dafür ausspricht, dass das Gebot der Verhältnismäßigkeit die Konkretisierungen des Arbeitskampfrechts beherrschen soll.

1234 BAGE 33, S. 140, 176; *Mayer-Maly*, AP Nr. 66 zu Art. 9 GG, kritisiert an der Entscheidung das Fehlen einer präzisen Relation zur Handhabung des Verhältnismäßigkeitsgrundsatzes im Arbeitskampfrecht.

1235 *Mayer-Maly*, AP Nr. 66 zu Art. 9 GG, bemängelt an der Entscheidung, dass der erkennende Senat nicht deutlich macht, warum er einen zur Begrenzung hoheitlicher Eingriffe entwickelten Grundsatz auf die Auseinandersetzung zwischen potentiellen Tarifpartnern übertragen will.

1236 BAGE 13, S. 168, 176.

umfangreich ist auch die Liste der in diesem Bereich ergangenen Urteile des BAG. Es ließ das Grundrecht aus Art. 12 GG regelmäßig in seine Begründungen und in die unterschiedlichsten Facetten des Arbeitsrechtes einfließen und wendete die Vorschrift immer wieder unmittelbar im Verhältnis der Arbeitsrechtsvertragsparteien an.

a) Persönlichkeitsrecht und Freiheit der Berufsausübung

In einer Entscheidung vom 21. Februar 1957[1237] schloss sich auch der Zweite Senat des BAG der Rechtsprechung des Ersten Senats zur unmittelbaren Geltung der Grundrechte hinsichtlich der Grundrechte aus Art. 2 Abs. 1 GG an. Bezüglich des in jenem Urteil streitgegenständlichen Wettbewerbsverbotes kam der erkennende Senat allerdings zu dem Ergebnis, dass die Grundrechte, seine Persönlichkeit frei zu entfalten und seinen Beruf und Arbeitsplatz frei zu wählen, bereits durch die Bestimmungen der § 138 BGB und §§ 133 ff. GewO geschützt seien.[1238] Den Grundrechten käme daher im Fall eines Wettbewerbsverbotes allenfalls mittelbare Bedeutung zu. Dieses Grundrechtsverständnis kommt dem *Nipperdeys* sehr nahe, der das Grundgesetz und insbesondere die darin enthaltenen Grundrechte als „Allgemeinen Teil" vor den übrigen Teilen der Rechtsordnung stehend verstanden wissen wollte. Die Regelungen dieses Allgemeinen Teils kämen danach nur dann nicht zur Anwendung, wenn spezialgesetzliche Regelungen ausreichenden Schutz böten.[1239]

b) Wettbewerbsverbote

In der Entscheidung vom 4. Oktober 1958[1240] nahm der Zweite Senat erneut zu der Frage Stellung, in welchem Verhältnis Wettbewerbsverbote zu der durch Art. 12 GG gewährleisteten Berufsfreiheit stehen. Der Senat ließ die Frage, inwieweit Art. 12 GG auch auf den Privatrechtsverkehr unmittelbar einwirke, dahinstehen. Das Gericht bestätigte allerdings seine im Urteil vom 21. Februar 1957[1241] begründete Rechtsprechung, wonach freiwillig vereinbarte Wettbewerbsverbote nicht die in Art. 12 Abs. 1 GG verbürgten Rechte einer Vertragspartei verletzen, da diese aufgrund der Vertragsfreiheit auf das Recht aus Art. 12 Abs. 1 GG selbst verzichten könne und bei freiwilliger Vereinbarung eines Wettbewerbsverbotes offensichtlich insoweit verzichtet habe.[1242]

1237 BAGE 3, S. 296, 301.
1238 BAGE 3, S. 296, 301.
1239 *Hollstein*, Die Verfassung als Allgemeiner Teil, S. 322.
1240 BAGE 6, S. 291.
1241 BAGE 3, S. 296.
1242 BAGE 6, S. 291, 293.

In einem Urteil vom 3. März 1959 hat der Erste Senat des BAG entschieden, dass „die Auferlegung einer Karenz ohne besondere Gegenleistung des Arbeitgebers [...] namentlich im Hinblick auf Art. 2, 12 GG dann vor der Rechtsordnung keinen Bestand haben [könne], wenn sie nicht durch andere Leistungen des Arbeitgebers oder die besonderen Umstände des Falles in ihrem Gewicht verliert."[1243] Ohne dass der erkennende Senat dies ausdrücklich ausgesprochen hat, ist diese Entscheidung Zweifelsohne auf das seinerzeit die Rechtsprechung des Ersten Senats dominierende Grundverständnis von der unmittelbaren Wirkung der Grundrechte im Arbeitsrecht zurückzuführen. Andernfalls hätte sich das Gericht wohl intensiver mit den ebenfalls in den Entscheidungsgründen berücksichtigten §§ 74 ff. HGB sowie §§ 133 f GewO auseinandergesetzt. Dem gegenüber hat der Fünfte Senat des BAG in einem Urteil vom 11. Februar 1960[1244] grundsätzlich festgestellt, dass Wettbewerbsabreden mit Art. 12 Abs. 1 und Art. 2 Abs. 1 GG vereinbar seien und eine Kundenschutzabrede zwischen einem Helfer in Steuersachen und seinem Buchhalter für die Zeit nach dessen Ausscheiden nicht schon deshalb unwirksam sei, weil darin keine Karenzentschädigung vorgesehen ist. In einer Entscheidung vom 21. März 1964[1245] hat sich der Fünfte Senat des BAG erneut mit einem Wettbewerbsverbot und dessen Zusammenhang mit der von Art. 12 Abs. 1 GG, Art. 2 Abs. 1 GG garantierten Berufsfreiheit befasst. Entgegen seiner eigenen Rechtsprechung aus vorgenanntem Urteil und im Anschluss an die Rechtsprechung des Ersten Senats[1246] erklärte der Fünfte Senat nun eine entschädigungslose Karenz für nichtig, weil diese „eine schwerwiegende Belastung und Behinderung" desjenigen darstelle, der sich ihr unterwerfen soll.[1247] Insbesondere würden dadurch die freie gewerbliche Betätigung des Einzelnen und seine allgemein gegebene gute Fortkommensmöglichkeit erschwert.[1248] Dieser Rechtsprechung hat sich auch der Zweite Senat im Urteil vom 22. November 1965 angeschlossen.[1249]

Der Dritte Senat des BAG hatte in einem Urteil vom 26. Oktober 1973[1250] über die Frage der Wirksamkeit eines Wettbewerbsverbotes ohne Karenzentschädigung zu entscheiden. In dieser Entscheidung setzte sich das Gericht mit

1243 BAG, AP Nr. 4 zu § 133 f GewO; auch in RdA 1959, S. 359, Nr. 171.
1244 BAG, RdA 1960, S. 400, Nr. 236.
1245 BAGE 15, S. 320; vgl. auch bereits BAG RdA 1961, S. 259 Nr. 326, dort hatte der Fünfte Senat des BAG allerdings ein Wettbewerbsverbot, das keine Karenzentschädigung wegen *„unbilliger Fortkommensbeschwer"* nach § 133f Abs. 1 GewO für nichtig erklärt.
1246 BAG, AP Nr. 4 zu § 133 f GewO; auch in RdA 1959, S. 359, Nr. 171.
1247 BAGE 15, S. 320, 323f.
1248 BAGE 15, S. 320, 323.
1249 BAGE 17, S. 338, 342, 345.
1250 BAGE 25, S. 330.

§ 75 Abs. 3 HGB und dessen Vereinbarkeit mit den Grundrechten des Arbeitnehmers aus Art. 3 Abs. 1 GG und Art. 12 Abs. 1 GG auseinander.[1251] Zunächst hat der Senat auf seine ernsthaften Zweifel an der Vereinbarkeit der Regelung § 75 Abs. 3 HGB mit dem Gleichheitssatz hingewiesen. Die Regelungen der § 75 Abs. 1 HGB und § 75 Abs. 3 HGB sähen für Arbeitgeber und Arbeitnehmer unterschiedliche Folgen im Falle einer durch den jeweils anderen verursachten außerordentlichen Kündigung vor. Während der Arbeitnehmer in diesem Fall seines Anspruchs auf eine angemessene Karenzentschädigung verlustig wird, behält der Arbeitgeber seinen Anspruch auf Einhaltung des Wettbewerbsverbotes.[1252] Sodann wies das BAG darauf hin, dass § 75 Abs. 3 HGB gegen den vom BAG aufgestellten Grundsatz[1253] zu Art. 12 Abs. 1 GG verstoße.[1254] Dieser besage, dass eine entschädigungslose Beschränkung in der Verwertung beruflichen Könnens und Wissens und beruflicher Erfahrung, wegen der in Art. 12 Abs. 1 GG zum Ausdruck kommenden Wertvorstellung von der ungehinderten Ausnutzung beruflichen Könnens und Wissens, die nur aus besonderen Gründen erschwert werden dürfe, nicht mehr vertretbar sei.[1255] Da es in dem Urteil keiner endgültigen Stellungnahme des Senats bedurfte, ließ er die Entscheidung zu den aufgeworfenen Fragen offen, regte jedoch eine Erörterung des Problems im Schrifttum an und forderte die Praxis auf, eine mögliche Abkehr von der bisherigen Rechtsprechung zu überdenken.

In einem Urteil vom 8. Februar 1974[1256] hat sich der Dritte Senat im Rahmen der Gesamtabwägung, was dem an eine Konkurrenzschutzklausel gebundenen Arbeitnehmer hinsichtlich etwaiger anderweitiger Tätigkeiten zuzumuten sei, zur Auswirkung des Art. 12 Abs. 1 GG in diesem Zusammenhang geäußert. Der Senat stellte fest, dass den Interessen des Arbeitnehmers an einem künftigen verbesserten Fortkommen im Hinblick auf Art. 12 Abs. 1 GG ein erhebliches Gewicht zukomme. Dies gelte insbesondere auch gegenüber den Interessen des Arbeitgebers an einem Wegfall der Karenzentschädigung, bei Ausübung einer zumutbaren Tätigkeit durch den Arbeitnehmer. Obgleich das Gericht in dieser kryptisch anmutenden Aussage zur Wirkung des Art. 12 Abs. 1 GG im Rechtsverhältnis der Arbeitsvertragsparteien keine abschließende Ent-

1251 Siehe hierzu auch *Beitzke*, AP Nr. 5 zu § 75 HGB.

1252 BAGE 25, S. 330, 340f.

1253 BAGE 22, S. 125.

1254 Zustimmend *Beitzke*, AP Nr. 5 zu § 75 HGB, der zwar hervorhob, dass die Beschränkung der Freiheit der Berufswahl in diesem Fall aufgrund einer Parteivereinbarung erfolgt sei, auf die Frage der Geltung der Grundrechte zwischen Privaten allerdings nicht einging.

1255 BAGE 25, S. 330, 342f.

1256 AP Nr. 4 zu § 74 c HGB = RdA 1974, S. 316 Nr. 142.

scheidung traf, kommt darin gleichwohl ein gewisser Prozess des Überdenkens zum Ausdruck. Andernfalls hätte es der vorsichtigen Formulierung „im Hinblick auf Art. 12 Abs. 1 GG“ nicht bedurft, die eher gegen die Annahme einer unmittelbaren Wirkung des Grundrechts spricht.

In einem Urteil vom 23. Februar 1977[1257] hatte der Dritte Senat des BAG erneut die Gelegenheit, zu § 75 Abs. 3 HGB Stellung zu nehmen. Auch diese Entscheidung betrifft nicht die hier gegenständliche Drittwirkungsproblematik, ist jedoch für die Gesamtbetrachtung bezüglich der Einstellung des BAG gegenüber den Grundrechten hier von Interesse. Das Gericht erklärte § 75 Abs. 3 HGB wegen Verstoßes gegen Art. 3 GG für nichtig.[1258] In der Auseinandersetzung mit der früheren Rechtsprechung des BAG,[1259] wonach es eines besonderen Schutzes des Arbeitgebers bedürfe, damit nicht der Arbeitnehmer die vorzeitige Beendigung des Arbeitsverhältnisses durch vertragsbrüchiges Verhalten provoziere, um mit Hilfe des Wettbewerbsverbotes „leicht verdientes Geld“ zu erhalten, stellte das Gericht fest, diese Ansicht nicht mehr aufrecht erhalten zu können.[1260] Die Karenzentschädigung sei Gegenleistung für das vereinbarte Wettbewerbsverbot, kein „leicht verdientes Geld.“ Der Senat wies auch die Bedenken der Literatur zurück, die teilweise bezweifelte, dass Art. 3 Abs. 1 GG eine gleichwertige Regelung für das vertragswidrige Verhalten des Arbeitgebers und des Arbeitnehmers gebiete, insbesondere weil die wirtschaftlichen Folgen eines Wettbewerbsverbotes und damit auch seines Wegfalles für die beteiligten Arbeitgeber und Arbeitnehmer derart unterschiedlich seien, dass eine völlige Gleichstellung der Parteien des Arbeitsverhältnisses nicht angestrebt werden könne.[1261] Im Ergebnis hielt das Gericht fest, § 75 Abs. 3 HGB verstoße gegen Art. 3 GG und sei daher nichtig, weil die Regelung den Arbeitgeber bei einer außerordentlichen Kündigung des Arbeitsverhältnisses gegenüber dem Arbeitnehmer willkürlich besser stelle. Die in seinem Urteil vom 26. Oktober 1973[1262] aufgeworfene Frage, ob ein entschädigungsloses Wettbewerbsverbot mit Art. 12 Abs. 1 GG vereinbar sei, entschied das Gericht wiederum nicht.

1257 BAGE 29, S. 30; vgl. hierzu auch *Gumpert*, BB 1970, S. 178.

1258 BAGE 29, S. 30, 31; Die Verwerfungskompetenz lag in diesem Fall beim BAG selbst, da das HGB vorkonstitutionelles Recht darstellt und der nachkonstitutionelle Gesetzgeber hinsichtlich der konkreten Norm (noch) keinen konkreten Bestätigungswillen manifestiert hatte. Vgl. hierzu *Sturm,* in *Sachs* (Hrsg.), GG, 2. Aufl., Art. 100 Rn. 11.

1259 BAGE 3, S. 296; BAGE 6, S. 291.

1260 BAGE 29, S. 30, 32.

1261 *Achtenberg*, JZ 1975, S. 713; *Buchner*, Anm. AR-Blattei *„Wettbewerbsverbot: Entscheidung 105“.*

1262 BAGE 25, S. 330.

Im Gegensatz zur Rechtsprechung der sechziger Jahre hatte sich in den siebziger Jahren ein Wandel in der Rechtsprechung des BAG zur Wirksamkeit von Wettbewerbsverboten im Hinblick auf Art. 12 GG vollzogen. Inwieweit dies auf eine Veränderung in der personellen Besetzung der Senate zurückzuführen ist, lässt sich nur vermuten. Fakt ist jedenfalls, dass die mit Wettbewerbsverboten befassten Senate zur Begründung ihrer Entscheidungen weniger auf Art. 12 GG, sondern vielmehr auf die Auslegung der Vorschriften der §§ 74 ff. HGB sowie §§ 133 f GewO zurückgriffen.

c) Zahlungsverpflichtungen und Kündigungsrecht

In zwei Entscheidungen vom 29. Juni 1962[1263] hat der Erste Senat des BAG zur unmittelbaren Wirkung des Art. 12 GG ausgeführt und in den Leitsätzen des einen Urteiles eindeutige Grundsätze aufgestellt. Danach enthalte Art. 12 Abs. 1 GG „ein echtes Grundrecht und nicht nur die Proklamation eines Prinzips der Gesellschaft- und Wertordnung. Dieses Grundrecht ist nicht nur ein Abwehrrecht gegen die öffentliche Gewalt, sondern greift auch in die Privatrechtsbeziehungen ein.“[1264] Des Weiteren habe „das Grundrecht des Art. 2 auf freie Entfaltung der Persönlichkeit [...] nicht den Vorrang vor dem Grundrecht des Art. 12 GG auf freie Wahl des Arbeitsplatzes. Nur innerhalb der Grenzen des Art. 12 GG setzt sich der auf Art. 2 GG beruhende Grundsatz der Vertragsfreiheit durch.“[1265] Schließlich umfasse „das Recht, den Arbeitsplatz frei zu wählen, [...] bei auf unbestimmte Zeit eingegangenen Arbeitsverhältnissen auch das Recht, den gewählten Arbeitsplatz beizubehalten, aufzugeben und zu wechseln. Die auf vertraglicher Absprache beruhende Begründung von Zahlungspflichten zu Lasten des kündigenden Arbeitnehmers kann eine Beschränkung des Grundrechts des Art. 12 GG bedeuten und damit zur Unwirksamkeit der Vereinbarung führen.“[1266] Der Senat betonte in dieser Entscheidung, die unmittelbare privatrechtliche Wirkung der Grundrechtsbestimmungen sei insbesondere wegen des normativen Bekenntnisses des Grundgesetzes zum sozialen Rechtsstaat notwendig. Mit dieser Entscheidung konkretisierte der Erste Senat des BAG seine bisherige Rechtsprechung deutlich und schien – wegen seiner deutlichen Sprache – auch Signalwirkung erzeugen gewollt zu haben. Der Senat sprach sich ausdrücklich gegen die Auffassung *Dürigs* aus, wonach die Grundrechte nur über die Einbruchstellen der Generalklauseln des

1263 BAGE 13, S. 168 = NJW 1962, S. 1981 (1 AZR 343/61) und BAG, DB 1962, S. 1312 (1 AZR 350/61).

1264 BAG, NJW 1962, S. 1981; zur Geltung von Art. 12 GG im Zusammenhang mit Ausbildungsstätten vgl. insbesondere *Thieme*, JZ 1959, S. 265.

1265 BAG, NJW 1962, S. 1981.

1266 BAG, NJW 1962, S. 1981.

BGB Geltung im bürgerlichen Recht erhielten.[1267] Des Weiteren stellte der Senat klar, dass die Entscheidungen des Zweiten[1268] und Fünften[1269] Senats zu Art. 12 Abs. 1 GG nicht für die Auslegung der Reichweite des Art. 12 Abs. 1 GG herangezogen werden könnten, weil sich die Entscheidungen der Senate mit Wettbewerbsverboten beschäftigen, daher andere Tatbestände beträfen und im Ergebnis nicht mit der erforderlichen Tiefe in die Auseinandersetzung mit der Reichweite des Art. 12 GG Abs. 1 eingedrungen seien.[1270] Der Erste Senat stellte die besondere Bedeutung des Art. 12 GG heraus, räumte diesem den Vorrang vor der Vertragsfreiheit ein und erklärte – nach alledem konsequent – die streitgegenständliche Vertragsbestimmung, die den ein kündbares Arbeitsverhältnis kündigenden Arbeitnehmer mit Zahlungspflichten belastet, wegen Verstoßes gegen Art. 12 GG für nichtig.[1271] In den beiden Entscheidungen vom 29. Juni 1962 traf der erkennende Senat aber auch Feststellungen zur Einschränkbarkeit des Grundrechts aus Art. 12 GG. „Was der staatlichen Gewalt erlaubt ist, kann den Parteien eines privaten Arbeitsvertrages nicht verboten sein."[1272] Demgemäß lotete das Gericht die Grenzen für die Zulässigkeit privatrechtlicher Regelungen aus. Zunächst sei festzuhalten, dass auch für den privatrechtlichen Bereich die Unterscheidung zwischen der Berufsausübungs- und Berufswahlfreiheit wesentlich sei. Eine freiwillig eingegangene vertragliche Einschränkung der Berufswahlfreiheit des Arbeitnehmers, die auch das Recht umfasse, den gewählten Arbeitsplatz beizubehalten, aufzugeben und zu wechseln, sei dann nicht zu beanstanden, wenn sie „unter Berücksichtigung aller Umstände des Einzelfalles nach Treu und Glauben dem Arbeitnehmer zuzumuten ist und vom Standpunkt eines verständigen Betrachters aus einem begründeten und zu billigenden Interesse des Arbeitgebers entspricht."[1273] Einerseits ist mit der Schaffung einer solchen Leerformel dem Rechtsanwender bei der Suche nach greifbaren Abgrenzungskriterien und Tatbestandsvoraussetzungen nicht geholfen. Andererseits bleibt aber dem zur Entscheidung berufenen Richter genügend Spielraum, um im Einzelfall zu gerechten Ergebnissen zu gelangen. Gleichwohl blieb nach diesen Urteilen die Erkenntnis, dass nach Auffassung des Ersten Senats des BAG Bestimmungen in arbeitsrechtlichen Verträgen immer auch auf Verstöße gegen die aus dem Grundrecht des Art. 12 Abs. 1 GG entspringenden Gewährleistungen zu prüfen seien.

1267 BAG, NJW 1962, S. 1982.
1268 BAGE 6, S. 291.
1269 BAG, RdA 1959, S. 400; BAG, RdA 1960, S. 259.
1270 BAG, NJW 1962, S. 1981, 1982.
1271 BAG, NJW 1962, S. 1981, 1983.
1272 BAG, NJW 1962, S. 1981, 1983.
1273 BAG, NJW 1962, S. 1981, 1983.

d) Mandantenschutzklauseln

Der Dritte Senat nahm in einer Entscheidung vom 29. April 1966[1274] zur Frage der Wirksamkeit so genannter Mandantenschutzklauseln (in diesem Fall in Verbindung mit einem zeitlich befristeten Wettbewerbsverbot bezogen auf die für den bisherigen Arbeitgeber bearbeiteten Mandanten) Stellung. Der Senat bestätigte die vom Zweiten Senat[1275] hierzu begründete Rechtsprechung. Freiwillig vereinbarte Wettbewerbsverbote würden nur die in Art. 12 Abs. 1 GG verbürgten Rechte einer Vertragspartei verletzen und wären nach § 138 BGB sittenwidrig und nichtig, wenn der Betroffene durch das Verbot in seiner beruflichen Betätigung örtlich, zeitlich oder gegenständlich unangemessen eingeschränkt wäre.[1276] Derselbe Senat bestätigte in einer Entscheidung vom 2. Dezember 1966[1277] die bis dahin ständige Rechtsprechung des BAG, wonach ein vereinbartes Wettbewerbsverbot ohne Karenzentschädigung oder sonstige Gegenleistung des Arbeitgebers nichtig sei, weil es in aller Regel das berufliche Fortkommen des Arbeitnehmers unbillig erschwere.[1278] Der Dritte Senat ging in den vorgenannten Entscheidungen von einer ständigen Rechtsprechung des BAG aus, nach der die Nichtigkeitsfolge bei Vorliegen bestimmter Kriterien eintreten solle. Erstaunlicherweise ging der Senat in keiner der genannten Entscheidungen auf die Wirkung des Art. 12 GG in diesem Zusammenhang ein. Zwar erwähnte das Gericht die Vorschrift; eine dogmatisch tragfähige Herleitung der Nichtigkeitsfolge bei einem Verstoß gegen Art. 12 GG fehlt jedoch allerorten.

Im Urteil vom 13. September 1969[1279] begründete der Dritte Senat des BAG die Nichtigkeit eines Wettbewerbsverbotes – unter Bestätigung der Auffassung der Vorinstanz – mit einem Verstoß gegen die guten Sitten im Sinne von § 138 BGB. In den Entscheidungsgründen nahm der Senat allein an einer Stelle auf Art. 12 Abs. 1 GG Bezug, um auf die gewandelte Wertvorstellung hinzuweisen,[1280] nicht aber um die Nichtigkeitsfolge für das Wettbewerbsverbot zu begründen. In einem Urteil vom 16. Juli 1971[1281] hatte der Dritte Senat des BAG über die Wirksamkeit einer Mandantenschutzklausel und die Frage der Erforderlichkeit einer etwaigen Karenzentschädigung zu entscheiden. Während der Senat in seiner Entscheidung vom 13. September 1969[1282] die

1274 BAGE 18, S. 291.
1275 BAGE 3, S. 296, BAGE 6, S. 291.
1276 BAGE 18, S. 291, 295.
1277 BAGE 19, S. 152.
1278 BAGE 19, S. 152, 156.
1279 BAGE 22, S. 125; vgl. auch hierzu *Gumpert*, BB 1970, S. 178.
1280 BAGE 22, S. 125, 137.
1281 BAGE 23, S. 382.
1282 BAGE 22, S. 125.

Entscheidung der letzteren Frage noch offen gelassen hatte, entschied der Senat nun zugunsten der Karenzentschädigung und gab damit seine frühere Rechtsprechung ausdrücklich auf. Das Gericht übertrug die im Urteil vom 13. September 1969 entwickelte Rechtsprechung zur Notwendigkeit einer Karenzentschädigung im Fall von Konkurrenzschutzklauseln auf die Fälle der Mandantenschutzklauseln. Der Senat wendete fortan die zu § 74 HGB entwickelten Grundsätze analog an und erwähnte Art. 12 GG nicht mehr. Das Gericht begründete seine Richtungsänderung mit dem Hinweis auf geänderte Wertvorstellungen. So sei der Praxisverkauf entgegen der früher vertretenen allgemeinen Ansicht nicht mehr standes- und sittenwidrig[1283] und bedürfe daher keiner strengen Reglementierungen mehr.

e) Nebentätigkeit

In einer Entscheidung vom 13. Juni 1958[1284] stellte der Erste Senat des BAG zum Thema Nebentätigkeit fest, dass Art. 12 GG auch die freie Wahl eines weiteren Berufes bzw. eines Nebenberufes umfasse. Der Senat betonte zudem, dass das Recht zur freien Entfaltung der Persönlichkeit und zur freien Berufswahl einschränkbar sei und beispielsweise durch ein bereits eingegangenes Arbeitsverhältnis eingeschränkt sein könne.[1285] In dem konkreten Fall bestätigte das Gericht die Versagung einer Nebentätigkeitserlaubnis mit dem Hinweis darauf, dass die Nebentätigkeit eine Konfliktsituation zum bestehenden Arbeitsverhältnis auslösen würde, der vorzubeugen das Recht des Arbeitgebers sei. Der Arbeitnehmer habe insoweit auf seine Rechte aus den Grundrechten der Art. 2 GG und Art. 12 GG bei Abschluss des Arbeitsvertrages zulässig verzichtet. In dieser Entscheidung wird einmal mehr die frühe Auffassung des Ersten Senats des BAG von der unmittelbaren Wirkung der Grundrechte im Arbeitsrecht deutlich. Auch wenn das Gericht diese Feststellung unausgesprochen lässt, so wird doch anhand der Begründung und der Heranziehung der Grundrechtsbestimmungen seine Grundeinstellung zu dieser Frage deutlich.

Der Dritte Senat des BAG betonte in einer Entscheidung vom 25. Mai 1970,[1286] dass das Grundrecht aus Art. 12 GG auch das Recht umfasse, mehrere Berufe nebeneinander auszuüben. Daher „ginge ein Verbot schlechthin, ohne Einwilligung des Arbeitgebers in seiner Freizeit ein Handelsgewerbe auch in noch so bescheidenem Umfang zu betreiben, weit über das hinaus, was die vertragliche Bindung des Angestellten fordert; es würde deshalb vor

1283 BAGE 23, S. 382, 386.
1284 BAG, BB 1958, S. 877.
1285 BAG, BB 1958, S. 877, 878.
1286 BAG, DB 1970, S. 1788.

Art. 12 Abs. 1 Satz 1 GG nicht bestehen."[1287] Der erkennende Senat stellte darüber hinaus fest, dass daneben die Umstände des Einzelfalles berücksichtigt werden müssten. So kam er zu einer Einschränkung des Grundrechts aus Art. 12 Abs. 1 GG, die zum einen daraus resultierte, dass der Arbeitnehmer mit Abschluss des Arbeitsvertrages freiwillig eine vertragliche Bindung eingegangen war. Zum anderen sei aber auch eine Einschränkung der von Art. 12 GG garantierten Berufsfreiheit zu berücksichtigen, wenn die vom Arbeitnehmer beabsichtigte Nebentätigkeit eine Konkurrenztätigkeit zum Betrieb des Arbeitgebers darstelle. Ginge man mit dem BAG von der Geltung der Grundrechte in diesen Fällen aus, so wären zudem die berechtigten Interessen des Arbeitgebers zu berücksichtigen, die sich seinerseits aus den Grundrechten, namentlich aus Art. 14 Abs. 1 GG, der den eingerichteten und ausgeübten Gewerbebetrieb schützt, ergeben.[1288]

In einer Entscheidung vom 3. Dezember 1970[1289] hatte der Zweite Senat des BAG über ein in Allgemeinen Anstellungsbedingungen enthaltenes Nebentätigkeitsverbot mit Genehmigungsvorbehalt zu entscheiden. Das Gericht hielt es im Hinblick auf Art. 12 GG für bedenklich, einem Angestellten jede, auch eine mit seinen vertraglichen Pflichten durchaus vereinbare Nebentätigkeit zu untersagen und für sie eine Genehmigung des Arbeitgebers zu verlangen.[1290] Im Anschluss an die vorgenannte Entscheidung des Dritten Senats hielt es der Zweite Senat in einem Urteil vom 3. Dezember 1970 für angezeigt, Allgemeine Anstellungsbedingungen durch verfassungskonforme Auslegung einzuschränken.[1291] Die Entscheidung des Zweiten Senats erging allerdings ohne dogmatische Begründung, ob Art. 12 Abs. 1 GG das Arbeitsverhältnis unmittelbar beeinflusst oder lediglich mittelbar in das Rechtsverhältnis hineinstrahlt.[1292]

f) Rückzahlungsverpflichtung hinsichtlich Umzugskosten

In einem Urteil vom 21. März 1973[1293] hat sich auch der Vierte Senat des BAG der ständigen Rechtsprechung des Ersten Senats zur unmittelbaren Geltung der Grundrechtsbestimmungen auf Tarifverträge angeschlossen. Der

---

1287 BAG, DB 1970, S. 1788, 1789.

1288 So etwa *Jürging/Kass*, DB 1967, S. 815, 819.

1289 BAG, DB 1971, S. 581f.

1290 BAG, DB 1971, S. 581; zustimmend *Hueck*, AP Nr. 60 zu § 626 BGB.

1291 BAG, DB 1971, S. 581f.

1292 Siehe hierzu auch die Kritik von *Hueck*, AP Nr. 60 zu § 626 BGB, der eine eingehendere Begründung im Hinblick auf die Relevanz des Gleichbehandlungsgrundsatzes – insbesondere angesichts der Geltendmachung durch eine der Parteien – für angezeigt erachtete.

1293 BAG, AP Nr. 4 zu § 44 BAT; BB 1973, S. 983.

Vierte Senat wendete diese Rechtsprechung auf eine tarifvertragliche Rückzahlungsklausel – in diesem Fall bezogen auf zuvor erstattete Umzugskosten bei dienstlich veranlassten Versetzungen – an und erklärte diese wegen Verstoßes gegen Art. 12 Abs. 1 GG für unzulässig.[1294] Die Rückzahlungsklausel veranlasse den Arbeitnehmer in unzulässiger Weise von einer rechtmäßigen eigenen Kündigung abzusehen, weil er andernfalls befürchten müsse, hohe Umzugskosten zurückerstatten zu müssen, deren Anfall der Arbeitgeber veranlasst habe. Dies beschränke die Berufswahlfreiheit des Arbeitnehmers unzulässig, weil hierzu auch das Recht gehöre, das Arbeitsverhältnis zu beenden.

Der Fünfte Senat des BAG entwickelte diese Rechtsprechung in einem Urteil vom 24. Februar 1975[1295] weiter. Eine Rückzahlungsverpflichtung – hinsichtlich der als zinsloses Darlehen gewährten Umzugskostenerstattung – für den Fall, dass der Arbeitnehmer vor dem Ablauf von drei Jahren wieder aus dem Betrieb des Arbeitgebers ausscheidet, sei dann nicht zu beanstanden, wenn der Erstattungsbetrag etwa einem Monatsverdienst des Arbeitnehmers entspreche und der Stellungs- und Wohnungswechsel auch dessen Interessen diene. Ein solcher Erstattungsbetrag sei den wirtschaftlichen Verhältnissen angepasst und überfordere diesen nicht unangemessen, so dass in diesen Fällen eine Verletzung des Rechtes des Arbeitnehmers aus Art. 12 Abs. 1 GG auf freie Wahl des Arbeitsplatzes nicht gegeben sei.[1296]

In einem Urteil vom 18. Februar 1981[1297] erklärte der Vierte Senat des BAG eine Tarifbestimmung mit der Begründung für verfassungsmäßig, die „vergleichsweise kurze Bindungsdauer von zwei Jahren" bedeute keinen Verstoß gegen Art. 12 Abs. 1 GG. Das Gericht erkannte auch keinen Verstoß gegen Art. 3 GG, der nach dem Vortrag des Klägers darin gelegen habe, dass die Bindungsdauer im Rahmen der Rückzahlungsverpflichtung an den Zeitpunkt des Umzuges anknüpfe. Vielmehr hielt das Gericht die Regelung für sachgerecht. Die Entscheidung lässt erkennen, dass auch der Vierte Senat des BAG von der unmittelbaren Wirkung der Grundrechte im Arbeitsrecht, namentlich im Tarifvertragsrecht ausging.

1294 Zustimmend *Säcker*, SAE 1980, S. 72, 73, der in der Rückzahlungsverpflichtung bei betrieblich veranlasster Versetzung eine Parallelität zu einer unzulässigen Vereinbarung einer Vertragsstrafe im Fall der ordentlichen Eigenkündigung des Arbeitnehmers sieht.

1295 BAG, AP Nr. 50 zu Art. 12 GG; DB 1975, S. 1083.

1296 BAG, DB 1975, S. 1083, 1084.

1297 BAG, AP Nr. 6 zu § 44 BAT.

g) Rückzahlungsverpflichtung hinsichtlich Ausbildungskosten

In einem Urteil vom 18. August 1976[1298] hatte der Fünfte Senat des BAG über die Berechtigung des Arbeitgebers zu entscheiden, vom Arbeitnehmer die Abgabe einer Erklärung zu verlangen, mit der sich dieser verpflichtet hatte, für den Fall seines Ausscheidens aus dem Betrieb innerhalb einer bestimmten Frist nach Abschluss der Aus- bzw. Fortbildungsmaßnahme, einen bestimmten Betrag der Aus- bzw. Fortbildungskosten an den Arbeitgeber zurückzuzahlen. Im Anschluss an seine bisherige ständige Rechtsprechung betonte der Fünfte Senat, dass eine solche Rückzahlungsverpflichtung nur unter der Voraussetzung wirksam sein könne, dass sie das Recht des Arbeitnehmers auf freie Berufswahl aus Art. 12 Abs. 1 GG nicht beeinträchtige.[1299] Ob eine solche Beeinträchtigung gegeben sei, müsse im Einzelfall im Rahmen einer Interessenabwägung festgestellt werden. Hierbei komme es vorrangig darauf an, ob und inwieweit der Arbeitnehmer mit der Aus- bzw. Fortbildung einen geldwerten Vorteil erlange. Je größer der mit der Ausbildung verbundene Vorteil für den Arbeitnehmer sei, um so eher könne ihm eine Kostenbeteiligung zugemutet werden.[1300] Eine Einschränkung der Berufswahlfreiheit sei dann nämlich nicht gegeben, wenn der „Marktwert" des Arbeitnehmers durch die Ausbildungsmaßnahme derart erhöht werde, dass er gerade deswegen Zugang zu Tätigkeitsfeldern erlange, die sich ihm vorher nicht eröffneten.[1301]

h) Treueprämien

In einer Entscheidung vom 27. Juli 1972[1302] hatte der Fünfte Senat des BAG über die Zulässigkeit von Treueprämien zu entscheiden, bei denen Bezugszeitraum und Fälligkeit des Anspruchs erheblich auseinander lagen. Die letzte Rate der Prämie wurde erst nach 15 Jahren Betriebszugehörigkeit ausgezahlt. Das Gericht sah in einer derartigen Bindung der Arbeitnehmer an den Betrieb eine unzulässige Beeinträchtigung des Grundrechts auf Freiheit der Berufswahl nach Art. 12 Abs. 1 GG.[1303] Der Senat begründete die Nichtigkeit der Regelung mit einem Verstoß gegen das Verbot ungleicher Kündigungsfristen nach § 622 Abs. 5 BGB. Gleichwohl wird aus der vom Fünften Senat bejahten Grundrechtsbeeinträchtigung durch eine betriebsinterne Richtlinie deutlich, dass auch dieser Senat des BAG im Hinblick auf Art. 12 Abs. 1 GG noch

1298 BAGE 28, S. 160.
1299 BAGE 28, S. 160, 163.
1300 BAGE 28, S. 160, 165f.
1301 BAGE 28, S. 160, 167.
1302 BAGE 24, S. 377.
1303 BAGE 24, S. 377, 383.

immer an der Rechtsprechung zur unmittelbaren Wirkung der Grundrechte im Arbeitsrecht festhielt.

i) Kündigung nach den Regelungen der allgemeinen Gesetze

In einem Urteil vom 23. September 1976[1304] hat der Zweite Senat des BAG zur Frage der Unwirksamkeit einer Kündigung wegen Verletzung der Rechte des Arbeitnehmers aus Art. 12 Abs. 1 GG festgestellt, dass „die Wirksamkeit einer Kündigung [...] nicht unter dem Gesichtspunkt der Einschränkung der Berufsfreiheit zu überprüfen“[1305] sei. „Auch wenn man die sogenannte Drittwirkung des Grundrechts aus Art. 12 Abs. 1 GG anerkennt, lässt sich daraus die Unwirksamkeit einer privatrechtlichen Kündigung nicht herleiten [...]. Härten, die durch den Verlust des Arbeitsplatzes eintreten, sind nach dem Sozialstaatsprinzip zu lösen, das durch das allgemeine und besondere Kündigungsschutzrecht konkretisiert ist und das dadurch ergänzt wird, dass auch die §§ 134 und 242 BGB auf eine privatrechtliche Kündigung anzuwenden sind.“[1306] Hinsichtlich der Lehre von der unmittelbaren Wirkung der Grundrechte im Arbeitsrecht verwendete der Senat in dieser Entscheidung erstaunlicherweise zwei relativierende Stilmittel. Zum einen benutzte das Gericht die Formulierung „sogenannte“, zum anderen ist der Satz mit der Einleitung durch das Wort „wenn“ als Hypothese formuliert. Angesichts der zurückhaltenden Formulierung des Gerichtes lässt sich darin zwar noch keine ausdrückliche Abkehr von der Lehre *Nipperdeys* erkennen. Gleichwohl bleibt der Eindruck, das BAG – jedenfalls der berufene Zweite Senat – habe begonnen, seine Auffassung zumindest zu überdenken. Andernfalls hätte das Gericht schlicht auf seine ständige Rechtsprechung verweisen können.

In einem Urteil vom 20. Juli 1977[1307] schloss sich der Vierte Senat des BAG der Auffassung des Zweiten Senats zu Art. 12 Abs. 1 GG an und hielt fest, dass „die Verfassungsnorm [...] weder einen allgemeinen noch [...] einen speziellen Kündigungsschutz“[1308] gewähre, da es sich „in erster Linie um ein gegen den Staat gerichtetes Grundrecht“[1309] handele. Da es sich in jenem Fall bei dem Arbeitgeber um den Staat in Gestalt des Landes Berlin handelte, konnte das Gericht die Frage, ob die „sogenannte“ unmittelbare Drittwirkung der Grundrechte im Privatrechtsverkehr anerkannt werde, dahinstehen lassen.

1304 BAGE 28, S. 176.
1305 BAGE 28, S. 176, 183.
1306 BAGE 28, S. 176, 183.
1307 BAGE 29, S. 247; hierzu auch Anmerkung von *Etzel*, JA 1978, S. 74, 76, nach dessen Auffassung die Entscheidung das Grundrecht der Berufsfreiheit zu sehr einschränke.
1308 BAGE 29, S. 247, 254.
1309 BAGE 29, S. 247, 255.

Gleichwohl kommt auch hier wiederum eine gewisse Skepsis des Gerichts gegenüber der Lehre *Nipperdeys* – jedenfalls hinsichtlich des Grundrechts aus Art. 12 Abs. 1 GG – zum Ausdruck.

j) Anspruch auf Ausbildung

In einem Urteil vom 9. Dezember 1981[1310] hat der Fünfte Senat des BAG festgestellt, dass derjenige, der versuche, das ihm im Interesse seiner eigenen Ausbildung übertragene Amt zu unzulässiger Beeinflussung zu missbrauchen, auch aufgrund von Art. 12 Abs. 1 GG keinen Anspruch auf Ausbildung habe. Dies gelte jedenfalls gegenüber dem Staat als Ausbildungsträger. Das Gericht hat im Anschluss an das BVerfG im Hinblick auf die Lehrerausbildung festgestellt, dass aufgrund von Art. 12 Abs. 1 GG der Staat gehalten sei, für die Ausbildung zu solchen Berufen, die auch außerhalb des Staatsdienstes ausgeübt werden könnten, einen Vorbereitungsdienst zur Verfügung zu stellen, der nicht in einem Beamtenverhältnis abgeleistet werden müsse.

7. Weitere Grundrechtsspezifische Entscheidungen

In der Rechtsprechung des BAG zur Wirkung der Grundrechte im Arbeitsrecht sind neben den in der vorstehenden Darstellung abgehandelten Grundrechten auch andere Grundrechte Gegenstand der gerichtlichen Erörterungen gewesen. Eine Auswahl einiger grundlegender Entscheidungen sollen die folgenden Ausführungen bieten.

a) Menschenwürde

In einer Entscheidung vom 13. Februar 1964[1311] hatte der Zweite Senat des BAG über die Frage zu entscheiden, ob eine Kündigung deshalb unwirksam sei, weil eine der Kündigung vorausgegangene psychologische Untersuchung unter Verstoß gegen Art. 1 Abs. 1 GG und das darin liegende Gebot, die Menschenwürde zu achten, zustande gekommen sei. Das Gericht lehnte dies unter Bezugnahme auf die Rechtsprechung des BVerwG[1312] zu psychologischen Gutachten im Zusammenhang mit der Erteilung der Fahrerlaubnis von Kraftfahrzeugen ab. Wenn die Einholung psychologischer Gutachten durch Verwaltungsbehörden und Gerichte schon nicht gegen das Achtungsgebot der Menschenwürde verstoße, könne ein Verstoß erst recht nicht anzunehmen sein, wenn der Untersuchte keine Einwendungen hiergegen erhoben habe.[1313] Mit dieser Begründung entzog sich der Zweite Senat jedoch einer Entschei-

---

1310 BAGE 36, S. 344.
1311 BAGE 15, S. 275.
1312 BVerwGE 17, S. 342.
1313 BAGE 15, S. 275, 279.

dung der Frage, ob Art. 1 Abs. 1 GG überhaupt im privatrechtlichen Verhältnis zwischen Arbeitgeber und Arbeitnehmer Geltung beansprucht.

In einem Urteil vom 26. November 1980[1314] hat sich der Vierte Senat des BAG zur Vereinbarkeit tariflicher Regelung ärztlichen Bereitschaftsdienstes in Krankenhäusern mit dem Gebot des Art. 1 Abs. 1 GG geäußert. Der klagende Arzt hatte die Unwirksamkeit einer Tarifnorm geltend gemacht, weil die Regelung dem Arbeitnehmer ein die allgemeine menschliche Leistungsfähigkeit und die Zumutbarkeit überschreitendes Arbeitspensum abverlange und daher wegen Verstoßes gegen die Menschenwürde, gemäß Art. 1 Abs. 1 GG sowie gegen das Grundrecht auf freie Entfaltung der Persönlichkeit aus Art. 2 Abs. 1 GG und schließlich die Grundrechte aus Art. 6 GG verstoße. Das Gericht wies die Revision des Arbeitnehmers zurück,[1315] setzte sich jedoch mit dessen Argumentation auseinander und zwar ohne ein Wort des Zweifels daran, dass der Anwendungsbereich der Grundrechtsnormen überhaupt eröffnet sei. Es ist danach davon auszugehen, dass das Gericht in dem Urteil von der unmittelbaren Wirkung der Grundrechte im Arbeitsrecht, namentlich im Tarifvertragsrecht ausging. Der Vierte Senat des BAG bestätigte diese Rechtsprechung in einem Urteil vom 24. Februar 1982,[1316] nahm jedoch erneut kritisch zu einem möglichen Verstoß gegen die in Art. 1 Abs. 1 GG garantierte Menschenwürde Stellung.[1317] Er stellte insoweit zum vorgenannten Urteil ergänzend fest, dass eine Tarifnorm jedenfalls dann wegen Verstoßes gegen Art. 1 Abs. 1 GG nichtig sei,[1318] wenn sie eine Pflicht des Krankenhausarztes enthalte, nach einem an einen Tagesdienst anschließenden Bereitschaftsdienst einen weiteren Tagesdienst zu leisten. Dies insbesondere dann, wenn ihm während des vorangegangenen Bereitschaftsdienstes in der Zeit von 21.00 Uhr und dem Beginn der allgemeinen Tagesarbeitszeit keine ununterbrochene Ruhezeit von sechs Stunden zur Verfügung gestanden habe.[1319] Art. 1 Abs. 1 S. 1 und 2 GG würden in diesem Fall gebieten, dass tarifliche Bestimmungen als unwirksam angesehen werden müssen, die einem Arbeitnehmer die individuelle menschliche Privatsphäre, in die sich jeder Mensch zurückziehen und über die er verfügen könne, in unzumutbarer Weise vorenthalten oder ihm ein mit dem menschlichen Leistungsvermögen nicht mehr

1314 BAGE 34, S. 281.

1315 Überwiegend zustimmend zum Ergebnis des Urteils *Zmarzlik*, AP Nr. 6 zu § 17 BAT.

1316 BAGE 38, S. 69.

1317 Vollauf zustimmend *Meisel*, AP Nr. 7 zu § 17 BAT.

1318 *Meisel*, AP Nr. 7 zu § 17 BAT, sieht zur Begründung desselben Ergebnisses weniger die Hinzuziehung grundrechtlicher Bestimmungen von Nöten, als vielmehr die Lösung des Falles in bestehenden einfach-zivilrechtlichen und tarifrechtlichen Regelungen liegend.

1319 BAGE 38, S. 69, 78.

vereinbares Arbeitspensum auferlege.[1320] Auch in diesem Urteil geht das Gericht nicht auf die Lehre von der unmittelbaren Wirkung der Grundrechte im tarifvertraglichen Arbeitsrecht ein, es bezieht aber den Schutzbereich des Grundrechts ohne weitere Erörterung in seine Argumentation ein.

b) Allgemeines Persönlichkeitsrecht des Arbeitnehmers

In einem Urteil vom 8. Januar 1981[1321] stellte der Dritte Senat des BAG fest, dass eine reine Schriftenvergleichung, bei der nur die Übereinstimmung verschiedener Schriftproben festgestellt werde, in der Regel keine Verletzung des allgemeinen Persönlichkeitsrechts des Arbeitnehmers darstelle, da es nicht auf die Person des Schrifturhebers und dessen Persönlichkeit ankomme. Eine Verletzung des allgemeinen Persönlichkeitsrecht des Arbeitnehmers aus Art. 1 GG und Art. 2 GG stellte dagegen der Zweite Senat des BAG in einem Urteil vom 2. Juni 1982[1322] fest. Das Gericht sah eine Verletzung des Grundrechts des Arbeitnehmers durch den Arbeitgeber darin gegeben, dass letzterer ein mit dem Arbeitnehmer unter vier Augen und hinter verschlossenen Türen vertraulich geführtes Gespräch über eine eingeschaltete Sprechanlage ohne Wissen des Arbeitnehmers von einem Dritten mithören ließ. Unter Berufung auf die zu derartigen Fallkonstellationen ergangene Rechtsprechung des BGH[1323] betonte der Zweite Senat des BAG den besonderen Schutz des allgemeinen Persönlichkeitsrechts. Das „durch die Art. 1 und 2 GG geschützte Recht auf Achtung der Würde und der freien Entfaltung der Persönlichkeit ist auch ein von jedermann im Privatrechtsverkehr zu achtendes Recht; es genießt den Schutz von § 823 Abs. 1 BGB."[1324] Inwieweit das BAG hierbei von der unmittelbaren oder mittelbaren Wirkung des Grundrechts ausging, lässt sich nur indirekt erkennen. Die Aussage des Gerichtes, es stehe „allerdings nicht der gesamte Bereich des privaten Lebens unter dem absoluten Schutz des Grundrechts aus Art. 2 Abs. 1 i. Verb. m. Art. 1 Abs. 1 GG", lässt jedoch darauf schließen, dass der Senat von der unmittelbaren Wirkung des Grundrechts im Arbeitsrecht ausging. Anders lässt sich die gewählte Formulierung nicht erklären. Nach der Lehre von der mittelbaren Wirkung der Grundrechte gebietet die Generalklausel des BGB selbst – und nicht das Grundrecht – den Schutz vor unzulässigen Eingriffen in das allgemeine Persönlichkeitsrecht. In einem Urteil vom 17. Mai 1983[1325] hat der Erste Senat des BAG die vorste-

---

1320 BAGE 38, S. 69, 80f.

1321 BAG, AP Nr. 1 zu § 441 ZPO; mit zustimmender Anmerkung von *Walchshöfer*, ebd.

1322 BAGE 41, S. 37; vgl. hierzu auch Anmerkung *Schlund*, BB 1983, S. 1728; ferner *Walchshöfer*, AP Nr. 1 zu § 441 ZPO.

1323 BGHZ 13, S. 334.

1324 BAGE 41, S. 37, 41; zustimmend *Schlund*, BB 1983, S. 1728.

1325 BAGE 42, S. 375.

hende Rechtsprechung des Zweiten Senats zu dem von Art. 1 Abs. 1 GG i.V.m. Art. 2 Abs. 1 GG geschützten allgemeinen Persönlichkeitsrechts ausdrücklich bestätigt. Das Gericht stellte fest, dass der Persönlichkeitsschutz des Arbeitnehmers auch gegenüber dem Arbeitgeber gelte.[1326]

8. Zusammenfassung

Die vorstehende Darstellung hat gezeigt, wie vielschichtig die Problematik der Wirkung der Grundrechte im Privatrechtsverkehr allgemein und insbesondere im Arbeitsrecht ist; aber auch, wie wandlungsfähig die Rechtsprechung sein kann. Noch zu Beginn seiner Rechtsprechung in den fünfziger Jahren hat das BAG fast durchgängig und bei jeder Gelegenheit auf die unmittelbare Wirkung der Grundrechte im Arbeitsrecht hingewiesen. Demgegenüber ist das Gericht während der späten siebziger Jahre vereinzelt und zunächst noch verdeckt von dieser Lehre abgewichen. Spätestens jedoch seit den Entscheidungen der frühen achtziger Jahre ist ein deutlicher Wandel in der Rechtsprechung des BAG zu verzeichnen, hin zu einer stärker an der Dogmatik des BVerfG und des BGH orientierten Jurisdiktion. Im Folgenden wird es nun darum gehen, die zentralen Entscheidungen darzustellen, in denen das BAG die Lehre *Nipperdeys* zur unmittelbaren Drittwirkung der Grundrechte im Arbeitsrecht – jedenfalls hinsichtlich individualarbeitsrechtlicher Sachverhalte – aufgegeben hat. Es soll der Versuch unternommen werden, die Einflüsse aus der Literatur zusammenzufassen, die zu diesem Wandel in der Rechtsprechung des BAG geführt haben dürften.

VI. Paradigmenwechsel in der Rechtsprechung des BAG

In zwei Entscheidungen vom 20. Dezember 1984 und vom 27. Februar 1985 haben der Zweite und der Große Senat des BAG klargestellt, dass sie (nunmehr) davon ausgehen, dass die Grundrechte die Rechtsbeziehungen der Beteiligten im Individualarbeitsrecht mit (nur) mittelbarer Wirkung beeinflussen. Die Entscheidung des Großen Senats lässt sich damit durchaus als „offizielles“ Ende der Rechtsprechung des BAG zur unmittelbaren Wirkung der Grundrechte im Individualarbeitsrecht bezeichnen. Den Entscheidungen ging

---

1326 BAGE 42, S. 375, 383; siehe hierzu auch die im Ergebnis zustimmende Anmerkung von *Wiese*, AP Nr. 11 zu § 75 BetrVG, in der dieser allerdings deutlich macht, dass das allgemeine Persönlichkeitsrecht zwar auf der Grundlage vor allem der Art. 1 Abs. 1 und Art. 2 Abs. 1 GG im Wege der Rechtsfortbildung entwickelt worden ist, aber in seiner weiteren Behandlung privatrechtlichen Regeln unterliege, so dass seine Grenzen anhand der Grundsätze des Privatrechts im Wege der Güter- und Interessenabwägung zu bestimmen und nicht den Schranken der Art. 2 Abs. 1 und Art. 19 Abs. 2 GG zu entnehmen seien.

ein längerer Prozess voraus, den nicht nur, aber insbesondere die im Schrifttum geführte Diskussion um die Wirkung der Grundrechte im Privatrecht allgemein und speziell im Arbeitsrecht maßgeblich beeinflusst und bereichert hat.

1. Vorbereitung des Wechsels in der Literatur

Im Laufe der Zeit hat eine Vielzahl von Autoren mehr oder weniger intensiv an dem Diskurs teilgenommen, der um die Wirkung der Grundrechte im Arbeitsrecht stattfand. Insbesondere in der arbeitsrechtlichen Literatur sind die Theorien *Nipperdeys* und *Dürigs* sowie deren Verarbeitung in der höchstrichterlichen Rechtsprechung hinterfragt, diskutiert, variiert und weiterentwickelt worden.

Neben anderen hatten sich beispielsweise *Bosch/Habscheid* bereits 1954[1327] und 1956[1328] gegen *Nipperdey* und für eine mittelbare Wirkung der Grundrechte im Privatrechtsverkehr ausgesprochen. Dem gegenüber haben sich andere Autoren wie *Leisner, Kaufmann, Krüger* und *Gamillscheg* grundsätzlich der von *Nipperdey* begründeten Lehre angeschlossen.[1329] Infolgedessen kam *Habscheid*, der 1964 seinen Standpunkt bekräftigte, zu der Feststellung, dass die Ansicht *Nipperdeys* „an Boden gewonnen"[1330] habe.

a) Teilweise Anschluss an *Nipperdey* durch *Arthur Nikisch*

Neben den vorgenannten Autoren gingen andere namhafte Vertreter des Arbeitsrechts im Grundsatz von der unmittelbaren Wirkung einzelner Grundrechte im Arbeitsrecht aus. Unter anderem hat sich *Nikisch* in der Auseinandersetzung mit der Entscheidung des BAG zur Unwirksamkeit von Zölibatsklauseln für eine unmittelbare Wirkung des Art. 6 Abs. 1 GG ausgesprochen, weil die Klauseln im Allgemeinen nicht als sittenwidrig bezeichnet werden könnten.[1331] *Nikisch* zu den Vertretern der Lehre *Nipperdeys* zu zählen, ginge allerdings zu weit. *Nikisch* wies ausdrücklich darauf hin, dass nicht alle in den Grundrechten verbrieften Grundsätze auf das Arbeitsrecht übertragbar seien, was insbesondere für die verschiedenen Rechte des Art. 3 GG gelte. Der Gleichheitsgrundsatz binde beispielsweise Gesetzgeber und Tarifparteien. Eine rigorose Durchführung des Grundsatzes im privaten Rechtsverkehr sei abzulehnen, weil dessen Sinn und Zweck dies nicht fordere und sich

1327 Vgl. *Bosch/Habscheid*, JZ 1954, S. 213.
1328 Vgl. *Bosch/Habscheid*, JZ 1954, S. 213, 297.
1329 Zum Stand der Diskussion in den Jahren bis 1965 siehe oben B.II.4.
1330 Vgl. *Habscheid*, JZ 1964, S. 246.
1331 Vgl. *Nikisch*, Arbeitsrecht, Bd. 1, § 5 III. 2, S. 40f.

auch die Gründe für eine – durchaus übliche – ungleiche Behandlung verschiedener Arbeitnehmer kaum einwandfrei feststellen ließen[1332]. Es fragt sich jedoch, ob *Nikisch* dabei nicht übersah, dass der Gleichheitsgrundsatz des Art. 3 GG neben der Forderung nach Gleichbehandlung vergleichbarer Sachverhalte gerade auch die Differenzierung ungleicher Verhältnisse verlangt. Daneben lehnte *Nikisch* eine unmittelbare Geltung des Grundrechts aus Art. 12 Abs. 1 GG ab. Vielmehr seien die Grenzen des im Privatrecht zulässigen § 138 BGB zu entnehmen, „bei dessen Anwendung allerdings die in Art. 12 I GG zum Ausdruck gebrachte Wertvorstellung zu berücksichtigen"[1333] sei.

b) Modifikation der unmittelbaren Wirkung der Grundrechte durch *Jürgen Schwabe*

Zur unmittelbaren Wirkung der Grundrechte in den Rechtverhältnissen der Privaten untereinander gelangte im Ergebnis auch *Schwabe*.[1334] Sein dogmatischer Ansatz unterschied sich von den beiden bisher diskutierten Theorien im Wesentlichen dadurch, dass er die grundsätzliche Unterscheidung der Rechtsnormen in solche des privatrechtlichen und des öffentlichen Rechts als verfehlt ablehnte und vielmehr abstrakt danach fragte, ob eine Norm Freiheitsbeschränkungen enthalte. Von welcher Gewalt solche Beschränkungen der individuellen Freiheit auch ausgingen, sie seien an den Grundrechten zu messen.

Schwabe grenzte zunächst negativ ab, welche Grundrechtsverbürgungen sich systematisch nur gegen den Staat richten (könnten) und gelangte zu dem Ergebnis, dass dies für die Einrichtungsgarantien, die Grundrechte des status activus, des status positivus sowie des status positivus socialis gelten müsse.[1335] Die Geltung dieser grundrechtlichen Bestimmungen gegenüber Privaten sei hier schlicht undenkbar. Die Diskussion um die Wirkung der Grundrechte gegenüber Privaten könne danach allenfalls bei den Freiheits- und Gleichheitsrechten infrage kommen.[1336] Hinsichtlich des Anwendungsbereiches und der Wirkungsweise der Grundrechte in ihrer Funktion als Abwehrrechte machte *Schwabe* keinen Unterschied zwischen öffentlichem und privatem Recht.[1337]

Der herrschenden Literatur hielt *Schwabe* vor, im Rahmen der Diskussion um die Wirkung der Grundrechte zwischen Privaten eine unbrauchbare Differen-

1332 Vgl. *Nikisch*, Arbeitsrecht, Bd. 1, § 5 III. 2, S. 41.
1333 Vgl. *Nikisch*, Arbeitsrecht, Bd. 1, § 5 III. 5, S. 43.
1334 Vgl. *Schwabe*, Die sogenannte Drittwirkung der Grundrechte.
1335 Vgl. *Schwabe*, Die sogenannte Drittwirkung der Grundrechte, S. 14f.
1336 Ebd.
1337 Vgl. *Schwabe*, Die sogenannte Drittwirkung der Grundrechte, S. 148.

zierung danach vorzunehmen, ob das betreffende Rechtsverhältnis dem öffentlichen oder dem privaten Recht zuzuordnen sei.[1338] *Schwabe* ging dabei strukturell von einem Rechtsverständnis aus, wonach sich der jeweilige Rechtsanspruch des Einzelnen auch dann aus dem Gesetz ergebe, wenn er individualvertraglich begründet sei. Wesen der Privatautonomie sei es, den Parteien die Ausgestaltung der von den jeweiligen Rechtsnormen eröffneten (nicht gelassenen) Freiräume auszufüllen.[1339] Diese imperativen Rechtsnormen unterschied *Schwabe* sodann in primäre und sekundäre Normen.[1340] Danach seien primäre Normen solche, die den Rechtsgenossen ein äußeres Verhalten vorschreiben und sekundäre Normen diejenigen, die bestimmen, was im Fall der Nichtbefolgung der primären Normen geschehen soll.[1341] Da folglich nur die primären Normen Beschränkungen der individuellen Freiheit anordnen, seien auch lediglich diese an den – individuelle Freiheit gewährenden – Grundrechten zu messen.[1342] Hierbei sei es für die Frage der unmittelbaren Geltung der Grundrechte vollkommen ohne Belang, ob die betreffende Norm dem öffentlichen oder dem privaten Recht zuzuordnen sei. Dies sei im Ergebnis teilweise gar nicht möglich, weil diese Normen insoweit rechtstechnisch neutral seien.[1343] Schließlich sei für die unmittelbare Grundrechtsgeltung auch unwichtig, welche rechtskonstruktive Ausgestaltung die jeweilige Anordnung finde (abstrakt-generell durch den Gesetzgeber selbst, konkret-individuell durch die Verwaltung oder durch den Richter). Einerseits stehe dies im Belieben des Gesetzgebers, andererseits seien ohnehin alle drei Gewalten unmittelbar an die Grundrechte gebunden.[1344]

Hierbei sei zudem unerheblich, ob die die Freiheit einschränkende Primärnorm in einer gesetzlichen oder einer vertraglichen Regelung bestehe,[1345] denn die zwangsweise Durchsetzung der jeweiligen Anordnung erfolge mit Hilfe staatlicher Gewalt.[1346] Im vertraglichen Bereich können Grundrechtsbeeinträchtigungen nach dem Ansatz von *Schwabe* in zweierlei Sachlagen auftreten. „Das fragliche Recht kann sich – gleichsam nur vertragsbedingt – aus dem Gesetz ergeben, wo es näher festgelegt ist, oder es ergibt sich aus dem – gesetzlich legitimierten – Vertrag.“[1347] Einer Grundrechtsverletzung werde im

1338 Vgl. *Schwabe*, Die sogenannte Drittwirkung der Grundrechte, S. 26ff.
1339 Vgl. *Schwabe*, Die sogenannte Drittwirkung der Grundrechte, S. 23.
1340 Vgl. *Schwabe*, Die sogenannte Drittwirkung der Grundrechte, S. 29ff.
1341 Vgl. *Schwabe*, Die sogenannte Drittwirkung der Grundrechte, S. 29.
1342 Vgl. *Schwabe*, Die sogenannte Drittwirkung der Grundrechte, S. 36.
1343 Vgl. *Schwabe*, Die sogenannte Drittwirkung der Grundrechte, S. 42.
1344 Vgl. *Schwabe*, Die sogenannte Drittwirkung der Grundrechte, S. 43.
1345 Vgl. *Schwabe*, Die sogenannte Drittwirkung der Grundrechte, S. 44.
1346 Vgl. *Schwabe*, Die sogenannte Drittwirkung der Grundrechte, S. 45.
1347 Vgl. *Schwabe*, Die sogenannte Drittwirkung der Grundrechte, S. 70.

ersten Fall durch die Nichtigkeit des Gesetzes oder durch dessen verfassungskonforme Auslegung und Anwendung vorgebeugt. Die Korrektur einer mit den Grundrechten unvereinbaren vertraglichen Regelung werde zunächst anhand einer – den Schutzbereich des bedrohten Grundrechts berücksichtigenden – Vertragsauslegung mittels §§ 133, 157 BGB erfolgen müssen.[1348] Wenn der Wortlaut des Vertrages dies nicht zulasse, müsse die Regelung schließlich für nichtig erklärt werden. Die Nichtigkeit folge nicht, wie überwiegend von den Vertretern der mittelbaren Drittwirkung gefordert wird, aus § 138 BGB, für den neben § 134 BGB kein Platz sei. Jedoch könne auch nicht allein auf § 134 BGB abgestellt werden, wenn es um die Begründung der Nichtigkeit gehe. Die Norm sei in ihrer Folge zu statisch und führe daher in vielen Fällen nicht zu sachgerechten Ergebnissen. Demzufolge müsse – soweit dies der Einzelfall erforderlich mache – neben § 134 BGB auch auf § 242 BGB zurückgegriffen werden.[1349]

Ein weiteres Argument für die unmittelbare Wirkung der Grundrechte im Zusammenhang mit der privatrechtlichen Bereichsabgrenzung sah *Schwabe* darin, dass sich weite Bereiche beider Rechtssphären zwar nicht in der Richtung, wohl aber in ihrem Inhalt decken würden.[1350] Eine Verletzung privater Rechtspositionen beeinträchtige auch den grundrechtlichen Schutzbereich des Betroffenen. Gleichwohl könnten die Grenzen beider Schutzbereiche unterschiedlich verlaufen. So könnte beispielsweise dem Abwehrrecht wegen einer Verletzung der äußersten Grenze des grundrechtlichen Schutzbereichs eine zivilrechtliche Duldungspflicht entgegenstehen.[1351] Andererseits müsse die grundrechtliche Gewährleistung den zivilrechtlich unzureichenden Schutz dort ergänzen, wo andernfalls die Ausübung zivilrechtlicher Berechtigung zu einer korrespondierenden Grundrechtsverletzung, beispielsweise in Form einer (gerichtlichen) Verurteilung zum Schadenersatz gegeben wäre.[1352]

Den Fehlschluss der (beiden) (Drittwirkungs-)Lehren sah Schwabe im Wesentlichen darin begründet, dass diese „den staatlichen Grundrechtsangriff durch Zivilgesetze, genauer die exakt bezeichnete zivilgesetzliche Erlaubnis zu privaten Eingriffen in den Freiheitsraum der Grundrechte, von vornherein absondert und folglich aus seiner Betrachtung entlässt“,[1353] dabei aber leicht übersieht, dass „nur ein minimaler und unbeachtlicher Unterschied besteht zur entsprechenden staatlichen Erlaubnis durch zivilgesetzliche Generalklauseln

1348 Vgl. *Schwabe*, Die sogenannte Drittwirkung der Grundrechte, S. 71.
1349 Vgl. *Schwabe*, Die sogenannte Drittwirkung der Grundrechte, S. 74.
1350 Vgl. *Schwabe*, Die sogenannte Drittwirkung der Grundrechte, S. 58.
1351 Vgl. *Schwabe*, Die sogenannte Drittwirkung der Grundrechte, S. 60f.
1352 Vgl. *Schwabe*, Die sogenannte Drittwirkung der Grundrechte, S. 66.
1353 Vgl. *Schwabe*, Die sogenannte Drittwirkung der Grundrechte, S. 95f.

(im weiteren Sinne) sowie durch eine weitgefasste Vertragsfreiheit.“[1354] Dies führe zu dem weiteren Trugschluss, „das private Gebrauchmachen von der durch Generalklauseln und Vertragsfreiheit bereitgestellten gesetzlichen Rahmenermächtigung [bewirke] Grundrechtseingriffe einer autonomen ‚privaten Gewalt‘.“[1355] Hinzu komme die grundsätzlich fehlgehende Vorstellung, Privatleute könnten mit Grundrechten kollidieren.[1356]

Angesichts des danach im Privatrecht geltenden Gleichheitssatzes ergebe sich die Frage, ob dessen Anwendung dazu führe, dass willkürliche Entscheidungen Privater[1357] wegen Verstoßes gegen Art. 3 GG nichtig seien. Dieses Ergebnis verneinte *Schwabe* mit dem Hinweis darauf, in diesen Fällen greife die aus dem Grundgesetz belegbare Privatautonomie und neutralisiere kraft ihrer überragenden Geltung den Gleichheitssatz.[1358] Dies finde seine Grenze jedoch dort, wo die Inanspruchnahme der privatautonomen Gestaltungsfreiheit gegen das Diskriminierungsverbot des Art. 3 Abs. 3 GG verstoße, beispielsweise in einer Vertragsbindung, ein Grundstück an einen Juden oder einen Farbigen nicht zu verkaufen.[1359] Hier sei die Wertigkeit des Diskriminierungsverbotes so erheblich, dass sie automatisch den Vorrang gegenüber der Vertragsfreiheit habe.

c) Teilweise Ablehnung der Lehre *Nipperdeys*

aa) *Brecher* – Grundrechtseinfluss in Relation zum Rechtsgeschäftstypus

In der 1965 anlässlich des 70. Geburtstages *Nipperdeys* erschienenen Festschrift entwickelte *Brecher* seine Ansicht von der Wirkung der Grundrechte im Arbeitsrecht, bei der er in erster Linie vom Privatrecht ausging. Er differenzierte danach, wie sehr individualisiert und am ziel-, personen- und ideengebunden Sinn einer Aufgabe das Rechtsgeschäft ist, um den Einflussraum der Grundrechte zu bestimmen.[1360] *Brecher* zeigte auf, dass auf der einen Seite bestimmte, im Privatrecht mögliche Typen von Rechtsgeschäften keine unmittelbare Grundrechtswirkung zuließen. Hier nannte er den nichtgewerblichen Einzelbarkauf einer Konsumware, der dem rechtsstaatlichen Privatrechtsmodell entspreche und bei dem rechtsethische Gesichtspunkte nur durch

1354 Ebd.
1355 Vgl. *Schwabe*, Die sogenannte Drittwirkung der Grundrechte, S. 95f.
1356 Ebd.
1357 Beispielsweise die willkürliche Begünstigung einzelner Nachkommen im Testament oder die willkürliche Inanspruchnahme eines von mehreren Gesamtschuldnern.
1358 Vgl. *Schwabe*, Die sogenannte Drittwirkung der Grundrechte, S. 150.
1359 Vgl. *Schwabe*, Die sogenannte Drittwirkung der Grundrechte, S. 152.
1360 Vgl. *Brecher*, Grundrechte im Betrieb, S. 29, 39.

die §§ 138, 157 und 242 BGB geltend gemacht werden könnten, nämlich über den von *Dürig* aufgezeigten Weg, Grundrechtsgedanken durch das Medium unbestimmter Zivilrechtsbegriffe in das Vertragsrecht zu transformieren.[1361] Auf der anderen Seite stehe – so *Brecher* – das Arbeitsverhältnis als individuell abgeschlossener, personal betonter, aber auch objektbezogener, auf das Unternehmen geschlossener Vertrag, der in die betriebliche Organisation und deren Gesamtregelungen in Betriebsvereinbarungen eingebettet ist. Dieser Vertrag werde zugleich inhaltlich durch generell formulierte, zwischen den beiderseitigen Koalitionen abgemachte Tarifbedingungen beeinflusst.[1362] In diesem Gesamtgefüge unterschiedlichster Einflussfaktoren seien die Grundrechte, je nach Typ des Arbeitsverhältnisses, mehr oder weniger, keinesfalls aber abstrakt, sondern homolog anzuwenden.[1363] Im Ergebnis wird klar, dass auch *Brecher* die Wirkung der Grundrechte im Arbeitsrecht grundsätzlich befürwortete. Zwar sprach er sich für keine der beiden grundlegenden Theorien aus, sondern versuchte vielmehr einen eigenen, einzelfallorientierten Ansatz zu entwickeln. Gleichwohl orientierte sich dieser Ansatz mehr an der von *Dürig* vertretenen Lehre von der mittelbaren Wirkung der Grundrechte als an der Lehre *Nipperdeys*.

bb) *Böckenförde* – Grundrechtsinterpretation und Verfassungstheorien

Böckenförde[1364] sah die Grundrechte des Grundgesetzes in ihrer normativen Grundintention als klassische Freiheitsrechte angelegt, was auf das Freiheitsprinzip des liberalen Rechtsstaates als Antwort auf die elementaren Freiheitsverletzungen der NS-Zeit zurückgehe.[1365] Dafür spreche neben den Gesetzesmaterialien die Anlage und die konkrete Ausgestaltung des Grundrechtskataloges.[1366] So werde die individuelle Freiheit von Art. 1 Abs. 1 GG als vorstaatliches Menschenrecht proklamiert und ihre Gewährleistung zum vornehmlichen Ziel staatlichen Handelns erklärt. Die Grundrechte seien unmittelbar geltendes Recht, die insbesondere auch den Gesetzgeber binden (Art. 1 Abs. 3 GG). Hinzu trete, dass diese Bindung gerichtlicher Kontrolle unterliege (Art. 93 Abs. 1, Art. 100 Abs. 1 GG). Es sei also stets von der Freiheit die Rede, die jedermann bzw. allen Deutschen zukomme, ohne dass sie mit weiteren Attributen inhaltlicher Art versehen sei. Im Übrigen verwende weder das Grundgesetz die Begriffe „Werte" oder „Werteordnung", noch seien diese

---

1361 Vgl. *Brecher*, Grundrechte im Betrieb, S. 41.
1362 Vgl. *Brecher*, Grundrechte im Betrieb, S. 43.
1363 Vgl. *Brecher*, Grundrechte im Betrieb, S. 29, 44.
1364 Vgl. *Böckenförde*, NJW 1974, S. 1529.
1365 Vgl. *Böckenförde*, NJW 1974, S. 1529, 1537.
1366 Vgl. *Böckenförde*, NJW 1974, S. 1529, 1537.

Begriffe in den Beratungen verwendet worden.[1367] Allerdings habe das Grundgesetz die Schwäche der liberalen Grundrechtstheorie erkannt und dadurch gelöst, dass es dem Rechtsstaat den Sozialstaatsauftrag als nebengeordnetes Verfassungsprinzip zur Seite gestellt habe.[1368] Hieraus könne aber nicht die Erweiterung des einzelgrundrechtlichen Freiheitsrechtes zu grundrechtlichen Teilhabe- und Leistungsansprüchen entnommen werden. Der Sozialstaatsauftrag sei Rechtstitel, um die grundrechtliche Freiheit des einen nicht nur mit der gleichen rechtlichen Freiheit des anderen, sondern auch mit deren Realisierungsmöglichkeit kompatibel zu halten und ihrer Ausdehnung Maß und Grenzen zu setzen.[1369] Nach diesem Verständnis von der Grundrechtswirkung ist eine Wirkung der Grundrechte im Privatrechtsverkehr, mithin auch im Arbeitsrecht ausgeschlossen.

cc) *Rupp* – Einfluss des Wertewandels auf die Grundrechte

Demgegenüber sah *Rupp*[1370] die Triebfeder der erneut entbrannten Diskussion um einen Wandel der Verfassung und des Grundrechtsverständnisses nicht in verschiedenen Grundrechtstheorien, sondern in der methodologischen Elementarfrage. Eine weitere Ursache sah *Rupp* in der unbeantworteten Frage, ob und inwieweit das Verfassungsrecht, vornehmlich die Grundrechte, vom Wandel der realen Wirklichkeit berührt werden; sich ihre Konturen und Inhalte mit dieser Wirklichkeit im Wege juristischer Interpretation wandeln und an die Wirklichkeit anpassen lassen.[1371] Gegen die Lehre *Nipperdeys* wandte *Rupp* ein, dass sich die Grundrechte als subjektiv-rechtliche Freiheitsrechtssicherungen in ihrer gegen staatliche Machtentfaltung gerichteten Zielrichtung nicht einfach auf das Verhältnis der Privaten übertragen ließen. Zwischen den von den Typiken staatlicher und privater Machtentfaltung ausgehenden Freiheitsbedrohungen bestünden gravierende Unterschiede, weshalb die unveränderte Übertragung des gegen staatliche Machtentfaltung gerichteten subjektivrechtlichen Grundrechtsinstrumentariums nicht „nur keine heilende, sondern eine gefährliche Therapie“[1372] darstelle. Die in den Grundrechten verankerte Technik sei spezifisch auf das Verhältnis von bürgerlicher Freiheit zu staatlicher Kompetenz zugeschnitten, nicht aber auch das Verhältnis von bürgerlicher Freiheit zu bürgerlicher Freiheit.[1373]

1367 Vgl. *Böckenförde*, NJW 1974, S. 1529, 1537.
1368 Vgl. *Böckenförde*, NJW 1974, S. 1529, 1538.
1369 Vgl. *Böckenförde*, NJW 1974, S. 1529, 1537.
1370 Vgl. *Rupp*, AöR 101 (1976), S. 161.
1371 Vgl. *Rupp*, AöR 101 (1976), S. 161.
1372 Vgl. *Rupp*, AöR 101 (1976), S. 161, 168f.
1373 Vgl. *Rupp*, AöR 101 (1976), S. 161, 169.

Aus seinem institutionellen Grundrechtsverständnis heraus sah *Rupp* in den Grundrechtsnormen inhaltsbestimmende Elemente allen objektiven Rechts, die in ihrer Dynamik ständiger Auftrag und Verpflichtung seien, nicht nur für die interpretierende, sondern im Besonderen für die gesetzgebende Gewalt.[1374] Dies gelte auch für das Zivilrecht und für den Zivilrechtsgeber. In einer Zeit permanenten Schwunds individuell beherrschten Lebensraums könne es „Aufgabe der grundrechtlichen Freiheitsverbürgungen nicht nur sein, den Staat am Eingriff in Freiheit zu hindern, sondern ihn zu verpflichten, gefährdete Freiheit aktiv zu schützen, zu sichern und zu festigen."[1375] Grundrechtsverbürgungen seien – so *Rupp* – „zugleich ‚Entstehungssicherungen' menschlicher Freiheit."[1376]

Rupp verstand die Grundrechte ferner als soziale bzw. Leistungsgrundrechte, die staatliche Aktionen zur Verwirklichung des in ihnen enthaltenen sozialen Programms verlangen.[1377] Die Grundrechte seien nicht zuletzt Organisationsmaximen, denn die individuelle Freiheit in einer hoch entwickelten und in allen Bereichen menschlichen Wirkens gegenseitig abhängigen Massengesellschaft sei kein fertiger Zustand, sondern zugleich eine Organisationsfrage, die dem freiheitlich-demokratischen Staat ständig aufgegeben sei und für die die Grundrechte als Leitprinzipien zu dienen hätten.[1378]

dd) *Stern* – Differenzierung nach möglichen Drittwirkungskonstellationen

Ähnlich wie *Rupp* betont auch *Stern*[1379], dass die Verfassung eine Ordnungsfunktion besitze, welche allerdings darüber hinausgehe, Grundordnung zu sein.[1380] Sie präge die staatliche und gesellschaftliche Wirkungseinheit in der Weise, dass alle an sie gebunden seien und sie für alle Konfliktfälle gelte. Staatliche Macht sei nur legitimiert, wenn sie sich auf die Verfassung stützen könne.[1381] Diese Annahme zeigt indes, dass *Stern*, entgegen der Ansicht *Rupps* und der Lehre *Nipperdeys*, die Verfassung und die von ihr geregelten Rechtsbeziehungen in erster Linie auf das bipolare Verhältnis zwischen Staat und Bürger beschränkt versteht. *Stern* erkannte in den Grundrechtsnormen Verhaltensvorschriften für die staatliche Tätigkeit und Abgrenzungsnormen für die Ordnung des Verhältnisses Staat – Bürger.[1382] Darüber hinaus komme

---

1374 Vgl. *Rupp*, AöR 101 (1976), S. 161, 171.
1375 Vgl. *Rupp*, AöR 101 (1976), S. 161, 173.
1376 Vgl. *Rupp*, AöR 101 (1976), S. 161, 176.
1377 Vgl. *Rupp*, AöR 101 (1976), S.161, 178.
1378 Vgl. *Rupp*, AöR 101 (1976), S. 161, 189.
1379 Vgl. *Stern*, Staatsrecht, Bd. I, § 3 III 3., S. 64.
1380 Ebd.
1381 Vgl. *Stern*, Staatsrecht, Bd. I, § 3 III 3., S. 64f.
1382 Vgl. *Stern*, Staatsrecht, Bd. I, § 4 II 3. f), S. 98f.

bestimmten Grundrechten die Funktion von Gewährleistungsnormen bzw. Einrichtungsgarantien zu.[1383]

Am Ende einer ausführlichen Analyse der Drittwirkungstheorien gelangt *Stern* zu der Feststellung, die Wirkung der Grundrechte in der Privatrechtsordnung könne nicht allgemein und pauschal erklärt werden. Vielmehr habe eine hinreichend differenzierte und sorgfältig grundrechtsbezogene Analyse in verschiedene Konstellationen zu unterscheiden.[1384] Dem liege die Erkenntnis zugrunde, dass entgegen der Auffassung *Schwabes* die Wirkung der Grundrechte in der Privatrechtsordnung nicht erst durch den Spruch des Zivilrichters zum Tragen komme, sondern die Grundrechtsbindung des Richters gemäß Art. 1 Abs. 3 GG die Grundrechtsbindung privaten Handelns vielmehr voraussetze.[1385] *Stern* würdigt zwar das Verdienst der Lehre von der unmittelbaren Wirkung der Grundrechte im Privatrechtsverkehr, stellt aber auch fest, diese Lehre sei in ihrer Absolutheit „über das Ziel hinausgeschossen."[1386] Im Anschluss an *Dürig* weist *Stern* auf die zentrale Schwäche der Lehre *Nipperdeys* hin, die außer Acht lasse, dass die grundsätzliche Gleichordnung des Privatrechts zu spezifischen Interessenkonflikten führe, weil sich zwei Grundrechtsträger gegenüberstünden. Allein dies führe notwendig zur Relativierung der Grundrechtsgeltung im Privatrechtsverkehr. Die Grundrechte könnten nicht in gleicher Weise wirken wie gegenüber der öffentlichen Gewalt. Die Privatautonomie als wesentlicher Teil des Privatrechts sei einerseits Ausprägung der grundrechtlichen Freiheitsgewährleistung, andererseits aber auch Grundlage der Freiheit zur grundrechtseinschränkenden Selbstverpflichtung.[1387] Das „Ende des Privatrechts" wäre gekommen, ließe man – in konsequenter Anwendung der Lehre von der unmittelbaren Wirkung der Grundrechte – zu, dass sich jemand unter Berufung auf Grundrechte von privatrechtlich eingegangenen Verpflichtungen lösen könne.

Aber auch die Lehre von der mittelbaren Wirkung der Grundrechte im Privatrechtsverkehr bringe – so *Stern* – keine abschließende Lösung mit sich.[1388] Unsicherheit ergäbe sich einerseits durch die Bezugnahme auf das grundrechtliche Wertesystem, dessen Umsetzung in den typischen Drittwirkungskonstellationen regelmäßig zu Wertkollisionen mehrerer Grundrechte führe. Weiter kritisierte *Stern* an der mittelbaren Drittwirkungslehre die Beschränkung der Grundrechtswirkung auf Generalklauseln und die Auslegung unbe-

---

1383 Vgl. *Stern*, Staatsrecht, Bd. I, § 4 II 3. g), S. 99f.
1384 Vgl. *Stern*, Staatsrecht, Bd. III/1, § 76 IV 2., S. 1563.
1385 Vgl. *Stern*, Staatsrecht, Bd. III/1, § 76 III 1., S. 1550.
1386 Vgl. *Stern*, Staatsrecht, Bd. III/1 (1988), § 76 III 2. b), S. 1553.
1387 Vgl. *Stern*, Staatsrecht, Bd. III/1 (1988), § 76 III 2. b), S. 1554f.
1388 Vgl. *Stern*, Staatsrecht, Bd. III/1 (1988), § 76 III 3. S. 1556.

stimmter Rechtsbegriffe. Auch andere Normen als die Generalklauseln des BGB und zudem bestimmte Tatbestände und Rechtsbegriffe des Privatrechts seien der Auslegung zugänglich und daher grundsätzlich geeignet, im Wege der verfassungskonformen Auslegung grundrechtlich konkretisiert zu werden. Demnach griffe die Beschränkung der Grundrechtswirkung auf privatrechtliche Generalklauseln zu kurz.[1389]

Stern differenziert daher die möglichen Konstellationen, in denen Grundrechte im Privatrecht wirken können, im Wesentlichen nach vier Fragen: 1. Welche Wirkung entfalten die Grundrechte für den Privatrechtsgesetzgeber und die von diesem erlassenen Normen? 2. Gibt es kraft ausdrücklicher Anordnung im Grundgesetz Grundrechte oder grundrechtsähnliche Rechte, die Grundrechtsberechtigte anderen Privatrechtssubjekten dergestalt entgegenhalten können, dass diese daraus verpflichtet werden oder dass hieraus andere unmittelbare Rechtsfolgen abgeleitet werden können? 3. Gibt es über die Fälle ausdrücklicher verfassungsgesetzlicher Anordnung hinaus irgendwie geartete sonstige Einwirkungen aus den Grundrechtsnormen auf den Rechtsverkehr der Privatrechtssubjekte untereinander, d.h. auf rechtsgeschäftliche oder sonstige Akte? 4. Lassen sich die staatsgerichteten Grundrechte analog oder sonst wie begründet mit gleicher oder wenigstens ähnlicher Bindungskraft sozialen, ökonomischen oder verbandlichen „Gewalten" entgegenhalten?[1390] Die Beantwortung der vorgenannten Ausgangsfragen ergebe die für den jeweiligen Fall einschlägige dogmatische Begründung für die Geltung der Grundrechte im Privatrecht. Dabei komme der Theorie, wonach die Grundrechte staatliche Schutzpflichten zugunsten der Grundrechtsträger begründen, zwar das Prädikat der dogmatisch „saubersten" Lösung zu;[1391] gleichwohl könne diese Theorie nicht die Antwort auf alle Fragen geben. In anderen Fällen könne daher auch die unmittelbare oder die mittelbare Wirkung der Grundrechte im Privatrecht oder die verfassungskonforme Auslegung „richtig" sein. Schließlich ergebe sich die Lösung aus den Umständen des jeweiligen Einzelfalles.

ee) *Canaris* – Grundrechte als Schutzgebote

Canaris[1392] versucht die Lehre *Nipperdeys* dagegen durch eine am Wortlaut des Grundgesetzes ansetzende Argumentation zu widerlegen. So sei gemäß Art. 1 Abs. 1 Satz 2 GG die Verpflichtung zur Achtung und zum Schutz der Menschenwürde ausdrücklich „aller staatlichen Gewalt" auferlegt und gerade

1389 Vgl. *Stern*, Staatsrecht, Bd. III/1 (1988), § 76 III 3. b), S. 1557f.
1390 Vgl. *Stern*, Staatsrecht, Bd. III/1 (1988), § 76 IV 2., S. 1563.
1391 Vgl. *Stern*, Staatsrecht, Bd. III/1 (1988), § 76 IV 5., S. 1572.
1392 Vgl. *Canaris*, AcP 184 (1984), S. 201.

nicht „jedermann.“[1393] Dasselbe ergebe sich aus Art. 1 Abs. 3 GG, wonach die Bindung an die Grundrechte nur für „Gesetzgebung, vollziehende Gewalt und Rechtsprechung“, nicht aber auch für die Privatrechtssubjekte bestehe. Ferner statuiere Art. 3 Abs. 1 GG nur die Gleichheit „vor dem Gesetz.“[1394] Auch die Systematik der Gesetzesvorbehalte in den Grundrechten spreche dafür, dass Adressat der Grundrechte allein der Staat sein soll.[1395] Die Gesetzesvorbehalte richteten sich allein an den Staat als Gesetzgeber. Sollten die Grundrechte aber auch gegenüber Privaten gelten, bedürfe es andernfalls Regelungen, die klarstellten, in welcher Weise Einschränkungen der Grundrechte durch Private zulässig wären. Andernfalls würde die schrankenlose Gewährleistung bestimmter Grundrechte im Privatrecht zu paradoxen Ergebnissen führen.[1396] *Canaris* weist zudem auf die Entstehungsgeschichte des Grundgesetzes hin, aus der sich deren Verständnis ergebe. Die Grundrechte seien als Reaktion auf die Zeit der nationalsozialistischen Diktatur zu verstehen, eine Umgestaltung des Privatrechts sollten sie dagegen nicht bewirken.[1397]

Im Hinblick auf die teleologische Funktion der Grundrechte weist *Canaris* auf einen Irrtum hin, den er in der Argumentation *Dürigs* zu erkennen glaubt. So sei weniger auf das Argument abzustellen, dass bei der Lehre von der unmittelbaren Wirkung der Grundrechte bürgerliche Freiheit bürgerlicher Freiheit gegenüberstünde. Dies gelte nicht nur für das Verhalten der Privatrechtssubjekte als solche, sondern auch für die gesetzlichen Regelungen ihrer Beziehungen. Konsequenterweise müssten dann diese von einer unmittelbaren Grundrechtsbindung freigestellt werden.[1398] Ausschlaggebend sei vielmehr, dass den Privaten untereinander nicht die Machtmittel zur Verfügung stünden, wie dem Staat gegenüber den Privaten. Nur der Staat verfüge über die Möglichkeit zum Normerlass, Verwaltungsakt oder zur Strafverhängung.[1399] Überdies handele es sich im Rahmen der Privatautonomie vorwiegend um Einschränkungen von grundrechtlich geschützten Bereichen durch den Träger selbst. Mit dieser privatautonomen Selbstbestimmung sei staatliche Fremdbestimmung indes nicht vergleichbar.[1400]

1393 Vgl. *Canaris*, AcP 184 (1984), S. 201, 203f.

1394 Vgl. *Canaris*, AcP 184 (1984), S. 201, 204.

1395 Vgl. *Canaris*, AcP 184 (1984), S. 201, 204f.

1396 *Canaris* nennt unter anderem die Beispiele eines Malers, der seinem Auftraggeber bestimmte Zusagen zur Gestaltung des Bildes macht, sowie eines Musikers, der sich gegenüber der Konzertleitung dazu verpflichtet, ein bestimmtes Lied zu spielen. Beide Verträge wären nichtig, allein weil Art. 5 Abs. 3 GG keinen Schrankenvorbehalt beinhaltet.

1397 Vgl. *Canaris*, AcP 184 (1984), S. 201, 205.

1398 Vgl. *Canaris*, AcP 184 (1984), S. 201, 205.

1399 Vgl. *Canaris*, AcP 184 (1984), S. 201, 206.

1400 Ebd.

In der Auseinandersetzung mit dem zentralen Argument der Lehre *Nipperdeys*, dem Bedürfnis, den Schutz des Schwächeren gegenüber sozialen Mächten bzw. sozialen Gewalten zu gewährleisten bzw. zu intensivieren, weist *Canaris* darauf hin, dass die Problematik der grundrechtlich gewährleisteten Freiheit im Gegensatz zur Vertragsbindung weit über die Fälle sozialer Machtgefälle hinausgehe.[1401] Aber auch das Vorliegen sozialer Macht allein könne nicht dazu führen, dass Grundrechte unmittelbar im Privatrechtsverkehr Wirkung entfalten. Solange ein „einigermaßen funktionierender Wettbewerb" bestehe, sei die faktische Wahrnehmung der Privatautonomie des Schwächeren nicht nennenswert beeinträchtigt.[1402] Im Ergebnis könne das Problem sozialer Machtgefälle nicht als eigenständig gesehen werden, sondern nur als Teilbereich des allgemeinen Fragenkreises der gestörten Vertragsparität, zu dessen Bewältigung das Recht jedoch vielfältige Instrumentarien bereithalte.[1403]

Trotz aller Kritik am dogmatischen Fundament der Lehre *Nipperdeys* schreibt Canaris ihr das Verdienst zu, praktische Konsequenzen im Privatrecht hervorgerufen zu haben. Im deliktischen Bereich sei die Anerkennung des allgemeinen Persönlichkeitsrechts als „sonstiges Recht" im Sinne des § 823 Abs. 1 BGB und der Schutz aller personalen Freiheitsrechte des Grundrechtskataloges als absolute Rechte im Sinne des § 823 Abs. 2 BGB auf die Lehre *Nipperdeys* zurückzuführen.[1404]

Im rechtsgeschäftlichen Bereich hält *Canaris* die Ergebnisse der Lehre von der unmittelbaren Wirkung der Grundrechte im Privatrechtsverkehr allerdings für nicht durchsetzbar, weil sonst allein das verfassungsrechtliche Übermaßverbot das Ausmaß der Einschränkbarkeit der Freiheitsrechte durch Rechtsgeschäft regeln würde.[1405] Das hätte zur Folge, dass § 138 BGB praktisch außer Kraft gesetzt wäre und durch die deutlich schärfere Kontrolle an den Prinzipien des Verhältnismäßigkeitsgrundsatzes, Eignung, Erforderlichkeit und Angemessenheit ersetzt würde.[1406] In der Konsequenz würde dies die Ausgewogenheit der zivilrechtlichen Kontroll- und Selbstregelungsmechanismen und damit schließlich die Privatautonomie aushöhlen.[1407]

1401 Vgl. *Canaris*, AcP 184 (1984), S. 201, 206f.

1402 Vgl. *Canaris*, AcP 184 (1984), S. 201, 207.

1403 *Canaris* nennt hier beispielhaft den Wettbewerbsschutz durch das GWB, Tarifvertrag und Arbeitskampf, die Inhaltskontrolle bei Allgemeinen Geschäftsbedingungen sowie die klassischen privatrechtlichen Instrumente der §§ 134 und 138 BGB.

1404 Vgl. *Canaris*, AcP 184 (1984), S. 201, 208.

1405 Vgl. *Canaris*, AcP 184 (1984), S. 201, 209.

1406 Vgl. *Canaris*, AcP 184 (1984), S. 201, 209f.

1407 Vgl. *Canaris*, AcP 184 (1984), S. 201, 210.

Canaris, der ebenso den Ansatz *Dürigs* ablehnt, gelangt im Ergebnis dennoch zur Anwendung der Grundrechte.[1408] So stimmt er der Rechtsprechung des BAG zur Anwendbarkeit des Art. 5 Abs. 1 GG auf eine Kündigung wegen Meinungsäußerung im Ergebnis zu, jedoch sei „nicht das Rechtsgeschäft der Kündigung an Art. 5 Abs. 1 GG zu messen, sondern der im Wege der Auslegung aus § 1 KSchG oder § 626 BGB zu gewinnende Rechtssatz über das Vorliegen eines Kündigungsgrundes."[1409] Dabei ergebe die Güter- und Interessenabwägung, dass nur bei einer konkreten Gefährdung des Betriebsfriedens ein Kündigungsgrund gegeben sein könne, wohingegen die Zulassung der Kündigung ohne diese Voraussetzung gegen das Verhältnismäßigkeitsprinzip[1410] verstoße und damit das zur Entscheidung berufene Gericht Art. 5 Abs. 1 GG unmittelbar verletzen würde.[1411] Dies ist das Ergebnis der von *Canaris* vorgenommenen Differenzierung danach, ob an die Norm selbst angeknüpft werde oder an ein Verhalten des jeweiligen Privatrechtssubjektes, das wiederum, wegen der Staatsgerichtetheit der Grundrechte, nicht an diese gebunden sei.[1412] Die jeweilige Norm sei unmittelbar an die Grundrechte gebunden, weil seinerseits der Gesetzgeber bei ihrem Erlass an die Grundrechte gebunden war. Die Frage, ob und wie die Kündigung selbst an den Grundrechten zu messen sei, stelle sich daher nur außerhalb des Anwendungsbereiches des KSchG, nämlich dann, wenn dem Arbeitgeber das Recht zu einer keines Grundes bedürftigen Kündigung zustehe.[1413]

Den Vertretern der Lehre der mittelbaren Drittwirkung der Grundrechte hält *Canaris* eine „fehlerhafte Vereinseitigung" auf die bürgerlich rechtlichen Generalklauseln vor. „In Wahrheit ist nämlich nicht einzusehen, warum die Grundrechte nur über unbestimmte Rechtsbegriffe und Generalklauseln auf das Privatrecht einwirken sollen. Denn zum einen ist es denkbar, dass auch Normen mit festen Tatbeständen zur Verwirklichung von Grundrechten dienen, und zum anderen steht auch nicht von vornherein fest, dass immer eine

1408 Vgl. *Canaris*, AcP 184 (1984), S. 201, 212ff.

1409 Vgl. *Canaris*, AcP 184 (1984), S. 201, 213.

1410 An dieser Stelle begibt sich *Canaris* m.E. in eine gewisse Inkonsequenz. Während er seine Ablehnung der Lehre von der *unmittelbaren* Wirkung damit begründet, dass dann das Übermaßverbot (= Verhältnismäßigkeitsgrundsatz) zur Anwendung komme, führt er das Verhältnismäßigkeitsprinzip als Korrektiv an dieser Stelle selbst ein. Dies lässt sich wohl nur durch den Wechsel der Perspektive erklären. Nach der Lehre *Nipperdeys* bestimmt der Verhältnismäßigkeitsgrundsatz das Rechtsgeschäft originär, während nach *Canaris* der Verhältnismäßigkeitsgrundsatz erst in der Beurteilung bzw. Bewertung des Sachverhalts durch den Richter zur Anwendung gelangt.

1411 Vgl. *Canaris*, AcP 184 (1984), S. 201, 213.

1412 Vgl. *Canaris*, AcP 184 (1984), S. 201, 228.

1413 Vgl. *Canaris*, AcP 184 (1984), S. 201, 213.

geeignete Generalklausel vorhanden ist. Insbesondere ist keineswegs sicher, dass der sehr großzügige Maßstab der guten Sitten, mit dem bei korrekter Handhabung nur Extremfälle zu erfassen sind, stets einen ausreichenden Schutz der Grundrechte bietet."[1414]

Canaris glaubt die Lösung der Drittwirkungsproblematik nach allem darin zu erkennen, die Grundrechte als Schutzgebote zu betrachten. Danach müsse der Staat, insbesondere „der Gesetzgeber oder an seiner Stelle der Richter auf die Grundrechtsgefährdungen, die durch die Zulassung der Privatautonomie entstehen, mit der Schaffung ausreichender Schutzbestimmungen reagieren."[1415] Dogmatisch ergebe sich daraus, dass die Schutzfunktion nur den Staat und nicht die Privatrechtssubjekte zu Normadressaten habe. Praktisch werde damit jedoch die unmittelbare Ableitung der Ergebnisse aus den Grundrechten weitgehend vermieden und die Erfüllung der Schutzaufgaben könne im Wesentlichen als Sache des einfachen Rechtes angesehen werden.[1416]

Da für *Canaris* die Grundrechte im rechtsgeschäftlichen Bereich nicht allein durch die Generalklauseln wirken, kommt er zu dem Ergebnis, dass das BAG seine Entscheidung zur Unwirksamkeit von Zölibatsklauseln zu Recht nicht auf § 138 BGB gestützt hat.[1417] Die Vorschrift passe in diesen Fällen nicht, weil ihre Anwendung „zum einen das Verdikt einer gewissen Unanständigkeit" impliziere und zum anderen von den Umständen des Einzelfalles abhänge.[1418] Richtig sei „vielmehr, dass es (ungeschriebene) Schranken der Privatautonomie gibt, die § 138 BGB vorausliegen und eher mit dem Tatbestand der rechtlichen Unmöglichkeit als mit dem der Sittenwidrigkeit vergleichbar sind."[1419] Mit der Heranziehung ungeschriebener Schranken erleichtert sich *Canaris* die Begründung eines als gerecht bzw. angemessen empfundenen Ergebnisses insoweit, als er damit den Gehalt bzw. den Geist des jeweils in Betracht kommenden Grundrechts einfließen lassen kann, ohne dass notwendig sämtliche Tatbestandsmerkmale der zivilrechtlichen Norm erfüllt sein müssen.

Dieser gedanklichen Vorgabe folgend gelangt *Canaris* im Hinblick auf die Grundrechte aus Art. 3 GG, insbesondere der Diskriminierungsverbote zu einem Ergebnis, das wie er selbst einräumt, auf „dasselbe Ergebnis wie die Lehre von der ‚unmittelbaren Drittwirkung'" hinausläuft.[1420] Da es sich typi-

---

1414 Vgl. *Canaris*, AcP 184 (1984), S. 201, 223.
1415 Vgl. *Canaris*, AcP 184 (1984), S. 201, 227.
1416 Ebd.
1417 Vgl. *Canaris*, AcP 184 (1984), S. 201, 234.
1418 Vgl. *Canaris*, AcP 184 (1984), S. 201, 235.
1419 Vgl. *Canaris*, AcP 184 (1984), S. 201, 235.
1420 Vgl. *Canaris*, AcP 184 (1984), S. 201, 237.

scherweise in Fällen, die den Regelungsbereich des Art. 3 GG betreffen um die Beeinträchtigung fremder Grundrechte handelt, will *Canaris* aus Art. 3 GG „ein (ungeschriebenes) gesetzliches Verbot im Sinne von § 134 BGB ableiten, wonach Rechtsgeschäfte ihrem Inhalt nach nicht das Geschlecht oder eines der anderen in Art. 3 III GG genannten Merkmale zum Differenzierungskriterium erheben dürfen.“[1421] Dies hätte zur Konsequenz, dass beispielsweise eine Bestimmung in einem Gesellschaftsvertrag nichtig wäre, die bestimmen würde, dass nach dem Tode eines Gesellschafters nur männliche Abkömmlinge das Recht zum Eintritt in die Gesellschaft haben sollen.

Den Glaubens- und Gewissenschutz sieht *Canaris* für die Anhänger christlicher Religionen im Wesentlichen durch die sich aus § 105 a GewO a.F.[1422] ergebende Sonn- und Feiertagsruhe gewährleistet. Da entsprechende Regelungen für nichtchristliche Religionen fehlen, müsse der Schutz im Wege der Auslegung oder der Rechtsfortbildung entwickelt werden. *Canaris* sieht hierbei einen Ansatzpunkt in § 616 Abs. 1 BGB, weil in dem Begriff der „Verhinderung“ durch einen in der Person des Arbeitnehmers liegenden Grund auch die bloße Unzumutbarkeit zu verstehen sei.[1423]

Canaris weist ferner auf eine im Zusammenhang mit der Handhabung von Generalklauseln bestehende Konvergenz zwischen der von ihm vertretenen Auffassung und der Lehre von der unmittelbaren Wirkung der Grundrechte hin. „Im Theoretischen liegt der Unterschied darin, dass sich die Notwendigkeit einer Erforderlichkeits- und Verhältnismäßigkeitskontrolle für die Lehre von der ‚unmittelbaren Drittwirkung’ aus der Verfassung selbst ergibt, während die Lösung vom hier vertretenen Standpunkt aus nicht verfassungsdeterminiert ist, sondern im Wesentlichen dem einfachen Recht überlassen ist.“[1424] Während sich also die Lehre *Nipperdeys* am Maßstab der Angemessenheit und der Billigkeit orientiere, liege nach *Canaris* die Lösung in dem Begriff des „auffälligen Missverhältnisses“ im Sinne von § 138 BGB, zu dem zusätzliche Umstände hinzutreten müssen, wie vor allem Beeinträchtigungen der „Vertragsparität.“[1425]

Canaris lehnt schließlich auch eine unmittelbare Wirkung der Grundrechte im Rahmen des Tarifvertragsrechtes ab. Trotz seiner normativen Wirkung stehe „der Tarifvertrag nämlich dem Bereich der Privatautonomie weit näher als

---

1421 Vgl. *Canaris*, AcP 184 (1984), S. 201, 236.

1422 Die GewO wurde neu gefasst durch Bundesgesetz vom 22. Februar 1999. Die Regelung findet sich heute in § 55 e GewO.

1423 Vgl. *Canaris*, AcP 184 (1984), S. 201, 238.

1424 Vgl. *Canaris*, AcP 184 (1984), 201, 242.

1425 Vgl. *Canaris*, AcP 184 (1984), 201, 243.

dem der ‚Gesetzgebung' im Sinne von Art. 1 III GG."[1426] Dies folge schon allein daraus, dass Tarifverträge grundsätzlich nur die Verbandsmitglieder binden und demgemäß wegen der Freiwilligkeit des Verbandsbeitrittes und der Möglichkeit des Austrittes auf einer spezifisch privatautonomen Legitimationsgrundlage beruhen.[1427] Zudem seien Tarifverträge ausgehandelt, weshalb die Figur der „Delegation" staatlicher Normsetzungsmacht nicht passe. Letztlich würde auch das konsequenterweise nach der Lehre von der unmittelbaren Wirkung der Grundrechte auf die Tarifverträge einschränkungslos anzuwendende verfassungsrechtliche Übermaßverbot zu untragbaren Ergebnissen führen. Vielmehr seien Schutznormen – notfalls durch richterliche Rechtsfortbildung – zu entwickeln, die eine differenziertere Lösung der Problemstellungen ermöglichten als das scharfe Schwert der Billigkeitskontrolle, das wegen seiner „hohen Richtigkeitsgewähr" unangemessen sei.[1428]

Schwabe kritisiert an der von *Canaris* vertretenen Lösung die ihr fehlende Konsequenz, insbesondere dass sie (unbegründet) gesetzlich normierte und nicht normierte Vertragstypen unterscheide, statt zwischen vertraglichem und nichtvertraglichem Zivilrecht zu differenzieren.[1429] *Schwabe* hält der Lehre von *Canaris* entgegen, sie mache im Bereich des Vertragsrechts die Wirkung der Grundrechte im Privatrechtsverkehr davon abhängig, ob die Parteien einen vom Gesetz typisierten Vertrag oder einen nicht normierten atypischen Vertrag schließen würden und riskiere dadurch im Grenzbereich eine gefährliche Gradwanderung bei der ergänzenden Vertragsauslegung vornehmen zu müssen.[1430] Diese Differenzierung sei jedoch verfehlt, weil die Frage, ob und inwieweit die Grundrechte das Verhältnis zweier Privatpersonen zueinander beeinflussen, nicht davon abhängen könne, ob die ausgehandelte vertragliche Beziehung zueinander einem gesetzlich geregelten Vertragstypus entspreche oder nicht.[1431] Dem hält *Canaris* entgegen, er differenziere hinsichtlich der Wirkung der Grundrechte im Privatrechtsverkehr in Übereinstimmung mit Art. 1 Abs. 1 Satz 2 und Abs. 3 GG zwischen Akten des Staates und Akten von Privatpersonen.[1432] Dem stehe auch nicht entgegen, dass dies gewisse Abgrenzungsschwierigkeiten, der sich jede Theorie ausgesetzt sieht, nicht ausschließe. Hinsichtlich der von *Schwabe* befürchteten Schwierigkeiten bei der ergänzenden Vertragsauslegung sei jedoch auf deren Doppelfunktion zu verweisen. Sie könne sowohl Auslegung eines konkreten Rechtsverhältnisses

1426 Ebd.
1427 Vgl. *Canaris*, AcP 184 (1984), 201, 244.
1428 Vgl. *Canaris*, AcP 184 (1984), S. 201, 244f.
1429 Vgl. Schwabe, AcP 185 (1985), S. 1ff.
1430 Vgl. Schwabe, AcP 185 (1985), S. 1, 3.
1431 Vgl. Schwabe, AcP 185 (1985), S. 1, 4.
1432 Vgl. *Canaris*, AcP 185 (1985), S. 1, 9f.

als auch Instrument zur Schaffung fehlenden dispositiven Gesetzesrechts sein.[1433] Bezüglich der Kritik *Schwabes* an der Abgrenzung im Nichtvertragsrecht, insbesondere dem Deliktsrecht, wonach *Canaris* Eingriffsbefugnisse unmittelbar an den negatorischen Grundrechten nur bei den klassischen Rechtsgütern des § 823 Abs. 1 BGB messen wolle,[1434] weist letzterer klarstellend darauf hin, dass dieses Verständnis seine Lehre nur verkürzt wiedergibt. Danach führt lediglich der Umstand, dass bei den klassischen Rechtsgütern des § 823 Abs. 1 BGB die Rechtswidrigkeit indiziert ist, zu der Besonderheit, dass nicht das Verhalten des eingreifenden Privatrechtssubjekts, sondern allenfalls die im Rechtfertigungsgrund liegende staatliche Eingriffsbefugnis an der negatorischen Funktion der Grundrechte zu messen ist.[1435] Der Ansatz *Schwabes*, bei allen Eingriffen eines Privatrechtssubjekts, die nicht deliktsrechtlich sanktioniert sind, eine staatliche Eingriffsbefugnis anzunehmen, führe dagegen aus den in seiner früheren Untersuchung[1436] genannten Gründen zu weit.[1437]

d) Zusammenfassung

Trotz einigen Zuspruches, die die Lehre *Nipperdeys* erfahren hat, lässt sich gleichwohl in der Gesamtbetrachtung der Beiträge eine beträchtliche Tendenz zur Ablehnung der Lehre von der unmittelbaren Wirkung der Grundrechte im Privatrechtsverkehr feststellen. Insbesondere dem Beitrag *Canaris'* muss zugestanden werden, dass er der Lehre von der unmittelbaren Wirkung der Grundrechte im Privatrechtsverkehr gewichtige Argumente entgegenhält. Es lässt sich ebenfalls festhalten, dass zum Zeitpunkt der hier zu besprechenden Entscheidungen des BAG, zur Jahreswende 1984/1985, die überwiegende Auffassung im Schrifttum vorherrschte, die den Grundrechten eine gewisse Wirkung im Privatrecht und damit auch im Arbeitsrecht zuerkannte. Die wenigsten Ansichten wollten jedoch über die Feststellung eben jener gewissen Einwirkung der Grundrechte auf das Privatrecht durch die bürgerlichrechtlichen Generalklauseln, also einer mittelbaren Wirkung der Grundrechte, hinausgehen.

1433 Vgl. *Canaris*, AcP 185 (1985), S. 1, 10.
1434 Vgl. *Schwabe*, AcP 185 (1985), S. 6.
1435 Vgl. *Canaris*, AcP 185 (1985), S. 1, 12.
1436 Vgl. *Canaris*, AcP 184 (1984), S. 201.
1437 Vgl. *Canaris*, AcP 185 (1985), S. 1, 12.

2. Einleitung des „Paradigmenwechsels“ durch den Zweiten Senat des BAG

Wie gesehen setzte die Kritik des Schrifttums an der Lehre von der unmittelbaren Wirkung der Grundrechte im Arbeitsrecht ganz allgemein an den dogmatischen Grundlagen der Lehre an. Daneben wurde der Theorienstreit fortwährend an den jeweiligen Grundrechten ausgetragen. Dies nicht zuletzt deshalb, weil die Beiträge des BAG – abgesehen von allgemeingültigen Nebenaussagen – aus der Natur der Sache heraus immer einen einzelfallbezogenen Anlass hatten. Infolge dessen ist es nicht verwunderlich, dass der Ausgangspunkt für die offene Abwendung des BAG von der Lehre *Nipperdeys* letztlich in einer Entscheidung des BAG zu einem Einzelgrundrecht zu suchen ist.

In einer Entscheidung vom 20. Dezember 1984 hatte der Zweite Senat des BAG über die Frage zu entscheiden, welche Auswirkungen das Grundrecht der Gewissensfreiheit des Art. 4 Abs. 1 GG im Rechtsverhältnis der Arbeitsvertragsparteien entfalten könne. Der Senat, der sich in den Entscheidungsgründen einer intensiven Auseinandersetzung mit den Grundsätzen der Lehre *Nipperdeys* sowie mit dem grundrechtsspezifischen Schrifttum durch deren schlichte Benennung entzogen hatte, gelangte zu der Erkenntnis, dass Art. 4 Abs. 1 GG mittelbare Wirkung im Arbeitsrecht entfalte.[1438] Dadurch dass der Zweite Senat diese Feststellung ausdrücklich in den Gründen ausformulierte, trat er in offenen Widerspruch zu der bis dahin von den verschiedenen Senaten des BAG einheitlich vertretenen, von *Nipperdey* begründeten Lehre von der unmittelbaren Wirkung der Grundrechte im Arbeitsrecht. Die Auswirkungen der Entscheidung auf das dogmatische Begründungskonzept des BAG im Hinblick auf dessen Grundrechtsverständnis waren entsprechend folgenschwer. Deshalb sollen die Bedeutung dieser Entscheidung und mögliche Auslöser näher untersucht werden.

a) Entscheidung des Zweiten Senats vom 20. Dezember 1984

In der Entscheidung vom 20. Dezember 1984[1439] hatte der Zweite Senat des BAG den Fall eines als Drucker beschäftigten anerkannten Kriegsdienstverweigerers zu entscheiden, der sich unter Berufung auf seine Gewissensfreiheit geweigert hatte, einen ihm vom Arbeitgeber erteilten Druckauftrag auszuführen. Der erkennende Senat schloss sich der vom Ersten Senat in seinem Urteil vom 29. Januar 1960[1440] begründeten Auffassung an, mit der Maßgabe, „dass aufgrund der *mittelbaren Wirkung des Grundrechts* der Gewissensfreiheit

---

1438 BAGE 47, S. 363, 373.
1439 BAGE 47, S. 363.
1440 BAGE 9, S. 1.

(Art. 4 Abs. 1 GG) über § 315 Abs. 1 BGB der Arbeitgeber dem Arbeitnehmer keine Arbeit zuweisen darf, die den Arbeitnehmer in einen solchen Gewissenskonflikt versetzt, der unter Abwägung der beiderseitigen Interessen vermeidbar gewesen wäre."[1441] Der Senat hob insbesondere hervor, „nach Auffassung des Senats *bedarf es in der Regel* wie auch im vorliegenden Fall *weder der unmittelbaren Berufung auf Art. 4 GG* noch der Berufung auf die Generalklausel des § 242 BGB."[1442] Vielmehr ergebe sich eine Einschränkung des Direktionsrechts des Arbeitgebers aus § 315 BGB i.V.m. Art. 4 Abs. 1 GG. Mit dieser Entscheidung wendete sich der Zweite Senat des BAG offen von der Lehre der unmittelbaren Drittwirkung der Grundrechte im Arbeitsrecht ab, ohne allerdings ernsthaft in die Drittwirkungsproblematik einzudringen oder seinen Richtungswechsel dogmatisch zu begründen. Die Suche nach Antworten auf die Frage, warum sich das BAG einer grundlegenden Auseinandersetzung mit den gegensätzlichen Lehren *Nipperdeys* und *Dürigs* enthalten hat, dürfte sich in Spekulationen verlieren. Möglich ist etwa, dass der Zweite Senat mit Blick auf die ausstehende Entscheidung des Großen Senats zur Beschäftigungspflicht[1443] keine Notwendigkeit darin sah, erheblichen Begründungsaufwand zu betreiben. Ferner liegt die Vermutung nahe, dass auch die veränderte Besetzung der zur Entscheidung berufenen Bundesrichter den Richtungswechsel begünstigte; Ein Personalwechsel erfolgte 1979, gleich zwei 1981. Möglicherweise waren die Herren grundrechtsdogmatisch derart gefestigt, dass ihnen der Anschluss an die herrschende Lehre von der mittelbaren Wirkung der Grundrechte keiner Begründung bedürftig schien. Wegen der zweifelhaften Erfolgsaussichten soll hier nicht der Versuch unternommen werden, diesen Vermutungen nachzugehen. Vielversprechender scheint hingegen die Beantwortung der Frage zu sein, warum sich das BAG so klar für die Lehre von der mittelbaren Drittwirkung der Grundrechte im Arbeitsrecht ausgesprochen hat. Hierbei soll die nachfolgende Betrachtung des zur Gewissensfreiheit des Art. 4 Abs. 1 GG veröffentlichten und vom BAG in Bezug genommenen Schrifttums helfen.

b) Stellungnahmen im Schrifttum zur Gewissensfreiheit im Arbeitsrecht

Das BAG nahm in den Entscheidungsgründen auf eine Reihe von Beiträgen im Schrifttum Bezug, die sich teilweise allgemein, teilweise sehr konkret mit der Anwendbarkeit und den Auswirkungen der Gewissensfreiheit des Art. 4 Abs. 1 GG im Arbeitsrecht auseinandergesetzt haben. Auf einige zentrale Beiträge soll hier näher eingegangen werden.

1441 BAGE 47, S. 363, 373 (Hervorhebung nicht im Original).
1442 BAGE 47, S. 363, 374 (Hervorhebung nicht im Original).
1443 BAGE 48, S. 123; hierzu sogleich unter C. VI. 3. a).

aa) Leistungsverweigerungsrecht

Ein erster Auslöser für die juristische Diskussion um die Geltung der Grundrechte aus Art. 4 Abs. 1 GG im Privatrechtsverkehr war der 1950 unter der Regie von *Willi Forst* produzierte Film „Die Sünderin", mit *Hildegard Knef* in der Hauptrolle. Der Film, der sich thematisch mit der Prostitution in der Nachkriegszeit auseinandersetzte, rief im Deutschland der frühen fünfziger Jahre die unterschiedlichsten Reaktionen hervor. Proteste der Kirchen gegen die Aufführung des Films auf der einen, Massenandrang an den Kinokassen auf der anderen Seite. Im juristischen Schrifttum wurde in diesem Zusammenhang unter anderem über die Frage diskutiert, ob eine Vertragspartei gegenüber ihrem Vertragspartner die Erfüllung vertraglicher Pflichten unter Berufung auf sein Gewissen verweigern dürfe.[1444] In verschiedenen anderen Fallkonstellationen wurde diese Frage letztlich auch in arbeitsrechtlicher Hinsicht Gegenstand wissenschaftlicher Untersuchungen.

Unter Berufung auf die historische Entwicklung und den Wortlaut des Art. 4 GG lehnten zunächst *Bosch/Habscheid* eine Beeinflussung privatrechtlicher Beziehungen durch die Gewissensfreiheit grundsätzlich ab.[1445] Der Grundsatz der Freiheit und Würde des Menschen habe in den Art. 1 Abs. 1 und 4 Abs. 1 GG seinen Niederschlag für das „öffentliche Recht" gefunden. Dem gegenüber trete er im bürgerlichen Recht in dem System der Generalklauseln hervor.[1446] Während für *Bosch/Habscheid* die Lösung der rechtlichen Probleme im Zusammenhang mit Gewissenskonflikten in § 242 BGB und dem damit verbundenen ausfüllungsbedürftigen Begriff der „Moral" lag,[1447] ging *Blomeyer* weiter und stellte fest, dass das Grundrecht auf Gewissensfreiheit aus Art. 4 Abs. 1 GG das Privatrecht über § 242 BGB mittelbar beeinflusse.[1448]

Krüger, die grundsätzlich von einer unmittelbaren Wirkung einiger Grundrechte im Privatrechtsverkehr ausging,[1449] kam im Hinblick auf die Wirkung des Grundrechts der Gewissensfreiheit aus Art. 4 Abs. 1 GG im Privatrechtsverkehr, insbesondere im Arbeitsrecht zu demselben Ergebnis.[1450] Ein starkes Indiz würden danach schon die mit „absoluter Wirkung" ausgestatteten speziellen Positivierungen dieses Grundrechts in den Art. 38 GG sowie Art. 7 Abs. 2 und 3 GG darstellen. Die absolute Wirkung des Grundrechts der Gewissensfreiheit gegenüber jedem privaten Dritten führte *Krüger* daneben da-

1444 Vgl. *Bosch/Habscheid*, JZ 1954, S. 213.
1445 Vgl. *Bosch/Habscheid*, JZ 1954, S. 213, 214.
1446 Vgl. *Bosch/Habscheid*, JZ 1954, S. 213, 215.
1447 Vgl. *Bosch/Habscheid*, JZ 1954, S. 213, 215.
1448 Vgl. *Blomeyer*, JZ 1954, S. 309.
1449 Vgl. *Krüger*, RdA 1954, S. 365.
1450 Vgl. *Krüger*, RdA 1954, S. 365, 370f.

rauf zurück, dass einerseits Art. 140 GG i.V.m. Art. 136 Abs. 2 WRV den Genuss der bürgerlichen und staatsbürgerlichen Rechte unabhängig von dem religiösen Bekenntnis gewährleisteten und andererseits Art. 3 Abs. 3 GG Bevorzugungen und Benachteiligungen „wegen des Glaubens und der religiösen Anschauungen" verbiete.[1451]

In ihrem – unter anderem als Reaktion auf die Beiträge von *Blomeyer*, *Wieacker*[1452] und *Krüger* – 1956 erschienenen Diskussionsbeitrag[1453] haben erneut *Bosch/Habscheid* die Beachtung der Grundrechte, der Würde des Menschen und seiner Persönlichkeit nach Art. 1 Abs. 1 und 2 Abs. 1 GG sowie der Glaubens- und Gewissensfreiheit nach Art. 4 Abs. 1 GG im Rahmen der bürgerlichen Rechtsordnung grundsätzlich anerkannt. Obgleich es ihrer Meinung nach für das Zivilrecht im Ergebnis nicht darauf ankomme, welcher Theorie man folge, traten *Bosch/Habscheid* – entgegen der selbst festgestellten damaligen starken Tendenz zur Anerkennung einer unmittelbaren Wirkung[1454] – (nun auch) für eine mittelbare Wirkung der Grundrechte über den Weg der Generalklauseln ein.[1455] Sie hielten danach fest, § 242 BGB werde insbesondere durch die Art. 1 Abs. 1, 2 Abs. 1 und 4 Abs. 1 GG ausgefüllt. Allerdings sei zu beachten, dass die Wirkung der genannten Grundrechte im Privatrecht zu relativieren sei, weil dort Eigenverantwortung und Individualautonomie als oberste Prinzipien der Rechtsordnung durch Art. 1 Abs. 1 und 2 Abs. 1 GG verbürgt seien. Der Grundsatz der Glaubens- und Gewissensfreiheit, der eine *Einzel*positivierung der in Art. 1 Abs. 1 und 2 Abs. 1 GG niedergelegten Rechtsgedanken darstelle, müsse sich dem übergeordneten Prinzip der Rechtsordnung fügen.[1456] Weil sich aber ein Vertragspartner im Zivilrecht auch über seine Glaubens- und Gewissensbedenken hinwegsetzen könne, bestehe keine Veranlassung ihn dann besonders zu schützen. Dieses Ergebnis lasse sich zwanglos erzielen, wenn die Grundrechte über § 242 BGB in das bürgerliche Recht transportiert und dort als bewertende Grundsätze gelten würden.[1457] Rechtsfolge eines Berufens auf einen Glaubens- bzw. Gewissenskonflikt sollte zunächst ein Vertragsanspruch sein, der sich aus § 242 BGB i.V.m. Art. 1 Abs. 1, 2 Abs. 1 und 4 Abs. 1 GG ergebe. Erst wenn eine Vertragsumgestaltung unmöglich oder unzumutbar sei, komme ein Freiwer-

---

1451 Vgl. *Krüger*, RdA 1954, S. 370.

1452 Vgl. *Wieacker*, JZ 1954, S. 466.

1453 Vgl. *Bosch/Habscheid,* JZ 1956, S. 297, 299.

1454 BAG und BGH hatten sich der Lehre von der *unmittelbaren* Wirkung der Grundrechte im Privatrechtsverkehr angeschlossen und auch die Zahl der Vertreter im Schrifttum, die dieser Theorie den Vorzug gaben nahm stetig zu.

1455 Vgl. *Bosch/Habscheid,* JZ 1956, S. 297, 299f.

1456 Vgl. *Bosch/Habscheid,* JZ 1956, S. 297, 300.

1457 Vgl. *Bosch/Habscheid,* JZ 1956, S. 297, 300.

den des Schuldners von seiner primären Leistungspflicht infrage.[1458] *Habscheid*[1459] schlug ferner vor, in den Fällen, in denen sich ein Arbeitnehmer aus Glaubens- oder Gewissensgründen auf ein Leistungsverweigerungsrecht berufe, die dem Gewissen des Schuldners widerstreitende Leistung als unmöglich zu werten und so zu behandeln, wie in anderen Fällen subjektiver Unmöglichkeit, wie beispielsweise Krankheit, Invalidität und Familienpflichten auch. Bei diesen werde schließlich unter bestimmten Umständen ein wichtiger Grund zur fristlosen Entlassung bejaht. Einen eventuellen Schaden des Gläubigers, den dieser aufgrund der Leistungsbefreiung des Schuldners erleide, solle der Schuldner nur in den Fällen ersetzen müssen, in denen er den Konflikt vorhergesehen habe oder vorhersehen musste und schuldhaft den Grund für die Leistungsbefreiung und den daraus resultierenden Schaden gesetzt habe.[1460] Hingegen solle nach *Blomeyer* durch den Gewissenskonflikt die Leistungspflicht und deren Erzwingung zwar schlechthin entfallen, dies entbinde den Schuldner indes – unabhängig von einer Verschuldensprüfung – nicht von der Schadenshaftung für die Verletzung des Vertrages.[1461] Im Ergebnis verdichtete sich der von *Bosch/Habscheid* entwickelte Ansatz im Schrifttum in wenigen Jahren zu einem anerkannten Leistungsverweigerungsrecht wegen entgegenstehender Gewissenspflicht[1462].

bb) Anspruch aus Art. 1 Abs. 1, Art. 2 Abs. 1 GG

Kaufmann,[1463] der die Einrede hinsichtlich ihrer Voraussetzungen und Grenzen kritisch hinterfragte und weiterzuentwickeln versuchte, ging insbesondere auf deren dogmatische Einordnung ein.[1464] Er verwarf den bis dahin von der Mehrzahl der Autoren[1465] vertretenen Ansatz, wonach die Einrede allein zivilrechtlich zu verorten und aus § 242 BGB herzuleiten sei. Das Verfassungsrecht, aus welchem die Einrede fließe, sei „nicht identisch mit der in § 242 BGB unter Treu und Glauben angesprochenen Rechtserkenntnisquelle."[1466] *Kaufmann* leitete den zivilrechtlichen Gewissensschutz unmittelbar aus der

1458 Vgl. *Bosch/Habscheid,* JZ 1956, S. 297, 301.

1459 Vgl. *Habscheid,* JZ 1964, S. 246, 248; so im Ansatz bereits *Bosch/Habscheid,* JZ 1954, S. 213, 216.

1460 Vgl. *Bosch/Habscheid,* JZ 1956, S. 297, 301.

1461 Vgl. *Blomeyer*, JZ 1954, S. 309, 312.

1462 Vgl. *Kaufmann*, AcP 161, S. 289, mit einer Übersicht zum Stand der Entwicklung im Jahre 1962.

1463 Ebd.

1464 Vgl. *Kaufmann*, AcP 161, S. 289, 313 bis 316

1465 Vgl. insbesondere *Bosch/Habscheid,* JZ 1954, S. 214; *dieselben*, JZ 1956, S. 297; *Blomeyer*, JZ 1954, S. 309; *Wieacker*, JZ 1954, S. 466; *Krüger*, RdA 1954, S. 365; *Dürig*, Grundrechte und Zivilrechtsprechung, in FS für *Nawiasky*, S. 157, 162.

1466 Vgl. *Kaufmann*, AcP 161, S. 289, 313f.

„in Art. 1 I und 2 I GG enthaltenen Verbürgung der Menschenwürde und der freien Entfaltung der Persönlichkeit“[1467] ab und stellte das Recht, das die Persönlichkeit selbst schütze, „nicht nur neben das aus denselben Grundrechtsbestimmungen bereits seit längerem entwickelte und anerkannte allgemeine Persönlichkeitsrecht.“[1468] Art. 4 Abs. 1 GG als Begründung heranzuziehen genüge nicht,[1469] denn Wortlaut und Entstehungsgeschichte verdeutlichten, dass die Freiheit von Glauben und Gewissen auf Vorgänge des menschlichen Innenlebens begrenzt sei und nicht die Umsetzung von Glauben und Gewissen in die Tat schützen wolle.[1470] Hinzu komme, dass die Zusicherung in Art. 4 Abs. 3 GG, niemand dürfe gegen sein Gewissen zum Kriegsdienst mit der Waffe gezwungen werden, nur dann sinnvoll sei, wenn Zwang gegenüber einem widerstrebenden Gewissen grundsätzlich zulässig sei.[1471] Mit dieser Ansicht stand *Kaufmann* jedoch relativ allein und zudem gegen die Auffassung des BVerfG, das in einer Entscheidung vom 13. April 1978[1472] entschieden hat, dass der Schutzbereich der Gewissensfreiheit insbesondere auch das „forum externum“, mithin die Freiheit nach den bindend und unbedingt verpflichtend innerlich erfahrenen Geboten des Gewissens handeln zu dürfen.[1473]

cc) Mittelbare Wirkung des Grundrechts der Gewissensfreiheit aus Art. 4 Abs. 1 GG

Demgegenüber setzte sich *Kraft* in einer das Wesen von Recht und Moral analysierenden Betrachtung mit den Wurzeln des Konfliktes zwischen Rechtspflicht und Gewissenspflicht, in welcher sich der Schuldner befinde, der sich auf das Leistungsverweigerungsrecht wegen entgegenstehender Gewissenspflicht berufe, auseinander.[1474] Er gelangte zu der Feststellung, dass die Rechtsordnung, die notwendig generalisieren und typisieren müsse, Generalklauseln, insbesondere § 242 BGB bereithalte, um in Einzelfällen, in denen das Recht dem Rechtsgefühl nicht gerecht werde, zu billigen Ergebnissen zu gelangen.[1475] *Kraft* stellte fest, dass – abgesehen von den Fällen, in denen die Einflussnahme auf eine Gewissensentscheidung wegen deren Sittenwidrigkeit

1467 Vgl. *Kaufmann*, AcP 161, S. 289, 314.

1468 Vgl. *Kaufmann*, AcP 161, S. 289, 314.

1469 Vgl. *Kaufmann*, AcP 161, S. 289, 299.

1470 Vgl. *Kaufmann*, AcP 161, S. 289, 299f.

1471 Vgl. *Kaufmann*, AcP 161, S. 289, 300.

1472 BVerfGE 48, S. 127.

1473 BVerfGE 48, S. 127, 172; herrschende Meinung; vgl. statt vieler *Stark*, in *von Mangoldt/Klein* (Hrsg.), GG, Bd. 1, Art. 4 Rn. 37; *von Münch*, in *von Münch/Kunig* (Hrsg.), GG, Bd. 1, Art. 4 Rn. 27; *Kokott*, in *Sachs* (Hrsg.), GG, 2. Aufl. Art. 4 Rn. 75.

1474 Vgl. *Kraft*, AcP 163 (1963), S. 472.

1475 Vgl. *Kraft*, AcP 163 (1963), S. 472, 481.

nichtig sei – auch Art. 4 Abs. 1 GG nicht dazu führen könne, dass der individuellen Gewissensentscheidung im Konflikt mit einer bestehenden Rechtspflicht genereller Vorrang eingeräumt werden könne.[1476] Mit der Mehrheit der im Schrifttum vertretenen Ansichten ging daher auch *Kraft* davon aus, dass nur aufgrund der stets durchzuführenden Interessenabwägung und nur in Ausnahmefällen eine Entlastung des Berechtigten angenommen werden könne.[1477] Im Ergebnis ist nach *Kraft* der Grundgedanke des Art. 4 Abs. 1 GG bei der Lösung eines Konfliktes zwischen Rechts- und Gewissenspflicht heranzuziehen. Die Ausführungen *Krafts*, der die Lösung des Problems in der privatrechtlichen Systematik suchte, deuten darauf hin, dass auch in seinem System das Grundrecht des Art. 4 Abs. 1 GG mittelbare Wirkung im Privat- insbesondere Arbeitsrecht entfalten solle.

Ähnlich ging *Isenhardt*[1478] von einer grundsätzlichen Wirkung des Art. 4 Abs. 1 GG im Privatrechts- insbesondere Arbeitsrechtsverkehr aus, wobei auch er aufzeigte, dass diese Wirkung nur eine mittelbare sein könne, da selbst die Vertreter der unmittelbaren Wirkung „auf eine Einbettung ihrer Erkenntnisse in private Rechtssätze nicht verzichten"[1479] würden. Die Anwendbarkeit des Art. 4 Abs. 1 GG im Privatrechtsverkehr ergebe sich demnach „aus einer engen Verbindung mit der in Art. 1 Abs. 1 GG, dem ranghöchsten Verfassungssatz, garantierten Menschenwürde und vor allem aus der Persönlichkeitsschädigung, die das Zuwiderhandeln gegen eine Gewissensentscheidung stets, also in allen Rechtsbereichen, zur Folge"[1480] habe.

Scheschonka, begründete zunächst, warum eine unmittelbare Wirkung des Art. 4 Abs. 1 GG im Privatrechtsverkehr abzulehnen sei und gelangte sodann zu dem Ergebnis, dass Art. 4 Abs. 1 GG über § 242 BGB in die Rechtsbeziehungen der Privaten einfließe.[1481] Entgegen der von *Bosch/Habscheid*[1482] begründeten Ansicht gelangte *Scheschonka* zu dem Ergebnis, dass sich der Schuldner in den Fällen, in denen er seine Glaubens- oder Gewissensnöte vorhergesehen hat oder hätte vorhersehen können, die Erfüllung des Vertrages nicht verweigern dürfe.[1483] Ein solches Verhalten wäre missbräuchlich[1484] und der Schuldner hätte dann – ohne Rücksicht auf eine von *Bosch/Habscheid* ge-

1476 Vgl. *Kraft*, AcP 163 (1963), S. 472, 483f.
1477 Vgl. *Kraft*, AcP 163 (1963), S. 472, 484.
1478 Vgl. *Isenhardt*, Die Freiheit des Gewissens im Privatrecht.
1479 Vgl. *Isenhardt*, Die Freiheit des Gewissens im Privatrecht, S. 62f.
1480 Vgl. *Isenhardt*, Die Freiheit des Gewissens im Privatrecht, S. 63f.
1481 Vgl. *Scheschonka*, Arbeits- und Leistungsverweigerung aus Gewissensnot, S. 10.
1482 Vgl. *Bosch/Habscheid*, JZ 1954, S. 213; *dieselben*, JZ 1956, S. 297.
1483 Vgl. *Scheschonka*, Arbeits- und Leistungsverweigerung aus Gewissensnot, S. 139.
1484 *Esser*, Schuldrecht AT, 4. Aufl., 1970, § 6 III 6 a, S. 41f. sowie § 33 I 1, S. 203f.

forderte Verschuldensprüfung – den vollen Schaden des Gläubigers zu ersetzen.[1485]

Diederichsens Ausführungen ergänzen diese Argumentation insoweit, dass „die Lehre von der Nachgiebigkeit gegenüber dem Gewissen mit anschließender Schadensbelastung an inneren Widersprüchen"[1486] kranke. Dies trete deutlich zutage, wenn die Ersatzpflicht an ein Verschulden des Schuldners geknüpft werde. Dann nämlich werde einerseits die Gewissensentscheidung als besonders hochwertig charakterisiert (und besonders geschützt), während andererseits derselben Gewissensentscheidung im Rahmen der Verschuldensprüfung ein negativer Stempel aufgedrückt werde, der Schuldner hätte den Gläubiger vor Vertragsschluss warnen müssen.[1487] Im Ergebnis lehnte *Diederichsen* daher eine Beeinflussung des Privatrechtes durch die Gewissensfreiheit des Einzelnen gänzlich ab.[1488] Die Gewissensnot gewähre weder einen Schuldbefreiungsgrund noch ein entsprechendes Leistungsverweigerungsrecht. Die in diesem Bereich auftretenden Problemfälle seien vielmehr über die Zumutbarkeit zu lösen, durch welche die Menschenwürde – nicht aber das Gewissen – maßgeblich in das Privatrecht einfließe.[1489]

c) Auseinandersetzung

Die vorstehende Darstellung zeigt, dass – wie es *Isenhardt* schon festgehalten hat – die zum Zeitpunkt der Entscheidung des Zweiten Senats des BAG herrschende Meinung die Gewährleistungen des Grundrechts der Gewissensfreiheit des Art. 4 Abs. 1 GG über die zivilrechtlichen Generalklauseln, namentlich § 242 BGB, in das Privat- insbesondere Arbeitsrecht einwirken ließ.[1490] Die Forderungen nach einer unmittelbaren Anwendung des Art. 4 Abs. 1 GG lagen mehr als 20 Jahre zurück, waren sie doch zuletzt Anfang der sechziger Jahre erhoben worden. Auch waren in der Zwischenzeit keine neuen Argumente hinzugekommen, die für eine Anwendung der Lehre *Nipperdeys* im Hinblick auf die Gewissensfreiheit des Art. 4 Abs. 1 GG sprachen. Wohl nicht zuletzt infolgedessen hat sich der Zweite Senat des BAG[1491] in seiner Entscheidung vom 20. Dezember 1984 der herrschenden Meinung angeschlossen und die Wertungen des Art. 4 Abs. 1 GG über die zivilrechtliche Generalklausel des § 315 BGB zum Tragen kommen lassen. Diese Entschei-

---

1485 *Scheschonka*, Arbeits- und Leistungsverweigerung aus Gewissensnot, S. 110, 116.
1486 *Diederichsen*, Gewissensnot als Schuldbefreiungsgrund, in FS für *Michaelis*, S. 36, 45.
1487 Ebd.
1488 Ebd., S. 60f.
1489 *Diederichsen*, Gewissensnot als Schuldbefreiungsgrund, in FS für *Michaelis*, S. 62f.
1490 Vgl. *Isenhardt*, Die Freiheit des Gewissens im Privatrecht, S. 70.
1491 BAGE 47, S. 363.

dung des Zweiten Senats isoliert zu betrachten und als den Wendepunkt in der Rechtsprechung des BAG zu bezeichnen, würde allerdings die oben gezeigte, seit den späten siebziger Jahren im Gange befindliche Entwicklung vernachlässigen. Gleichwohl war die Entscheidung der Anfang vom offenen Ende der Rechtsprechung des BAG im Hinblick auf den Vollzug der von *Nipperdey* begründeten Lehre der unmittelbaren Wirkung der Grundrechte im Individualarbeitsrecht. Nach dreißig Jahren kehrte das BAG damit dieser Lehre den Rücken. Als Generalklausel wendete der Zweite Senat allerdings nicht § 242 BGB, sondern § 315 BGB an. Der Senat folgte dem Vorschlag von *Bosch/Habscheid* und bezog die Grundrechtsgewährleistungen des Art. 4 Abs. 1 GG mittelbar in die Billigkeitserwägungen ein, anhand derer es die arbeitgeberische Entscheidung überprüfte. Die Verortung der Einwirkung des Grundrechts auf Gewissensfreiheit des Art. 4 Abs. 1 GG im Rahmen des Leistungsbestimmungsrechtes des § 315 BGB ist durchaus einleuchtend und im Ergebnis auch zu bevorzugen. Ebenso wie § 242 BGB enthält § 315 BGB eine Generalklausel, nämlich den unbestimmten Rechtsbegriff des „billigen Ermessens“. Angesichts dessen, dass der Gewissenskonflikt im Regelfall bei einer vom Arbeitgeber zugewiesenen Tätigkeit auftreten wird, ist es sachgerecht, den Arbeitgeber anzuhalten, im Rahmen der bei der Zuweisung der Tätigkeit durchzuführenden Ermessensausübung die von diesem offengelegte Gewissenslage des Arbeitnehmers zu berücksichtigen. Zwar ist *Schwabe* insoweit zuzugeben, dass im Ergebnis die verschiedenen Ansätze, unabhängig von der Begründung, allesamt auf nichts anderes als eine Güter- und Interessenabwägung hinauslaufen.[1492] Dies ändert jedoch nichts daran, dass der Versuch unternommen werden sollte, die Ergebnisse auf schlüssige und systematisch tragfähige Begründungen zu stützen. Im vorliegenden Fall lässt sich das Ergebnis besser an eine bereits gesetzlich bestehende Pflicht des Arbeitgebers knüpfen, deren Umfang aufgrund von unbestimmten Rechtsbegriffen mit Wertungen bestimmter Grundrechte auszufüllen ist, als an eine anhand der weitgehend unbestimmten Vorschrift des § 242 BGB ein Recht des Arbeitnehmers zu konstruieren, das darin im Grunde nicht enthalten ist.

Das vom Zweiten Senat des BAG in der Entscheidung vom 20. Dezember 1984 gefundene Ergebnis zur Wirkung der Gewissensfreiheit des Art. 4 Abs. 1 GG im Arbeitsrecht ist bis heute Stand der Rechtsprechung. In einer Entscheidung vom 24. Mai 1989[1493] hat der Zweite Senat die Ansicht bestätigt und auch der Sechste Senat des BAG hat sich dem in einer Entscheidung vom 28. Oktober 1999[1494] angeschlossen.

1492 Vgl. auch *Schwabe*, Die sogenannte Drittwirkung der Grundrechte, S. 108.

1493 BAG, NJW 1990, S. 203.

1494 BAG Urt. v. 28. Oktober 1999, Az. 6 AZR 269/98, nicht amtlich veröffentlicht.

3. Manifestation des „Paradigmenwechsels" durch den Großen Senat des BAG

Im unmittelbaren zeitlichen Anschluss an die Entscheidung des Zweiten Senats vom 20. Dezember 1984 hat der Große Senat des BAG ebenfalls zur Frage der Wirkung der Grundrechte im Arbeitsrecht Stellung genommen und sich endgültig von der bislang vertretenen Lehre der unmittelbaren Wirkung der Grundrechte abgewendet.

a) Entscheidung des Großen Senats vom 27. Februar 1985

In seiner Entscheidung vom 27. Februar 1985[1495] hat sich der Große Senat des BAG ausführlich mit der Frage einer Beschäftigungspflicht des Arbeitgebers befasst. Das Gericht führte aus, dass es der „vor nunmehr 30 Jahren begonnenen und seither von allen mit dieser Frage befassten Senaten fortgesetzten Rechtsprechung des Bundesarbeitsgerichts" beitrete, „dass der Arbeitgeber grundsätzlich auch verpflichtet ist, seinen Arbeitnehmer vertragsgemäß zu beschäftigen, wenn dieser es verlangt."[1496] Allerdings begründete der Große Senat sein Ergebnis anders als der Zweite Senat, der in seinem Urteil vom 10. November 1955[1497] den Grundstein für diese Rechtsprechung gelegt hatte. Der Anspruch sei aus den §§ 611, 613 BGB in Verbindung mit § 242 BGB abzuleiten, wobei die Generalklausel des § 242 BGB dabei durch die Wertentscheidung der Art. 1 und 2 GG ausgefüllt werde.[1498] Im Rahmen der Auseinandersetzung mit der Entscheidung des Zweiten Senats vom 10. November 1955 und der zwischenzeitlich im Schrifttum daran geäußerten Kritik kam der Große Senat zu der Überzeugung, „dass sich aus dem durch die Art. 1 und 2 GG garantierten Persönlichkeitsschutz *nicht ohne weiteres und unmittelbar* eine Pflicht des Arbeitgebers auf positive Förderung der Entfaltung der Persönlichkeit seines Arbeitnehmers durch Arbeitsleistung herleiten"[1499] lasse. Der Große Senat betonte zudem, dass die grundlegende Entscheidung des Zweiten Senats des BAG vom 10. November 1955 nicht allein auf die genannten Verfassungsbestimmungen abgestellt habe, sondern in diesem Zusammenhang auf die „Treuepflicht des Arbeitgebers" aus dem Arbeitsverhältnis verwiesen habe. Möglicherweise wollte das Gericht damit andeuten, dass die damalige Entscheidung im Hinblick auf den Theorienstreit keine absolute Festlegung auf die von *Nipperdey* begründete Lehre getroffen habe. Dagegen spricht jedoch der insoweit eindeutige Wortlaut der Entscheidungsgründe des

1495 BAGE 48, S. 123.
1496 BAGE 48, S. 123, 134.
1497 BAGE 2, S. 221.
1498 BAGE 48, S. 123, 134f.
1499 BAGE 48, S. 123, 138 (Hervorhebung nicht im Original).

seinerzeitigen Urteils. Unabhängig von dieser eher theoretischen, interpretativen Frage ist der Wortlaut der Entscheidung des Großen Senats vom 27. Februar 1985 ebenso klar wie der des Zweiten Senats in der Entscheidung vom 20. Dezember 1984. Der Große Senat war in das Lager der herrschenden Meinung gewechselt und seine Entscheidung mit dem dogmatischen Rüstzeug der Lehre von der mittelbaren Drittwirkung der Grundrechte im Arbeitsrecht begründet. In der Vorbereitung der Entscheidung hat sich das Gericht mit den im Schrifttum ausgetauschten Argumenten zum Theorienstreit allgemein und zur Frage eines Beschäftigungsanspruches des Arbeitnehmers im Speziellen auseinandergesetzt. Das Ergebnis dieser Auseinandersetzung zeigt, dass die Vorlage des Schrifttums nicht unberücksichtigt geblieben ist. Daher soll an dieser Stelle ein genauerer Blick auf dieses Schrifttum gerichtet werden.

b) Literatur zur Beschäftigungspflicht des Arbeitgebers

Das Grundgesetz enthält kein Recht auf Arbeit. Gleichwohl ist die Arbeit als solche einer der Werte, die feste Bestandteile der in der Verfassung zum Ausdruck kommenden Grundordnung sind. So schützt beispielsweise Art. 12 GG die Freiheit des Berufes, der Ausdruck der menschlichen Arbeit ist, und Art. 9 GG die Freiheit der Koalitionen zur Wahrung und Förderung der Arbeits- und Wirtschaftsbedingungen. Die Arbeit ist wesentlicher Bestandteil unserer Gesellschaft und für den Einzelnen Teil seiner selbst und Ausdruck seiner Persönlichkeit. Durch die Arbeit bestimmt der Einzelne nicht nur seine berufliche Stellung, sondern auch seine Position in der Gesellschaft allgemein, insbesondere auch innerhalb der eigenen Familie. Letztlich bringt die Arbeit dem Einzelnen Selbstbestätigung und die Chance sich selbst zu verwirklichen.[1500] Infolgedessen bedeutet es für den einzelnen Arbeitnehmer eine besondere soziale und psychologische Gefahr, wenn er – möglicherweise ohne gekündigt zu sein – von der Arbeit freigestellt wird. Mit dieser Problematik und einer adäquaten Lösung für beide Beteiligten hat sich die Literatur intensiv auseinander gesetzt, insbesondere nachdem das BAG in seinem Urteil vom 10. November 1955[1501] einen allgemeinen Beschäftigungsanspruch des Arbeitnehmers grundsätzlich bejaht hatte. Diese Rechtsprechung hat im Schrifttum zunächst weitgehend Zustimmung erfahren.[1502] Allerdings sind Existenz und

---

1500 Vgl. *Richardi*, JZ 1978, S. 485, 491; ausführlich dazu *Griesam*, Der Beschäftigungsanspruch des Arbeitnehmers, S. 9, 15, der jedoch auf S. 94ff. darauf hinweist, dass in der Bevölkerung zunehmend die Arbeit nicht zwingend als notwendige Voraussetzung für die Menschenwürde gesehen werde.

1501 BAGE 2, S. 221.

1502 Vgl. *Brox*, Grundbegriffe des Arbeitsrechts, 2. Aufl., S. 52 f.; *ders.*, in FS 25 Jahre BAG, S. 37, 38; *Bobrowski-Gaul*, Das Arbeitsrecht im Betrieb, F III, S. 320; *Wiedemann*, Das Arbeitsverhältnis als Austausch und Gemeinschaftsverhältnis, S. 62;

Begründung des Bestehens eines Beschäftigungsanspruches zunehmend kritischer hinterfragt und im Laufe der Zeit von einigen Autoren von dem Bestehen eines Beschäftigungsinteresses sowie weiteren Voraussetzungen abhängig gemacht worden.[1503] Teilweise haben sich Autoren gegen das Bestehen eines Beschäftigungsanspruches ausgesprochen.[1504]

aa) Überwiegende Anerkennung des allgemeinen Beschäftigungsanspruches

Der überwiegende Teil der Literatur befürwortet – wenn auch mit teilweise unterschiedlichen Begründungen so doch in der Summe jedenfalls grundsätzlich – das Bestehen eines allgemeinen Beschäftigungsanspruches.

Bereits 1960 stellte *Nikisch* fest, dass sich die Ansicht über die Beschäftigungspflicht des Arbeitgebers seit der umfassenden Anerkennung der Treuepflicht im Arbeitsverhältnis grundlegend gewandelt habe. Man habe eingesehen, dass es mit dem Wesen des Arbeitsverhältnisses unvereinbar sei, wenn sich der Arbeitgeber die Arbeitskraft des Arbeitnehmers sichere, ohne davon Gebrauch zu machen.[1505] Es sei ein natürliches Bestreben des Arbeitnehmers, sich seinen Lohn verdienen zu wollen. Er empfinde es daher als Kränkung, wenn ihm dies verwehrt werde. Deshalb sei ihm das Recht auf eine seiner Stellung entsprechende angemessene Beschäftigung grundsätzlich zuzuerkennen.[1506] Die Inhaltsbestimmung der Beschäftigungspflicht leitete *Nikisch* aus der das Arbeitsverhältnis beherrschenden Treuepflicht her. Diese Treuepflicht solle gleichsam aber auch die Grenzen der Beschäftigungspflicht bestimmen.[1507] Eine dogmatische Rückführung des Beschäftigungsanspruches auf eine gesetzliche Anspruchsgrundlage lässt sich bei *Nikisch* allerdings nicht finden.

Lepke, Der Anspruch auf tatsächliche Beschäftigung, S. 97; *Schlegelberger-Schröder*, HGB, Bd. 2, § 59 Anm. 87bff.; für einen Beschäftigungsanspruch im Einzelfall auch *Kraft*, ZfA 1979, S. 123; *Schaub*, NJW 1981, S. 1807; *Hueck*, in FS 25 Jahre BAG, S. 243, 266, der allerdings von einer echten Beschäftigungspflicht des Arbeitgebers im Zusammenhang mit dem Weiterbeschäftigungsanspruch nach Ablauf der Kündigungsfrist spricht; *Nikisch*, Arbeitsrecht, Bd. 1, § 38 I 2, 513f; *Hueck/Nipperdey*, LB ArbR, Bd. 1, S. 382 insbes. Fn. 8; ferner *Frey*, BB 1959, S. 528; *Adomeit*, DB 1971, S. 2360; *Hanau*, BB 1972, S. 451; *Kempff*, DB 1976, S. 2111; *Körnig/Reinecke*, AuR 1978, S. 193; *Bitter*, Das Arbeitsrecht der Gegenwart, S. 38ff.

1503 Vgl. so z.B. *Hanau*, BB 1972, S. 451; *Kempff*, DB 1976, S. 2111; *Körnig/Reinecke*, AuR 1978, S. 193; *Bitter*, Das Arbeitsrecht der Gegenwart, S. 38; *Brox*, in FS 25 Jahre BAG, S. 37, S. 38.

1504 Vgl. insbesondere *Weber*, BB 1974, S. 698.

1505 Vgl. *Nikisch*, Arbeitsrecht, Bd. 1, § 38 I 2, S. 513.

1506 Vgl. *Nikisch*, Arbeitsrecht, Bd. 1, § 38 I 2, S. 513.

1507 Vgl. *Nikisch*, Arbeitsrecht, Bd. 1, § 38 I 3, S. 514.

Mit der seinerzeit herrschenden Meinung[1508] stimmte auch *Gumpert* dem Grundsatz zu, dass den Arbeitgeber im Falle einer fristgemäßen Kündigung nicht nur eine Pflicht zur Lohnfortzahlung, sondern auch eine Pflicht zur Beschäftigung treffe.[1509] Gleichwohl wies *Gumpert* darauf hin, dass es von diesem Grundsatz auch berechtigte Ausnahmen geben müsse. Daher sei zunächst zu prüfen, ob die Freistellung durch den Arbeitgeber berechtigt gewesen sei.[1510] Wenn dieser ein berechtigtes Interesse an der Freistellung des Arbeitnehmers nachweisen könne, habe der Anspruch des Arbeitnehmers zurückzustehen.

Im Rahmen seiner Abhandlungen zu Treue- und Fürsorgepflichten als Anspruchsgrundlagen erörterte auch *Herbert Wiedemann* die Beschäftigungspflicht des Arbeitgebers.[1511] Diese Beschäftigungspflicht sei nicht aus der besonderen Schutzwürdigkeit des abhängigen Arbeitnehmers herzuleiten, sondern vielmehr unmittelbar aus dem Charakter des Arbeitsvertrages als gegenseitigem Vertrag. *Wiedemann* sah hinsichtlich der Beschäftigungspflicht neben der Obliegenheit – mittels einer Parallele zu den §§ 433 Abs. 2 und 640 BGB – ebenfalls eine Abnahmepflicht des Gläubigers als gegeben an. Auf den sich aus dieser Argumentation, namentlich aus der Verschiedenheit der Vergleichsgegenstände, ergebenden Widerspruch ging *Wiedemann* allerdings nicht ein, geschweige, dass er ihn gelöst hätte. Im Gegensatz zu den Regelungen im Dienstvertragsrecht würden die Vorschriften des Kauf- und Werkvertragsrechtes die Abnahmepflicht des Gläubigers ausdrücklich statuieren. *Wiedemann* glaubte in der „Abnahmepflicht“ des Arbeitgebers „eine für Austauschverträge überhaupt, nicht nur für den Arbeitsvertrag typische Rechtsfigur“[1512] zu erkennen.

Nach der Auffassung von *Hueck* konnte die Grundlage für einen Anspruch auf Beschäftigung, soweit ein solcher überhaupt besteht, nur im Arbeitsvertrag zu sehen sein, da ein solcher Anspruch des Arbeitnehmers gegen den Arbeitgeber privatrechtlicher Natur sei.[1513] Anhand einer Betrachtung der histo-

1508 *Hueck/Nipperdey*, LB ArbR, Bd. 1, S. 380, 384; so bereits in der 6. Aufl., Bd. 1, S. 347, 350; *Nikisch*, Arbeitsrecht, Bd. 1, § 38 I 2, S. 513.

1509 Vgl. *Gumpert*, BB 1961, S. 833.

1510 Ebd., ein Grund zur Freistellung sei danach gegeben, wenn der Arbeitgeber bei Weiterbeschäftigung des Arbeitnehmers Schäden befürchten muss, die über den Schaden hinausgehen, den der Arbeitnehmer durch die Freistellung erleidet oder wenn dem Arbeitgeber aus persönlichen Gründen die weitere Zusammenarbeit mit dem Arbeitnehmer wegen dessen Verhalten nicht zuzumuten sei.

1511 Vgl. *Wiedemann*, Das Arbeitsverhältnis, S. 62.

1512 Vgl. *Wiedemann*, Das Arbeitsverhältnis, S. 62.

1513 Vgl. *Hueck/Nipperdey*, LB ArbR, Bd. 1, S. 380; so bereits in der 6. Aufl., Bd. 1, S. 347, 348.

rischen Entwicklung des Beschäftigungsanspruches zeigte *Hueck*, dass ein solcher Anspruch ursprünglich grundsätzlich abgelehnt worden war. In den dreißiger Jahren habe sich sodann ein grundsätzlicher Wandel hin zu einer stärkeren Betonung der Treue- und Fürsorgepflicht vollzogen.[1514] Diese Entwicklung sei maßgeblich durch die nationalsozialistische Ideologie begünstigt gewesen, welche die Arbeit als sittliche Pflicht gegenüber Volk und Staat überhöht hatte. Gleichwohl hindere diese Tatsache nicht die Anerkennung der allgemeinen Beschäftigungspflicht, vielmehr entspreche dies der „heutigen“ (1963) Auffassung vom Wesen des Arbeitsverhältnisses.[1515] *Hueck* hob hervor, dass das Arbeitsverhältnis ein auf beiderseitiger Treue beruhendes personenrechtliches Gemeinschaftsverhältnis sei, aufgrund dessen „der Arbeitgeber im Arbeitnehmer den gleichberechtigten Mitarbeiter zu achten und ihn als Menschen und Persönlichkeit zu würdigen“[1516] habe. Der Arbeitgeber sei zur Rücksichtnahme auf die Interessen des Arbeitnehmers verpflichtet und müsse ihn deshalb beschäftigen, wenn und soweit ein begründetes Interesse des Arbeitnehmers an tatsächlicher Beschäftigung vorhanden sei und nicht überwiegende Interessen des Arbeitgebers entgegenstünden. Auch *Hueck* hielt es für möglich, dass es für den Arbeitnehmer eine seine Persönlichkeit verletzende und seine Ehre kränkende Zumutung sein könne, wenn ihm trotz Fortbestehens des Arbeitsverhältnisses für längere Zeit die Betätigung in seinem Beruf verwehrt werde.[1517] Mit der herrschenden Meinung und insbesondere dem BAG kam auch *Hueck* im Ergebnis zu der Erkenntnis, dass es sich bei der Entscheidung über das Bestehen eines Beschäftigungsanspruches letzten Endes um eine Abwägung der beiderseitigen Interessen unter Berücksichtigung der für Arbeitgeber und Arbeitnehmer maßgeblichen Treue- und Fürsorgepflicht handele.[1518] *Hueck* hob schließlich hervor, dass der Anspruch auf Beschäftigung innerhalb der Grenzen des § 138 BGB dispositiv und damit durchaus einer zu Lasten des Arbeitnehmers abweichenden Regelung durch die Parteien zugänglich sei.

Auch *Gaul* erkannte einen Beschäftigungsanspruch grundsätzlich an, lehnte dessen Herleitung aus der Verfassung, insbesondere aus den Grundrechten jedoch strikt ab.[1519] Grundlage für einen solchen Anspruch könne nur der Arbeitsvertrag sein. Dessen Inhalt müsse die Annahme eines solchen Anspruchs zulassen.[1520] Ähnlich wie *Hueck* sah auch *Gaul* die Anspruchsgrundlage für

1514 Vgl. *Hueck/Nipperdey*, LB ArbR, Bd. 1, S. 380, 382.
1515 Vgl. *Hueck/Nipperdey*, LB ArbR, Bd. 1, S. 380, 382.
1516 Vgl. *Hueck/Nipperdey*, LB ArbR, Bd. 1, S. 380, 382.
1517 Vgl. *Hueck/Nipperdey*, LB ArbR, Bd. 1, S. 380, 383.
1518 Vgl. *Hueck/Nipperdey*, LB ArbR, Bd. 1, S. 380, 384.
1519 Vgl. *Bobrowski-Gaul*, Das Arbeitsrecht im Betrieb, 6. Aufl., F. III., S. 320.
1520 Vgl. *Bobrowski-Gaul*, Das Arbeitsrecht im Betrieb, 6. Aufl., F. III., S. 320f., Rn. 1.

einen privatrechtlichen Anspruch des Arbeitnehmers auf Beschäftigung grundsätzlich im Arbeitsverhältnis gegeben, was auf die verstärkte personenrechtliche Deutung desselben zurückzuführen sei. Demgegenüber sei ein solcher Anspruch dann abzulehnen, wenn der Arbeitsvertrag nur als eine Erscheinungsform des Dienstvertrages im Sinne der §§ 611 ff. BGB verstanden werde.[1521] Neben der grundsätzlichen Anerkennung des Anspruchs bedurfte es für *Gaul* zusätzlich des Überwiegens der berechtigten Interessen des Arbeitnehmers an der tatsächlichen Beschäftigung. Zentrale Gesichtspunkte, die zugunsten des Arbeitnehmers sprächen, erkannte *Gaul* darin, dass das Arbeitsverhältnis zu einem wesentlichen Teil des Lebensinhaltes des Arbeitnehmers werde und der Arbeitnehmer entscheidend „in der tatsächlichen Ausübung, im Schaffen, seine Lebensbefriedigung und damit seine Achtung und Anerkennung als Mensch findet (Art. 1 Abs. 2 GG).“[1522] Diesen Bedürfnissen müsse im Rahmen einer vorzunehmenden Abwägung gegenüber den Interessen des Arbeitgebers an der Freistellung des Arbeitnehmers in ausreichendem Maße Rechnung getragen werden. Gleichwohl könne der Arbeitgeber den Arbeitnehmer einseitig von der Beschäftigungspflicht freistellen, wenn wichtige Gründe die Beschäftigung des Arbeitnehmers für den Arbeitgeber unzumutbar machten.[1523] *Gaul* nannte hier unter anderem den Fall eines Buchhalters, der für die Dauer eines gegen ihn wegen angeblicher Unterschlagungen geführten Ermittlungsverfahrens freigestellt werden könne.

Auch *Hans Brox* erkannte einen Beschäftigungsanspruch des Arbeitnehmers grundsätzlich an,[1524] betonte aber zugleich, dass dann keine Beschäftigungspflicht bestehe, wenn der Arbeitnehmer kein Interesse an der Beschäftigung habe.[1525] *Brox* ließ in seinen Ausführungen nicht erkennen, worin seiner Meinung nach der Beschäftigungsanspruch seine Grundlage finden solle. Aus den allgemeinen Ausführungen *Brox'* zu den Rechtsgrundlagen des Arbeitsrechts wird allerdings klar, dass er die Anspruchsgrundlage für den Beschäftigungsanspruch jedenfalls nicht in den Grundrechten sah. Unter Berufung auf die klassische Theorie der Grundrechte und die Entstehungsgeschichte des Grundgesetzes lehnte *Brox* die unmittelbare Wirkung der Grundrechte im Privatrechtsverkehr ausdrücklich ab. Diese sollten nur den Bürger vor der staatlichen Macht schützen, nicht aber im Verhältnis der Bürger untereinander gelten.[1526] Allerdings sollten die normativen Tarifvertragsbestimmungen an den

---

1521 Vgl. *Bobrowski-Gaul*, Das Arbeitsrecht im Betrieb, 6. Aufl., F. III., S. 320f., Rn. 1.

1522 Vgl. *Bobrowski-Gaul*, Das Arbeitsrecht im Betrieb, 6. Aufl., F. III., S. 320f., Rn. 2.

1523 Vgl. *Bobrowski-Gaul*, Das Arbeitsrecht im Betrieb, 6. Aufl., F. III., S. 320, 322, Rn. 5.

1524 Vgl. *Brox*, Grundbegriffe des Arbeitsrechts, 2. Aufl., S. 52f.

1525 Vgl. *Brox*, Grundbegriffe des Arbeitsrechts, 2. Aufl., S. 53.

1526 Vgl. *Brox*, Grundbegriffe des Arbeitsrechts, 2. Aufl., S. 24.

Grundrechten gemessen werden können, weil sie Rechtsnormen seien, da sie unmittelbar und zwingend die einzelnen Arbeitsverhältnisse zwischen den Mitgliedern der Tarifvertragsparteien regeln.[1527]

Im Ergebnis sprach sich auch *Wiese* grundsätzlich für das Bestehen eines allgemeinen Beschäftigungsanspruches aus, der im allgemeinen Persönlichkeitsrecht des Arbeitnehmers wurzeln solle. Jedoch stellte *Wiese* im Rahmen seiner intensiven Auseinandersetzung mit den Gewährleistungen des allgemeinen Persönlichkeitsrechts fest, dass das allgemeine Persönlichkeitsrecht des Arbeitnehmers seine Grundlage zwar vor allem in Art. 1 Abs. 1 GG und Art. 2 Abs. 1 GG finde, es sich bei diesem Recht jedoch um ein eigenständiges subjektives privates Recht handele.[1528] Es unterliege in seiner weiteren Ausformung den privatrechtlichen Regeln. Bei dieser Ausformung sei jedoch auf die Wertgehalte der Grundrechte zurückzugreifen. Infolgedessen ergäben sich seine Grenzen aus den Grundsätzen des Privatrechtes und nicht aus den Schranken der Art. 2 Abs. 1 und 19 Abs. 2 GG. Für eine weitere Heranziehung der Grundrechte, insbesondere einer unmittelbaren Anwendung derselben, sei neben dem allgemeinen Persönlichkeitsrecht deshalb kein Raum, weil der Zweck des allgemeinen Persönlichkeitsrechts der umfassende Schutz gegenüber Privatpersonen, also auch des Arbeitgebers sei.[1529] Auch nach *Wiese* stand daher für die Grundrechte deren Staatsgerichtetheit im Vordergrund, so dass er die Herleitung eines Beschäftigungsanspruches des Arbeitnehmers aus den Grundrechten schließlich ablehnte.

Auf der Suche nach einer tragfähigen Begründung für die Anerkennung des allgemeinen Beschäftigungsanspruches setzte sich *Fabricius*[1530] mit den im damaligen Schrifttum vertretenen, insbesondere den vorgenannten Ansichten ausführlich auseinander.[1531] *Fabricius* analysierte nicht nur Abweichungen innerhalb der herrschenden Meinung bei der Begründung des allgemeinen Beschäftigungsanspruches, sondern sogar Unsicherheiten innerhalb der einzelnen Begründungsansätze.[1532] Danach verkenne der Ansatz *Wiedemanns*, wonach sich die Beschäftigungspflicht des Arbeitgebers aus dem Charakter des gegenseitigen Vertrages ergebe, welcher dem Arbeitgeber eine „Abnahmeverpflichtung“ auferlege, dass die Abnahmepflicht keineswegs eine für

1527 Vgl. *Brox*, Grundbegriffe des Arbeitsrechts, 2. Aufl., S. 25.

1528 Vgl. *Wiese*, ZfA 1971,S. 273, 276; zustimmend *Griesam*, Der Beschäftigungsanspruch des Arbeitnehmers, S. 101ff., der einen Anspruch allenfalls als Reflex aus dem allgemeinen Persönlichkeitsrecht in Ausformung der persönlichen Ehre anerkennen will.

1529 Vgl. *Wiese*, ZfA 1971, S. 273, 277.

1530 Vgl. *Fabricius*, ZfA 1972, S. 35.

1531 Vgl. *Fabricius*, ZfA 1972, S. 35.

1532 Vgl. *Fabricius*, ZfA 1972, S. 41.

Austauschverträge typische Rechtsfigur sei.[1533] Nicht nur das Dienstvertragsrecht, dass auf römisch-rechtlichen Grundlagen der Sachmiete basiere, sondern insbesondere auch das Mietrecht kenne gerade keine Abnahmepflicht des Anspruchsgläubigers.[1534] Auch die von *Paul Bobrowski* und *Dieter Gaul* vertretene Ansicht gehe im Ergebnis fehl. Danach ergebe sich die Beschäftigungspflicht des Arbeitgebers aus einer personenrechtlichen Deutung des Arbeitsverhältnisses im Sinne eines „Herr-Diener"-Verhältnisses. Die personenrechtliche Deutung ergebe aber durch ihre „Über- und Unterordnung" allenfalls eine Pflicht des Dienstberechtigten zur Fürsorge für die Person des Dienstpflichtigen, nicht aber einer Beschäftigungspflicht desselben.[1535] Schließlich könnten auch die Ansichten von *Hueck* und *Nikisch* nicht überzeugen. Diese hätten nämlich bislang keinen Nachweis dafür erbracht, dass sich die Beschäftigungspflicht aus dem personenbezogenen Gemeinschaftsverhältnis von Arbeitgeber und Arbeitnehmer ergeben solle.[1536] Trotz aller Kritik an den bestehenden Begründungsversuchen schloss sich *Fabricius* hinsichtlich der Anerkennung des allgemeinen Beschäftigungsanspruches im Ergebnis der herrschenden Meinung an. Die Schwächen der anderen Begründungsansätze versuchte *Fabricius* dadurch zu überwinden, indem er die Existenz des allgemeinen Beschäftigungsanspruches auf eine dispositive, praeter legem entwickelte Rechtsnorm zurückführte, die sich auf die Art. 1, 2, 20, 28 GG gründe.[1537] Auch wenn der Gesetzgeber des BGB eine Beschäftigungspflicht des Arbeitgebers weder im Gesetz anerkannt habe noch in seinen Absichten habe anerkennen wollen, so sei aber aufgrund der gesellschaftlichen Entwicklung die Anerkennung einer solchen – jedenfalls nunmehr – zu bejahen.[1538] Die von *Lepke*[1539] vorgebrachten Gesichtspunkte, insbesondere die Frage nach einem „besonderes schutzwürdigen Beschäftigungsinteresse" hielt *Fabricius* sämtlich für einen „Ausfluss der Würde des Menschen und seines Rechts auf die freie Entfaltung seiner Persönlichkeit (Art. 1, 2 GG) sowie – als Konkretisierung in der Privatrechtsordnung – Ausfluss des Gedankens eines allgemeinen Persönlichkeitsrechts als eines Rechts auf Achtung und Schutz der Menschenwürde, auf Respektierung der Persönlichkeit."[1540] Diesen Gedanken, den Schutz der Menschenwürde und den Anspruch auf freie Entfaltung der Persönlichkeit auszubauen, sah *Fabricius* in der Entwicklung

1533 Vgl. *Fabricius*, ZfA 1972, S. 35, 42; zustimmend *Weber*, AP Nr. 5 zu § 611 BGB.
1534 Vgl. *Fabricius*, ZfA 1972, S. 35, 37.
1535 Vgl. *Fabricius*, ZfA 1972, S. 42.
1536 Vgl. *Fabricius*, ZfA 1972, S. 35, 43.
1537 Vgl. *Fabricius*, ZfA 1972, S. 44.
1538 Vgl. *Fabricius*, ZfA 1972, S. 35, 47.
1539 Vgl. *Lepke*, DB 1971, S. 478; hierzu sogleich unten C. VI. 3. b) bb).
1540 Vgl. *Fabricius*, ZfA 1972, S. 35, 44.

des Rechts im zwanzigsten Jahrhundert mehrfach durch den Gesetzgeber[1541] und zudem im Sozialstaatsprinzip zum Ausdruck gebracht. Aus letzterem ergebe sich – so *Fabricius* – die rechtspolitische Forderung nach einer gleichberechtigten Teilhabe aller, insbesondere auch der abhängigen Arbeitnehmer, an der Aufgabe der gemeinsamen Lebensbewältigung zur Verwirklichung eines materiellen Rechtsstaates.[1542] Dieser Grundsatz ergebe direkt, wenigstens aber im Rahmen der Auslegung und der Ausfüllung von Lücken die Begründung einer allgemeinen Beschäftigungspflicht.[1543]

Marcus[1544], der sich zwar auch für einen allgemeinen Beschäftigungsanspruch des Arbeitnehmers aussprach, relativierte den Standpunkt von *Fabricius*, indem er für einen grundsätzlichen Vorrang des Interesses des Arbeitgebers plädierte. *Marcus* entwickelte den Argumentationsansatz, wonach die Interessenabwägung im Vordergrund stehe, weiter und hielt fest, dass ein Beschäftigungsanspruch des Arbeitnehmers jedenfalls nicht für die Dauer der Kündigungsfrist sowie für den Zeitraum danach, in dem das Weiterbestehen des Arbeitsverhältnisses streitig sei, bestehe.[1545]

Mit der herrschenden Meinung sprach sich auch *Günter Schaub* für das grundsätzliche Bestehen eines Beschäftigungsanspruches des Arbeitnehmers aus. Entgegen den von *Fabricius* geäußerten Bedenken leitete *Schaub* die Begründung für den Beschäftigungsanspruch über den Vergleich mit den anderen im BGB geregelten, bedeutenden Schuldverhältnissen aus dem Arbeitsvertrag her.[1546] Wie schon *Wiedemann* verwies *Schaub* auf die in §§ 433 Abs. 2 und 640 BGB geregelte Pflicht des Käufers bzw. des Bestellers, die gekaufte Sache bzw. das bestellte Werk abzunehmen. Ähnlich sei es – entgegen der Ansicht von *Fabricius* – im Mietrecht, wo die Verpflichtung des Mieters zur Abnahme der Mietsache dann bestehe, wenn der Vermieter nach Treu und Glauben hieran ein berechtigtes Interesse habe.[1547] Genau so sei es auch im Arbeitsrecht. Es bestehe ein „Weiterbeschäftigungsanspruch",[1548] wenn der Arbeitnehmer unter Abwägung der wechselseitigen Interessen von Arbeitnehmer und Arbeitgeber an der Beschäftigung während des Bestandes des

1541 *Fabricius* nennt beispielhaft das Betriebsrätegesetz von 1920, das Betriebsverfassungsgesetz von 1952 sowie das Montan-Mitbestimmungsgesetz.

1542 Vgl. *Fabricius*, ZfA 1972, S. 35, 46.

1543 Vgl. *Fabricius*, ZfA 1972, S. 47.

1544 Vgl. *Marcus*, RdA 1975, S. 340, 341.

1545 Vgl. *Marcus*, RdA 1975, S. 340, 341.

1546 Vgl. *Schaub*, NJW 1981, S. 1807, 1810.

1547 Vgl. *Schaub*, NJW 1981, S. 1807, 1810.

1548 *Schaub* meint wohl den hier thematisierten *„Beschäftigungsanspruch"*, auf den sogenannten *„Weiterbeschäftigungsanspruch"* geht er dann in der folgenden Auseinandersetzung um die Wirkung des § 102 BetrVG ein.

Arbeitsverhältnisses und während des Laufes der Kündigungsfrist ein berechtigtes Interesse habe.[1549]

bb) Ablehnung des allgemeinen Beschäftigungsanspruches

Zwar gelangte auch *Heinrich Lehmann* – wie die vorgenannten Autoren – im Ergebnis teilweise zu dem Resultat, dass im Einzelfall eine Beschäftigungspflicht des Arbeitgebers zu bejahen sei, wenn schutzwürdige Interessen des Arbeitnehmers dies gebieten würden.[1550] Diese Beschäftigungspflicht entfalle aber, wenn das Interesse des Dienstherren an der Nichtbeschäftigung des Arbeitnehmers höher zu gewichten und diesem die Beschäftigung unzumutbar sei. So nah die Ergebnisse beieinander zu liegen scheinen, so weit sind die dahinter stehenden Grundverständnisse voneinander entfernt. *Lehmann* ging nicht grundsätzlich, sondern nur im Einzelfall von der Beschäftigungspflicht aus.[1551] Ablehnend stand *Lehmann* auch dem Ansatz des BAG gegenüber, den Beschäftigungsanspruch aus den Grundrechten der Art. 1 Abs. 1 und 2 Abs. 1 GG herzuleiten. Selbst wenn man den Grundrechten Bedeutung für das Privatrecht beimesse, so bleibe es „doch zweifelhaft, ob man aus ihnen auch konkrete Vertragspflichten herleiten“ könne.[1552] Die Grundrechte können – so *Lehmann* – unter Umständen „den Vertragsinhalt begrenzen, aber sie können keine vertraglichen Ansprüche, die in den einschlägigen Vorschriften des BGB nicht enthalten“ seien, neu schaffen.[1553]

Konsequent gegen einen allgemeinen Beschäftigungsanspruch sprach sich *Lepke* aus. Er kritisierte an der Ansicht des BAG insbesondere, dass diese Rechtsprechung gerade die höher qualifizierten und lange Zeit im Betrieb des Arbeitgebers beschäftigten Arbeitnehmer treffe, deren Schutz das BAG mit seiner Rechtsprechung aber gerade bezweckt hatte.[1554] Aus dem Wesen und der geschichtlichen Entwicklung der Grundrechte könne sich gerade kein Beschäftigungsanspruch aus Art. 1 Abs. 1 GG und Art. 2 Abs. 1 GG ergeben. „Die Erfahrungen mit dem soeben zur Kapitulation gezwungenen totalitären Staat vor Augen, wollte der Verfassungsgeber des GG das Recht der Einzelpersönlichkeit gegen ein potentielles Übergewicht kollektiver Interessen si-

---

1549 Vgl. *Schaub*, NJW 1981, S. 1807, 1810.

1550 Vgl. *Enneccerus/Lehmann*, Lehrbuch des Bürgerlichen Rechts, Bd. 2, § 146 III 4., S. 623.

1551 Vgl. *Enneccerus/Lehmann*, Lehrbuch des Bürgerlichen Rechts, Bd. 2, § 146 III 4., S. 623.

1552 Vgl. *Enneccerus/Lehmann*, Lehrbuch des Bürgerlichen Rechts, Bd. 2, § 146 III 4., S. 624.

1553 Vgl. *Enneccerus/Lehmann*, Lehrbuch des Bürgerlichen Rechts, Bd. 2, § 146 III 4., S. 624.

1554 *Lepke*, AuR 1968, S. 78.

cherstellen und verhindern, dass Einzelpersonen je wieder bloßes Objekt staatlicher Maßnahmen sein können. Die überkommene Rechtsordnung sollte nicht umgestaltet, sondern im Wesentlichen wieder hergestellt und gefestigt werden."[1555] Während sich der Beschäftigungsanspruch auf eine Mehrzahl positiver Handlungen richte, ergäben sich aus der Natur des durch Art. 1 Abs. 1 GG und Art. 2 Abs. 1 GG geschützten Rechtes regelmäßig nur Eingriffsverbote und Unterlassungspflichten, nicht aber Pflichten zu positiven Handlungen.[1556] Die Ableitung eines Beschäftigungsanspruches aus einem Recht am Arbeitsplatz, das zum Teil auf Art. 2 Abs. 1 GG gestützt werde, müsse aus demselben Grunde scheitern.

Auch *Werner Weber* lehnte das Bestehen eines Beschäftigungsanspruches generell ab. Die Argumentation *Lepkes* ergänzte er um den Hinweis, dass gegen die Heranziehung des Sozialstaatsprinzips der Art. 20 Abs. 1 und 28 Abs. 1 GG die fehlende Konkretisierung dieses „Prinzips" spreche.[1557] In der Auseinandersetzung mit der Argumentation *Farbicius'* legte er dar, dass sich der Anspruch gerade nicht unmittelbar aus Art. 1 Abs. 1 GG und Art. 2 Abs. 1 GG ergebe[1558] und es auch keines Rückgriffes auf die von den Grundrechten geschaffene objektive Wertordnung bedürfe.[1559] Die vom Zivilrecht für den Fall der Kündigung des Arbeitsverhältnisses bereitgehaltenen Rechtsfolgen[1560] würden ausreichende gesetzliche Regelungen schaffen, so dass es weder einer Auslegung noch einer Lückenausfüllung bedürfe.[1561] Ferner spreche gegen das Bestehen einer mittels § 888 Abs. 1 ZPO erzwingbaren Beschäftigungspflicht das Paradoxon, das immer dann entstehe, wenn der Arbeitgeber zwischenzeitlich einen anderen Arbeitnehmer auf dem Arbeitsplatz des gekündigten Arbeitnehmers eingestellt habe. Dann nämlich könnte der im Kündigungsschutzprozess obsiegende Arbeitnehmer gegen den Arbeitgeber vollstrecken und den anderen Arbeitnehmer hinaussetzen lassen, der seinerseits wiederum den ersten Arbeitnehmer mittels Zwangsvollstreckung gemäß § 888

1555 Vgl. *Lepke*, DB 1971, S. 478.

1556 Vgl. *Lepke*, DB 1971, S. 478, 479.

1557 Vgl. *Weber*, BB 1974, S. 698, 701; ablehnend gegenüber der Herleitung des Beschäftigungsanspruches aus dem Sozialstaatsprinzip auch *Kraft*, ZfA 1979, S. 123, 130.

1558 So auch *Griesam*, Der Beschäftigungsanspruch des Arbeitnehmers, S. 99f.; *Weber*, BB 1974, S. 698, 701.

1559 Vgl. *Lepke*, DB 1971, S. 478, 479; *Weber*, BB 1974, S. 698, 701.

1560 Vgl. *Weber* nennt hier den Anspruch auf Zahlung des Annahmeverzugslohnes gemäß § 615 BGB sowie den Anspruch auf Schadenersatz gemäß § 628 Abs. 2 BGB, BB 1974, S. 698, 701.

1561 Vgl. *Weber*, BB 1974, S. 698, 701.

Abs. 1 ZPO hinaussetzen lassen könnte.[1562] Dieses Ergebnis könne nicht richtig und auch nicht gewollt sein. Daher verkenne derjenige, der eine erzwingbare Beschäftigungspflicht anerkenne, die Tatsache, dass Grundlage der Beschäftigung der (schuldrechtliche) Arbeitsvertrag und kein (dingliches) Recht am Arbeitsplatz sei, das es nicht gäbe.[1563]

Im Ergebnis lehnte auch *Heinze* das Bestehen eines Beschäftigungsanspruches des Arbeitnehmers grundsätzlich ab. Zum einen, weil § 615 BGB mittels seiner Erfüllungsfiktion einen arbeitsrechtlichen Beschäftigungsanspruch ausschließe und zum anderen, weil die Gegenansicht, die sich allgemein auf Art. 1 Abs. 1, 2 Abs. 1 und 12 Abs. 1 GG stütze, keine tragfähige Begründung vorweisen könne, zumal diese Ansicht schon allein zur rechtlichen Qualifizierung des „angeblichen Pflichtencharakters" jede Aussage schuldig bleibe.[1564] *Heinze* wies zudem auf eine generelle Unterschiedlichkeit hin, die zwischen der Abnahmeverpflichtung im Kauf- und Werkvertrag und der arbeitgeberseitigen Verpflichtung zur Annahme der angebotenen Arbeitskraft durch Zur-Verfügung-Stellung des Arbeitsplatzes, des Arbeitssubstrates (durch die „Beschäftigung") bestehe.[1565] Schon weil die Abnahmeverpflichtung die Pflicht zur körperlichen Hinnahme des Werkes bzw. des Kaufgegenstandes beinhalte, während die Annahme der Arbeitskraft darüber hinausgehende Mitwirkungshandlungen des Arbeitgebers voraussetze, seien beide Pflichten nicht miteinander vergleichbar. Entscheidend sei aber, dass die Abnahmeverpflichtungen an den Erfolg der bewirkten Leistung anknüpfen würde, wohingegen im Arbeitsrechtsverhältnis auf die Ebene des Leistungshandelns abzustellen sei. Hinzutrete, dass im Rahmen der Abnahmeverpflichtungen die ggf. erforderlichen Mitwirkungshandlungen des Bestellers – wie § 642 BGB zeige – lediglich Obliegenheiten des Gläubigers seien, deren Verletzung die Begründung des Annahmeverzuges zur Folge habe.[1566] Die von *Heinze* vorgenommene Argumentation setzt sich allerdings allein mit den strukturellen Unterschieden und Gemeinsamkeiten der Schuldverhältnisse auseinander und zeigt, dass der Gesetzgeber versucht hat, trotz der Unterschiedlichkeit der jeweiligen Interessenlagen wirtschaftlich tragbare und interessengerechte Ergebnisse zu erzeugen.

1562 Vgl. zu den prozessrechtlichen Aspekten dieses Problems ausführlich auch *Heinze*, DB 1985, S. 111, 129.

1563 Vgl. *Weber*, BB 1974, S. 698, 702.

1564 Vgl. *Heinze*, DB 1985, S. 111, 117.

1565 Vgl. *Heinze*, DB 1985, S. 111, 115.

1566 Vgl. *Heinze*, DB 1985, S. 111, 115.

cc) Der *Weiter*beschäftigungsanspruch des § 102 Abs. 5 Satz 1 BetrVG

Nachdem das „neue“ BetrVG am 19. Januar 1972 in Kraft getreten ist, fand eine weitere Komponente Eingang in die Diskussion zum Beschäftigungsanspruch des Arbeitnehmers im Fall einer Kündigung. Der neu eingeführte § 102 Abs. 5 Satz 1 BetrVG gewährt dem Arbeitnehmer, der gegen eine ordentliche Kündigung, welcher der Betriebsrat zuvor widersprochen hat, Kündigungsschutzklage erhoben hat, grundsätzlich einen (*Weiter*-)Beschäftigungsanspruch für die Zeit nach Ablauf der Kündigungsfrist bis zum rechtskräftigen Abschluss des Rechtsstreites. In diesem Zusammenhang kam die Frage auf, ob außerhalb des Geltungsbereiches des § 102 Abs. 5 Satz 1 BetrVG ein allgemeiner Beschäftigungsanspruch besteht.[1567] Die mit dem Weiterbeschäftigungsanspruch verbundenen Fragen haben der Diskussion um den allgemeinen Beschäftigungsanspruch neuen Zündstoff gegeben. Dies nicht zuletzt deshalb, weil der Begründungsansatz des BAG in dessen grundlegender Entscheidung vom 10. November 1955[1568] auf den Entwicklungsstand der arbeitsrechtlichen Dogmatik des Jahres 1955 zurückgeführt wurde.[1569] Mit der Erkenntnis, dass der Anlass für diese eigenständige Entwicklung des Arbeitsrechts der damalige Entwicklungsstand des Zivilrechts war, der dem Bedürfnis der arbeitsgerichtlichen Rechtsprechung nach sozialen Steuerungsmechanismen nicht hinreichend zu genügen schien, war mit fortschreitender Entwicklung der Zivilrechtsdogmatik der Weg für eine entsprechende Verarbeitung des sachlichen Gehaltes jenes Urteils des BAG eröffnet.[1570]

Das „neue“ BetrVG traf indes keine Regelung bezüglich einer Beschäftigungspflicht für die Zeit bis zum Ablauf der Kündigungsfrist.[1571] Einer solchen Regelung bedurfte es aber auch nicht, da die Beschäftigungspflicht nach überwiegender Ansicht während der gesamten Zeit des Bestandes des Arbeitsverhältnisses besteht und nur dann zurücktreten muss, wenn überwiegende Interessen des Arbeitgebers entgegenstehen.[1572] Für *Peter Hanau* war daher die Einführung der „verlängerten Beschäftigungspflicht“ nur konsequent und gerechtfertigt, denn die allgemeine Beschäftigungspflicht bestehe „nach

---

1567 Auf die Problematik des Weiterbeschäftigungsanspruches wird hier nicht näher eingegangen, da dies einerseits den Rahmen der Arbeit sprengen würde und andererseits Grundrechte in dieser Diskussion keine Rolle gespielt haben.

1568 BAGE 2, S. 221.

1569 Vgl. *Körnig/Reinecke*, AuR 1978, S. 193, 196.

1570 Vgl. *Körnig/Reinecke*, AuR 1978, S. 193, 196.

1571 Vgl. zum Meinungsstand der Anerkennung einer allgemeinen Beschäftigungspflicht und dem Zusammenhang mit der Neuregelung in § 102 Abs. 5 BetrVG *Weber*, AP Nr. 5 zu § 611 BGB.

1572 Vgl. *Hanau*, BB 1972, S. 451, 455.

heutiger Auffassung grundsätzlich gegenüber jedem Arbeitnehmer"[1573] und es sei daher nicht recht einsehbar, warum der Arbeitgeber eine so grundlegende Pflicht durch den einseitigen Akt der Kündigung beenden können sollte.

Bächle, der der Auffassung des BAG insbesondere hinsichtlich der Herleitung des Beschäftigungsanspruches aus Art. 1 Abs. 1, 2 Abs. 1 GG folgte, ging allerdings im Anschluss an die inzwischen (1979) herrschende Literatur davon aus, dass der Anspruch des Arbeitnehmers auf Beschäftigung von dem Ergebnis einer notwendigen Interessabwägung im Einzelfall abhänge.[1574] Auch *Geiger* schloss sich insoweit der herrschenden Meinung an und stellte fest, dass dem Arbeitnehmer grundsätzlich ein aus Art. 1 Abs. 1 und 2 Abs. 1 GG folgender Anspruch auf tatsächliche Beschäftigung bis zum Ablauf der Kündigungsfrist zustehe.[1575] Dies sei auch nach der Einführung des § 102 BetrVG so, denn die Norm habe den außerhalb seines Anwendungsbereiches liegenden Anspruch nicht beseitigt oder verdrängt.[1576] In diesem Sinne äußerte sich auch *Löwisch*, der sich unter anderem mit der viel diskutierten Frage auseinandersetzte, ob der allgemeine Beschäftigungsanspruch zu einem *Weiter*beschäftigungsanspruch außerhalb des Anwendungsbereiches des § 102 BetrVG ausgedehnt werden könne.[1577] *Löwisch* gelangte zu dem Ergebnis, dass jedenfalls aus § 102 BetrVG kein Argument gegen die Übertragung der Grundsätze gezogen werden könne, denn mit der Einführung der Norm habe der Gesetzgeber lediglich dem Arbeitnehmer die Durchsetzung der *Weiter*beschäftigung während des Kündigungsrechtsstreites erleichtern wollen.[1578] Im Ergebnis bejahte *Löwisch*, die dogmatischen Grundlagen scheinbar voraussetzend, die Ausdehnung des allgemeinen Beschäftigungsanspruches zu einem *Weiter*beschäftigungsanspruch.[1579]

Bitter, der der Begründung des BAG aus der Grundsatzentscheidung vom 10. November 1955 zwar ausdrücklich zustimmte,[1580] leitete den Beschäftigungsanspruch jedoch anhand der von *Dürig* entwickelten Lehre über die überkommenen wertausfüllungsfähigen und -bedürftigen Privatrechtsbegriffe

---

1573 Vgl. *Hanau*, BB 1972, S. 451, 455.

1574 Vgl. *Bächle*, NJW 1979, S. 1693 mit umfangreichen Nachweisen zur Literatur, Fn. 1.

1575 Vgl. *Geiger*, BlStSozArbR 1978, S. 149, ob dieser Anspruch unmittelbar aus den Grundrechtsbestimmungen folgen soll, sagt *Geiger* nicht.

1576 Vgl. *Geiger*, BlStSozArbR 1978, S. 149, 150.

1577 Vgl. *Löwisch*, DB 1978, Beilage Nr. 7, 1.

1578 Vgl. *Löwisch*, DB 1978, Beilage Nr. 7, 1, 6; so im Ergebnis auch *Dütz*, der die Norm ebenfalls nicht für abschließend hält, in DB 1978, Beilage Nr. 13, 1, 11.

1579 Vgl. *Löwisch*, DB 1978, Beilage Nr. 7, 1, 8.

1580 Vgl. *Bitter*, Das Arbeitsrecht der Gegenwart, 1978, S. 38, 49.

her.[1581] *Bitter* äußerte die Befürchtung, dass die ursprüngliche Position des BAG durch das Fehlen der Bezugnahme auf die Grundrechtsverbürgungen der Art. 1 Abs. 1 GG und Art. 2 Abs. 1 GG in der neueren Rechtsprechung des BAG[1582] dogmatisch aufgeweicht werden könnte. Die Gründung des Beschäftigungsanspruches allein auf zivilrechtliche und kündigungsschutzrechtliche Aspekte lasse sich dogmatisch nicht hinreichend erklären.[1583]

Dagegen lehnte *Kraft* die Begründung des BAG vom 10. November 1955, der allgemeine Beschäftigungsanspruch ergebe sich aus dem Persönlichkeitsrecht, wie es aus Art. 1 Abs. 1 und 2 Abs. 1 GG abgeleitet werde, ab. *Kraft* hielt dem BAG vor, es verweise sowohl in seiner Grundsatzentscheidung[1584] als auch in den folgenden Entscheidungen,[1585] in denen es das Bestehen eines allgemeinen Beschäftigungsanspruches bejaht habe, lediglich auf die vorgenannte Begründung, lasse aber eine dogmatisch tragfähige Absicherung dieses Ergebnisses gänzlich vermissen.[1586] Nach einer genaueren Betrachtung einer Vielzahl von Entscheidungen des BAG zu diesem Themenkomplex gelangte *Kraft* zu der Erkenntnis, das BAG habe in allen Fällen eine Interessabwägung im Einzelfall vorgenommen und jeweils festgestellt, dass in diesen Fällen jeweils die Nichtbeschäftigung zu einem Schaden für den Arbeitnehmer hätte führen können.[1587] Dies bedeute aber, dass Basis für den Beschäftigungsanspruch vielmehr § 242 BGB unter Einbeziehung der Wertungen des Grundgesetzes sei.[1588] Da die Entscheidung – wie gesehen – einzelfallbezogen zu erfolgen habe, könne also entgegen dem BAG nicht von einem allgemein zu bejahenden Beschäftigungsanspruch gesprochen werden.[1589]

Wenngleich *Mayer-Maly*[1590] die Existenz eines allgemeinen arbeitsrechtlichen Beschäftigungsanspruches grundsätzlich anerkannte und diesen Anspruch dem Individualarbeitsrecht zuordnete, widersprach auch er der Herleitung des Anspruchs aus den Grundrechten der Art. 1 Abs. 1 und 2 Abs. 1 GG in aller Deutlichkeit. „Ein besseres Beispiel für eine unglückliche Drittwirkungsthese könnte ja kaum gefunden werden."[1591] Ein individualarbeitsrechtlicher Beschäftigungsanspruch hänge davon ab, ob er aus dem Vertrag – auch durch

1581 Vgl. *Bitter*, Das Arbeitsrecht der Gegenwart, 1978, S. 38, 48.
1582 Namentlich das Urteil des BAG vom 26. Mai 1977, BAGE 29, S. 195.
1583 Vgl. *Bitter*, Das Arbeitsrecht der Gegenwart, 1978, S. 38, 47f.
1584 BAGE 2, S. 221.
1585 BAGE 13, S. 109; BAGE 28, S. 168.
1586 Vgl. *Kraft*, ZfA 1979, S. 123, 129.
1587 Vgl. *Kraft*, ZfA 1979, S. 123, 131.
1588 Vgl. *Kraft*, ZfA 1979, S. 123, 131.
1589 Vgl. *Kraft*, ZfA 1979, S. 123, 132.
1590 Vgl. *Mayer-Maly*, DB 1979, S. 1601, 1603; *ders.*, BB 1984, S. 1751, 1752.
1591 Vgl. *Mayer-Maly*, DB 1979, S. 1601, 1604.

dessen ergänzende Auslegung – oder aus fassbaren Interessenwahrungspflichten des *Arbeitnehmers*[1592] abgeleitet werden könne. Die Interessenabwägung, von der die Anerkennung einer Beschäftigungspflicht während des Laufes einer Kündigungsfrist abhänge, habe insbesondere die Besonderheit der mit der Kündigung herbeigeführten Situation zu berücksichtigen.[1593]

c) Auseinandersetzung

Die vorstehende Betrachtung führt zu drei wesentlichen Erkenntnissen, die sich auch in der Entscheidung des Großen Senats vom 27. Februar 1985 wiederfinden.[1594]

(1) Im Schrifttum wie in der Rechtsprechung besteht weitgehend Einigkeit darüber, dass ein allgemeiner Beschäftigungsanspruch des Arbeitnehmers im bestehenden Arbeitsverhältnis, jedenfalls bis zum Ablauf der Kündigungsfrist grundsätzlich zu bejahen ist. (2) Die Stimmen im Schrifttum, die dem vom BAG in der Entscheidung vom 10. November 1955 zugrunde gelegten Begründungsansatz gefolgt sind, wurden im Laufe der Zeit deutlich weniger, während die Zahl der Befürworter eines zivilrechtlichen Begründungsansatzes beträchtlich zugenommen hat, um schließlich als herrschenden Meinung bezeichnet werden zu können. (3) Trotz dessen, dass die verschiedenen Strömungen mit variierenden Begründungen arbeiten, gelangen fast alle zum gleichen Ergebnis: zu einem ggf. am Ende einer Interessenabwägung stehenden Beschäftigungspflicht im Einzelfall.[1595] Es überwiegen hierbei die Argumente, die angesichts der Fortentwicklung von Zivil- und Grundrechtsdogmatik für eine Begründung des Beschäftigungsanspruches aus den zivilrechtlichen Grundlagen des Arbeitsverhältnisses, namentlich §§ 611 ff. BGB i.V. mit dem jeweiligen Arbeitsvertrag sowie den allgemeinen schuldrechtlichen Regelungen des BGB, sprechen. Letztlich hat sich die Ansicht durchgesetzt, wonach die in den Grundrechten zum Ausdruck kommenden Wertentscheidungen des Grundgesetzes durch den Richter im jeweiligen Einzelfall im Rahmen der Interessenabwägung zu berücksichtigen sind, gleichwohl aber der Obersatz einer diesbezüglich ergehenden Entscheidung danach zu formulieren ist, dass sich ein Beschäftigungsanspruch des Arbeitnehmers aus §§ 611 ff. BGB i.V.m. dem Arbeitsvertrag unter Berücksichtigung der das Arbeitsverhältnis beeinflussenden Gewährleistungen des Grundgesetzes ergibt.

1592 Wenn *Mayer-Maly*, in DB 1979, S. 1601, 1604 *„Arbeitgeber"* schreibt, kann es sich m.E. nur um einen Schreibfehler handeln.

1593 Vgl. *Mayer-Maly*, DB 1979, S. 1601, 1604.

1594 BAGE 48, S. 123.

1595 Vgl. statt vieler *Kammann/Hess/Schlochauer*, BetrVG, § 102, Rn. 163; *Söllner*, MüKo BGB, § 611, Rn. 359f. m.w.N.

Der Große Senat des BAG hat seine Stellungnahme zur dogmatischen Begründung des Beschäftigungsanspruches in der Entscheidung vom 27. Februar 1985 mit den Worten eingeleitet, er trete der vor „30 Jahren begonnenen und seither von allen mit dieser Frage befassten Senaten fortgesetzten Rechtsprechung des Bundesarbeitsgerichts“[1596] bei. Nach dieser Formulierung scheint es zunächst so zu sein, als setze der Große Senat die ständige Rechtsprechung fort. Die anschließende Herleitung des Beschäftigungsanspruches aus den §§ 611 ff. BGB und die dabei getroffene Aussage, dass „sich aus dem durch die Art. 1 und 2 GG garantierten Persönlichkeitsschutz nicht ohne weiteres und unmittelbar eine Pflicht des Arbeitgebers auf positive Förderung der Entfaltung der Persönlichkeit seines Arbeitnehmers durch Arbeitsleistung herleiten“[1597] lasse, kann doch jedoch nicht darüber hinwegtäuschen, dass der Große Senat die dreißigjährige Rechtsprechung zur unmittelbaren Wirkung der Grundrechte im Arbeitsrecht nach der Lehre *Nipperdeys* im Ergebnis aufgegeben hat.

Damit hat sich die vom BVerfG eingeleitete und im dogmatischen Kern auf *Dürig* zurückgehende Ansicht, wonach die Grundrechte mittelbar auf den Privatrechtsverkehr, insbesondere das Arbeitsrecht einwirken, nicht nur im Hinblick auf den Beschäftigungsanspruch des Arbeitnehmers, sondern ganz grundsätzlich – jedenfalls im Individualarbeitsrecht – durchgesetzt.

4. Analyse der Änderung in der Begründung der Rechtsprechung des BAG

Nach dem Ausscheiden *Nipperdeys* als Präsident des BAG zum 31. Januar 1963 setzte das Gericht zunächst die bis dahin entwickelte Rechtsprechung zur unmittelbaren Wirkung der Grundrechte im Arbeitsrecht unverändert fort. Dass diese Fortsetzung der Rechtsprechung kein statisches Verharren in der von *Nipperdey* begründeten Dogmatik bedeutete, sondern in vielerlei Fragestellungen durchaus einer vitalen Fortentwicklung zugänglich war, hat die obige Darstellung gezeigt.[1598] Der abschließende Blick auf die Entscheidungen des Zweiten Senats vom 20. Dezember 1984 und des Großen Senats vom 27. Februar 1985 hat schließlich deutlich werden lassen, dass diese zwei Judikate keinen abrupten Wechsel in der Rechtsprechung darstellten, sondern vielmehr das Ergebnis einer längeren Entwicklung gewesen sind. Diese hatte in der zweiten Hälfte der siebziger Jahre begonnen und in den zwei hier besprochenen Entscheidungen ihren Höhepunkt gefunden.

1596 BAGE 48, S. 123, 134.
1597 BAGE 48, S. 123, 138.
1598 Siehe hierzu oben C. V.

a) Individualarbeitsrecht

Bei genauer Betrachtung der beiden Entscheidungen des BAG vom 20. Dezember 1984 und vom 27. Februar 1985 wird deutlich, dass das BAG seine Rechtsprechung zur unmittelbaren Wirkung der Grundrechte im Arbeitsrecht nur in Bezug auf das Individualarbeitsrecht aufgegeben hat. Beide Entscheidungen betreffen Sachverhalte und Fragestellungen aus diesem Bereich. Dieses Ergebnis wird auch von Folgeentscheidungen belegt, in denen das BAG im Sinne der beiden vorgenannten Entscheidungen urteilte. In einer Entscheidung des Ersten Senats des BAG vom 27. Mai 1986[1599] zu der Frage, ob sich der Arbeitnehmer gegenüber dem Arbeitgeber zur Abwehr einer technischen Telefonüberwachung auf das Grundrecht aus Art. 10 GG berufen könne, hat das BAG keine Verletzung des Fernmeldegeheimnisses festgestellt.[1600] In der umstrittenen Frage, ob Art. 10 GG auch Privatpersonen unmittelbar verpflichte, das Fernmeldegeheimnis zu wahren, schloss sich das BAG der herrschenden Meinung an und führte damit die vom Großen Senat für das Individualarbeitsrecht vorgegebene Linie fort. Art. 10 GG entfaltet keine unmittelbare Wirkung auf die (arbeits-) rechtlichen Beziehungen der Privatpersonen untereinander.[1601] Um dennoch sachgerechte Ergebnisse zu erzielen und die Grundrechtsgewährleistungen nicht vollständig auszublenden, folgte der Erste Senat der Vorgabe des Großen Senats.[1602] Die Auseinandersetzung des Senats mit dem Geltungsbereich und der Bedeutung des Grundrechts aus Art. 10 GG macht deutlich, dass die Rechtsprechung des BAG durch die Anwendung der Lehre von der mittelbaren Wirkung der Grundrechte keine inhaltlichen Einbußen erlitten hat. Nach wie vor bezieht das BAG die Grundrechte in seine rechtlichen Erwägungen ein. Allein die Begründung lautet nun auf die im Wesentlichen auf *Dürig*[1603] zurückgehende Formel, dass die in den Grundrechten zum Ausdruck kommende Wertentscheidung des Grundgesetzes über die Generalklauseln des Privatrechtes auf dieses einwirke.

Hinsichtlich der Frage, auf welche Faktoren die Änderung in der Begründung der Rechtsprechung des BAG zur Wirkung der Grundrechte im Arbeitsrecht zurückzuführen ist, kann es keine eindeutige Antwort geben. Letztlich wird die Lösung wohl in einem Konglomerat aus verschiedenen Faktoren zu suchen sein. Einerseits war die Besetzung der einzelnen Senate des BAG in den zwanzig Jahren seit dem Ausscheiden *Nipperdeys* als Präsident vollständig

---

1599 BAGE 52, S. 88.

1600 BAGE 52, S. 88, 97f.

1601 Vgl. *Maunz/Dürig*, GG, Art. 10 Rn. 21; *Pappermann*, in *von Münch* (Hrsg.), GG, 3. Aufl., Art. 10, Rn. 6; *Badura*, Bonner Kommentar, Art. 10 GG, Rn. 19ff.

1602 BAGE 48, S. 123.

1603 Vgl. *Dürig*, Das Eigentum als Menschenrecht, in ZgS Bd. 109 (1953), S. 326, 340.

ausgetauscht. Andererseits hatten sich die gesamtwirtschaftlichen und damit auch die arbeitsmarktpolitischen Rahmenbedingungen in der Bundesrepublik seit den fünfziger Jahre verändert. Hinzu kommt, dass der Gesetzgeber im Laufe der Jahrzehnte eine Vielzahl von arbeitnehmerschützenden Regelungen erlassen und damit deren Rechte erheblich gestärkt hatte. Schließlich haben auch die Gewerkschaften ihre eigene und die Stellung der Arbeitnehmer gegenüber den Interessen der Arbeitgeber nicht nur behauptet, sondern erheblich ausbauen können. Schließlich hatten sich in den drei Jahrzehnten seit der Entscheidung des Zweiten Senats vom 10. November 1955 auch grundlegende gesellschaftliche Änderungen ergeben. So blieb beispielsweise der Wandel der gesellschaftlichen Vorstellungen von Sittlichkeit und Moral nicht ohne Folgen für die juristische Interpretation des Begriffes „gute Sitten" des § 242 BGB. Die sich daraus ergebende Gesamtsituation hat in der Rechtsprechung des BAG Anfang der achtziger Jahre offensichtlich zu einer gewissen Ernüchterung geführt und eine Richtungskorrektur im Hinblick auf die Grundrechtsdogmatik ermöglicht.

Als entscheidend für die Änderung der Rechtsprechung des BAG dürften daneben die vielen Beiträge im allgemein-zivilrechtlichen und arbeitsrechtlichen Schrifttum zu werten sein, die sich einerseits kritisch mit der Lehre *Nipperdeys* auseinandergesetzt, andererseits aber auch Wege aufgezeigt hatten, die angestrebten Resultate auf eine dogmatisch fundierte Grundlage zu stellen. Im Rahmen der vorliegenden Untersuchung ließ sich allerdings kein Auslöser festmachen, anhand dessen sich das BAG zu den in den beiden Entscheidungen vom 20. Dezember 1984 und vom 27. Februar 1985 getroffenen Aussagen entschlossen hat.

b) Bindung der Tarifvertragsparteien an die Grundrechte

Die vorstehenden Ausführungen, wie auch die getroffenen Feststellungen zur Änderung hinsichtlich der Grundrechtsdogmatik des BAG beziehen sich auf den Bereich des Individualarbeitsrechts, können jedoch nicht ohne Weiteres auf das kollektive Arbeitsrecht übertragen werden. Der Erste Senat des BAG hat seit seiner grundlegenden Entscheidung vom 15. Januar 1955[1604] die Auffassung vertreten, die Tarifvertragsparteien seien unmittelbar an die Grundrechte gebunden. An dieser Ansicht hat das BAG auch nach den Entscheidungen des Zweiten Senats vom 20. Dezember 1984 und des Großen Senats vom 27. Februar vom 1985 festgehalten. Beispielsweise hat der Dritte Senat des BAG in einer Entscheidung vom 17. Oktober 1995[1605] festgestellt, dass die Tarifparteien bei ihrer Recht setzenden Tätigkeit an den Gleichheitssatz des

1604 BAGE 1, S. 258.
1605 BAG, BB 1996, S. 380.

Art. 3 GG gebunden sind.[1606] Der allgemeine Gleichheitssatz sei Teil der objektiven Wertordnung, die als verfassungsrechtliche Grundentscheidung für alle Bereiche des Rechts Geltung beanspruche. „Mit der Tarifautonomie ist den Tarifvertragsparteien die Macht verliehen, wie ein Gesetzgeber Rechtsnormen zu schaffen. Deshalb müssen sie sich auch wie der Gesetzgeber an die zentrale Gerechtigkeitsnorm des Art. 3 Abs. 1 GG halten.“[1607] Dieses Verständnis von der unmittelbaren Bindung der Tarifvertragsparteien an die Grundrechte hat das BAG immer wieder dazu genutzt, Tarifverträge einer Inhaltskontrolle zu unterziehen und notfalls zu korrigieren. Eine jüngere Entscheidung des Sechsten Senats des BAG vom 27. Mai 2004 könnte allerdings Bewegung in den Streit zu bringen. Der erkennende Senat hat dort festgestellt, dass die Tarifparteien als Vereinigungen privaten Rechts nicht unmittelbar grundrechtsgebunden sind.[1608] Reaktionen anderer Senate – insbesondere des Großen Senats des BAG – stehen allerdings noch aus, so dass der Streit aller Voraussicht nach in Literatur und Praxis vorerst fortgeführt werden wird.[1609]

1606 Zustimmend im Ergebnis *Wiedemann*, AP Nr. 132 zu § 242 BGB.

1607 BAG, BB 1996, S. 380, 381; so auch *Wiedemann*, AP Nr. 132 zu § 242 BGB, mit dem Hinweis auf die allgemeine Anerkennung dieser Aussage.

1608 BAGE 111, S. 8.

1609 Vgl. *Deinert*, JurisPR-ArbR 2/2006, Anm. 3.

D. Schlussbetrachtung

Die vorliegende Arbeit hat versucht, die Entwicklung nachzuzeichnen, welche die von *Nipperdey* begründete Lehre von der absoluten Wirkung der Grundrechte in der Rechtsprechung des BAG genommen hat. Anhand der einzelnen besprochenen Entscheidungen ist deutlich geworden, dass die besagte Rechtsprechung – nicht selten aufgrund äußerer Einflüsse – durchaus wandlungsfähig sein kann bzw. konnte. Die Gesamtbetrachtung der hier angestellten Untersuchung gibt darüber hinaus Anlass zu folgenden Feststellungen.

I. Allgemeine Feststellungen

Die von *Nipperdey* begründete Lehre von der absoluten Wirkung der Grundrechte, die als Lehre von der unmittelbaren Drittwirkung der Grundrechte im Arbeitsrecht allgemeine Bekanntheit erlangte, hat das heutige Grundrechtsverständnis – nicht nur der Arbeitsgerichtsbarkeit – maßgeblich beeinflusst. Dass das heute allgemein gelehrte Grundrechtsverständnis grundlegend von dem der Weimarer Republik abweicht ist insbesondere dem Wirken *Nipperdeys* zu verdanken, der im Wesentlichen durch seine Abhandlungen zum Lohngleichheitsgrundsatz sowohl das zivil- als auch das verfassungsrechtliche Schrifttum erheblich beeinflusst und in seiner Funktion als Vorsitzender Richter und Präsident des oberster deutschen Arbeitsgerichts dessen Rechtsprechung nachhaltig geprägt hat.

II. Feststellungen zur Entwicklung der Lehre *Nipperdeys*

Die Entstehung von Gedanken über die stärkere Betonung grundrechtlicher Positionen insbesondere auch in privatrechtlichen Rechtsverhältnissen und schließlich die Begründung einer Lehre wie der *Nipperdeys*, der mit der absoluten Wirkung der Grundrechte den weitesten Vorstoß wagte, war durch verschiedene Faktoren begünstigt. Zum einen bestand nach Kriegsende, mit dem das Ende der Phase totaler Entrechtung der Einzelperson zusammenfiel, das politische, soziale und gesellschaftliche Bedürfnis, besondere Schutzmechanismen zugunsten der Schwächeren, der Einzelnen, der Arbeitnehmer einzurichten. Dies fand seinen Niederschlag im Hinblick auf das Staat-Bürger-Verhältnis durch die Aufnahme des nicht auf bloße Staatszielbestimmungen reduzierten Grundrechtskatalogs in das Grundgesetz. Die darin enthaltenen Gewährleistungen und die damit gleichsam zum Ausdruck gebrachten Wertvorstellungen sollten der Gesellschaft in Deutschland in einer Art Stunde Null eine neue Ordnung geben. Angesichts des initiativen Charakters des Grundgesetzes war der Versuch durchaus naheliegend, die in der Gesellschaft verankerte und diese prägende Wertordnung auf Rechtsverhältnisse, die sich durch ein Kräfteungleichgewicht auszeichnen, zu übertragen. Warum sollte nicht der stärkere, eine Monopolstellung innehabende Arbeitgeber genauso zur Gleichbehandlung der ihm „ausgelieferten" Arbeitnehmer verpflichtet sein, wie der Staat, den hierzu die Grundrechte ausdrücklich verpflichten. Zu den dogmatischen Bedenken, die gegen diese Vorstellung sprechen, ist bereits oben ausdrücklich ausgeführt worden.

Daneben hat auch die Suche nach tragfähigen Begründungen zur Lösung rechtlicher Fragestellungen, die schlicht auf faktische Besonderheiten der damaligen Zeit zurückzuführen waren, das wachsende Interesse an den „neuen" Grundrechten befördert. Während des Krieges war die Zahl der in abhängigen Beschäftigungsverhältnissen stehenden Frauen erheblich angestiegen. Dieser Zustand änderte sich nur langsam. Dagegen wurde das Bedürfnis vieler Frauen nach Gleichbehandlung mit ihren männlichen Kollegen und damit einhergehend die Forderung nach Lohngleichheit umso schneller aktuell. Mangels einfachgesetzlicher, eine Gleichbehandlung der Arbeitnehmer – insbesondere in Lohnfragen – anordnender Grundlagen, lag der Gedanke für den positivrechtlich geprägten Juristen nahe, Art. 3 Abs. 2 GG ins Spiel zu bringen, der ausdrücklich die Gleichstellung von Mann und Frau anordnete, freilich gegenüber dem Staat und nicht dem privaten Arbeitgeber. Letzteres war aber (nur) ein dogmatisches Argument.

Begünstigend für diese Entwicklung wirkte sich aus, dass das staatsrechtliche Schrifttum Anfang der fünfziger Jahre gerade erst damit begann, sich zu ordnen und zu formieren. Tiefgreifende Auseinandersetzungen mit den einzelnen Grundrechtsbestimmungen des Bonner Grundgesetzes fehlten – verständlicher Weise. Vielmehr beschränkten sich die ersten Kommentierungen zum Bonner Grundgesetz darauf, pauschal auf die WRV als konstruktive Grundlage des Grundrechtsteils des Grundgesetzes und mithin auf das seinerzeitige Grundrechtsverständnis zu verweisen. Hinzu kam, dass auch die Spruchpraxis der anderen obersten Bundesgerichte und des Bundesverfassungsgerichts erst mit zeitlicher Verzögerung einsetzte. Schließlich komplettiert das seinerzeitige Selbstverständnis des Arbeitsrechtlers und Bundesrichters *Nipperdey* das Bild vom Gestalter einer jungen Rechtsmaterie.[1610] In diesem Umfeld und vor dem Hintergrund des gerade vollzogenen staatsrechtlichen und politischen Neuanfangs war es für den strategisch günstig positionierten und hervorra-

1610 Zum Selbstverständnis des vom Präsidenten *Nipperdey* geleiteten BAG vgl. *Henne*, Die neue Wertordnung im Zivilrecht, in *Stolleis* (Hrsg.), Das Bonner Grundgesetz, S. 13, 20.

gend vernetzten *Nipperdey* verhältnismäßig einfach, auch im Hinblick auf das Verständnis um die Wirkung der Grundrechte einen dogmatischen Neuanfang zu wagen.

Nachdem sich auch das staatsrechtliche Schrifttum an der Diskussion um eine mögliche Drittwirkung der Grundrechte beteiligte und langsam die Säulen der heutigen Grundrechtsdogmatik entwickelte, manifestierte sich allmählich ein mehrheitsfähiges Modell von den Wirkungen der Grundrechte im Privat- insbesondere im Arbeitsrechtsverkehr. Danach hat sich *Nipperdey* mit der von ihm begründeten Lehre im Ergebnis nicht durchsetzen können. Die Lehre von der unmittelbaren Drittwirkung der Grundrechte im Privatrechtsverkehr gilt heute – abgesehen von der einzigen Ausnahme des Art. 9 Abs. 3 GG – als nicht mehr ernsthaft vertretbar. Allgegenwärtig sind und bleiben jedoch rechtliche Institutionen und Begründungen, die insbesondere auf Impulse der Theorien und Vorstellungen *Nipperdeys* zurückzuführen sind. Der allgemeine Beschäftigungsanspruch des Arbeitnehmers wird heute etwa aus den §§ 611 ff. BGB i.V.m. Art. 1 Abs. 1 und Art. 2 Abs. 1 GG hergeleitet. Ferner gilt als gesicherte Erkenntnis, dass der arbeitsrechtliche Gleichbehandlungsgrundsatz durch den allgemeinen Gleichheitssatz des Art. 3 Abs. 1 und 2 GG geprägt wird. Beide Beispiele zeigen, wie aktuell *Nipperdeys* Theorien im Grundsatz heute noch sind.

III. Feststellungen zur Entwicklung der Rechtsprechung des BAG

Über die Frage, warum zunächst insbesondere und später nur noch das BAG die Lehre *Nipperdeys* in der Ausprägung als Lehre von der unmittelbaren Drittwirkung der Grundrechte im Arbeitsrecht vertreten hat, lässt sich trefflich spekulieren. Die vorliegende Arbeit gibt Anlass zu folgenden Überlegungen: Es spricht vieles für die Annahme, *Nipperdey* selbst habe in seiner Position als erster Präsident des BAG[1611] und Vorsitzender des ersten Senats des BAG dessen dogmatische Leitlinie maßgeblich vorgegeben.[1612] Das Offenkundige spricht für sich, denn in den Gründen der Entscheidung vom 3. Dezember 1954 finden sich etwa Passagen wieder, die mit den dort in Bezug genomme-

1611 *Nipperdey* war vom 12. April 1954 bis zum 31. Januar 1963 Präsident des BAG und wurde von *Prof. Dr. Gerhard Müller* abgelöst. *Müller* war zuvor bereits Senatspräsident und blieb bis zum 31. Dezember 1980 Präsident des BAG.

1612 Vgl. ebenso *Henne*, Die neue Wertordnung im Zivilrecht, in *Stolleis* (Hrsg.), Das Bonner Grundgesetz, S. 13, 25f.; obgleich die „neue Epoche höchstrichterlicher arbeitsrechtlicher Judikatur“ von der *Henne* spricht, wie hier gezeigt, nicht so rasch und revolutionär einsetzte, wie es bei ihm klingt.

nen Veröffentlichungen *Nipperdeys* fast wörtlich übereinstimmen.[1613] Relativierend wirkt allerdings, dass das BAG die Lehre *Nipperdeys* auch nach dessen Ausscheiden als Präsident weiterhin – und zwar zwanzig Jahre lang – in ständiger Rechtssprechung vertreten hat, bis es auf den Kurs der herrschenden Meinung einschwenkte.[1614] Die Besonderheiten der arbeitsrechtlichen Sachverhalte, die mehr als andere privatrechtliche Fallgestaltungen von ungleichen Kräfteverhältnissen der beteiligten Parteien geprägt sind, haben die Hinzuziehung der von *Nipperdey* im Interesse des Schutzes der tendenziell schwächeren Arbeitnehmer entwickelten Lehre begünstigt. Die Annahme, das zuvor Gesagte bedinge die unmittelbare Anwendung der Grundrechte im Arbeitsrecht, ginge allerdings zu weit. Dies zeigt nicht zuletzt die „Einsicht" des BAG, das seine frühere Rechtsprechung zur Wirkung der Grundrechte im Individualarbeitsrecht dreißig Jahre nach seiner Begründung zugunsten der Lehre von der mittelbaren Drittwirkung der Grundrechte im Arbeitsrecht aufgegeben und später den Begründungsansatz erneut umgestellt und sich dem BVerfG und der Lehre von den grundrechtlichen Schutzpflichten angeschlossen hat.

Eine unangreifbare Begründung dafür, warum zwischen dem Ende der Amtszeit *Nipperdeys* als Präsident des BAG und der eindeutigen und offenen Abkehr des Gerichts von dessen grundrechtsdogmatischer Lehre noch einmal gut zwanzig Jahre vergangen sind, wird sich kaum liefern lassen. Zu vielschichtig sind die Parameter, die das Zustandekommen eines höchstrichterlichen Urteils und erst recht einer ständigen höchstrichterlichen Rechtsprechung beeinflussen. Gleichwohl sind folgende Erwägungen, angesichts der vorstehenden Untersuchung, als Erklärungsversuch zumindest denkwürdig.

Die Meinungsvielfalt innerhalb der Auseinandersetzung im Schrifttum zur Frage der Wirkung der Grundrechte im Privatrecht war zumindest noch bis Mitte der 1970er Jahre relativ breit. Bis zum Ende dieser Dekade hatte sich dann jedoch, nicht zuletzt auch wegen der bis dahin veröffentlichten gewichtigen staatsrechtlichen Abhandlungen,[1615] die Isolation des BAG in der dogmatischen Begründung seiner Grundrechtsanwendung manifestiert. Die zeitliche Nähe zwischen der Veröffentlichung von *Canaris'* „Grundrechte und Privatrecht"[1616] im Jahr 1984 und den beiden Entscheidungen des Zweiten und Großen Senats des BAG zur Jahreswende 1984/1985 scheint dafür zu sprechen, dass diese Arbeit der letzte Tropfen war, der das Fass zum überlaufen gebracht und das BAG dazu bewogen hat, die inzwischen nicht mehr zeitge-

1613 BAGE 1, S. 185, 193.
1614 BAGE 47, S. 363 (für Art. 4 GG); allgemeiner BAGE 48, S. 123.
1615 Vgl. insb. *Stern*, Staatsrecht, Bd. I.
1616 *Canaris*, AcP 184 (1984), S. 201.

mäße Lehre *Nipperdeys* aufzugeben. Am Ende wird es wohl die Kumulation der verschiedenen Gründe gewesen sein, die den Wechsel in der Rechtsprechung ausgelöst hat. Die Alleinstellung des BAG, die Veränderung in der Besetzung der Senate 1979 und 1981 und schließlich die Tatsache, dass nicht jeder arbeitsrechtliche Fall die Gelegenheit zur grundrechtsdogmatischen Stellungnahme bietet und das BAG daher auf die beiden Fälle zur Gewissensfreiheit und zur Weiterbeschäftigung warten musste, haben die Veränderung vermutlich (erst) zur Jahreswende 1984/1985 möglich werden lassen.

Trotz allem, insbesondere losgelöst von den dogmatischen Begründungsansätzen im Detail, bleibt es bis heute der Verdienst *Nipperdeys*, der gegen alle Kritik als Erster die Ansicht vertreten hat, dass das Arbeitsrecht vom Wertesystem der Grundrechte geprägt wird und die Rechtsbeziehungen der privaten Arbeitsvertragsparteien von den Grundrechten beeinflusst werden.

Literaturverzeichnis

Achtenberg, Norbert — Das nachvertragliche Wettbewerbsverbot in verfassungsrechtlicher Sicht, JZ 1975, S. 713

Adomeit, Klaus — Einstellung und Entlassung nach dem neuen Betriebsverfassungsgesetz, DB 1971, S. 2360

Adomeit, Klaus — Hans Carl Nipperdey als Anreger für eine Neubegründung des juristischen Denkens, JZ 2006, S. 745

Alexy, Robert — Theorie der Grundrechte, Baden Baden 1985

Anschütz, Gerhard — Die Verfassung des Deutschen Reiches vom 11. August 1919, 13. Auflage, Berlin 1930

Anschütz, Gerhard — Die Verfassung des Deutschen Reiches vom 11. August 1919, 14. Auflage, Berlin 1933

Anschütz, Gerhard — Die Verfassungsurkunde für den preußischen Staat vom 31. Januar 1850, Berlin 1912 (unveränderter Nachdruck, Aalen 1974)

Anschütz, Gerhard; Thoma, Richard — Handbuch des Deutschen Staatsrechts, Band I, Tübingen 1930

Anschütz, Gerhard; Thoma, Richard — Handbuch des Deutschen Staatsrechts, Band II, Tübingen 1932

Apelt, Willibalt — Die Gleichheit vor dem Gesetz nach Art. 3 Abs. 1 GG, JZ 1951, S. 354

Bächle, Hans-Ulrich — Der Weiterbeschäftigungsanspruch während des Kündigungsschutzprozesses, NJW 1979, S. 1693

Bachof, Otto — Freiheit des Berufs, in *Nipperdey, Hans Carl; Bettermann, Karl August; Scheuner,* Die Grundrechte, Handbuch der Theorie und Praxis der Grundrechte, Berlin 1958, S. 155

Badura, Peter — Staatsrecht, Systematische Erläuterung des Grundgesetzes, 3. Auflage, München 2003

Baer, Susanne; Wrase, Michael — Unterschiedliche Tarife für Männer und Frauen in der privaten Krankenversicherung, ein Verstoß gegen den Gleichbehandlungsgrundsatz, NJW 2004, S. 1623

Bauer, Hartmut — Geschichtliche Grundlagen der Lehre vom subjektiven öffentlichen Recht, Berlin 1986

Baur, Fritz — Anmerkung zu BAGE 2, S. 26, BB 1955, S. 269

Bäumer, H. — Anmerkung zu BAGE 36, S. 187, JA 1983, S. 145,

Beitzke, Günther — Die Gleichberechtigung von Mann und Frau im Arbeitsrecht, RdA 1953, S. 281

Beitzke, Günther — Anmerkung zu BAGE 32, S. 32, SAE 1980, S. 4

Beitzke, Günther — Anmerkung zu BAGE 25, S. 330, AP Nr. 5 zu § 75 HGB

Bischoff, H.A. — Der Frauenlohn, BB 1950, S. 427

Bitter, Walter — Die effektive Sicherung des Arbeitsplatzes bei Beendigung des Arbeitsverhältnisses, Das Arbeitsrecht der Gegenwart, Berlin 1978

Bleckmann, Albert — Staatsrecht II, Die Grundrechte, 3. Auflage, Köln, Berlin, Bonn, München 1989

Bleckmann, Albert — Staatsrecht II, Die Grundrechte, 4. Auflage, Köln, Berlin, Bonn, München 1997

Blomeyer, Arwed — Gewissensprivilegien im Vertragsrecht, JZ 1954, S. 309

Bobrowski, Paul; Gaul, Dieter — Das Arbeitsrecht im Betrieb, 6. Auflage, Heidelberg 1970

Böckenförde, Ernst-Wolfgang — Grundrechtstheorie und Grundrechtsinterpretation, NJW 1974, S. 1529

Böckenförde, Ernst-Wolfgang — Freiheitssicherung gegenüber gesellschaftlicher Macht, in *Posser, Diether; Wassermann Rudolph (Hrsg.)*, Freiheit in der sozialen Demokratie, Karlsruhe 1975

Böckenförde, Ernst-Wolfgang — Die Methoden der Verfassungsinterpretation - Bestandsaufnahme und Kritik, NJW 1976, S. 2089

Bosch, Friedrich Wilhelm; Habscheid Walther J. — Vertragspflicht und Gewissenskonflikt, JZ 1954, S. 213

Bosch, Friedrich Wilhelm; Habscheid Walther J. — Nochmals: Vertragspflicht und Gewissenskonflikt, JZ 1956, S. 297

Boemke, Burkhard — Bindung der Tarifvertragsparteien an die Grundrechte, in *Oetker, Hartmut; Preis, Ulrich; Rieble, Volker (Hrsg.)*; Festschrift 50 Jahre Bundesarbeitsgericht, München 2004; S. 613

Bötticher, Eduard — Der Anspruch auf Gleichbehandlung im Arbeitsrecht, RdA 1953, S. 161

Bötticher, Eduard — Zum "allgemeinen" Weiterbeschäftigungsanspruch des Arbeitnehmers während des Kündigungsschutzprozesses, BB 1981, S. 1954

Breiholdt, Hermann — Das Grundrecht der Gleichheit vor dem Gesetz im Art. 109 Abs. 1 der Reichsverfassung, PrVBl 1925 (Nr. 47), S. 109

Brinkmann, Karl — Grundrechte und Gewissen im Grundgesetz, Bonn 1965

Brox, Hans — Grundbegriffe des Arbeitsrechts, 2. Auflage, Stuttgart 1971

Brox, Hans — Allgemeiner Teil des BGB, 28. Auflage, Köln, München 2004

Brox, Hans; Walker Wolf-Dietrich — Allgemeiner Teil des BGB, 31. Auflage, Köln, München 2007

Brugger, Winfried — Elemente verfassungsliberaler Grundrechtstheorie, JZ 1987, S. 633

Brunner, Otto; Conze, Werner; Koselleck, Reinhart (Hrsg.) — Geschichtliche Grundbegriffe, Stuttgart 1975, (zitiert *Kleinheyer*, Bd. II, Grundrechte, ab 1047)

Büddecker, Jürgen Georg — Die Rechtsprechung des BAG zum arbeitsrechtlichen Gleichbehandlungsgrundsatz unter dem Blickwinkel des Verfassungsrechts, Konstanz 2000

Bulla, — Der Hausarbeitstag der alleinstehenden Arbeitnehmerin, DB 1957, S. 332

Canaris, Claus-Wilhelm — Grundrechte und Privatrecht, AcP 1984 (Nr. 184), S. 201

Canaris, Claus-Wilhelm — Grundrechte und Privatrecht, Berlin 1999

Canaris, Claus-Wilhelm — Erwiderung auf Schwabe, Jürgen, Grundrechte und Drittwirkung, AcP 1985 (Nr. 185), S. 9

Canaris, Claus-Wilhelm — Grundrechtswirkungen und Verhältnismäßigkeitsprinzip, JuS 1989, S. 161

Coen, Martin — Das Recht auf Arbeit und der Bestandsschutz des gekündigten Arbeitsverhältnisses, Köln 1979

Coing, Helmut — Das Grundrecht der Menschenwürde, der strafrechtliche Schutz der Menschlichkeit und das Persönlichkeitsrecht des bürgerlichen Rechts, SJZ 1947, Sp. 641 – 645

Coing, Helmut — Anmerkung zu BGH Urt. v. 25.5.1954, JZ 1954, S. 700

Commichau, Gerhard — Die Entwicklung der Menschen- und Bürgerrechte von 1776 bis zur Gegenwart, 6. Auflage, Göttingen 1998

Creifelds, Carl — Die Gleichbehandlung der Frau im deutschen Recht, JR 1950, S. 449

Cremer, Wolfram — Freiheitsgrundrechte, Tübingen 2003

Deinert, Olaf — Grundrechtsbindung der Tarifparteien, jurisPR 2/2006 Anm. 3, 2006

Dichgans, Hans — Vom Grundgesetz zur Verfassung, Düsseldorf, Wien 1970

Diederichsen, Uwe — Gewissensnot als Schuldbefreiungsgrund, in *Pawlowski, Hans-Martin; Wieacker, Franz (Hrsg.)*, Festschrift für Karl Michaelis zum 70. Geburtstag, Göttingen 1972

Dieterich, Thomas — Grundgesetz und Privatautonomie im Arbeitsrecht, RdA 1995, S. 129

Dolderer, Michael Objektive Grundrechtsgehalte, Berlin 2000

Dreier, Horst Grundgesetz Kommentar, Bd. I., 2. Auflage, Tübingen 2005

Dreier, Horst Subjektiv-rechtliche und objektiv-rechtliche Grundrechtsgehalte, Jura 1994, S. 505

Dreitzel ,Horst Grundrechtskonzeption in der protestantischen Rechts- und Staatslehre im Zeitalter der Glaubenskämpfe, in *Birtsch, Günter (Hrsg.)*, Grund- und Freiheitsrechte von der ständischen zur spätbürgerlichen Gesellschaft, Göttingen 1987

Dürig, Günter Das Eigentum als Menschenrecht, Zeitschrift für die gesamte Staatswissenschaft 1953, S. 326

Dürig, Günter Verfassung und Verwaltung im Wohlfahrtsstaat, JZ 1953, S. 194

Dürig, Günter Art. 3 II GG - vom verfassungsrechtlichen Standpunkt gesehen, FamRZ 1954, S. 2

Dürig, Günter Grundrechte und Zivilrechtsprechung, *Maunz, Theodor (Hrsg.)*, Festschrift für Hans Nawiasky zum 75. Geburtstag, München 1956, S. 157

Dürig, Günter Zum "Lüth-Urteil" des BVerfG vom 15.1.1958, DÖV 1958, S. 194

Dürig, Günter Freizügigkeit, in *Franz L. Neumann; Hans Carl Nipperdey; Ulrich Scheuner (Hrsg.)*, Die Grundrechte, Handbuch der Theorie und Praxis der Grundrechte, Bd. 2, Berlin 1954, S. 507

Dütz, Wilhelm Effektiver Bestandsschutz im Arbeitsverhältnis, DB 1978, Beilage Nr. 13, S. 1

Ehmann, Horst Das Allgemeine Persönlichkeitsrecht – Zur Transformation unmoralischer in unerlaubter Handlungen, in *Canaris, Claus-Wilhelm; Heldrich, Andreas (Hrsg.)*, 50 Jahre Bundesgerichtshof, München 2000; S. 613

Enneccerus Ludwig; Lehmann, Heinrich Lehrbuch des Bürgerlichen Rechts, Bd. II, 15. Auflage, Tübingen 1958

Enneccerus Ludwig; Nipperdey, Hans Carl Allgemeiner Teil des bürgerlichen Rechts, 1. Hlbbd, 13. Auflage, Marburg 1931

Enneccerus Ludwig; Nipperdey, Hans Carl Allgemeiner Teil des bürgerlichen Rechts, 1. Hlbbd, 14. Auflage, Tübingen 1952

Enneccerus Ludwig; Nipperdey, Hans Carl Allgemeiner Teil des bürgerlichen Rechts, 1. Hlbbd, 15. Auflage, Tübingen 1959

Epping, Volker Grundrechte, Heidelberg 2004

Etzel, Gerhard Anmerkung zu BAG Urt. v. 26.5.1977, JA 1978, S. 78

Etzel, Gerhard	Anmerkung zu BAGE 29, S. 247, JA 1978, S. 74
Fabricius, Fritz	Kollision von Beschäftigungspflichten aus Doppelarbeitsverhältnissen, ZfA 1972, S. 35
Floren, Dieter	Grundrechtsdogmatik im Vertragsrecht, Berlin 1999
Forsthoff, Ernst	Rechtsfragen der Werbesendungen im Fernsehen, DÖV 1957, S. 97
Frank, Johann	Anmerkung zu BAGE 30, S. 122, AP Nr. 26 zu Art. 9 GG
Frey, Erich	Schadensersatzpflicht des Arbeitgebers wegen Verletzung arbeitsrechtlicher Vorschriften, BB 1959, S. 528
Frey, Erich	Anmerkung zu BAG, DB 1975, S. 551, AuR 1975, S. 192
Friedrich, Wolfgang	Anmerkung zu BAGE 33, S. 57, JA 1981, S. 248
Friedrich, Wolfgang	Anmerkung zu BAGE 33, S. 14, JA 1981, S. 47
Fröschl, Thomas	Rights of Englishmen, Rights of Mankind, Human Rights, in *Grandner, Margarete; Schmale, Wolfgang; Weinzierl, Michael (Hrsg.)*, Grund- und Menschenrechte - Historische Perspektiven - Aktuelle Problematiken; Wien, München 2002
Galperin, Hans	Gleicher Lohn für Männer und Frauen, JZ 1956, S. 105
Galperin, Hans	Sozialadäquanz und Arbeitskampfordnung, in *Dietz, Rolf; Hübner, Heinz (Hrsg.)*, Festschrift für Hans Carl Nipperdey zum 70. Geburtstag, München 1965, S. 197
Galperin, Hans	Aussperrung und Mutterschutz, RdA 1959, S. 41
Gamillscheg, Franz	Die Grundrechte im Arbeitsrecht, AcP 1964 (Nr. 164), S. 201
Gamillscheg, Franz	Die Grundrechte bei der Anwendung ausländischen Rechts, in *Dietz, Rolf; Hübner, Heinz (Hrsg.)*, Festschrift für Hans Carl Nipperdey zum 70. Geburtstag, München 1965, S. 323
Gamillscheg, Franz	Die allgemeinen Lehren der Grundrechte und das Arbeitsrecht, ArbuR 1996, S. 41
Gamillscheg, Franz	Die Grundrechte im Arbeitsrecht, Berlin 1989
Gaul, Dieter	Die Bedeutung der Frauenlohnurteile des BAG für die Tarifpraxis und das ILO-Übereinkommen 100, RdA 1955, S. 361
Geiger, Harald	Anspruch des Arbeitnehmers auf tatsächliche Beschäftigung, BlStSoz, ArbR 1978, S. 149
Gellermann, Martin	Grundrechte in einfachgesetzlichem Gewande, Tübingen 2000
Gerber, Carl Friedrich	Über öffentliche Rechte, Tübingen 1852
Giese, Friedrich	Grundgesetz Kommentar, 1. Auflage, Frankfurt 1949

Giese, Friedrich	Die Verfassung des Deutschen Reiches vom 11. August 1919, 2. Auflage, Berlin 1920
Grabau, Fritz-René	Wie Wahrnehmung religiöser Pflichten im Arbeitsverhältnis, BB 1991, S. 1257
Grandner, Margarete; Schmale, Wolfgang; Weinzierl, Michael	Grund- und Menschenrechte - Historische Perspektiven - Aktuelle Problematiken; Wien, München 2002
Griesam, Rudolf	Der Beschäftigungsanspruch des Arbeitnehmers unter besonderer Berücksichtigung des § 102 Abs. 5 S. 1 BetrVG 1972, München 1978
Grimm, Dieter	Recht und Staat der bürgerlichen Gesellschaft, Frankfurt 1987
Grimm, Dieter	Die Entwicklung der Grundrechtstheorie in der deutschen Staatsrechtslehre des 19. Jahrhunderts, in *Birtsch, Günter* (Hrsg.) Grund- und Freiheitsrechte von der ständischen zur spätbürgerlichen Gesellschaft, Göttingen 1987, S. 234
Gumpert, Jobst	Freistellung von Arbeitnehmern von der Arbeitsleistung während der Kündigungsfrist, BB 1961, S. 833
Gumpert, Jobst	Analoge Anwendung der Bestimmungen über Wettbewerbsvereinbarungen mit Handlungsgehilfen auf andere Arbeitsverhältnisse, BB 1970, S. 178
Gumpert, Jobst	Kündigung und Mitbestimmung, BB 1972, S. 47
Guradze, Heinz	Die Schutzrichtung der Grundrechtsnormen in der europäischen Menschenrechtskonvention, in *Dietz, Rolf; Hübner, Heinz (Hrsg.)*, Festschrift für Hans Carl Nipperdey zum 70. Geburtstag, München 1965, S. 759
Gusy, Christoph	Weimar, die wehrlose Republik?, Tübingen 1991
Gusy, Christoph	Die Grundrechte in der Weimarer Republik, Zeitschrift für neuere Rechtsgeschichte, 1993, S. 163
Gusy, Christoph	Die Weimarer Republik, Tübingen 1997
Habscheid, Walther J.	Arbeitsverweigerung aus Glaubens- und Gewissensnot?, JZ 1964, S. 246
Hager, Johannes	Grundrechte im Privatrecht, JZ 1994, S. 373
Hanau, Peter	Praktische Fragen zur Neuregelung der Mitbestimmung in personellen Angelegenheiten, BB 1972, S. 451
Hanau, Peter	50 Jahre BAG, NZA 2004, S. 625
Hanau, Peter; Adomeit, Klaus	Arbeitsrecht, 4. Auflage, Frankfurt 1974
Harnischfeger,	Die Rechtsprechung des Bundeverfassungsgerichts zu den

Horst	Grundrechten, Hamburg 1966
Harz, Moses	Die Grundrechte und Grundpflichten der Ausländer nach der Weimarer Reichsverfassung, Wien, 1930
Häntzschel, Kurt	Das Recht der freien Meinungsäußerung, in *Anschütz, Gerhard; Thoma Richard (Hrsg.)*, Handbuch des Deutschen Staatsrechts, Bd. II, Tübingen 1932, S. 651
Hedderich, Günther	Der Anspruch auf Beschäftigung, Mannheim, 1958
Heinze, Meinhard	Bestandsschutz durch Beschäftigung trotz Kündigung?, DB 1985, S. 111
Heinze, Richard	Die Grundrechte der Ausländer nach der deutschen Reichsverfassung vom 11. August 1919, Marburg, 1929
Heis, Robert	Das Recht im frühen Sozialismus, Frankfurt, 1996
Heither, Friedrich H.	Die Rechtsprechung des Bundesarbeitsgerichts zu den Grundrechten, JöR 1984, S. 315
Hellwig, Albert	Art. 118, Meinungsfreiheit und Zensur, in *Nipperdey, Hans Carl (Hrsg.)*, Die Grundrechte und Grundpflichten der Reichsverfassung, Bd. II, Berlin, 1930, S. 1
Henne, Thomas	Die neue Wertordnung im Zivilrecht – speziell im Familien- und Arbeitsrecht, in *Stolleis, Michael (Hrsg.)*, Das Bonner Grundgesetz, Altes Recht und neue Verfassung in den ersten Jahrzehnten der Bundesrepublik Deutschland (1949–1969), Berlin 2006, S. 13
Henne, Thomas	Von 0 auf Lüth in 6 ½ Jahren, in *Henne, Thomas; Riedlinger, Arne (Hrsg.)*, Das Lüth Urteil aus (rechts-)historischer Sicht, Die Konflikte um Veit Harlan und die Grundrechtsjudikatur des Bundesverfassungsgerichts, Berlin 2005, S. 197
Hensel, Albert	Grundrechte und politische Weltanschauung, Recht und Staat, Tübingen, 1931
Henssler, Martin	Das Leistungsverweigerungsrecht des Arbeitnehmers bei Pflichten- und Rechtsgüterkollisionen, AcP 1990 (Nr. 190), S. 538
Hergenröder, Curt Wolfgang	Kommentierung zum GG in *Henssler, Martin; Willemsen, Heinz Josef; Kalb, Heinz-Jürgen (Hrsg.),* Arbeitsrecht Kommentar, 3. Auflage, Köln 2008, S. 2224
Hermes, Georg	Grundrechtsschutz durch Private auf neuer Grundlage? Das BVerfG zu Schutzpflicht und mittelbarer Drittwirkung der Berufsfreiheit, NJW 1990, S. 1764
Herschel, Wilhelm	Gleichberechtigung der Frau und Lohngleichheit, BB 1955, S. 290
Herschel, Wilhelm	"Recht auf Arbeit" und Kündigungsschutz, BB 1977, S. 708
Herschel, Wilhelm	Anmerkung zu BAGE 41, S. 247, AP Nr. 43 zu § 611 BGB
Herschel, Wilhelm	Anmerkung zu BAGE 41, S. 1, AuR 1982, S. 294

Hessel, Philipp Anmerkung zu BAGE 14, S. 52, BB 1963, S. 770

Hilger, M. Anmerkung zu BAGE 29, S. 122, BB 1957, S. 546

Hiller, Kurt Anmerkung zu BGH Urt. v. 10.7.1969 - Rechtsverhältnisse zwischen Flughafen- und Luftfahrtunternehmen, BB 1969, S. 1239

Hilker, Judith Grundrechte im deutschen Frühkonstitutionalismus, Berlin 2005

Hollstein, Thorsten Um der Freiheit willen - die Konzeption der Grundrechte bei Hans Carl Nipperdey, in *Henne, Thomas; Riedlinger, Arne (Hrsg.)*, Das Lüth Urteil aus (rechts-) historischer Sicht, Die Konflikte um Veit Harlan und die Grundrechtsjudikatur des Bundesverfassungsgerichts, Berlin 2005, S. 249

Hollstein, Thorsten Die Verfassung als 'Allgemeiner Teil': Privatrechtsmethode und Privatrechtskonzeption bei Hans Carl Nipperdey (1895-1968), Tübingen 2006

Holstein, Günther Von Aufgaben und Zielen heutiger Staatswissenschaft, AöR 1926 (N.F. Nr. 11), S. 1

Horst, Hans Reinold Parabolantennen im Miet- und Wohnungseigentumsrecht, Lieblingskind oder Auslaufmodell, NJW 2005, S. 2654

Hromadka, Wolfgang; Maschmann, Frank Arbeitsrecht, Individualarbeitsrecht, Bd. I, 3. Auflage, Berlin, Heidelberg 2005

Huber, Ernst Rudolf Bedeutungswandel der Grundrechte, AöR 1933 (N.F. Nr. 23), S. 1

Huber, Ernst Rudolf Grundrechte im Bismarckschen Reichssystem, in *Ehmke, Horst; Kaiser, Joseph H.; Kewening, Wilhelm (Hrsg.)*, Festschrift für Ulrich Scheuner, Berlin 1973, S. 163

Huber, Ernst Rudolf Friedrich Naumanns Weimarer Grundrechts-Entwurf, in *Behrends, Okko (Hrsg.)*, Festschrift für Franz Wieacker, Göttingen 1978, S. 384

Huber, Ernst Rudolf Deutsche Verfassungsgeschichte seit 1789, Stuttgart 1981

Hubrich, Eduard Das demokratische Verfassungsrecht des deutschen Reiches, Greifswald 1921

Hueck, Alfred; Nipperdey, Hans Carl; Dietz, Rolf (Hrsg.) Gesetz zur Ordnung der nationalen Arbeit, Kommentar, 4. Auflage, München und Berlin 1943

Hueck, Alfred Die Bedeutung des Art. 3 GG für die Lohn- und Arbeitsbedingungen der Frauen, Köln 1951

Hueck, Alfred Anmerkung zu BAG, DB 1971, S. 581, AP Nr. 60 zu § 626 BGB

Hueck, Alfred; Nipperdey, Hans Carl Lehrbuch des Arbeitsrechts, Bd. I, 6. Auflage, Berlin, Frankfurt 1959

Hueck, Alfred; Nipperdey, Hans Carl Lehrbuch des Arbeitsrechts, Bd. I, 7. Auflage, Berlin, Frankfurt 1963

Hueck, Alfred; Nipperdey, Hans Carl	Lehrbuch des Arbeitsrechts, Bd. II, 7. Auflage, Berlin, Frankfurt 1966
Hueck, Alfred; Nipperdey, Hans Carl	Lehrbuch des Arbeitsrechts, Bd. II, Hlbbd. 2, 7. Auflage, Berlin, Frankfurt 1970
Hueck, Götz	Kündigungsschutz und Mitwirkung des Betriebsrats in der Rechtsprechung des Bundesarbeitsgerichts, *Gamillscheg, Franz, (Hrsg.)*, Festschrift 25 Jahre Bundesarbeitsgericht, München 1979
Isenhardt, Udo	Die Freiheit des Gewissens im Privatrecht, Köln 1972
Ipsen, Hans Peter	Gleichheit, in *Franz L. Neumann; Hans Carl Nipperdey; Ulrich Scheuner (Hrsg.)*, Die Grundrechte, Handbuch der Theorie und Praxis der Grundrechte, Bd. 2, Berlin 1954, S. 111, 143
Isensee, Josef	§ 111 Das Grundrecht als Abwehrrecht und als staatliche Schutzpflicht, in *Isensee, Josef; Kirchhof, Paul (Hrsg.)*, Handbuch des Staatsrechts der Bundesrepublik Deutschland, 3. Auflage, Heidelberg 2003
Jellinek, Georg	System der subjektiven öffentlichen Rechte, 2. Auflage, Tübingen 1919, (Nachdruck, Aalen, 1964)
Jellinek, Georg; Jellineck, Walter	Allgemeine Staatslehre, 3. Auflage, Berlin 1914
Jellineck, Walter	Die Entlohnung der Frau und Art. 3 Abs. 2 GG, BB 1950, S. 425
Jellineck, Walter	Verwaltungsrecht, Berlin 1928
Jestaedt, Matthias	Grundrechtsentfaltung im Gesetz, Tübingen, 1999
Jürging, Claus; Kass, Bela	Das Recht der Gewerkschafen zur Verteilung von Werbe- und Informationsschriften im Betrieb, DB 1967, S. 815
Kammann, Karl-Udo; Hess, Harald; Schlochauer, Ursula	Betriebsverfassungsgesetz Kommentar, 5. Auflage, Neuwied 1997
Kaufmann, Erich	Die Gleichheit vor dem Gesetz im Sinne des Art. 109 der Reichsverfassung, VVDStRL 1927 (Heft 3), S. 1
Kaufmann, Franz-Xaver	Die Entstehung sozialer Grundrechte und die wohlfahrtsstaatliche Entwicklung, Paderborn 2003
Kaufmann, Horst	Die Einrede der entgegenstehenden Gewissenspflicht, AcP 1962 (Nr. 161), S. 289
Keilich, Jochen	Die Auswirkungen der Grundrechte/Menschenrechte für das Arbeitsrecht in Deutschland und England, Frankfurt 2004

Kempff, Gilbert — Weiterbeschäftigungsanspruch des gekündigten Arbeitnehmers ohne Widerspruch des Betriebsrats?, DB 1976, S. 2111

Kipp, Theodor — Die religiöse Kindererziehung nach Reichsrecht, in Festgabe der Berliner Juristischen Fakultät für Wilhelm Kahl zum Doktorjubiläum, Tübingen 1923, S. 50

Kittner, Michael; Zwanziger, Bertram — Arbeitsrecht, Handbuch für die Praxis, 3. Auflage, Frankfurt 2005

Klein, Friedrich — Bonner Grundgesetz und Wiedervereinigung Deutschlands, in *Bachof, Otto; Drath, Martin; Gönnenwein, Otto; Walz, Ernst (Hrsg.)*, Forschungen und Berichte aus dem öffentlichen Recht, Gedächtnisschrift für Walter Jellinek, München 1955, S. 119

Knolle, H. — Arbeitsbedingungen der Frau und "Grundrechte", BB, 1949, S. 451

Koch-Weser, Erich — Die Grundrechte in der Verfassung: DJZ 1919, Sp. 609

Koenigs, Folkmar — Diskriminierung durch Allgemeine Ortskrankenkasse, JuS 1962, S. 342

Körnig, Jürgen; Reinecke, Gerhard — Materiellrechtliche und vollstreckungsrechtliche Probleme des Beschäftigungsanspruchs während des Kündigungsschutzprozesses, AuR 1978, S. 193 (Teil 1) und S. 233 (Teil 2)

Kracht, Friedrich — Kartellrechtliche Beurteilung der Praxis der Sozialversicherungsträger, NJW 1962, S. 187

Kraft, Alfons — Kraft, Alfons: Rechtspflicht und Gewissenspflicht, AcP 1963 (163), S. 472

Kraft, Alfons — Beschäftigungsanspruch und Weiterbeschäftigungsanspruch, ZfA 1979, S. 123

Krings, Günter — Grund und Grenzen grundrechtlicher Schutzansprüche, Berlin 2003

Kröger, Klaus — Der Wandel des Grundrechtsverständnisses in der Weimarer Republik, in *Gerhard Köbler; Meinhard Heinze; Jan Schapp (Hrsg.)*, Freundesgabe für Alfred Söllner zum 60. Geburtstag, Gießen 1990, S. 299

Kröger, Klaus — Grundrechtsentwicklung in Deutschland - von den Anfängen bis zur Gegenwart, Tübingen 1998

Kröger, Klaus — Grundrechtstheorie als Verfassungsproblem, Baden-Baden 1978

Krüger, Herbert — Staatliche Gesetzgebung und nichtstaatliche Rechtssetzung, RdA 1957, S. 201

Krüger, Herbert — Die Verfassung in der Zivilrechtsprechung, NJW 1949, S. 163

Krüger, Herbert — Die Auflage als Instrument der Wirtschaftsverwaltung, DVBl 1955, S. 380

Krüger, Hildegard — Grenzen der Zumutbarkeit aus Gewissensgründen im Arbeitsrecht, RdA 1954, S. 365

Krüger, Hildegard	Anmerkung zu BAG Urt. v. 15.1.1955, NJW 1955, S. 684
Krüger, Hildegard	Anmerkungen zu BAG NJW 1955, 688, NJW 1955, S. 689
Krüger, Hildegard	Der Gleichbehandlungsgrundsatz als Rechtsgrundlage öffentlich-rechtlicher Gruppenrechte, DVBl 1955, S. 178 und S. 208
Krüger, Hildegard	Verfassungsrechtliche Probleme der Frauenlohnurteile des BAG, RdA 1955, S. 205
Kübler, Friedrich	Anmerkung zu BVerfG, Beschluss v. 14.2.1973, JZ 1973, S. 667
Küchenhoff, Günther	Einwirkungen des Verfassungsrechts auf das Arbeitsrecht, in *Dietz, Rolf; Hübner, Heinz (Hrsg.)*, Festschrift für Hans Carl Nipperdey zum 70. Geburtstag, München 1965, S. 317
Kühne, Jörg-Detlef	Die Reichsverfassung der Paulskirche, Frankfurt 1985
Kühne, Jörg-Detlef	Von der bürgerlichen Revolution bis zum Ersten Weltkrieg, in *Merten, Detlef; Papier Hans-Jürgen (Hrsg.)*, Handbuch der Grundrechte, Bd. I, Entwicklung und Grundlagen, Heidelberg 2004
Kunze, Otto	Die "Zölibatsklausel" im Einzelarbeitsvertrag, AuR 1953, S. 76
Langner, Thomas	Die Problematik der Geltung der Grundrechte zwischen Privaten, Frankfurt 1998
Larenz, Karl; Wolf, Manfred	Allgemeiner Teil des bürgerlichen Rechts, 9. Auflage, München 2004
Laufke, Franz	Vertragsfreiheit und Grundgesetz, in *Nipperdey, Hans Carl (Hrsg.)*, Festschrift für Heinrich Lehmann zum 80. Geburtstag, Berlin 1956, S. 145
Lehmann, Heinrich; Hübner, Heinz	Allgemeiner Teil des Bürgerlichen Gesetzbuches, 15. Auflage, Berlin 1966
Leibholz, Gerhard	Die Gleichheit vor dem Gesetz. Ein Nachwort zur Auslegung des Art. 109 Abs. I RV, AöR 1927 (N.F. Nr. 12), S. 1
Leibholz, Gerhard; Rinck H. J.	Grundgesetz Kommentar, 1. und 2. Auflage, Köln 1966
Leisner, Walter	Grundrechte und Privatrecht, München 1960
Lepke, Achim	Der Anspruch auf tatsächliche Beschäftigung, Berlin 1967
Lepke, Achim	Der Beschäftigungsanspruch in kurzfristigen und auslaufenden Arbeitsverhältnissen, AuR 1968, S. 78
Lepke, Achim	Zum Problem einer allgemeinen Beschäftigungspflicht, DB 1971, S. 478
Lepke, Achim	Zum Inhalt der sog. Weiterbeschäftigungspflicht nach § 102 Abs. 5 Satz 1 BetrVG 1972, DB 1975, S. 498
Lieb, Manfred	Arbeitsrecht, 8. Auflage, Heidelberg 2003

Lindner, Franz- Josef Theorie der Rechtsdogmatik, Tübingen 2005

Löden, Paul Zur Vorgeschichte und Geschichte der preußischen Grundrechte, Hamburg, 1929

Löwisch, Manfred Die Weiterbeschäftigung des Arbeitnehmers während des Kündigungsrechtsstreits, DB 1978, Beilage Nr. 7, S. 1

Löwisch, Manfred Warnstreik und "Neue Beweglichkeit", BB 1982, S. 1373

Mallmann, Walter Menschenwürde und "gute Sitten", JZ, 1951, S. 27

Manfred, Hetzel Anmerkung zu BAGE 31, S. 266, SAE 1980, S. 55

Manssen, Gerrit Die Entwicklung des Grundrechtsschutzes unter dem Grundgesetz, in *Manssen, Gerrit (Hrsg.)*, Grundrechte im Umbruch: das Beispiel von Polen und Deutschland, Berlin 1997

Marcus, Erwin Die einstweilige Verfügung auf Weiterbeschäftigung während des Kündigungsschutzprozesses, RdA 1975, S. 340

Marienhagen, Rolf Anmerkung zu BAGE 9, S. 250, BB 1962, S. 49

Martinek, Michael Langfristige Laufzeitklauseln als Wettbewerbsinstrumente in Gasversorgungsverträgen, BB 1989, S. 1277

Mayer-Maly, Theo Weiterbeschäftigung nach Kündigung, DB 1979, S. 1601

Mayer-Maly, Theo Die Grenzen des Anspruchs auf Weiterbeschäftigung nach Ablauf der Kündigungsfrist, BB 1984, S. 1751

Mayer-Maly, Theo Anmerkung zu BAGE 31, 318, AP Nr. 30 zu Art. 9 GG

Mayer-Maly, Theo Anmerkung zu BAGE 33, 140, AP Nr. 66 zu Art. 9 GG

Meisel, Peter Die Anhörung des Betriebsrats vor einer ordentlichen Kündigung nach dem neuen Betriebsverfassungsgesetz, DB 1972, S. 1631 (Teil 1) und S. 1675 (Teil 2)

Meisel, Peter Anmerkung zu BAGE 38, S. 69, AP Nr. 7 zu § 17 BAT

Merten, Detlef; Papier, Hans-Jürgen Handbuch der Grundrechte, Bd. I, Heidelberg 2004

Misera, Karlheinz Anmerkung zu BAGE 45, S. 86, SAE 1985, S. 208

Möller, Horst Die historische Bedeutung der Grundrechte in der Weimarer Verfassung, in *Andreas Rödder (Hrsg.)*, Weimar und die Deutsche Verfassung, Stuttgart, 1999

Muckel, Stefan Die Grenzen der Gewissensfreiheit, NJW 2000, S. 689

Müller-Glöge, Rudi; Preis, Ulrich; Schmidt, Ingrid Erfurter Kommentar zum Arbeitsrecht, 8. Auflage, München 2008

Nawiasky, Hans	Die Grundgedanken des Grundgesetzes für die Bundesrepublik Deutschland, Stuttgart, Köln 1950
Nawiasky, Hans	Nawiasky, Hans: Die Gleichheit vor dem Gesetz im Sinne des Art. 109 der Reichsverfassung, VVDStL 1927 (Heft 3), S. 25
Neumann-Duesberg	Anmerkung zu BGH Urt. v. 2.4.1957, NJW 1957, S. 1277
Neumann-Duesberg	Anmerkung zu BGHZ 65, S. 284, JZ 1968, S. 703
Neuner, Jörg	Die Einwirkung der Grundrechte auf das deutsche Privatrecht, in *Neuner, Jörg (Hrsg)*, Grundrechte und Privatrecht aus rechtsvergleichender Sicht, Tübingen 2007, S. 159
Nikisch, Arthur	Arbeitsrecht, Bd. I, 3. Auflage, Tübingen 1961
Nikisch, Arthur	Streik und Aussperrung in der Sicht des Bundesarbeitsgerichts, JZ 1955, S. 440
Nikisch, Arthur	Anmerkung zu BAGE 14, S. 52, JZ 1964, S. 261
Nipperdey, Hans Carl	Koalitionsrecht, in *Nipperdey, Hans Carl (Hrsg.)*, Die Grundrechte und Grundpflichten der Reichsverfassung, Bd. III, Berlin 1930, S. 385
Nipperdey, Hans Carl	Das Recht des Tarifvertrages, BB 1948, S. 360
Nipperdey, Hans Carl	Das Tarifvertragsgesetz des vereinigten Wirtschaftsgebietes, RdA 1949, S. 81
Nipperdey, Hans Carl	Das Arbeitsrecht im Grundgesetz, RdA 1949, S. 214
Nipperdey, Hans Carl	Gleicher Lohn der Frau für gleiche Leistung, RdA 1950, S. 121
Nipperdey, Hans Carl	Gleicher Lohn der Frau für gleiche Leistung, BB 1951, S. 282
Nipperdey, Hans Carl	Gewerbefreiheit der öffentlichen Hand?, BB 1951, S. 593
Nipperdey, Hans Carl	Gleicher Lohn der Frau für gleiche Leistung, Rechtsgutachten für den DGB, 1951
Nipperdey, Hans Carl	Das neue Arbeitsgerichtsgesetz, BB 1953, S. 1209
Nipperdey, Hans Carl	Die Würde des Menschen, in *Neumann Franz L.; Nipperdey Hans Carl; Scheuner Ulrich (Hrsg.)*, Die Grundrechte, Handbuch der Theorie und Praxis der Grundrechte, Bd. II, Berlin 1954, S. 1
Nipperdey, Hans Carl	Boykott und freie Meinungsäußerung, DVBl 1958, S. 445
Nipperdey, Hans Carl	Die Rolle des Staates bei der Regelung des Arbeitsverhältnisses - ein internationaler Rechtsvergleich, RdA 1958, S. 321

Nipperdey, Hans Carl — Freie Entfaltung der Persönlichkeit, in *Bettermann, Karl August; Nipperdey Hans Carl (Hrsg.)*, Handbuch der Theorie und Praxis der Grundrechte, Bd. IV/2, Berlin 1958, S. 745

Nipperdey, Hans Carl — Das Bundesarbeitsgericht und seine Rechtsprechung, DRiZ 1959, S. 11

Nipperdey, Hans Carl — Wirtschaftsrecht, in *Hax, Karl; Wessel, Theodor (Hrsg.)*, Handbuch der Wissenschaften, Bd. II, Köln 1959, S. 1550

Nipperdey, Hans Carl — Die "Unwirksamkeit" von Massenentlassungen und die Lehre von der Nichtigkeit, RdA 1960, S. 285

Nipperdey, Hans Carl — Grundrechte und Privatrecht – Universitätsrede, in *Nipperdey, Hans Carl (Hrsg.)*, Festschrift für Erich Molitor zum 75. Geburtstag, München, Berlin 1962, S. 17

Nipperdey, Hans Carl — Grundrechte und Privatrecht – Universitätsrede, Universitätsrede Krefeld 1961

Nipperdey, Hans Carl — Soziale Marktwirtschaft und Grundgesetz, Kartellrundschau Heft 2, 1961

Nipperdey, Hans Carl — Das Bundesverfassungsgericht, DRiZ 1962, S. 73

Nipperdey, Hans Carl — Zur Methode der Bestimmung des Koalitionsbegriffs, Koalition und Arbeitskampf, RdA 1964, S. 362

Nipperdey, Hans Carl — Die Berufsfreiheit als Grundelement der sozialen Marktwirtschaft, BB 1966, S. 417

Nipperdey, Hans Carl — Suspendierende und lösende Arbeitskampfmittel, BB 1969, S. 321

Notter, Nikolaus — Die Sicherung des Rechts auf den Arbeitsplatz, DB 1976, S. 772

Nüssgens, Karl — Im Spannungsfeld zwischen Erweiterung und Begrenzung der Haftung (Entwicklungsleitlinien in der Rechtsprechung des VI. Zivilsenats), in *Krüger-Nieland, Gerda (Hrsg.)*, 25 Jahre Bundesgerichtshof, München 1975; S. 93

Otto, Hansjörg — Der vorläufige Bestandsschutz des Arbeitsverhältnisses, RdA 1975, S. 68

Otto, Harro — Grundkurs Strafrecht, Allgemeine Strafrechtslehre, 7. Auflage, Berlin 2004

Pauly, Walter — Grundrechtslaboratorium Weimar - Zur Entstehung des zweiten Hauptteils der Reichsverfassung vom 14. August 1919, Tübingen 2004

Pestalozza, Christian — Anmerkung zu BAGE 31, S. 67, SAE 1980, S. 256

Pieroth, ; Schlink, Staatsrecht II, Grundrechte, 19. Aufl., Heidelberg, 2003

Poetzsch-Heffter, Fritz Handkommentar der Reichsverfassung vom 11. August 1919, 3. Auflage, Berlin 1928

Poscher, Ralf Grundrechte als Abwehrrechte, Tübingen 2003

Preis, Ulrich (Hrsg.) Der Arbeitsvertrag, 2. Auflage, Köln 2005

Ramm, Thilo Der Arbeitskampf und die Gesellschaftsordnung des Grundgesetzes, Stuttgart 1965

Raiser, Ludwig Der Gleichheitsgrundsatz im Privatrecht, ZHR 1948 (Nr. 111), S. 75

Raiser, Ludwig Anmerkung zu BGH Urt. v. 10.12.1958, JZ 1959, S. 408

Rathjen, Peter Gleichbehandlung und Mietrecht, MDR 1980, S. 713

Reichenberger, Kurt Bibliographie der Veröffentlichungen von Hans Carl Nipperdey, in *Dietz, Rolf; Hübner, Heinz (Hrsg.)*, Festschrift für Hans Carl Nipperdey zum 70. Geburtstag, München 1965, S. 937

Reitmeier, Lorenz Josef Entwicklung, rechtliche Natur, Umfang und Rechtsgrundlagen der Beschäftigungspflicht im Arbeitsrecht, München 1957

Repgen, Tilman Die soziale Aufgabe des Privatrechts, Tübingen 2001

Reuter, Dieter Anmerkung zu BAGE 33, S. 57, JuS 1981, S. 155

Richardi, Reinhard Sind im Interesse einer gerechten Verteilung der Arbeitsplätze Begründung und Beendigung des Arbeitsverhältnisses neu zu regeln?, JZ 1978, S. 485

Richardi, Reinhard Zugangsrecht der Gewerkschaften zum Betrieb, DB 1978, S. 1736

Richardi, Reinhard Die Verhältnismäßigkeit von Streik und Aussperrung, NJW 1978, S. 2057

Richardi, Reinhard; Wlotzke, Otfried Münchener Handbuch zum Arbeitsrecht, Bd. II, 1. Auflage, München S. 1993

Richardi, Reinhard; Wlotzke, Otfried Münchener Handbuch zum Arbeitsrecht, Bd. I, 2. Auflage, München S. 2000

Roemheld, Bernard Anmerkung zu BAGE 41, S. 150, SAE 1984, S. 162

Röhsler, Waldemar Umfang und Grenzen der Beschäftigungspflicht des Arbeitgebers, DB 1958, S. 1462

Rötelmann, Wilhelm Anmerkung zu BGH Urt. v. 19.9.1961, NJW, 1962, S. 736

Roxin, Claus Strafrecht Allgemeiner Teil, Bd. I, 4. Auflage, München 2006

Rupp, Hans Heinrich Grundrechtsverbürgungen und Privatrechtsordnung, AöR 1976, S. 167

Sachs, Michael	Grundgesetz Kommentar, 4. Auflage, München 2007
Sachs, Michael	Verfassungsrecht II, Grundrechte, Heidelberg 2000
Säcker, Franz Jürgen (Hrsg.)	Münchner Kommentar BGB, Bd. I AT, 4. Auflage, München 2001
Säcker, Franz Jürgen	Anmerkung zu BAG, AP Nr. 4 zu § 44 BAT, SAE 1980, S. 72
Sambuc, Thomas	Anmerkung zu OLG Stuttgart, JZ 1975, S. 698, JZ 1975, S. 700
Schack, Friedrich	Zur richterlichen Prüfung der Rechtmäßigkeit der Gesetze und Verordnungen im neuen Reichs- und preußischen Recht, AöR 1921 (N.F. Nr. 2 / A.F. Nr. 41), S. 11
Schätzel, Walter	Welchen Einfluss hat Art. 3 Abs. 2 GG auf die nach dem 24. Mai 1949 geschlossenen Einzelarbeits- und Tarifverträge, RdA 1950, S. 248
Schaub, Günter	Arbeitsrechts-Handbuch, 12. Auflage, München 2007
Schaub, Günter	Vorläufiger Rechtsschutz bei der Kündigung von Arbeitsverhältnissen, NJW 1981, S. 1807
Scheifele, Bernd	Praktische Erfahrungen beim Unternehmenskauf in den neuen Bundesländern, BB 1991, S. 557
Scheifele, Bernd	Zur Anwendung des § 3a Vermögensgesetz durch die Treuhandanstalt, BB 1991, S. 1350
Scheschonka, Wolf	Arbeits- und Leistungsverweigerung aus Glaubens- oder Gewissensnot, Hamburg 1972
Scheuner, Ulrich	Anmerkung zu BAGE 28, S. 62, AP Nr. 2 zu Art. 33 GG
Scheuner, Ulrich; Listl, Joseph; Rüfner, Wolfgang (Hrsg.)	Staatstheorie und Staatsrecht, Berlin 1978
Schlegelberger, Franz	Handelsgesetzbuch Kommentar, Bd. II., 5. Auflage, München 1973
Schliemann, Harald	Das Arbeitsrecht im BGB, 2. Auflage, Berlin 2002
Schmitt, Carl	Verfassungslehre, Berlin 1928 (4. Nachdruck 1965)
Schmitt, Carl	Inhalt und Bedeutung des zweiten Hauptteils der Reichsverfassung, in *Anschütz, Gerhard; Thoma, Richard (Hrsg.)*, Handbuch des Deutschen Staatsrechts, 2 Bände, Tübingen 1930
Schmidt-Bleibtreu, Bruno; Klein, Franz	Grundgesetz Kommentar, 10. Auflage, München 2004
Schmidt, Walter	Grundrechte - Theorie und Dogmatik seit 1946 in Westdeutschland, in *Simon, Dieter (Hrsg.)*, Rechtswissenschaft in der Bonner Republik - Studien zur Wissenschaftsgeschichte der Jurisprudenz, Frankfurt 1994

Schmidt-Rimpler, Walter; Gieseke, Paul; Friesenhahn, Ernst; Knur, Alexander Die Lohngleichheit von Männern und Frauen, AöR 1950, S. 165

Schneider, Erika Studien zur Auslegung des zweiten Hauptteils der Weimarer Verfassung, Recklinghausen 1932

Schneider, Hans Fünf Jahre Grundgesetz, NJW 1954, S. 937

Scholler, Heinrich Die Grundrechtsdiskussion in der Paulskirche, Darmstadt 1973

Schönke, Adolf; Schröder, Horst Strafgesetzbuch, 27. Auflage, München 2006

Schwerdtner, Peter Die Garantie des Rechts auf Arbeit, ein Weg zur Knechtschaft?, ZfA 1977, S. 47

Schwerdtner, Peter Anmerkung zu BAGE 24, S. 438, JZ 1973, S. 377

Schwerdtner, Peter Die Garantie des Rechts auf Arbeit - Ein Weg zur Knechtschaft?, ZfA 1977, S. 47

Schwerdtner, Peter Anmerkung zu BAGE 28, S. 14, AP Nr. 40 zu § 242 BGB

Schwabe, Jürgen Die sogenannte Drittwirkung der Grundrechte, München 1971

Schwabe, Jürgen „Drittwirkung" und kein Ende, NJW 1973, S. 229

Schwabe, Jürgen Grundrechte und Drittwirkung, AcP 1985 (Nr. 185), S. 1

Schwabe, Jürgen Probleme der Grundrechtsdogmatik, Hamburg 1997 (unveränderter Nachdruck)

Sendler, Horst Unmittelbare Drittwirkung der Grundrechte durch die Hintertür, NJW 1994, S. 709

Siebert, Wolfgang Unternehmerrisiko, betriebliche Übung und Arbeitsvertrag, BB 1955, S. 869

Siekmann, Helmut; Duttge, Gunnar Staatsrecht I, Grundrechte, 3. Auflage, Frankfurt 2000

Singer, Reinhard Die Grundrechte im deutschen Arbeitsrecht, in *Neuner, Jörg (Hrsg)*, Grundrechte und Privatrecht aus rechtsvergleichender Sicht, Tübingen 2007, S. 245

Singer, Reinhard Tarifvertragliche Normenkontrolle am Maßstab der Grundrechte?, ZfA 1995, S. 611

Smend, Rudolf Bürger und Bourgeois im deutschen Staatsrecht, Berlin 1933

Smend, Rudolf Staatsrechtliche Abhandlungen, Berlin 1955

Söllner, Alfred Anmerkung zu BVerfG, Beschluss v. 30.11.1965, JZ 1966, S. 404

Söllner, Alfred Die Bedeutung des Art. 12 GG für das Arbeitsrecht, ArbuR 1991, S. 45

Spinti, Henning	Leitende Angestellte und Sozialplan - neu entschieden, DB 1986, S. 1571
Spitaler, Armin	Der Beschluss des Bundesverfassungsgerichts zur Ehegattenbesteuerung, BB 1957, S. 268
Stege, Dieter; Weinspach, F. K.	Betriebsverfassungsgesetz Handkommentar für die betriebliche Praxis, 6. Auflage, Köln 1990
Stein, Ekkehart; Frank, Götz	Staatsrecht, 20. Auflage, Tübingen 2007
Stemmler, Jochen	Grundrechtswirkung und Privatrechtsentfaltung, Frankfurt 1998
Stern, Klaus	§ 109 Idee und Elemente eines Systems der Grundrechte, in *Isensee, Josef; Kirchhof, Paul (Hrsg.)*, Handbuch des Staatsrechts der Bundesrepublik Deutschland, 3. Auflage, Heidelberg 2003
Stern, Klaus	Die Idee der Menschen- und Grundrechte, in *Merten, Detlef; Papier Hans-Jürgen (Hrsg.)*, Handbuch der Grundrechte, Bd. I, Entwicklung und Grundlagen, Heidelberg 2004
Stern, Klaus; Sachs, Michael	Das Staatsrecht der Bundesrepublik Deutschland, Bd. I, 1. Auflage, München 1977
Stern, Klaus; Sachs, Michael	Das Staatsrecht der Bundesrepublik Deutschland, Bd. III/1, 1. Auflage, München 1988
Stolleis, Michael	Geschichte des öffentlichen Rechts in Deutschland, Bd. II, München 1992
Stolleis, Michael	Weimarer Kultur und Bürgerrechte, in *Andreas Rödder (Hrsg.)*, Weimar und die Deutsche Verfassung, Stuttgart 1999
Thieme, Werner	Das Recht auf freie Wahl der Ausbildungsstätte, JZ 1959, S. 265
Thoma, Richard	Das richterliche Prüfungsrecht, AöR 1922 (N.F. 4), S. 267
Thoma, Richard	Grundrechte und Polizeigewalt, Verwaltungsrechtliche Abhandlungen, in *Heinrich Triepel (Hrsg.)*, Festgabe zum 50. Bestehen des preußischen Oberverwaltungsgerichts, Berlin 1925, S. 183
Thoma, Richard	Die juristische Bedeutung der grundrechtlichen Sätze der deutschen Reichsverfassung im allgemeinen, in *Nipperdey, Hans Carl (Hrsg.)*, Die Grundrechte und Grundpflichten der Deutschen, Bd. I, 1. Hlbbd., Berlin 1930
Tönshoff, G.	Abgeltung des Hausarbeitstages für die Vergangenheit und Zukunft, DB 1955, S. 242
Triepel, Heinrich	Goldbilanzenverordnung und Vorzugsaktien, Berlin, Leipzig 1924
Triepel, Heinrich	Staatsrecht und Politik, Beiträge zum ausländischen öffentlichen Recht und Völkerrecht, Heft 1, Berlin, Leipzig 1927

Tröndle, Herbert; Fischer, Thomas — Strafgesetzbuch, 52. Auflage, München 2004

Uber, Giesbert — Keine Bedürfnisprüfung bei der Zulassung von Rechtsbeiständen und Prozessagenten, Justiz und Verwaltung 1950, S. 193

Umbach, Dieter C.; Clemens, Thomas — Grundgesetz Kommentar, Bd. I., Heidelberg 2002

van der Ven, Josephus Joannes Mari. — Die Überwindung der traditionellen Zweiteilung von öffentlichem und privatem Recht, besonders an Hand des Arbeitsrechts, in *Dietz, Rolf; Hübner, Heinz (Hrsg.)*, Festschrift für Hans Carl Nipperdey zum 70. Geburtstag, München 1965, S. 681

Vielhaber, Otto — Arbeitsbedingungen der Frau und Grundgesetz, DB 1950, S. 205

von Hippel, Ernst — Zur Auslegung des Art. 109 Abs. I der Reichsverfassung, AöR 1926 (N.F. Nr. 10), S. 124

von Mangoldt, Hermann — Grundgesetz Kommentar, Bd. I., 1. Auflage, Berlin, Frankfurt 1953

von Mangoldt, Hermann; Klein, Friedrich — Grundgesetz Kommentar, Bd. I., 2. Auflage, Berlin, Frankfurt 1957

von Mangoldt, Hermann; Klein, Friedrich — Grundgesetz Kommentar, Bd. I., 3. Auflage, Berlin, Frankfurt 1966

von Münch, Ingo — Staatsrecht, 5. Auflage, Berlin 2002

von Münch, Ingo — Zur Drittwirkung der Grundrechte, Frankfurt 1998

von Rimscha, Wolfgang — Die Grundrechte im süddeutschen Konstitutionalismus, Köln, München 1973

von Stebut, Dietrich — Anmerkung zu BAGE 88, S. 372, SAE 1983, S. 164

von Ussler, Levin — Unverfallbarkeit Betrieblicher Altersversorgung bei Übergang zu Teilzeitarbeit, BB 1983, S. 382

Wahl, Rainer — Elemente der Verfassungsstaatlichkeit, JuS 2001, S. 1041

Waibel, Dieter — Junges Volk mit alter Verfassung, Entstehung und Inhalt der amerikanischen Verfassung von 1787, JuS 2001, S. 1048

Walchshöfer, Alfred — Anmerkung zu BAG, AP Nr. 1 zu § 441 ZPO, ebd.

Walchshöfer, Alfred — Anmerkung zu BAGE 41, S. 37, AP Nr. 1 zu § 441 ZPO

Weber, Hansjörg — Die Verpflichtung zur Weiterbeschäftigung eines gekündigten Arbeitnehmers gemäß § 102 Abs. 5 BetrVG, BB 1974, S. 698

Weber, Hansjörg — Anmerkung zu BAGE 29, S. 195, AP Nr. 5 zu § 611 BGB

Weber, Max — in *Mommsen, Wolfgang J.; Schwentker, Wolfgang (Hrsg.)*, Zur Neuordnung Deutschlands, Schriften und Reden 1918–1920 (Max Weber Gesamtausgabe I/16), Tübingen 1988, S. 71

Weber, Werner — Die Verfassung der Bundesrepublik in der Bewährung, Göttingen, Berlin, Frankfurt 1957

Weber, Werner — Spannungen und Kräfte im westdeutschen Verfassungssystem, Stuttgart 1951

Weimar, Robert — Die Treuhandanstalt im Verwaltungsprivatrecht, ZIP 1993, S. 1

Weimar, Wilhelm — Trifft den Vermieter eine Pflicht zur Gleichbehandlung der Mieter?, MDR 1971, S. 108

Weitnauer, Hermann — Anmerkung zu BAGE 31, S. 167, SAE 1980, S. 26

Weller, Bernhard — Zur Frage der Differenzierungsklausel, AuR 1970, S. 161

Wente, Jürgen — Informationelles Selbstbestimmungsrecht und absolute Drittwirkung der Grundrechte, NJW 1984, S. 1446

Wessels, Johannes; Beulke, Werner — Strafrecht Allgemeiner Teil, 34. Auflage, Heidelberg 2004

Wieacker, Franz — Vertragsbruch und Gewissensnot, JZ 1954, S. 466

Wiedemann, Herbert — Das Arbeitsverhältnis als Austausch und Gemeinschaftsverhältnis, Karlsruhe, 1966

Wiedemann, Herbert — Anmerkung zu BAGE 38, S. 118, AP Nr. 47 zu § 242 BGB

Wiedemann, Herbert — Anmerkung zu BAG, BB 1996, S. 380, AP Nr. 132 zu § 242 BGB

Wiedemann, Herbert — Gerechtigkeit und Gleichbehandlung, in *Oetker, Hartmut; Preis, Ulrich; Rieble, Volker (Hrsg.)*; Festschrift 50 Jahre Bundesarbeitsgericht, München 2004; S. 265

Wiese, Günther — Anmerkung zu BAGE 42, S. 375, AP Nr. 11 zu § 75 BetrVG

Wiese, Günther — Der Persönlichkeitsschutz des Arbeitnehmers gegenüber dem Arbeitgeber, ZfA 1971, S. 273

Wiese, Günther — Zur Freiheit der Meinungsäußerung des Betriebsrats und seiner Mitglieder im Außenverhältnis, in *Oetker, Hartmut; Preis, Ulrich; Rieble, Volker (Hrsg.)*; Festschrift 50 Jahre Bundesarbeitsgericht, München 2004; S. 1125

Wilhelm, Gerhard; Lindemann, Achim — Unternehmenshandbuch Arbeitsrecht, 2. Auflage, Köln 2002

Wittmayer, Leo — Die Weimarer Reichsverfassung, Tübingen 1922

Wolf, Ernst — Zur Methode der Bestimmung von privatem und öffentlichem Recht, in *Nipperdey, Hans Carl (Hrsg.)*, Festschrift für Molitor zum 75. Geburtstag, München, Berlin 1962, S. 1

Wolff, Hans J.; Bachof, Otto; Stober, Rolf; Kluth, Winfried Verwaltungsrecht I, 12. Auflage, München 2007

Würtenberger, Thomas Von der Aufklärung zum Vormärz, in *Merten, Detlef; Papier Hans-Jürgen (Hrsg.)*, Handbuch der Grundrechte, Bd. I, Entwicklung und Grundlagen, Heidelberg 2004

Zippelius, Reinhold; Würtenberger, Thomas Deutsches Staatsrecht, 31. Auflage, München 2005

Zippelius, Reinhold; Würtenberger, Thomas; Maunz, Theodor Deutsches Staatsrecht, 32. Auflage, München 2008

Zmarzlik, Johannes Anmerkung zu BAGE 34, S. 281, AP Nr. 6 zu § 17 BAT

Zöllner, Wolfgang Privatautonomie und Arbeitsverhältnis, AcP 1976 (Nr. 176), S. 221

Zöllner, Wolfgang; Loritz, Karl-Georg Arbeitsrecht, 5. Auflage, München 1998

Schriften zum Deutschen und Europäischen Arbeits- und Sozialrecht

Herausgegeben von Ulrich Preis

Band 1 Ulrich Preis / Felipe Temming: Die Urlaubs- und Lohnausgleichskasse im Kontext des Gemeinschaftsrechts. 2006.

Band 2 Einiko B. Franz: Der Abschluss eines Aufhebungsvertrags. Schutz des Arbeitnehmer-Verbrauchers und seine Grenzen. Insbesondere das Widerrufsrecht gem. §§ 312, 355 BGB. 2006.

Band 3 Klaus Tenbrock: Die betriebliche Altersversorgung im Betriebsübergang bei konkurrierenden Versorgungszusagen. 2006.

Band 4 Christoph Nießen: Fehlerhafte Betriebsratswahlen. Eine am Gang des Wahlverfahrens orientierte Untersuchung der Folgen von Rechtsverstößen bei der Betriebsratswahl unter besonderer Berücksichtigung deren Relevanz für die Gewährung von einstweiligem Rechtsschutz zur Verhinderung einer fehlerhaften Betriebsratswahl. 2006.

Band 5 Klaus Linde: Übertragung von Aufgaben des Betriebsrats auf Arbeitsgruppen gemäß § 28a BetrVG. 2006.

Band 6 Petra M. Knorr: Der Vergleich der Invaliditätsrenten in Deutschland und den Niederlanden. 2006.

Band 7 Jan Botterweck: Gewerkschaftspluralismus im Betrieb. 2007.

Band 8 Patrizia Chwalisz: Die Transformation des polnischen Arbeitsrechts und die Gewerkschaften. Eine Analyse aus dem Blickwinkel des Arbeitsrechts der ehemaligen Deutschen Demokratischen Republik und der Bundesrepublik Deutschland. 2007.

Band 9 Wiebke Brose: Der präventive Kündigungsschutz bei betriebsbedingten Kündigungen. Vergleich von Entwicklung und Stellenwert im deutschen und französischen Kündigungsrecht. 2007.

Band 10 Oliver Reinartz: Der Firmentarifvertrag als Flexibilisierungsinstrument. Unter besonderer Berücksichtigung des sogenannten tariflichen Sozialplans. 2008.

Band 11 Sebastian Maiß: Die Entsendung von Arbeitnehmern aus den MOE-Staaten auf Werkvertragsbasis nach der EU-Osterweiterung. Eine Untersuchung der grenzüberschreitenden Beschäftigungsmöglichkeiten von Staatsangehörigen aus den Beitrittsstaaten – insbesondere im Baugewerbe – im Kontext der Übergangsbestimmungen zur Arbeitnehmerfreizügigkeit, der Dienstleistungsfreiheit und des Niederlassungsrechts. 2008.

Band 12 Tilman Isenhardt: Relative Tariffähigkeit. 2008.

Band 13 Mirjam Roesgen: Die betriebsbedingte Kündigung im öffentlichen Dienst. 2008.

Band 14 Philipp Schütt: Die Vertragskontrolle von Ausgleichsquittungen. 2008.

Band 15 Astrid Weber: Ist die Rotkreuzschwester Arbeitnehmerin ihrer Schwesternschaft? Zugleich eine Untersuchung der Arbeitnehmereigenschaft mithilfe der AGB-Kontrolle. 2009.

Band 16 Ute Heinemann: Medizinische Begutachtung in der privaten und sozialen Pflegeversicherung. Gemeinsamkeiten und Unterschiede. 2009.

Band 17 Cindy Hümmerich: Die Zuständigkeitsabgrenzung zwischen Gesamtbetriebsrat und Einzelbetriebsräten. 2010.

Band 18 Sven Wolf: Das moralische Risiko der GKV im Spannungsfeld zwischen Solidarität und Eigenverantwortung. 2010.

Band 19 Frank Zaumseil: Die Minderleistung als Kündigungsgrund. Zugleich ein Beitrag zur Bestimmung der Arbeitspflicht. 2010.

Band 20 Dieter Fabisch: Die unmittelbare Drittwirkung der Grundrechte im Arbeitsrecht. Die Auswirkungen der von Hans Carl Nipperdey begründeten Lehre auf die Rechtsprechung des Bundesarbeitsgerichts. 2010.

Philipp Förster

Die unmittelbare Drittwirkung der Grundfreiheiten

Zur Dogmatik des Adressatenkreises von Pflichten aus EG-Grundfreiheiten

Frankfurt am Main, Berlin, Bern, Bruxelles, New York, Oxford, Wien, 2007.
248 S.
Schriften zum deutschen und europäischen öffentlichen Recht.
Herausgegeben von Steffen Detterbeck. Bd. 13
ISBN 978-3-631-55860-7 · br. € 50,80*

Mit dem Urteil *Angonese* unternahm der EuGH einen weiteren wesentlichen Schritt hin zur unmittelbaren Drittwirkung der Grundfreiheiten. Eine weitergehende Begründung für diesen Schritt blieb er allerdings schuldig. Die unmittelbare Drittwirkung der Grundfreiheiten mit einem dogmatischen Fundament zu versehen ist Gegenstand dieser Arbeit. Hierzu werden zunächst die vielfach erhobenen Bedenken gegenüber den der rechtlichen Möglichkeiten privatverpflichtender Grundfreiheiten ausgeräumt. Weiterhin wird aufgezeigt, dass eine unmittelbare Drittwirkung der zentralen Zielsetzung des Binnenmarktes dient. Zuletzt setzt sich die Arbeit mit einer denkbaren Ausgestaltung privatverpflichtender Grundfreiheiten auseinander.

Aus dem Inhalt: Unmittelbare Drittwirkung der Grundfreiheiten nach dem Urteil *Angonese* · Rechtliche Möglichkeit der unmittelbaren Drittwirkung · Erforderlichkeit privatverpflichtender Grundfreiheiten · Mögliche Ausgestaltung unmittelbar drittwirkender Grundfreiheiten in den nationalen Rechtsordnungen

Frankfurt am Main · Berlin · Bern · Bruxelles · New York · Oxford · Wien
Auslieferung: Verlag Peter Lang AG
Moosstr. 1, CH-2542 Pieterlen
Telefax 0041 (0) 32/376 17 27

*inklusive der in Deutschland gültigen Mehrwertsteuer
Preisänderungen vorbehalten

Homepage http://www.peterlang.de